UTB 2606

Eine Arbeitsgemeinschaft der Verlage

Beltz Verlag Weinheim · Basel
Böhlau Verlag Köln · Weimar · Wien
Wilhelm Fink Verlag München
A. Francke Verlag Tübingen und Basel
Haupt Verlag Bern · Stuttgart · Wien
Lucius & Lucius Verlagsgesellschaft Stuttgart
Mohr Siebeck Tübingen
C. F. Müller Verlag Heidelberg
Ernst Reinhardt Verlag München und Basel
Ferdinand Schöningh Verlag Paderborn · München · Wien · Zürich
Eugen Ulmer Verlag Stuttgart
UVK Verlagsgesellschaft Konstanz
Vandenhoeck & Ruprecht Göttingen
Verlag Recht und Wirtschaft Heidelberg
VS Verlag für Sozialwissenschaften Wiesbaden
WUV Facultas Wien

Hans-Jürgen Goertz

DEUTSCHLAND 1500–1648
Eine zertrennte Welt

FERDINAND SCHÖNINGH
PADERBORN · MÜNCHEN · WIEN · ZÜRICH

Der Autor:
HANS-JÜRGEN GOERTZ, geb. 1937, lehrte bis Oktober 2002 als Professor am Institut für Sozial- und Wirtschaftsgeschichte der Universität Hamburg. Seine Arbeitsschwerpunkte: Geschichte der Frühen Neuzeit, bes. Reformationsgeschichte und Geschichtstheorie. Wichtige Veröffentlichungen: Die Täufer (1980/88); Pfaffenhaß und groß Geschrei (1987); Thomas Münker, Mystiker, Apokalyptiker, Revolutionär (1989); Religiöse Bewegungen in der Frühen Neuzeit (1993); Umgang mit Geschichte. Eine Einführung in die Geschichtstheorie (1995); Unsichere Geschichte (2001). Herausgeber von: Geschichte. Ein Grundkurs (2. Aufl. 2001).

Umschlagabbildung:
Currus Cursus mundi. Der Welt Lauff. Flugblatt, anonym. Kupferstich, Nürnberg, 1. Hälfte des 17. Jahrhunderts (aus: Wolfgang Harms (Hg.), *Illustrierte Flugblätter aus den Jahrhunderten der Reformation und der Glaubenskämpfe*. Katalog der Kunstsammlungen der Veste Coburg, 1983, S. 13).
Ein Wagen mit zwei Reisegesellschaften wird von zwei Pferdegespannen in entgegengesetzte Richtung gezogen und droht zu zerbrechen. Damit wird Zank und Zwietracht in der Welt symbolisiert. Der Landmann im mittleren Vordergrund sucht dagegen den Weg des Ausgleichs und des Friedens. Der Riß, der jetzt zu sehen ist, wurde für die Titelseite hergestellt und illustriert den Untertitel dieses Buches: „Eine zertrennte Welt".

Bibliografische Informationen Der Deutschen Bibliothek

Die Deutsche Bibliothek verzeichnet diese Publikation in der Deutschen Nationalbibliografie; detaillierte bibliografische Daten sind im Internet über http://dnb.ddb.de abrufbar.

Gedruckt auf umweltfreundlichem, chlorfrei gebleichtem Papier (mit 50% Altpapieranteil)

© 2004 Ferdinand Schöningh, Paderborn
(Verlag Ferdinand Schöningh GmbH, Jühenplatz 1, D-33098 Paderborn)
ISBN 3-506-71750-2

Internet: www.schoeningh.de

Das Werk, einschließlich aller seiner Teile, ist urheberrechtlich geschützt. Jede Verwertung außerhalb der engen Grenzen des Urheberrechtsgesetzes ist ohne Zustimmung des Verlages unzulässig und strafbar. Das gilt insbesondere für Vervielfältigungen, Mikroverfilmungen und die Einspeicherung und Verarbeitung in elektronischen Systemen.

Printed in Germany.
Herstellung: Ferdinand Schöningh, Paderborn
Einbandgestaltung: Atelier Reichert, Stuttgart

UTB-Bestellnummer: ISBN 3-8252-2606-9

Inhalt

Vorwort 9

Einleitung
Das „lange" 16. Jahrhundert 11

1. Ende der Welt und Beginn der Neuzeit
   Moderner Zug im apokalyptischen Saeculum 21

2. Der Adler und das Kreuz
   Corpus Christianum und ständische Ordnung 41

3. Herrschaft und Wirtschaft
   Reich, Territorium und Frühkapitalismus 49

4. Vom „brüderlichen Leben" im späten Mittelalter
   Kommunalisierung: „korporativ von oben bis unten" 62

5. Am Vorabend der Reformation
   Frömmigkeit, Humanismus, Antiklerikalismus 71

6. Die Idee der Reformation
   Schlagwörter und ihre gesellschaftlichen Folgen 85

7. Eine „bewegte" Epoche
   Kommunikation, Agitation und Bewegung 98

8. Reichsstadt und Reformation
   Viva vox evangelii, Macht und Gegenmacht 111

9. Der „gemeine Mann" in Aufruhr
   Wittenberger Bewegung, „Bund Gottes" und Bauernkrieg 133

10. Die Bewegungen der Täufer
    Beispiele reformatorischer Radikalität 149

11. Bekenntnis, Politik, Wirtschaft und Kultur
    Auf dem Weg zum „Cuius regio, eius religio" (1555) 162

12. Späte Anläufe zur Reform
    Katholische Erneuerung und Zweite Reformation 197

13. Zucht und Ordnung
    Konfessionalisierung, Volkskultur, Sozialdisziplinierung ... 214

14. „Das freye Römisch Reich wird jetzt zur Barbarey"
    Dreißigjähriger Krieg und Westfälischer Frieden 233

Abbildungsnachweis 281

Personen- und Ortsregister 282

Die Worte, noch sogar die Sätze sind aller, die Ordnung ist meine. Und sind die Abschnitte auch aller, wird das Kapitel mir gehören, nimmt man mir auch die Kapitel, so ist vielleicht das Buch mein – und dann habe ich den größten Triumph errungen.

OSKAR LOERKE

Vorwort

Diese Darstellung des „langen 16. Jahrhunderts" geht auf Vorlesungen zurück, die ich während der letzten beiden Jahrzehnte an der Universität Hamburg gehalten, immer wieder überarbeitet und schließlich für den Druck eingerichtet habe. So sehr sich die sprachliche Gestalt geändert hat, beibehalten wurde die Rücksicht auf die Studierenden. Sie haben von einer Überblicksvorlesung, die einen vierteiligen Zyklus zur Geschichte der Neuzeit am Institut für Sozial- und Wirtschaftsgeschichte turnusmäßig eröffnete, eine konzeptionell geraffte und forschungsgeschichtlich profilierte Darstellung des historischen Sachverhalts erwartet. So gesehen ist dieses Buch weder eine ausladende, narrativ abgefasste Gesamtdarstellung noch eine spezielle Untersuchung, die Schritt für Schritt einer bestimmten Fragestellung gefolgt wäre, um am Ende eine neue, eigenwillige Interpretation dieser unruhigen, tief durchfurchten, umstrittenen, aber noch aktuellen Zeit anzubieten. Es bleibt bei einer allgemeinen Gesamtdarstellung, auch wenn ich die Akzente gelegentlich ein wenig eigenwillig setzen werde.

Oft musste ich auf eigene Urteile und Vorlieben verzichten, um die Forschungssituation nicht zu verzerren und die Orientierung der Studierenden nicht zu erschweren. Oft musste ich auch noch einmal darstellen, was die Kenner dieses Jahrhunderts langweilen wird, aber doch nicht fehlen darf. Gleichwohl habe ich meinen besonderen Zugang zur Reformationsgeschichte nicht verleugnet, der zunächst den Eigenwilligen, Abgedrängten und Gescheiterten galt. Zu allen Zeiten wurden Menschen an den Rand gedrängt, ausgegrenzt, ja, sogar ausgerottet. Das wird der Historiker zwar zur Kenntnis nehmen, er wird diese unmenschlichen Vorgänge aber nicht rechtfertigen, denn genaugenommen standen die Abgedrängten unten genauso wie die Gescheiterten oben nicht am Rande, sondern inmitten der Turbulenzen, die das lange 16. Jahrhundert bewegten – nicht nur das Geschehen, sondern auch die Strukturen, die ihm zugrunde lagen und von ihm verändert wurden, nicht nur die Strukturen, sondern auch den emotionalen und mentalen Ausdruck der Menschen an ihrem sozialen Ort, in ihren Ämtern und Gewohnheiten, ihren Erfolgen, ihrem Versagen und tragischen Ende.

So ist ein Entwurf entstanden, der dieses Jahrhundert aus unterschiedlichen Perspektiven betrachtet: aus der Sicht der Mächtigen und Ohnmächtigen, der Exponierten und der „dumpfen Masse", aus der Sicht des strukturellen Bedingungsgeflechts von Denken, Sprechen und Handeln, und aus der Sicht des Glaubens, der Emotion und utopischer Energie. Was in einer Spezialuntersuchung eingehender hätte herausgearbeitet werden können, ein Kaleidoskop der Perspektivität, wird in dieser Überblicksdarstellung nur durch Hinweise auf die Komplexität bzw. durch wechselnde Akzentuierungen des Sachverhalts angedeutet. Eines ist mir dabei klar, die Strukturen bzw. Bedingungsgeflechte, welche die Menschen bestimmten, sind nur in dem Ausdruck zu erfassen, den die Menschen diesen verliehen, auch wenn diese Strukturen oft nicht intendiert waren, sondern sich im Gewirr der Interessen, Meinungen und Handlungsabsichten „von allein" einstellten. Umgekehrt sind die verschiedenen Vorgänge, die zu diesem Ausdruck führten, nur zu begreifen, wenn sie als von eben diesen Strukturen bestimmte Vorgänge verstanden werden. Die Aktiven und die Kontemplativen, die Täter und die Opfer, um die es hier geht, alle bemühten sich darum, sich einen Reim auf ihre Welt zu machen, sie zu deuten und mit den Mitteln, die ihnen zur Verfügung standen, in den Griff zu bekommen. Auf diese Weise das Leben zu bestehen, voranzukommen oder zu scheitern, ist Kultur in einem weiten Sinn. Davon handelt dieses Buch: ein kulturgeschichtlicher Überblick über ein aufgewühltes, innovatives und in seinen Konflikten schließlich zerfallendes Jahrhundert.

Bei einigen Kapiteln habe ich auf mein längst vergriffenes Buch über *Pfaffenhaß und groß Geschrei. Die reformatorischen Bewegungen in Deutschland, 1517 bis 1529* (1987) zurückgegriffen und versucht, manches davon in verkürzter, gelegentlich auch präzisierter Form noch eine Weile im Gespräch zu halten. Andere Kapitel wurden in Vorträgen anderswo und in Seminaren erprobt, hier und da auch in verstreuten Sammelbandbeiträgen zur Diskussion gestellt. Allen, die mir zuhörten und mit mir diskutierten, bin ich sehr dankbar: den Studierenden, Kollegen und Freunden. Auch ich habe wieder erfahren, dass ein Autor seine Bücher nicht alleine schreibt, sondern andere sich einmischen, ihm manches wegstreichen und ihm gelegentlich sogar die Feder führen. So habe ich das vorangestellte Motto verstanden, das mir bei der Lektüre Oskar Loerkes über den Weg lief. Demut und Selbstbewusstsein müssen einander nicht widersprechen.

Viele haben mir geholfen, die Vorlesungstexte in eine lesbare Form zu bringen, die Leselisten zu erstellen und das oft unüberschaubare Geschäft der Literaturbeschaffung zu überwachen: Elke Park, Sabine Todt, Diana Lühmann, Corinna Salinger, Björn Baumann, Sebastian Pranghofer und Simone v. Spreckelsen. Auch ihnen danke ich für die Mitarbeit.

Hamburg, Frühjahr 2004   HANS-JÜRGEN GOERTZ

Einleitung
Das „lange" 16. Jahrhundert

„Zertrennte Welt" – so beklagte Thomas Müntzer den Zustand der Christenheit zu Beginn des 16. Jahrhunderts. Geistliches und Weltliches seien in einen Gegensatz getreten, dennoch hätten sie sich miteinander vermischt und die Ordnung Gottes auf Erden zerstört. Anders beurteilte Martin Luther die Lage. Er wollte das geistliche und das weltliche Reich deutlicher als bisher voneinander trennen und jedes Reich mit seinen eigenen Rechten und Forderungen zur Geltung bringen. Nur so sei es möglich, alle Menschen ohne Ansehungen der Person unter das Wort Gottes zu rufen und die ständisch, d.h. auch hierarchisch gegliederte Welt zu regieren. Anderer Art waren schließlich die Trennungen, unter denen die Altgläubigen litten. Sie wandten sich gegen jede Form der Neuordnung und warnten vor einer Glaubensspaltung im *Heiligen Römischen Reich deutscher Nation*. Doch die Risse, die im *Corpus christianum* sichtbar wurden, erweiterten sich zu Spaltung, Streit und Krieg. So oder so: „Zertrennte Welt" ist eine Metapher, die sich eignet, das 16. Jahrhundert auf den Begriff zu bringen. Um die „zertrennte Welt" geht es in diesem Überblick, der einer kulturgeschichtlichen Perspektive folgt, die religions- und politikgeschichtliche, sozial- und wirtschaftsgeschichtliche Aspekte miteinander verknüpft.

Die Sozial- und Wirtschaftsgeschichte, in deren Rahmen dieser Überblick entstanden ist, befindet sich in einer Krise. Neben die Konzepte der „Modernen deutschen Sozialgeschichte", der „Historischen Sozialwissenschaft" oder der „Gesellschaftsgeschichte" treten neuerdings Alltagsgeschichte, Mikrohistorie, Historische Anthropologie und „New Cultural History". Sie fordern nicht nur ein Mitspracherecht im wissenschaftlichen Umgang mit Geschichte, sondern bereiten auch eine Wachablösung vor. Sozial- und Wirtschaftsgeschichte, Historische Sozialwissenschaft oder Gesellschaftsgeschichte, die sich auf Wirtschaftliches und Soziales konzentrieren und darin die „Potenzen" der Geschichte verankern, beginnen unsicher zu werden und sich zu einer „neuen Kulturgeschichte" umzugestalten.

In dieser Situation gibt es zwei Möglichkeiten, in die Geschichte der Frühen Neuzeit einzuführen: Entweder die erwähnte Krise zu ignorieren oder den unsicheren Boden mit Mut zum Risiko zu betreten. Beide Möglichkeiten haben etwas für sich. In der Wissenschaft sollte nicht jedes kritische Stirnrunzeln beachtet oder zum Anlass einer Revision genommen werden. Die Verteidigung gewonnener Einsichten könnte vielmehr dazu beitragen, das Erreichte zu festigen. Andererseits sollte sich auch niemand um die Chance bringen, auf unsicherem Gelände zu experimentieren und zu neuen Erkenntnissen zu gelangen. Aussagen von verlässlicher Festigkeit wechseln mit Argumenten ab, die provisorisch, tentativ und hypothetisch sind. Es gibt kein gesichertes Wissen – auch nicht im Überblick.

1. Ein überdehntes Jahrhundert

Sozial-, Wirtschafts- und Kulturgeschichte der Frühen Neuzeit beginnt mit der Reformation und endet mit der Revolution: von 1500 bis 1800. Selbst wenn der Weg von der Reformation in Deutschland zur Revolution in Frankreich kein geradliniger, zielstrebiger Prozess ist – es gibt zwischen beiden zuviel Vorantreibendes und Retardierendes, Abgebrochenes und Angefangenes, zuviel Widersprüchliches – stellt sich doch eine innere Kohärenz zwischen beiden ein: Das Neue, das sich ankündigt, ist offensichtlich noch nicht neu genug, als dass es nicht zu überbieten gewesen wäre. Die Geschichte der Neuzeit stellt sich als die Geschichte einer permanenten Erneuerung dar. Neuzeit ist immer neue Zeit.

Der Begriff des „langen 16. Jahrhunderts" wurde in der Wirtschaftsgeschichte geprägt. Er meint die Phase eines raschen Bevölkerungswachstums und einer wirtschaftlichen Hochkonjunktur, die gegen Ende des 15. Jahrhunderts einsetzte und zu Beginn des 17. Jahrhunderts endete: Ein überdehntes Jahrhundert. In diesen Zeitraum fiel auch die Herausbildung der Territorialstaaten, in denen die Grundlagen neuzeitlicher Staatlichkeit gelegt wurden. Für Erich Hassinger begann die territorialstaatliche Entwicklung zwar schon um 1300, wie er in seiner Abhandlung zum *Werden des neuzeitlichen Europa (1959)* schrieb, aber eine besondere Intensität der Entwicklung ist erst in der zweiten Hälfte des 15. Jahrhunderts und im 16. Jahrhundert zu beobachten. In diesen demographischen und konjunkturellen Entwicklungsraum fällt überdies ein Ereignis von „Weltgeltung": die Reformation. Die Welt beginnt sich in „alt" und „neu" zu teilen. Die einen hängen dem „alten" und die anderen dem „neuen" Glauben an. Die einen bleiben stehen und die anderen gehen mit der Zeit – nicht immer, aber grundsätzlich und für eine Weile, wobei darum gestritten wird, ob alt nicht neu und neu nicht alt sei. Als folgenschwere Wirkung dieser Reformation stellt sich der Dreißigjährige Krieg dar. Das war ein Krieg, der zwar Elend über die Bevölkerung brachte, aber auch die Weichen für eine modernisierende, sich von der Religion emanzipierende Politik der Staaten in Europa stellte. Das „lange 16. Jahrhundert", wie der Begriff hier aufgenommen wird, umschließt nicht nur die demographischen und wirtschaftlichen Rahmenbedingungen der allgemeinen historischen Entwicklung, wie Wirtschaftshistoriker meinten, sondern auch das religiöse, kulturelle und politische Geschehen. So fallen Wirtschaftsgeschichte, Religionsgeschichte und Politikgeschichte ineinander. Das gilt auch für Sozial- und Kulturgeschichte in einem umfassenden Sinne. In bildender Kunst, Literatur und Wissenschaft – überall hat die Reformation ihre Spuren hinterlassen: Bei Lucas Cranach d.Ä. in Wittenberg, bei den „gottlosen" Malern in Nürnberg, bei Hans Holbein in Basel, Tilman Riemenschneider und Jörg Ratgeb, der als Kanzler der aufständischen Bauern in Pforzheim geviertelt wurde. Reformatorischer Propaganda stellten sich die Flugschriftenautoren Eberlin von Günzburg, Pamphilius von Gengenbach und Heinrich von Kettenbach zur Verfügung, ebenso der Stückeschreiber Manuel Deutsch in Bern und der Handwerkerpoet Hans Sachs in Nürnberg. Besonders entwickelt wurde die literarische Gattung der

Satire, die der reformatorischen Flugschriftenpropaganda ihre Schärfe verlieh. Das 16. Jahrhundert wird zum „satirischen Jahrhundert überhaupt" (Hermann Pongs). Mit reformatorischer Propaganda vermischte sich auch utopisches Denken. Die *Utopia*, die der englische Humanist Thomas Morus 1516 veröffentlichte, spiegelt sich in der *Wolfaria* des Eberlin von Günzburg wider, in der *Neuen Wandlung*, die Hans Hergot zugeschrieben wurde, und in der *Tiroler Landesordnung* Michael Gaismairs von 1526. Und schließlich eroberte der Geist der Reformation zahlreiche Universitäten, die sich in grundstürzenden Reformen von den akademischen Traditionen und von Lerninhalten des Mittelalters trennten, allen voran die junge Universität in Wittenberg, die Studenten von weither anzog. Soviel zur Kulturgeschichte allgemein. Zur Sozialgeschichte genügt ein Hinweis auf Winfried Schulze, der die Zeit zwischen Reformation und Dreißigjährigem Krieg als das „Jahrhundert des gemeinen Mannes" beschrieben hat. Der „gemeine Mann" ist nicht der Leibeigene des Mittelalters, der sich in sein Schicksal fügte, auch nicht der disziplinierte Untertan des frühmodernen, absolutistischen Staates. Er ist, wie Peter Blickle ihn definiert, der noch nicht herrschaftsfähige, aber zur Herrschaft drängende Bauer auf dem Lande und Bürger in der Landstadt, ebenso der von Mitherrschaft ausgeschlossene Besitzbürger in der Reichsstadt. Wo es zu Aufläufen gegen die Rathäuser in den Städten kam, wo es unruhig auf dem Land wurde, die Äbte um ihre Klöster und die Ritter um ihre Burgen bangten, wo sich soziale Bewegungen formierten, wo immer wieder Aufstände aufflackerten, stets war es der „gemeine Mann", der sich meldete. Er war nicht nur „witzig", er war auch unruhig, ja, revolutionär geworden. Er war Träger und Antriebskraft sozialer Bewegungen, die im Bauernkrieg etwa nach Wegen suchten, ein neues, genossenschaftlich verfasstes Gemeinwesen zu errichten, eine Alternative zur ständisch geordneten, von klerikaler und aristokratischer Elite beherrschter Gesellschaft. Mit dem Dreißigjährigen Krieg, dem nächsten demographischen Einbruch nach der großen Pest des 14. Jahrhunderts, war es auch damit zu Ende. Der „gemeine Mann", der nach dem Bauernkrieg 1525 zwar bestraft, allmählich aber doch eine bessere Rechtsstellung erlangt hatte, wurde schließlich zum Untertan herabgestuft. So wird die Vorstellung vom „langen 16. Jahrhundert" (1500-1650) zu einem engen Verbund von Wirtschafts-, Religions-, Kultur-, Politik- und Sozialgeschichte.

2. Erklärungsmodelle

1. Sozial- und Wirtschaftsgeschichte hat jahrzehntelang im Schatten der allgemeinen Geschichtswissenschaft gestanden, einer Wissenschaft, die sich auf die Geschichte der Staatswerdung und des Nationalstaats konzentriert hatte, auf große Persönlichkeiten, auf ihre Stellung in der Politik und im kulturellen Leben. „Große Männer machen Geschichte" war die Devise, zu der sich Heinrich v. Treitschke einst verstieg. Im Schatten blieben die „soziale Welt" und die kleinen Leute. Wohl nahm man die Bedeutsamkeit der Wirtschaft wahr, der Agrarwirtschaft und des Ge-

werbes im Mittelalter und in der Frühen Neuzeit, der Verlagerung der Handelswege vom Mittelmeer in den nordatlantischen Küstenraum. Wirtschaft war wichtig, für die historischen Darstellungen aber kaum mehr als eine Rahmenbedingung politischer Geschichte. Auf keinen Fall wurde die Geschichte aus der Perspektive derer geschrieben, die im Schweiße ihres Angesichts erzeugten, förderten, verfrachteten, was alle am Leben erhielt und wovon einige besser lebten als das Gros der Bevölkerung. Geschichte wurde nicht aus der Sicht derjenigen geschrieben, die Politik und Kultur ermöglichten, auch nicht aus der Sicht derer, die unter ihnen litten. Nur selten hat die Mehrheit der Bevölkerung von Politik und Kultur wirklich profitiert oder ihre Früchte genossen. Was in dieser Schicht hervorgebracht wurde, war angeblich nicht Geschichte, die sich zu erforschen und darzustellen gelohnt hätte. Der Alltag war grau und die Masse amorph, nicht heroisch und nicht genial, nicht einmal geistreich oder vernünftig. Caesar war wichtig, nicht wichtig aber waren seine Köche, so hat Bert Brecht in den *„Fragen eines lesenden Arbeiters"* gespottet. Geschichte war Politik- und Kulturgeschichte der Eliten, nicht jedoch Geschichte wirtschaftlicher Mühsal, sozialen Elends und kollektiver Widersetzlichkeit.

2. Die erste Alternative zur traditionellen Art, Geschichte zu betrachten, stellt das marxistische Modell dar. In ihm richtet sich das Augenmerk auf die Bedingungen, unter denen Menschen produzieren und ihre Arbeitskraft reproduzieren, von denen sie profitieren, unter denen sie leiden und gegen die sie aufbegehren. Das Augenmerk richtet sich auf den Konflikt zwischen Produktionsverhältnissen und Produktivkräften.

Sehr vereinfacht, mit Schlüsselbegriffen des frühen Karl Marx gesprochen, bestimmt das „Sein" das „Bewusstsein". Die gesellschaftliche Basis ist das Sein. Religion, Recht, Staat, Kultur und Ethik sind vom Bewusstsein, das im Sein gründet, erzeugte Phänomene. Sie bestehen nicht aus eigenem Recht, sondern spiegeln nur den Basiskonflikt wider. Friedrich Engels gesteht ihnen zwar Wirkmächtigkeit zu, vor allem für das Mittelalter und die Frühe Neuzeit, in „letzter Instanz" aber, schreibt er, entscheidet die Ökonomie. Die Kräfte, die traditionellerweise als geschichtsmächtig angesehen wurden, werden zu Epiphänomenen der Vorgänge an der Basis. Was der Mensch denkt, wie er sich verhält und handelt, hängt davon ab, wo er im Basiskonflikt steht und wie er diesen Konflikt verarbeitet, ob er im Trend liegt, der zu einer klassenlosen Gesellschaft führt, oder ob er sich diesem Trend widersetzt. In der traditionellen Geschichtsbetrachtung war nicht der „Konflikt" das historische Verständigungsmodell, sondern die Entwicklung, der sich jedermann harmonisch einzufügen hatte. Anders hier: Konflikte müssen gelöst werden, und das geschieht im Kampf der Menschen, die auf der einen oder anderen Seite des Konfliktes stehen: im Klassenkampf. „Alle Geschichte ist die Geschichte von Klassenkämpfen", heißt es im *Kommunistischen Manifest (1847)*.

Basiskonflikt, gesamtgesellschaftliche Krise, Klassenkampf, Revolution: Das sind Formen historischer Artikulation, denen sich immer noch, wenn auch auf unterschiedliche Weise, die Aufmerksamkeit zuwendet.

Was an diesem Modell zunächst kritisiert wurde, war die abgeleitete Existenz derjenigen Bereiche, die einst als besonders eigenständig und geschichtsmächtig galten. Kritisiert wurde auch die Tatsache, dass der Mensch in der vollen Entfaltung seiner Subjektivität nicht in den Blick gerät. Er ist und bleibt das „Ensemble der gesellschaftlichen Verhältnisse", abgeleitet und im Grunde auch er, was seine Kreativität anlangt, ein Epiphänomen. Der marxistische Umgang mit Geschichte ist der erste konsequente Versuch gewesen, auf die „Formveränderung der Geschichte" (Jan Huizinga) zu reagieren, ja, ein Bewusstsein für diese Veränderung überhaupt erst zu entwickeln. Gerade für die Erforschung von Reformation und Bauernkrieg hat die marxistisch-leninistische Geschichtswissenschaft mit ihrer „Theorie der frühbürgerlichen Revolution" später ein auch im Westen intensiv diskutiertes Interpretationsmodell vorgelegt. Von Bedeutung ist die marxistische Geschichtswissenschaft auch für die Historiographie der Französischen Revolution. Impulse aus dem Marxismus sind überdies in die französische Strukturgeschichte, die sogenannte Schule der *Annales*, eingegangen und haben in der Mediävistik eine wichtige Rolle gespielt, ebenso in England auf mancherlei gebrochene Weise bei Christopher Hill, Edward P. Thompson, Eric Hobsbawm und neuerdings bei Stetman Jones. Diese Art, mit Geschichte umzugehen, hat sich nicht erledigt.

3. Auf die beiden erwähnten Kritikpunkte an marxistischer Geschichtsschreibung hat eine Sozialgeschichte reagiert, die an der „Formveränderung der Geschichte" nicht vorbeigehen konnte, gleichzeitig aber auch nicht in das Messer der Kritik am Marxismus laufen wollte. Das ist das Modell der *Strukturgeschichte*, wie sie in den dreißiger und vierziger Jahren des letzten Jahrhunderts in Frankreich entstand und erst nach 1960 in Deutschland aufgenommen oder auf eigene Weise entwickelt wurde: bis hin zum Konzept einer „Geschichte als historische Sozialwissenschaft" oder zum Modell der „Gesellschaftsgeschichte".

Die Strukturgeschichte übernimmt vom marxistischen Modell die Verankerung der Geschichte in den Bedingungszusammenhängen, d.h. in den Strukturen der Gesellschaft. Menschen denken und handeln in vorgegebenen Strukturen. Diese Strukturen sind von langer Dauer (longue durée) und stellen die Tiefengeschichte dar, von der alles bedingt und bewegt wird, was an der Oberfläche erscheint. Ideen- und Politikgeschichte richten sich auf kurzlebige Ereignisse, die im Grunde nur Oberflächenphänomene sind. Was zählt, ist die Dünung in der Tiefe, um ein Bild von Fernand Braudel aufzunehmen, nicht aber das Kräuseln und Glitzern der Wellen an der Oberfläche des Meeres. In den Ereignissen von kurzer Dauer ist keine Wahrheit, konnte Braudel einmal sagen. Doch alle Phänomene hängen, wie auch Braudel meinte, miteinander zusammen. Es ist nicht so, dass die Phänomene an der Oberfläche nur Epiphänomene waren. Sie haben eine eigene Wirkkraft und Reichweite. Erklären lassen sie sich aber nur aus der Perspektive, in der die langfristig wirkenden Strukturen in Erscheinung treten. Das sind jedoch nicht nur die harten, gesellschaftlichen Elemente des sozialen Aufbaus oder der sozialen Gliederung, der Konjunktur und des Marktes, der Produktionsverhältnisse, sondern auch die mentalen Muster der Wahrnehmung von Welt, der Regulierung des Verhaltens, der Möglichkeiten des Denkens, des Umgangs mit Sprache und der Motivation des Handelns. Solche mentalen Strukturen sind zählebig und ändern sich nur langsam. Das ist der Ansatz der Mentalitätsgeschichte, wie sie besonders von Lucien Febvre auf den Weg gebracht wurde und heute in verfeinerten Formen immer noch betrieben wird: im Zusammenhang mit der Historischen Anthropologie, der Alltagsgeschichte und der Frage nach den „Lebensformen" der Menschen. Soziale und wirtschaftliche Strukturgeschichte wie Mentalitätsgeschichte haben denselben wissenschaftsgeschichtlichen Ursprung. Unter mentalitätsgeschichtlichen Gesichtspunkten wird die Eigenständigkeit von Religion, Kultur und Ethik besonders augenfällig. Es wird deutlich, dass diese Bereiche mehr und anderes sind als Funktionen des Basiskonflikts. Sie vermögen aus eigenem Recht geschichtsrelevant zu werden. Und hier zeigt sich auch die Fruchtbarkeit des strukturgeschichtlichen Ansatzes für die mittelalterliche und frühneuzeitliche Geschichte, wo Religion das Vokabular der Verständigung über gesellschaftliche Probleme zwar bereitstellte, in dieser Funktion aber nicht aufging. Religion prägte die Mentalität der Menschen in allen Schichten.

Braudel meinte, dass diese Art der Geschichtsbetrachtung der Humanität besonders verpflichtet sei. Das ist insofern richtig, als der Mensch, verflochten in gesellschaftliche Strukturen, in seiner Realität erfasst und das Maß seiner Kreativität, die Verarbeitung dieses Schicksals, so überhaupt erst sichtbar wird. Andererseits verwundert eine solche Behauptung. Es entsteht doch der Eindruck, als handele es sich hier um eine Geschichte, in der vor lauter Strukturen, Umständen und Bedingungen gerade der Mensch in den Hintergrund tritt oder aus dem Blick gerät.

4. Ein ähnliches Defizit weist auch das Konzept Hans-Ulrich Wehlers auf, wie es in der *Deutschen Gesellschaftsgeschichte* entfaltet wird. Wehler hat allerdings nicht die mittelalterlichen und frühneuzeitlichen Verhältnisse im Auge, sondern die Modernisierungsprozesse der Neuzeit, genauer, die Übergangsentwicklung von der alteuropäischen Ständegesellschaft zur kapitalistischen Klassen- und Industriegesellschaft sowie die Modernisierungsschübe im 19. und 20. Jahrhundert. Auch Wehler weigert sich, die verschiedenen gesellschaftlichen Bereiche auf den ökonomisch bestimmten Basiskonflikt zurückzuführen. Er spricht vielmehr davon, dass Herrschaft, Wirtschaft, soziale Stratifikation und Kultur grundsätzlich gleichwertig nebeneinander stünden, und er spricht von der „Gleichrangigkeit der großen historischen Potenzen". Die Rede von den historischen Potenzen geht auf die *Weltgeschichtlichen Betrachtungen* Jacob Burckhardts zurück, ansonsten wird viel von Max Weber aufgenommen. Thematisiert wird das strukturelle Bedingungsgeflecht menschlichen Handelns, in dem die erwähnten Potenzen miteinander verknüpft sind, analysiert werden die „Handlungsräume", das

Handeln selbst und die Handelnden jedoch nicht, auch nicht das Denken, das mit ihm einhergeht, nicht Gemüt, Empfindung und Motivation. Das ist in letzter Zeit oft kritisiert worden.

3. Ein kulturgeschichtliches Modell

Die Kritik an Wehler führt zu einem Modell, das den Einstieg der historischen Betrachtung nicht bei den Strukturen, auch nicht bei den Ideen, sondern in der Erfahrung des Menschen sucht, in der Ideen und Strukturen in gleicher Weise wirksam sind. Dieses Modell verknüpft die Selbstwahrnehmung (Subjektivität) und die Fremdbestimmtheit (Objektivität) des Menschen miteinander. Hier findet die Verschränkung der einzelnen Ebenen wirklich statt, von der Wehler einst sprach. Diese Verschränkung lässt sich am besten als das Ineinander von Dimensionen zur Anschauung bringen. Wehler spricht zwar auch von Dimensionen, handelt die einzelnen Ebenen aber recht statisch nacheinander ab, ohne die Mechanismen der Verschränkung in konkreten Situationen bzw. Prozessen zu analysieren, geschweige denn in der sie verarbeitenden Erfahrung der Menschen. Direkt ist Wirklichkeit aber nicht zugänglich. Was überhaupt greifbar ist, ist nur mit Bedeutung versehene Realität, die konstruiert und kommuniziert wird, also Realität als Kultur. Hier wird das erfahrungsgeschichtliche Modell zu einem kulturgeschichtlichen Modell, schließt an die neueren Konzepte des „linguistic turn", der Diskursanalyse oder der *New cultural history* an und erteilt jedem „Strukturrealismus" (Thomas Welskopp) eine deutliche Absage. In diesen Konzepten wird Kultur als die Welt begriffen, die Menschen konstruieren, um sich in den sich verändernden Umständen ihrer Existenz zu orientieren und zu behaupten. Das gilt auch für die Geschichtswissenschaft, sofern sie die Aufgabe übernimmt, zur Orientierung in der Gegenwart beizutragen.

In diesen Konzepten wird auch berücksichtigt, dass die Dokumente, die von vergangenen Zeiten zeugen, von Menschen ihrer jeweiligen Zeit hergestellte, mit ihren Erfahrungen, Vorstellungen, Interessen, Einsichten und Manipulationen ausgestattete Dokumente sind, Dokumente die zeigen, wie Gesellschaft wahrgenommen, ja, konstruiert wurde, nicht aber wie und was Gesellschaft an und für sich war. Wie und was Gesellschaft war, sagen nicht die Quellen für sich, das kann nur der Historiker herausfinden. Die historische Arbeit setzt also dort an, wo die Quellen zustande kommen: Quellen, durch die hindurch erst nach den Strukturen gefragt werden kann, die auf die Menschen wirkten, die von Menschen erneuert und erhalten wurden, die Aufschluss über das Denken geben, das in konkreter Erfahrung wurzelt, auch über das Handeln, das von Strukturen bestimmt wird, sie verändert und neu schafft.

In diesem Modell wird „oben" und „unten" nicht voneinander getrennt, dieses Modell liefert vielmehr den Bezugsrahmen für eine Betrachtungsweise, die sowohl auf diejenigen anwendbar ist, die oben sind, als auch auf diejenigen, die unten stehen. Entscheidend ist, darauf zu achten, wie der Mensch wahrnimmt, was ihn umgibt, was neben ihm und mit ihm geschieht, was er erkennt, wie er sich selber zu verstehen gibt und welchen Anteil er bei der Entstehung, Verfestigung und Veränderung seiner Lebenswelt und des Gemeinwesens hat, kurzum, wie er an dem Prozess beteiligt ist, den die Soziologen Peter L. Berger und Thomas Luckmann die „gesellschaftliche Konstruktion der Wirklichkeit" nannten. Unter dem Gesichtspunkt, dass die Menschen sich ihre gesamte Wirklichkeit selber schaffen, nicht nur Wirtschaft und soziale Stratifikation, könnte man von einem kulturgeschichtlichen Modell sprechen.

Dieses Modell bringt Bewegung in die Diskussion um die Strukturen in der Geschichte. Strukturen, die objektiv wirken, entstehen nur „in, mit und unter" subjektiver Erfahrung – und umgekehrt: Erfahrungen, die subjektiv gesammelt und verarbeitet werden, kommen nur „in, mit und unter" gegebenen Strukturen zustande. Kultur ist, weit gefasst, was der Natur hinzugefügt bzw. was mit Bedeutung für das eigene Leben versehen wird. Kultur ist die Welt, die Menschen sich einrichten. So kann die Geschichtswissenschaft tatsächlich einlösen, was in der französischen Strukturgeschichte gefordert worden war, Geschichte zu einer Wissenschaft vom Menschen auszugestalten.

Das 16. Jahrhundert war eine aufgewühlte und bewegte Zeit, in der um eine Neuordnung des religiösen, politischen und sozialen Lebens gerungen wurde. Bürger und Bauern, Fürsten und Ritter, Priester, Gelehrte und Künstler, Frauen und Studenten, Vaganten, Bettler und Gaukler ebenso fliegende Händler und Pamphletisten – alle waren sie daran beteiligt. Das Medium, das die Suche nach neuer Ordnung prägte, war die christliche Religion. Sie durchdrang alle Bereiche, d.h. sie manifestierte sich kulturell: „die Kultur ist Ausdrucksform der Religion, und die Religion ist der Inhalt der Kultur". So beschrieb Paul Tillich das Verhältnis von Religion und Kultur in seiner *Religionsphilosophie* (1925/1959). Im Bedingten (Kultur) schlägt sich das Unbedingte (Religion) nieder. Der Bereich des Religiösen ist aber kein Bereich neben anderen, „wodurch die Unbedingtheit der Religion aufgehoben wäre", sondern eine Dimension in allen Bereichen. Direkt allerdings ist das Unbedingte, von dem Menschen ergriffen sind, nicht zugänglich. Es ist unverfügbar. Erfasst werden kann nur der Ausdruck, den es in der Kultur findet. Hier ist die oft beschworene Symbiose von religiösen und kulturellen Formen angelegt, die noch für das 16. Jahrhundert typisch ist, auch die Symbiose von Religion und Magie, christlichem Bekenntnis und volkskultureller Praxis. Das schließt nicht die Möglichkeit aus, dass religiöse und außerreligiöse Formelemente gelegentlich auch in Gegensatz zueinander treten und die gesamte Gesellschaft verändern. Religion kann die Menschen beruhigen und in höchste Unruhe versetzen. Beides findet seinen Ausdruck in Formen der Kultur. In dieser Symbiose werden gesellschaftliche Verhältnisse legitimiert, befestigt oder überwunden. Was Menschen jedoch im Innersten motiviert, ihre Welt so und nicht anders zu gestalten, entzieht sich letztlich der historischen Arbeit. Wohl können die Spuren des Unbedingten bemerkt und beschrieben, das Denken,

Sprechen und Handeln der Menschen untersucht und interpretiert werden, was aber erkannt wird, ist nur das Bedingte, ist allein der Versuch, die Welt unter dem Eindruck des Unbedingten zu gestalten, der kulturelle Ausdruck. Wie eingangs erwähnt wurde, ist dieser Versuch oder das Experiment des Lebens nur auf eine tentative, provisorische und hypothetische Weise zu begreifen.

1. KAPITEL
Ende der Welt und Beginn der Neuzeit
Moderner Zug im apokalyptischen Saeculum

Wer eine Landkarte Europas um 1500 betrachtet, wird eines sofort feststellen: Der Mittelteil Europas, von der Nord- und Ostseeküste hinunter über Savoyen bis in die Toskana, vom Rhein im Westen bis an die Grenzen Polens und Ungarns im Osten, ist ganz und gar zerstückelt, ein bunter Flickenteppich von weltlichen und geistlichen Herrschaften. Während im Westen und Südwesten, im Osten und Nordosten größere Flächenstaaten in Erscheinung treten, ist das Herz Europas zerklüftet. An den Rändern haben sich schon früh nationale Staaten entwickelt, Frankreich und England. Im Herzen Europas bildeten sich dagegen Partikularstaaten heraus. Darüber täuscht auch nicht die Tatsache hinweg, dass diese Königs- und Fürstentümer, Grafschaften und Herzogtümer, Bistümer und freien Reichsstädte seit dem späten Mittelalter unter der Bezeichnung des *Heiligen Römischen Reiches Deutscher Nation* zusammengefasst werden. Diese Bezeichnung tauchte 1486 erstmals in den Urkunden auf und stellte nicht mehr das ganze frühere *Heilige Römische Reich* dar. Die Niederlande begannen sich herauszulösen, auch die Schweiz war als Eidgenossenschaft ausgeschieden und zählte nur noch nominell zum Reich. Verselbstständigt hatte sich die Republik Venedig. Der reichsrechtliche Status Burgunds, das durch die Heirat Maximilians I. mit Maria von Burgund an Habsburg gefallen war, war noch unsicher. Luxemburg und Lothringen waren Frankreich zugefallen. Die Zugehörigkeit des Elsass zu Frankreich oder zum Reich schwankte noch. Die Grenze zum Königreich Dänemark verlief zwischen den Herzogtümern Schleswig und Holstein, war aber noch nicht endgültig gefestigt. Der Deutsche Ordensstaat in Ostpreußen gehörte nicht zum Reich, wohl aber Livland, das vom Ordensstaat vorübergehend lehnsabhängig war. Die Grenzen waren nicht fest gezogen, wie es später geschehen sollte. In personalverbandsrechtlich verfassten Herrschaften waren die Grenzen oft fließend. Sie überlagerten oder veränderten sich schnell, wenn Obrigkeitsrechte vererbt, durch Heirat oder Kriege in die Hände anderer Herrscherdynastien gelangten. Das Reich war eher eine ideale Vorstellung von staatlicher Geschlossenheit als eine Realität. Von einer deutschen Nation, obwohl dieser Begriff bereits im 15. Jahrhundert auftauchte, sich jedoch eher auf eine sprachliche und antirömische als auf eine herrschaftliche Gemeinschaft bezog, kann noch keine Rede sein. Im Gegenteil, im 15. Jahrhundert begannen sich partikulare Territorien herauszubilden und die Politik im Reich zu bestimmen. Den Kaisern war es nicht gelungen, die innere Einheit des Reiches zu stärken.

Karte 1:

Ausbreitung der Reformation in Deutschland bis zur Mitte des 16. Jahrhunderts

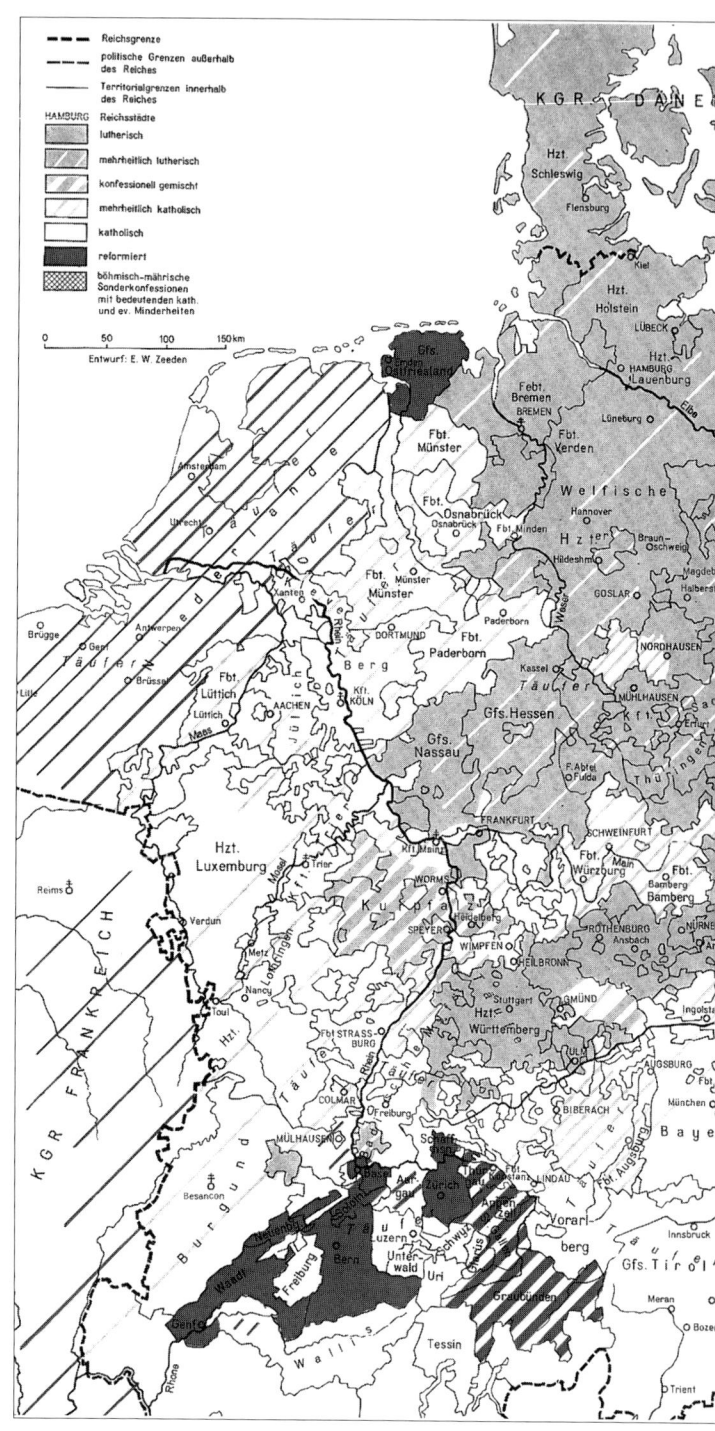

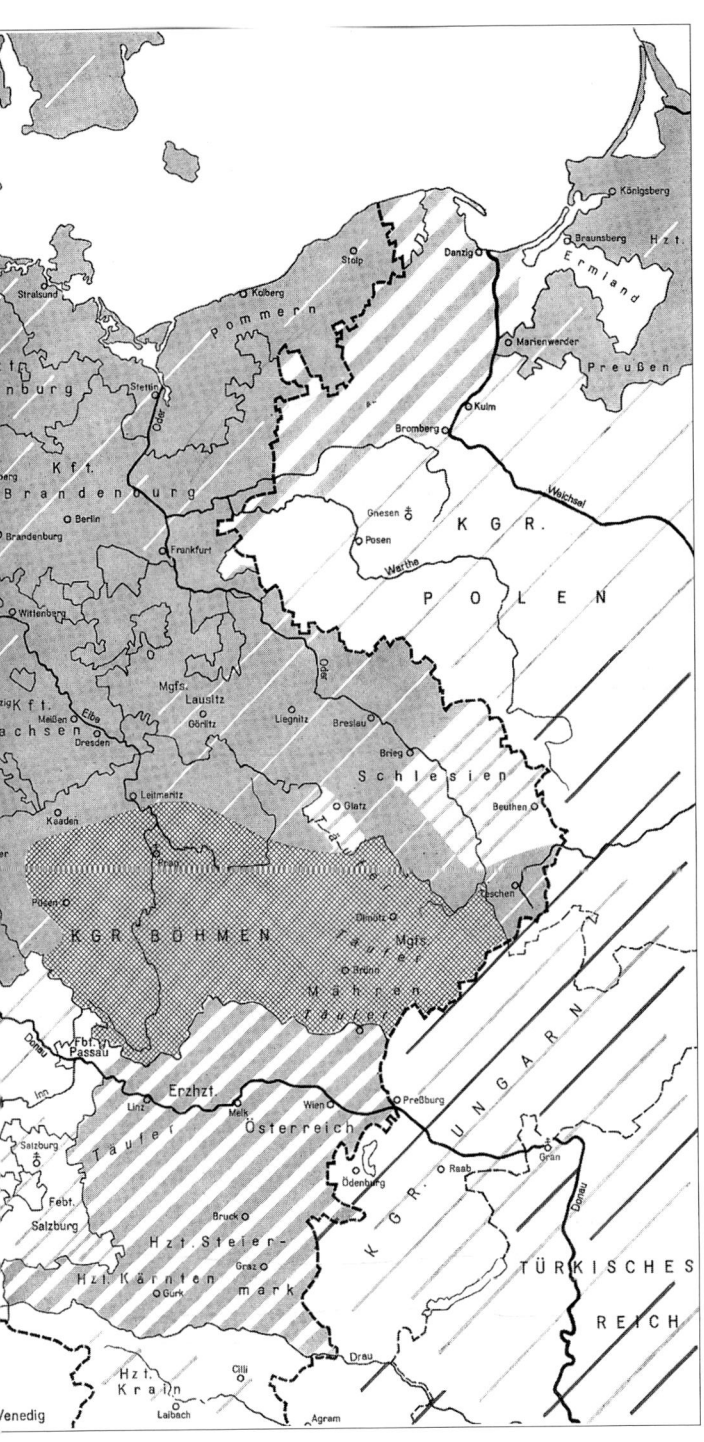

Das Reich befand sich in einer Krise, wie allgemein angenommen wird. Es war allerdings auch offen für mancherlei Veränderungen. Nicht zufällig vollzog sich in diesem Zeitraum der Übergang vom Mittelalter zur Neuzeit. Doch wann genau ging das Mittelalter zu Ende, und wann begann die Neuzeit? Auf diese Fragen wurden unterschiedliche Antworten gegeben. Die einen sagen, die neue Zeit habe sich um 1500 angekündigt, die anderen sind der Meinung, sie habe bereits im 13. Jahrhundert eingesetzt, wieder andere behaupten, die letzten Reste des Mittelalters seien erst mit der Aufklärung und der Französischen Revolution beseitigt worden, die marxistische Historikerin Régine Robin meinte sogar, erst Jahrzehnte nach dieser Revolution. Als Epochengrenze sind solche Zeitangaben umstritten.

1. Ein neues Zeitgefühl erwacht

Abb. 1: Ulrich von Hutten. Holzschnitt aus seinem Werk *Phalarismus* (1517).

„O Jahrhundert, o Wissenschaften! Es ist eine Lust zu leben!" Mit diesen Zeilen, die Ulrich von Hutten 1518 an den Nürnberger Humanisten Willibald Pirckheimer richtete, wurde nicht nur ein neues Jahrhundert begrüßt. Damit begann auch ein neues Zeitalter über die Jahrhunderte hinweg: die neue Zeit. Die Humanisten hatten das Altertum entdeckt, die Zeit griechischer und römischer Kultur, im Spiegel dieses Altertums erblickten sie die hässliche, barbarische Fratze der Zeit, die zwischen der alten und der neuen Zeit lag. Das war das Mittelalter: eine Zeit, wie sie meinten, ohne Kultur. Euphorisch war der Aufbruch, was versunken war, regte sich und wurde wiedergeboren (Renaissance). Ein neues Zeitgefühl hatte die Menschen vieler Schichten erfasst: Gelehrte, Adlige, Kaufleute, Geistliche und Handwerker. Die formelhafte Dreiteilung der Geschichte in Altertum, Mittelalter und Neuzeit bildete sich langsam aus und wurde schließlich von Christoph Cellarius in einem Geschichtsbuch für Schüler deutlich auf den Begriff gebracht: „Historia universalis (...) in antiquam et medii aevi ac novam divisa" (1708). Die Erfahrung geht voraus, der Begriff folgt. Er braucht Zeit.

Eine solche Dreiteilung der Geschichte fiel den Menschen nicht plötzlich ein, sondern ist der begriffliche Reflex auf eine Erfahrung, die sich langsam zu Bewusstsein brachte. Bis ins späte Mittelalter hinein herrschte das Bewusstsein vor, alles, was sich im Laufe der Zeit ereignet habe, läge den Menschen in immerwährender Präsenz vor Augen. Die Schlacht Alexanders des Großen gegen die Perser 333 v. Chr., so interpretiert Reinhart Koselleck ein Gemälde von Albrecht Altdorfer (1528), ist gleich nah den Schlachten Kaiser Maximilians, ja, die mazedonischen Krieger stellen sich zur Schlachtordnung auf und erscheinen in der Rüstung der habsburgischen Heere in Oberitalien. Unter der Sonne konnte nichts Neues mehr geschehen, das eine war dem anderen ähnlich, alles lag offen zutage, auch wenn es sich nach und nach ereignet hatte. Es wurde zwar die Vorstellung des Propheten Daniel vom Ablauf der vier Weltreiche rezipiert, dem Reich der Babylonier, der Perser, der Griechen und der Römer, wie sich der Ablauf dieser Reiche in einer langen Rezeptionsgeschichte von Dan. 2 nahelegte, aber vorgestellt hatte man sich die Abfolge dieser Weltreiche nicht auf einem Zeitpfeil als fortschreitende Veränderung, sondern als eine große Statue, die sich nicht nach und nach aufbaute, sondern fertig vor den Augen aller stand und bereits Vergangenheit, Gegenwart und Zukunft umspannte: Der Kopf war aus Gold (das Reich der Babylonier), der Hals aus Silber (das Reich der Perser), die Brust aus Bronze (das Reich der Griechen), der Leib und die Beine aus Eisen (das Reich der Römer). Dieses Reich stand allerdings auf tönernen Füßen, aus Eisen und Ton zusammengesetzt. Zurückgehen soll diese Anschauung auf eine Traumvision des babylonischen Königs Nebukadnezar, die vom Propheten Daniel gedeutet wurde und in einer wechselvollen Rezeptionsgeschichte das apokalyptische, politische und geschichtliche Denken der Menschen durch die Jahrhunderte bis in die Gegenwart hinein geprägt hat.

Eine aufschlussreiche Analyse des mittelalterlichen Zeitverständnisses hat Aaron Gurjewitsch in seinem *Weltbild des mittelalterlichen Menschen* (1980) vorgelegt. Im Kapitel „Was ist Zeit?" geht er auf den Umgang mit der Zeit während des Mittelalters ein, registriert auch die Ansätze eines zielgerichteten, auf das Ende der Welt zulaufenden Zeit- und Geschichtsverständnisses, betont aber, daß die Zeit doch unter dem Gesichtspunkt der Ewigkeit betrachtet wurde und der Mensch unfähig war, „Welt und Geschichte in ihrer Entwicklung zu sehen". Das unterschied diesen von dem neuzeitlichen Menschen: „Der Mensch befand sich nicht als in der Zeit existierend; existieren bedeutete für ihn verweilen, nicht aber, sich in einem Prozeß des Werdens befinden."

Thomas Müntzer, Bauernkriegsführer und erbitterter Gegner Martin Luthers, kannte oder erfand eine neue Version der Danielschen Geschichtsvision. Er unterschied das Reich der Römer (Leib und Beine aus Eisen) von den Füßen der Statue, die er aus Eisen und Ton („kothe") zusammengesetzt wähnte und die das *Heilige Römische Reich deutscher Nation* symbolisieren sollten: eine recht spröde Materialklitterung, eine Mischung aus Weltlichem und Geistlichem. Müntzer erweiterte also die vier Weltreiche um ein fünftes, das die Verderbtheit und Widergöttlichkeit der Macht auf die Spitze trieb und mit dem in nächster Zukunft alle Weltreiche fallen würden, ja, die Institution der Macht schlechthin. Ohne Zutun der Menschen brauchte sich nur der Stein vom Berge, der Christus ist, zu

Abb. 2: Albrecht Altdorfer: *Die Alexanderschlacht* (1529).

Abb. 3: Kampfszene. Detail aus der *Alexanderschlacht*.

lösen, zu Tal zu rollen und gegen die Füße der Statue zu streichen – und schon würden die Reiche der Mächtigen in Trümmern liegen. Der Stein hat sich bereits losgerissen und rollt unaufhaltsam auf die Statue zu. Ton und Eisen halten nicht zusammen, die Füße vermögen nicht mehr zu tragen. Die Statue zerbricht, der Stein wächst zu einem Berg und erfüllt die ganze Welt. Das ist natürlich metaphorisch gemeint. Der Stein ist der Geist Christi, der im Seelengrund der Auserwählten wächst, immer mehr Auserwählte erfaßt und die Verhältnisse, die alle Auserwählten zueinander und zu den Gottlosen, dem „verdammten" Klerus und den widergöttlichen Obrigkeiten eingehen, von Grund auf verändert. Pfaffen und Prälaten, Könige und Fürsten – niemand wird dem Gericht Gottes am Ende der Tage entrinnen. Der Geist Christi dringt über die geistgewirkte Veränderung des Menschen in die Welt ein. Das ist wohl der Grund, warum der Mensch an der Heraufkunft des göttlichen Reichs beteiligt ist, in dem der Geist Christi herrscht. Dieser Geist wächst aus dem „Abgrund der Seele", wo die Herrschaft des Antichrist zuerst gebrochen wird, in die Welt hinein. Er erfüllt die ganze Welt, wird sie „voll, voll machen". Der Prozess im Inneren ist die Voraussetzung für einen analogen Prozeß im Äußeren. Der Mensch muß von den „Disteln" und dem „Unkraut" im Inneren, den Begierden und Leidenschaften, der Habgier und der Angst vor den Mächtigen gereinigt, und die Welt muß von den Gottlosen gesäubert und mit dem Geist Gottes gefüllt werden. Dann entsteht das Reich Gottes auf Erden. Das Äußere verändert sich von innen her. An der Art und Weise, wie Müntzer die Statue der Weltmonarchien verändert und ihren Zusammenbruch erläutert, zeigt sich, daß er das statische Zeitverständnis, die Präsenz des Immergleichen, mit dem Bewusstsein von einer sich pfeilähnlich entwickelnden Zeit konfrontiert. Jetzt ist es soweit, daß das letzte Weltreich zerfällt und das Reich

Gottes auf Erden entsteht. Sobald die Vorstellung von einem Ende der Welt und einem neuen Anfang, vom Abbruch einer alten und dem Anfang einer neuen Geschichte, Macht in den Köpfen der Menschen erlangt, verändert sich das Zeitbewusstsein. Jetzt stellt sich das Gefühl ein, daß die Zeit sich beschleunigt und auf das Ende zurast und die Zukunft nicht das Immergleiche, sondern auf einmal etwas ganz Neues bringen wird, das jeden ergreift und mitreißt, auch jeden zum Handeln bewegt. Die Zeit wird zum Vektor. Das kommt zwar im Vorstellungsrahmen spätmittelalterlicher Apokalyptik zum Ausdruck, ist aber ein Zeitbewusstsein, das modern anmutet: so noch nicht dagewesen, ganz neu. Der Mensch gewinnt eine andere Einstellung zu sich selbst, zu den Institutionen und Ordnungen, zusammengefasst, zu Gott und der Welt. Er steht anders vor Gott und anders in der Zeit. So lässt sich sagen: Der Geist der neuen Zeit wird im Schoße spätmittelalterlicher Apokalyptik geboren, bezeichnenderweise nicht im Zeitgefühl von Renaissance, Humanismus und Aufklärung. Aus dem Gedanken an das Ende der Welt und an eine Zukunft, die sich nicht überirdisch, sondern auf Erden realisieren wird, also nicht, wie bei Augustin, in der Kirche „immer schon aufgehoben ist", entwickelte sich das Bewußtsein, in eine neue Zeit eingetreten zu sein. Reinhart Koselleck sagt: „Statt der erwarteten Endzeit hatte sich tatsächlich eine andere, eine neue Zeit eröffnet."

2. Der apokalyptische Zeithorizont

In jeder Gesellschaft gibt es Menschen, die mit nüchternem Blick in ihre Zukunft sehen; es gibt auch Menschen, die mit Angst und Zittern das Schlimmste von ihr erwarten; und es gibt Menschen, die voller Erregung, visionär begabt, alles daransetzen, das Ende der Welt herbeizuführen und die Früchte ihres kämpferischen, stets riskanten Einsatzes in einem neuen Reich zu genießen. Sie wissen jetzt schon, daß ihnen die Zukunft gehören wird. So verschieden diese Einstellungen zur Zukunft waren: Um 1500 waren die Menschen überzeugt davon, im Ende der Welt zu leben, d.h. auch am Ende der Tage zu stehen, da Altes vergeht und Neues entsteht. „Die Veränderung der Welt steht jetzt vor der Tür", so heißt es hier und da. Die einen sahen darin eine Bedrohung und die anderen eine Verheißung.

Im Ende der Welt zu stehen, bedeutete damals, sich selber mitsamt seiner Zeit im Szenario der biblischen Apokalypse wiederzuerkennen. Das war kein neuer Gedanke. Als die Städte um die Jahrtausendwende in Deutschland entstanden, wurden sie im Bewusstsein der Handwerker und Kaufleute gegründet, das „neue Jerusalem" aus der Apokalypse des Johannes habe sich niedergesenkt und Realität auf Erden angenommen – ein Gedanke, der die Stadt noch an der Wende zur Neuzeit als „Heilsgemeinschaft" begreift. Jetzt war es nicht das „neue Jerusalem", bis auf einige Ausnahmen im Täufertum zu Münster in Westfalen beispielsweise, das realisiert wurde, jetzt war es die apokalyptisch aufgewühlte Zeit unmittelbar vor dem Weltgericht, die sich einzustellen begann. Nach der biblischen

Moderner Zug im apokalyptischen Saeculum 29

Abb. 4: Vorzeichen am Himmel und auf Erden: Titelholzschnitt aus Joseph Grünpeck: *Ein newe Außlegung der seltsamen Wunderzaichen vnd Wunderpürden* (1507).

Vorstellung vom Weltgericht, in dem dieser „Äon" vergehen wird, läuft diesem eine Zeit der Wirren voraus: Irdische Ordnungen geraten aus den Fugen, maßloses Leid kommt über die Menschen, Hunger, Pestilenz, Sintflut, Unterdrückung und Tod bedrohen sie. Am Himmel werden Blutzeichen wahrgenommen und unheilstiftende Konjunktionen der Gestirne beobachtet, eine astrologische Flugschriftenliteratur blüht auf und hat Konjunktur. In „neuen Zeitungen" wird von monströsen Mißgeburten berichtet, und an der Grenze des Reiches sind die Türken aufmarschiert, sie werden losschlagen, glaubte man, sobald die Posaune zum Jüngsten Gericht bläst. Elend, Gefahr, Unheil überall. Das ist die „Zeit des Antichrist". Diese Zeit ist jetzt schon angebrochen oder könnte bald anbrechen,

Abb. 5: Rätselhafte Vorkommnisse: Flugblatt über drei von einer Frau geborene Monstren: Einen leiblosen Kopf, ein fischköpfiges und ein schweineartiges Wesen (Augsburg 1532).

wenn die Menschen sich vorher nicht noch schnell zur Umkehr entschließen. So lassen sich die Holzschnitte in den astrologischen Flugschriften Joseph Grünpecks beispielsweise deuten. Auf einem wird dargestellt, wie der Himmel einstürzt und Menschen einander auf Erden umbringen, eine stillende Mutter ihrem Kind am Busen sogar das Messer an die Kehle setzt, vielleicht, weil sie verwirrt ist oder um das Menschenkind vor noch Schlimmerem zu bewahren. Das ist ein Bild, das davor warnen soll, es nicht soweit kommen zu lassen. Bekannter ist der Holzschnitt vom Schiff der klerikalen Hierarchie zu Rom, das in den aufgepeitschten Wogen des Meeres zu sinken droht: Zeitdiagnose als Warnung, für manche begannen sich darin bessere Zeiten anzukündigen.

Moderner Zug im apokalyptischen Saeculum 31

Abb. 6: Das Schiff der Kirche sinkt: Titelholzschnitt aus Joseph Grünpeck: *Spiegel der natürlichen himlischen und prophetischen Sehungen* (1508).

Bevor der Antichrist besiegt sein wird, entfesselt er seine Macht ein letztes Mal in dieser Welt und treibt sie auf die Spitze – so sehr, dass er jetzt, wie die Babylonische Hure aus der Johannesapokalypse mitten im Tempel, also auf dem Thron des Petersdoms zu Rom, sitzen soll, im Innersten des Heiligtums. Immer wieder sind solche Vorstellungen zu beobachten, daß im Zentrum der Macht bereits die Gegenmacht nistet. Das beunruhigt diejenigen, die sich den Mächtigen hingegeben haben, und das tröstet diejenigen, die unter den Mächtigen leiden und ihnen hilflos ausgeliefert sind. Der Antichrist ist zwar eine schreckliche Erscheinung, mit ihm werden aber Mangel, Missstand und Bedrückung bald ein Ende finden. Die sozialpsychologischen Wirkungen, die von apokalyptischen Vorstellungen ausgehen, sind mannigfaltig.

Der Papst selber ist der Antichrist, zu dieser Erkenntnis, die schon im späten Mittelalter als Gerücht kursierte, war Martin Luther 1520 gekommen: Nicht dieser oder jener Papst ist der Antichrist, wie man früher vor allem meinte, sondern

1. Ende der Welt und Beginn der Neuzeit

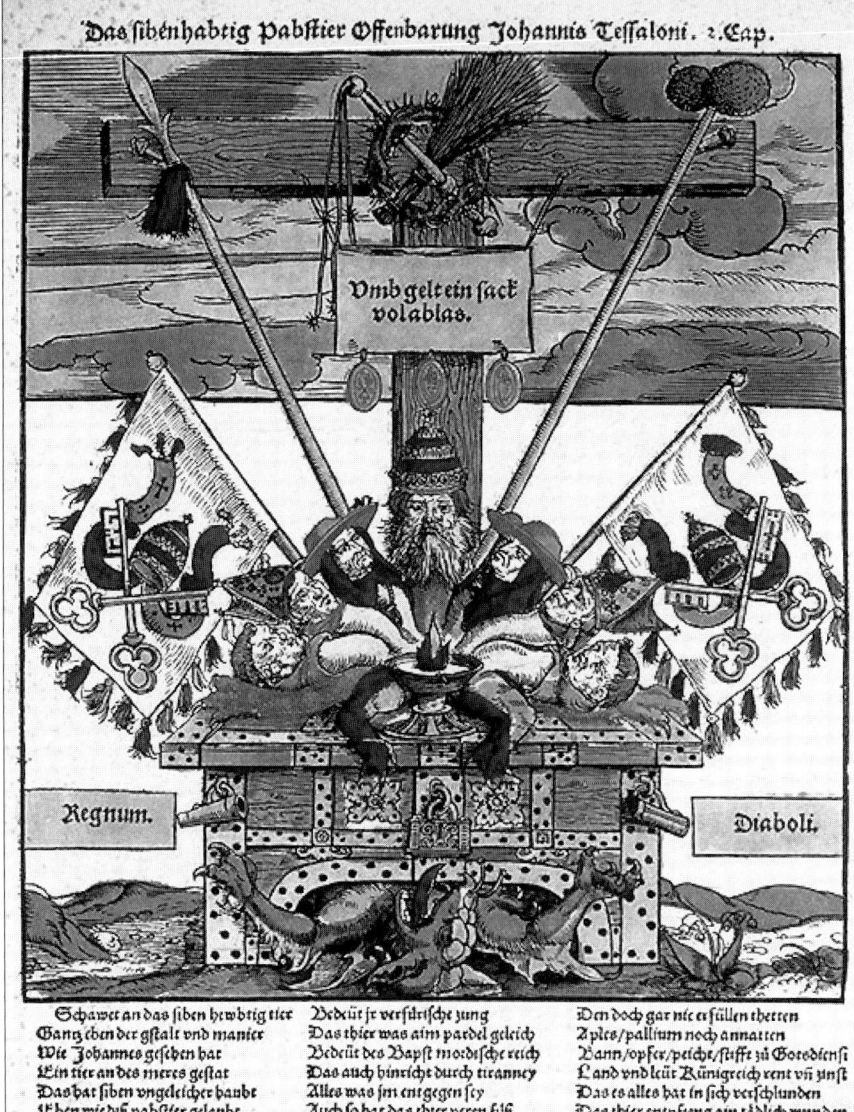

Abb. 7: Das Papsttum als siebenköpfiges Tier der Apokalypse. Holzschnitt um 1530, anonym.

das Papsttum schlechthin. Die Institution des Papsttums, die geistliche Herrschaft, ist eine antichristliche Institution, d.h. die klerikale Hierarchie, bis in die niederen Weihen hinunter, dient dem Antichrist. Auch diese Vorstellung findet sich gelegentlich schon vor der Reformation, z.B. in den pseudojoachitischen Kommentaren zu Jeremia und Jesaja (1250-1265), bedrohlich wird sie erst jetzt: Die Geweihten werden zu Feinden Christi oder, wie Luther schrieb, zu „Bannwerfern des Antichrist" und „Hetzhunden des Teufels". Müntzer beschimpfte die „beltzebuppischen knechte" und des „teuffels pfaffen".

Abb. 8: Der Papst wird im Rachen der Hölle von Teufeln gekrönt. Holzschnitt aus Martin Luther: *Wider das Papsttum zu Rom, vom Teufel gestiftet* (1545).

Schon die mittelalterliche Papstschelte, die sich mit der spätmittelalterlichen Kleruskritik allgemein verband, mit Pfaffenhass und Verachtung von Mönchen und Nonnen, Prälaten, Bischöfen und Kardinälen, war heftig und nahm zusehends apokalyptisch-kosmische Züge an. Die große Scheidung der Tage stand im Bewusstsein zahlreicher Menschen kurz bevor. Sie hatte schon als Kampf gegen die Geistlichen begonnen, die das Volk in die Irre führten, und bewegte sich, wie manche es sahen, auf das letzte Gericht zu: die Gottlosen werden vernichtet und die Auserwählten gerettet werden.

Diese antiklerikale, endzeitlich aufgeladene Stimmung war weit verbreitet – auch wenn es unmöglich ist, darüber eine quantifizierende Aussage zu machen. Sie wirkte sich auf das soziale Milieu in den Städten und auf dem Lande aus. Das Bewusstsein vom Ende der Welt hatte sich überall eingenistet, Angst affizierte die sozialen Beziehungen, Resignation und Weltflucht stellten sich ein, Frivolität und Fleischeslust waren das andere Extrem, ebenso Protest, Aufbegehren und Utopie. Alles ging durcheinander, und die größten Gegensätze bestanden nebeneinander: veräußerlichtes Ritual und verinnerlichte Frömmigkeit, Widerstand und Ergebung, Todesangst und Sinnenrausch. Es war eine Zeit der Krise. Noch war alles möglich: Untergang genauso wie der Anbruch einer neuen Zeit.

Luther, der ebenfalls das Ende der Welt nahe vor Augen sah, war zurückhaltend und warnte davor, sich an der Exekution des göttlichen Urteils zu beteiligen. Allein das Wort wird es richten, war seine Meinung. Er schrieb „Wider die himmlischen Propheten", die „Weltfresser" und die „Himmelsstürmer". Heiko A. Oberman betont, dass Luther kein „Weltverbesserer" war, „der eine erfolgversprechende Offensive zur geistigen Aufrüstung der Neuzeit startete – gegen Sünde, Krieg und Elend. Nicht die Neuzeit, sondern die Endzeit wird von Luther ausgerufen, zwar das Ende des Mittelalters, aber zugleich der Anfang vom Ende aller Zeiten." Wenn der Christ „zwischen der Welt des Teufels und dem Zorn Gottes, zwischen der Macht des Chaos und dem kommenden Gericht" lebt, so charakterisiert Oberman die apokalyptisch wahrgenommene Situation Luthers, „dann ist die verbleibende Zeit zu nützen und die Schöpfung, unsre Lebensraum, nach Kräften zu schützen." Der Mensch ist nicht aufgerufen, am Heil mitzuwirken, nicht das Gericht Gottes zu vollstrecken, sondern allein das Überleben in bedrohter Lage zu sichern, solange diese Welt besteht. Unter dem Eindruck des Weltendes forderte Luther zum Handeln aus Nächstenliebe in dieser Welt auf, aber nicht dazu, das Reich Gottes auf Erden herbeizuführen.

Anders reagierte Thomas Müntzer auf die Endzeiterwartungen seiner Zeit. Er rief die Fürsten auf, das Schwert gegen die Feinde Christi im Inneren einzusetzen. In seiner *Fürstenpredigt* (1524) wollte er ihnen eine *Revolution von oben* einreden, „dann yhr seyt die mitler dozu". Und als die Fürsten sich ihm versagten, rief er Monate später die Bauern und Handwerker herbei, das Schwert selber in die Hand zu nehmen und in den letzten Kampf zu ziehen: „Die Gewalt soll gegeben werden dem gemeinen Volk." Das „gemeine Volk" ist das Volk Gottes. Hier wird ein Wort des Propheten Daniel aktualisiert (Dan. 7, 27) und zu einer frühen, noch religiösen Form der Volkssouveränität ausgebildet.

Sowohl die aktivistisch-militante als auch die pragmatisch-gelassene, um das schiere Überleben bemühte Haltung war eine Möglichkeit, Konsequenzen aus dem apokalyptischen Zeitbewusstsein zu ziehen. Luther setzte aus Respekt vor dem Ratschluss Gottes auf die weltlichen Obrigkeiten, die die Dinge der Welt *vorläufig*, d.h. auch weltlich regeln, um das Schlimmste zu verhindern: Raub und Totschlag. Die Untertanen sollten sich in Nächstenliebe üben und gelassen sein. Müntzer wollte diese Dinge im Einvernehmen mit dem Heilsplan Gottes dagegen schnell und *endgültig*, d.h. geistlich regeln: eine Ordnung der Gerechtigkeit aufrichten, in der „alles allen gehört". Reinhart Koselleck belegte die Erfahrung beschleunigter Zeit mit Zitaten Luthers, das ist durchaus richtig, die Frist, die noch bleibt, wird immer kürzer. Doch der überzeugendere Kronzeuge für seine These wäre Thomas Müntzer gewesen, wenn er in der *Fürstenpredigt* schreibt: „das werck geht itzdt im rechten schwangke vom ende des funften reichs der welt", und wenn er davon spricht, daß Gott das Elend der Tage verkürzen wird. „Dran, dran, weyl ir tag habt", feuert er die Mansfelder Tuchknappen an: Es ist allerhöchste Zeit zu handeln. Die Gegenwart erstreckt sich in die Zukunft. Darüber hinaus kann die Quellenbasis Kosellecks wesentlich erweitert

Abb. 9: Christus als Weltenrichter am Ende der Tage. Aus: *Der Antichrist und die Fünfzehn Zeichen vor dem Jüngsten Gericht*, Straßburg 1480.

werden. Das „apokalyptische Saeculum", ein von Will-Erich Peuckert in *Die große Wende* (1966) eingeführter Begriff, sprengt die Jahrhundertgrenzen. Es beginnt mit den joachitischen Anschauungen und mit den nachjoachitischen Bewegungen der Franziskaner Spiritualen im späten Mittelalter, wie Karl Löwith gezeigt hat, findet bei John Wycliff in England, im Aufstand der Hussiten in Böhmen, in der Reformationszeit in Deutschland und beispielsweise auch in England, bald sogar in Neu-England, einen nachhaltigen, mentalitätsprägenden Ausdruck.

Darunter oder nebenher lief das Leben, wir würden sagen, „normal" weiter. Es wurde auf den Feldern gearbeitet, auch in den Werkstätten der Handwerker, es wurde Handel getrieben, es wurde Politik gemacht, unterdrückt und ausgebeutet, zu Gericht gesessen, ins Gefängnis geworfen, es wurden Schlachten geschlagen, es wurde gepredigt, gesungen, gefeiert. Und doch: Über allem wurde das Ende der Welt erwartet. Die Zeit des Antichrist war die Zeit einer großen Krise: einer profanen, geistlichen, ja, kosmischen Krise, die als beschleunigte, sich schnell zusammenzurrende Zeit wahrgenommen werden konnte. Sie war zugleich eine Zeit der Reformen. So wurden Konsequenzen aus Krisenerfahrungen gezogen, die in eine neue Zeit wiesen.

3. Frühe Neuzeit: „Verzeitlichung der Geschichte"

Über das geschichtswissenschaftlich diskutierte Problem der Zäsur zwischen Mittelalter und Neuzeit hat vor allem Stephan Skalweit in *Der Beginn der Neuzeit. Epochengrenze und Epochenbegriff (1982)* ausführlich geschrieben – und zwar so, daß er die Forschungspositionen zu diesem Problem zusammengestellt und erörtert hat. Er hat vier Ereigniskomplexe benannt, die den Übergang vom Mittelalter zur Neuzeit markieren: die Renaissance, die Entdeckung der Neuen Welt, die Reformation und die Entstehung des modernen Staates.

Ich will nur einige Ergebnisse seiner Erörterungen ansprechen und für die eigene Darstellung der Periodisierungsproblematik nutzen.

1. Es gibt keine scharfe, eindeutige Zäsur. Kein Ereignis treibt den Keil so tief in den historischen Zusammenhang, dass man sagen könnte, ab jetzt sei alles anders und neu geworden, wie überhaupt Ereignisse selbst keine Epochengrenze signalisieren – auch die Reformation als Umbruch nicht. Die Feststellung von Epochengrenzen und Epochenzäsuren ist einzig und allein das Geschäft der Historiographie, die Geschichte selbst ist komplex, polyform und fließend, ohne Grenze und ohne Zäsur.

2. Nicht in Ereignissen vermag man Zäsuren zu sehen und zu begründen, sondern in einer Erweiterung der Ereignisse zur Signatur einer Epoche oder eines Zeitalters. So sprechen wir vom Zeitalter der Renaissance, vom Zeitalter der Entdeckungen, vom Zeitalter der Reformation, vom Zeitalter des frühmodernen Staates. Als Kolumbus 1492 seinen Fuß auf den Boden der Neuen Welt setzte, dauerte es noch ein Jahrhundert, bis dieses Ereignis seine Bedeutsamkeit in Europa entfaltet hatte, so daß man hätte sagen können, es habe die Welt tatsächlich verändert. Es macht also wenig Sinn, das Zeitalter der Entdeckungen schon 1492 beginnen zu lassen.

3. Nicht ein Ereignis, sondern ein Zeitalter, in dem ein Prozess der Veränderung deutlich erfahrbar wird, könnte in der Lage sein, eine Zäsur zwischen den Zeiten anzuzeigen und zu begründen. Doch auch das reicht nicht aus. Das kann allenfalls die enge Aufeinanderfolge, das Sich-Überlappen und Ergänzen von mehreren signifikanten Zeitaltern leisten: Renaissance, Entdeckung der neuen Welt, Reformation und frühmoderner Staat. Diese vier Zeitalter, die zu „Leitbegriffen

unseres Neuzeitverständnisses" geworden sind, akkumulieren sich zwischen 1500 und 1600 zur Schwelle zwischen Mittelalter und Neuzeit.

Wenn sich die Frage nach der Zäsur von einem Ereignis auf ein Zeitalter, von einem Zeitalter auf ein Zusammentreffen oder eine dichte Abfolge, teilweise sogar ein Überlagern von Zeitaltern verschiebt, stellt sich fast zwangsläufig der Gedanke ein, daß der Zeitraum dieser Abfolge und Überlagerung eine eigene Qualität annimmt. Er wird zu einer Zwischenzeit oder, wie es in der marxistisch-leninistischen Geschichtsschreibung hieß, zu einem Übergang: Nicht mehr Mittelalter und noch nicht Neuzeit.

Werden Kontinuitäten betont, legt es sich nahe, die Zwischenzeit am besten mit dem Begriff des „späten Mittelalters" zu bezeichnen, einem allmählichen Auslaufen des Mittelalters. Wer dagegen auf Diskontinuitäten achtet, wird der Meinung sein, dass der Begriff der „frühen Neuzeit" angebracht sei, einem zaghaften Sichankündigen einer neuen Zeit Ausdruck zu verleihen. Beide Begriffe sind recht dehnbar. Jan Huizinga sprach vom *Herbst des Mittelalters* (1919) – eine Metapher, die den Ausklang des Mittelalters versinnbildlicht: Auflösung, Absterben, Verwesung, aber auch das Einbringen der Ernte, die farbenprächtige Vollendung eines Zeitalters. Doch diese Metapher soll weniger biologische Erscheinungsformen einer Jahreszeit als vielmehr eine Stimmung abbilden. Helmut Diwald charakterisierte dieselbe Periode als *Anspruch auf Mündigkeit* (1975) – eine Metapher, die Neuanfang, Aufschwung, nicht Herbst und Niedergang assoziiert, eher Frühling, neues Erwachen, frisches Wachstum, noch nicht Reife und Ernte. Wenn zwischen Kontinuität und Diskontinuität vermittelt werden soll, wird gelegentlich von der „werdenden Neuzeit" gesprochen oder die weitgespannte Geschichte von 1250 bis 1750 als „neue Zeit" beschrieben: einer sich herausbildenden Vielfalt der Staaten in Europa, die zur Signatur einer Epoche wird und Veränderungen in vielen Bereichen mit sich führt. Heinz Schilling schreibt in *Die neue Zeit* (1999): „Jede dieser Wandlungen, die Leben und Denken der Menschen auf lange Sicht umpflügten und bis heute den Kontinent tief prägen, wird einerseits an ihre spätmittelalterlichen Vorbedingungen angebunden, andererseits wird sie in ihrer unmittelbaren Konsequenz für die alltäglichen Lebensbedingungen und Denkgewohnheiten für die Zeitgenossen selbst relativiert." Fragen historischer Periodisierung sind nicht eindeutig zu beantworten.

Es ist vor allem die Reformation gewesen, die dazu beitrug, dass sich der Begriff der Frühen Neuzeit durchsetzte: eine Signatur für Umbruch, Wandel und Aufbruch.

1. Der Begriff „Reformation" ist in der sogenannten Reformationszeit nur selten gebraucht worden. Luther hat eine Reformation vom Wort Gottes erwartet, nicht vom Reformwillen der Menschen – Reformation als „creatura verbi". So war Luther nach Heiko A. Oberman nicht Reformator, sondern eigentlich nur Vorreformator. Müntzer hat eine „unüberwindliche, zukünftige Reformation" als revolutionäre Veränderung von Welt und Geschichte im Auge gehabt, an der es mitzu-

wirken galt: für die weltlichen Obrigkeiten genauso wie für den „gemeinen Mann". Im späten Mittelalter war „reformatio" ein Begriff für die Erneuerung der Christenheit, der kirchlichen genauso wie der weltlichen Ordnung. Im Konziliarismus war die Rede von einer Reformation an Haupt und Gliedern und in der *Reformatio Sigismundi* meinte „Reformation" eine Erneuerung von Kirche und Reich, Geistlichem und Weltlichem. Luther, wenn er diesen Begriff überhaupt gebrauchte, schränkte ihn auf eine geistliche bzw. kirchliche Erneuerung ein. Müntzer dagegen übernahm die gesamtgesellschaftliche Vorstellung des späten Mittelalters, zog ihr aber zusätzlich eine endzeitlich-kosmische Dimension ein bzw. verstärkte diese Dimension: Die unüberwindliche Reformation, die vonnöten sei, ist das beginnende Reich Gottes auf Erden. Auf den Protestantismus wurde der Reformationsbegriff zunächst überhaupt nicht angewandt. Gebraucht wurde er im 16. Jahrhundert von der katholischen Kirche beispielsweise im *decretum super reformatione* des Konzils von Trient. Ebenso ist die häufig beschworene Losung von der *ecclesia semper reformanda* nicht in der Reformationszeit in Umlauf gebracht worden, sondern im niederländischen Pietismus. Die Reformation wurde durchgesetzt, doch der Begriff für dieses Geschehen stellte sich erst später ein.

2. In der Aufklärung und im Einzugsbereich der Französischen Revolution erhielt der Reformationsbegriff einen revolutionären Inhalt. Reformation war Revolution von Weltgeltung. Selbst Herder war dieser Meinung, sodann Hegel, Heine, Marx und Engels. Marx sprach davon, dass Deutschland eine Revolution gehabt habe, fügte aber hinzu: leider nur im Kopf, „eine echte Bewusstseinsrevolution von weltweiter Wirkung", keine politische oder soziale Revolution. Stärker unter sozialgeschichtlichen Gesichtspunkten urteilte Engels. Er ordnete die Reformation in den europäischen Revolutionszyklus ein und sah in Reformation und Bauernkrieg die „Revolution Nr. 1". Die Historiker, die ihm später folgten, waren vorsichtiger und erfanden die „Theorie der frühbürgerlichen Revolution". Tiefer als mit Revolution kann eine historische Zäsur nicht in den Gang der Geschichte eingeschnitten werden.

In der allgemeinen Geschichtsschreibung hat sich die revolutionäre Ausdeutung des Reformationsbegriffs nicht durchgesetzt. Ranke schrieb ein großes Werk über *Das Zeitalter der Reformation* (1839) und bürgerte „Reformation" als Epochenbegriff ein. Das „Zeitalter der Reformation" war weder „mittelalterlich" noch „modern". Wie auch immer Ranke die Reformationszeit inhaltlich wertete, sie war doch ein tiefer Einschnitt in der deutschen Geschichte, die Impulse für die Entwicklung einer Kultur von Weltgeltung freigesetzt hatte. Negativ bewertet wurde alles, was den „großen welthistorischen Gang der Kultur" unterbrochen hätte: konsequente Apokalyptiker und Revolutionäre, Müntzer, die Täufer und Paracelsus, soziale Bewegungen zu allen Zeiten. Ranke hatte sich zunächst durchgesetzt.

Diese Beispiele genügen, um zu zeigen, dass die Zäsur zwischen Mittelalter und Neuzeit vor allem mit dem Reformationsgeschehen begründet wird und dass die Epochenbezeichnung „Frühe Neuzeit" ganz entscheidend davon abhängt, wie die Reformation bzw. die von ihr ausgehenden weltgeschichtlichen Wirkungen verstanden werden. Die Reformation rückt auch deshalb ins Zentrum der Periodisierungsproblematik, weil ihre Affinität zu Renaissance und zur Entstehung des frühmodernen Staats besonders eng ist. Selbst wenn ihr gelegentlich nicht mehr der Charakter eines tiefgreifenden Umbruchs zugeschrieben wird, bleibt sie „Hauptetappe" in einem längeren Modernisierungsprozess.

Hier kann nicht die Diskussion nachgezeichnet werden, die gegenwärtig um den Epocheninhalt der Frühen Neuzeit geführt wird. Einige Andeutungen müssen genügen. Im Rahmen marxistischer Historiographie ist der Übergang gekennzeichnet durch den Prozess, in dem der Kapitalismus den Feudalismus überwinden wird: Die Veränderung der feudalen „Gesellschaftsformation" setzt mit der ersten frühbürgerlichen Revolution (Reformation und Bauernkrieg) ein und wird mit der reifsten Form der bürgerlichen Revolution, der Revolution in Frankreich 1789, zum Abschluss gebracht. Aus einer anderen sozialgeschichtlichen Perspektive hat Otto Brunner die Zeit zwischen Mittelalter und Neuzeit als die Zeit der „alteuropäischen Sozialstruktur" beschrieben: eine ständestaatliche Ordnung, die sich vom mittelalterlichen Lehnswesen genauso unterschied wie von der Klassengesellschaft, die entstand, als sich die Einheit von *res publica* und *societas civilis* auflöste: eine Übergangszeit vom 12. bis 18. Jahrhundert. Peter Blickle sieht einen wichtigen Entstehungsimpuls der Frühen Neuzeit in den Ansprüchen, die der „gemeine Mann" unter dem Eindruck reformatorischer Ideen auf politische Mitgestaltung erhob, und Winfried Schulze spricht von dem „Jahrhundert der Veränderung", wenn er an die Reformationszeit denkt. Allerdings handelt es sich nicht um eine durchgängige, unumstrittene Veränderung: „Während sich in der ersten Jahrhunderthälfte eine Fülle von erheblichen Veränderungen durchsetzte, ist die zweite Hälfte dieses Jahrhunderts gewissermaßen der Gegenschlag gegen das Übermaß an Veränderung, ein Zuviel an Auflösung, ein Zuviel an Ordnungsverlust." Die Veränderungen sind so tiefgreifend, dass Schulze mit Recht an der Auffassung festhält, mit dem 16. Jahrhundert werde der Bruch mit dem Mittelalter eingeleitet. Mit ihm beginnt die Neuzeit. Andere legen den Akzent auf den modernen Staatswerdungsprozess, der schon im späten Mittelalter begann und zum Absolutismus führte, dazwischen aber habe sich ein Zeitalter der Konfessionalisierung bzw. der Sozialdisziplinierung geschoben. Sozialdisziplinierung wurde zu einer bedeutsamen Signatur der Frühen Neuzeit. An der Ausformung dieses Begriffs waren nicht nur Historiker beteiligt, wie Gerhard Oestreich, der diesen Begriff einführte, sondern auch Nichthistoriker bzw. Außenseiter der Geschichtswissenschaft wie Norbert Elias und Michel Foucault.

Eindeutig lässt sich der Epochencharakter der Frühen Neuzeit nicht bestimmen. Zuviel läuft in dieser Zeit gegeneinander, zuviel Aufbruch und zuviel Krise, zuviel Neues und immer noch zuviel Altes. Sie ringen miteinander. Die Frühe Neuzeit ist schwer zu fassen und auf den Begriff zu bringen. Reinhart Koselleck hat diese Zeit als den Prozess zu fassen versucht, in dem sich ein neues Bewusstsein von Zeit herauszubilden begann: von 1500 bis 1800. Merkwürdigerweise gründet dieses Bewusstsein nicht in einer weltanschaulichen Aufbruchstimmung, nicht im Humanismus, auch nicht in Erfolgserlebnissen technischer Innovation im späten Mittelalter. Das neue Zeitbewusstsein bringt sich vielmehr in der bedrängenden Erfahrung zum Ausdruck, dass Welt und Zeit ihrem Ende zulaufen. Die Erwartung des *finis mundi* im Weltgericht war einerseits so intensiv, dass sich die Frist, die noch blieb, verkürzte und das Bewusstsein sich beschleunigender Zeit wachrief; andererseits war diese Erwartung so fordernd, dass alles Handeln darauf ausgerichtet wurde, den einsetzenden Veränderungsprozess zu beschleunigen bzw. sich ihm zu widersetzen, um das Ende noch ein wenig aufzuschieben. Reinhart Koselleck schreibt: „Um meine These zugespitzt zu formulieren, so handelt es sich in diesen Jahrhunderten um eine Verzeitlichung der Geschichte, an deren Ende jene eigentümliche Beschleunigung steht, die unsere Moderne kennzeichnet": ein Zeitbewusstsein, das, nun allerdings säkularisiert, nicht mehr mit dem Ende der Geschichte rechnet, sondern mit einer Zukunft, die einen Raum politischer Gestaltung öffnet, in dem Kalkül und Prognose als Instrumente der Politik und Sozialplanung eingesetzt werden. Die Verzeitlichung der Geschichte: Das ist der moderne Zug im „apokalyptischen Saeculum". Anders sah es Jacques LeGoff in seinem berühmten Aufsatz *Zeit der Kirche und Zeit des Händlers im Mittelalter* (1960). Er nahm eine sozial- und wirtschaftsgeschichtliche Zäsur im 13. Jahrhundert und eine fortschreitend-retardierende Entwicklung an, die erst in der Neuzeit zum Abschluss gekommen sei. Der berechnende Umgang mit der Zeit im wirtschaftlichen Prozess hat viel mit dem Erfolg kapitalistischer Wirtschaftsweise zu tun. Zeit ist nicht mehr, wie im Mittelalter, ein unverfügbares Gnadengeschenk Gottes. Sie ist vielmehr zu einem Instrument im Kalkül der Kapitalisten geworden. Johannes Fried, der in der spätmittelalterlichen Apokalyptik den Wurzelboden für das neuzeitliche Wissenschaftsverständnis sieht, hat auf den Zusammenhang von Apokalyptik und kapitalistischer Entwicklung hingewiesen: „Als die apokalyptische Eschatologie im 16. Jahrhundert unter den Katholiken abzusterben begann, blühte sie in gewandelter Gestalt unter den Protestanten in neuer Vielfalt auf, brachte Newton hervor und den Dollar." Noch einmal: Vor allem in der Vorstellung vom Ende der Welt wurde das Bewußtsein von einer neuen Zeit geboren, von einer Zeit, die nicht mehr altert, sich sehr wohl aber von Zeit zu Zeit erneuert und verjüngt.

2. KAPITEL
Der Adler und das Kreuz
Corpus Christianum und ständische Ordnung

1. „Nichts steht in rechter Ordnung"

Apokalyptische Reiter, die aus den Wolken hervorpreschen, Kirchensäulen und Kreuze, die vom Himmel fallen, Städte mit aufgerissenen Mauern, schutzlose Bürger, Wasser einer Sintflut, die Menschen mitreißen, Mord und Totschlag: Solche Bilder, die den Zerfall der herkömmlichen Ordnung illustrieren, häufen sich um 1500. In ihnen kommen Ängste und Sehnsüchte zum Ausdruck. Die Wirkung der Bilder ist stärker als die Wirkung von Worten. Tiefer als Worte erfassen sie das Gefühlsleben der Menschen und prägen ihr Bewusstsein. Sie schleifen sich ins Gemüt ein. Im Nachhinein betrachtet markieren solche Bilder das Ende des Mittelalters und deuten auf den Anbruch einer neuen Zeit. „Gehorsamkeit ist tot, Gerechtigkeit leidet Not, nichts steht in rechter Ordnung". So heißt es in der *Reformatio Sigismundi*. Die rechte Ordnung muß wiederhergestellt werden. Das ist der Tenor der sogenannten Reformschriften im späten Mittelalter.

Der Papst erscheint als monströse Zwittergestalt, teils Esel, teils Hure, teils schuppiges Tier, teils Greifvogel. Eine solche Skulptur soll im Tiber gefunden worden sein. Der Papst ist nicht mehr, was er sein sollte. Er ist nicht mehr der Stellvertreter Christi auf Erden, sondern der Antichrist. Besonders eindrucksvoll ist die Abbildung aus der Hussitenrevolution von einer siebenköpfigen Bestie, deren riesiger Insektenleib die höchsten Kirchenvertreter umschließt: Papst, Kardinäle und drei Bischöfe. Auf einem anderen Bild, das Horst Bredekamp in seiner Untersuchung über *Kunst als Medium sozialer Konflikte* (1975) analysiert, wird die Bestie von einem Kirchendiener in den Rachen der Hölle gestoßen, „hinter der Fratze erscheint die Tiara des Papstes, der nicht mehr nur gefangen, sondern ganz in einen Teilleib des Untiers aufgegangen ist". Die Veränderung der Welt deutet sich in der Verwandlung der Leiber an, der Zerfall der Ordnung in der Auflösung der Dinge. Alles fällt aus der ursprünglichen Ordnung. Nichts ist mehr, was es war, nichts mehr an seinem Ort.

Aufschlussreich ist ein Holzschnitt: Bauern zelebrieren die Messe am Altar einer Kirche, die auf die Spitze gestellt ist, während Kleriker hinter dem Pflug gehen und den Acker bestellen: eine verkehrte Welt. Gedacht ist dieser Holzschnitt als Warnung: so könnte es kommen, wenn die Menschen sich nicht ändern. Bald werden andere darin ein Hoffnungsbild sehen, eine Utopie: Dem Bauern wird es eines Tages besser gehen. Am Ende steht Zeitdiagnose und Klage zugleich: „Es war gannz kein Ordnung mehr" im Reich. Die einen resignieren, die anderen schöpfen daraus neue Hoffnung. Eintracht und Friede, so verklären sich die vergangenen Zeiten, Unruhe und Zwietracht in der Gegenwart: Ordnung einst und Unordnung jetzt. Dabei darf es nicht bleiben, war die Meinung vieler.

Religion und Gemeinwesen, die jetzt zu zerbersten drohen, waren einst eine festgefügte Ordnung, durchwirkt und zusammengehalten von der Theologie. Die Theologie stellte die „höchste Verallgemeinerung" der sozialen Praxis des Menschen im Mittelalter dar. Das sagte Aaron Gurjewitsch in seinem Buch über *Das Weltbild des mittelalterlichen Menschen* (1980). Die Ordnung, zu der die theologische Argumentation Kirche, Gemeinwesen und Lebenswelt zusammenfügte, ja, miteinander verschmolz, wurde später *Corpus Christianum* genannt, ein Begriff, mit dem die geistlich-weltliche Grundordnung der mittelalterlichen Welt zum Ausdruck gebracht wird.

2. Corpus Christianum: Einheit und Konflikt

Dieser Begriff geht auf die neutestamentliche Vorstellung vom „Leib Christi" (Corpus Christi) zurück: „also sind wir viele ein Leib in Christo" (Röm. 12,1). Im Abendmahl wachsen die Anhänger Christi zu einer Gemeinschaft von Brüdern und Schwestern zusammen. Christus ist das Haupt und seine Nachfolger sind die Glieder. Sie werden zu einer solchen Gemeinschaft, wie es bei einem Kirchenvater heißt, durch das Blut Christi „zusammengeklebt": „Sanguine Christi conglutinati sumus".

Der Leib Christi ist zunächst eine geistliche Gemeinschaft (Corpus Christi mysticum), doch nicht nur von mystisch empfundener Solidarität, sondern auch von sozialem Zusammenhalt und einem Ethos, welche die ersten Christen als Fremdlinge und Außenseiter in ihrer Umgebung erscheinen ließen. Sie schlossen sich zu einer Gemeinschaft zusammen, die den Kult der Heiden mied und sich weigerte, deren Götter zu verehren. So heißt es in einem Bericht aus jener Zeit: „Menschen einer bejammernswerten, verzweifelten Rotte ziehen gegen die Götter zu Felde, indem sie aus der Hefe des Volkes unwissende Leute und leichtgläubige Weiber, die schon die Schwäche ihres Geschlechts zu Verwirrungen treibt, zusammensuchen und eine ruchlose Verschwörerbande bilden."

Außenseiter und Fremde rufen solche Urteile hervor. Sie ziehen auch schwere Verfolgungen auf sich. Diese Verfolgungen ließen erst nach, als die römischen Kaiser im Kampf gegen den Zerfall des Reiches auf die Unterstützung der Christen angewiesen waren, die sich vor allem in der städtischen Bevölkerung ausgebreitet und eine machtvolle, weitvernetzte Organisation aufgebaut hatten. Kaiser Konstantin leitete 313 die Duldung der Christen ein, die schließlich unter seinen Nachfolgern dazu führte, daß das Christentum zur Staatsreligion erhoben wurde. Heute spricht man von der „Konstantinischen Wende" oder der „Konstantinisierung der Kirche". Aus einer Kirche im Untergrund wurde die Staatskirche.

Der Kaiser hatte die christliche Kirche nicht nur zu Hilfe gerufen, um im Zeichen Christi einen militärischen Sieg über die Feinde des Reichs zu erringen. Er hatte sie auch seiner Botmäßigkeit unterworfen. Er sorgte für die Einigung rivalisierender christlicher Kirchen im Reich und regierte in die theologischen Streitigkeiten hinein, die auf zahlreichen Synoden und Konzilen ausgetragen wurden und zur Bildung von Dogmen in der Christenheit führten. Was geglaubt werden sollte, wurde vom Kaiser mitbestimmt. Probleme der Christologie und Trinität Gottes waren nicht nur Probleme des Glaubens, sondern auch der Politik. Darüber sollen sich auch die Marktweiber ereifert haben. Über dem Streit um die richtige dogmatische Formulierung ließen sie, wie gerüchtweise kolportiert wurde, sogar den feilgebotenen Fisch an der Sonne verfaulen. Das *Nicänische Glaubensbekenntnis*, das immer noch an hohen Festtagen gesprochen wird, war teilweise ein Diktat des Kaisers, also ein politisches Dokument, das Einheit im Reich fördern, Unliebsame häretisieren und ausgrenzen sollte. Hier muß die Geschichte abgekürzt werden: Als das römische Reich im Westen niedergegangen war, war der Bischof von Rom machtvoll aufgestiegen, und allmählich setzte sich die Meinung durch, dem römischen Pontifex, dem Papst, seien die Herrschaftsrechte des *Imperium Romanum* übertragen worden, der Kaiser habe sich nach Byzanz zurückgezogen und dem Papst die Herrschaft im Westreich überlassen. Die Rede von der *Konstantinischen Schenkung* zog ihre Kreise, eine Rede, die erst in der Renaissance von dem italienischen Humanisten Lorenzo da Valla als „Legende" aus dem 8. Jahrhundert entlarvt worden war: eine berühmte Fälschung. Martin Luther hat diese Enthüllungsgeschichte später in den Druck gegeben und vor aller Welt bekannt gemacht.

Mit der *Konstantinischen Schenkung* öffnete sich der Weg zur Christianisierung im Westen: Das war nicht eine Geschichte subversiver Überzeugungsarbeit, sondern blutiger Unterwerfungskämpfe. Statt einer Religion der Brüderlichkeit begann sich im Westen religiös begründete Herrschaft und Unterordnung durchzusetzen.

Aus den kleinen, in sich abgeschlossenen Christengemeinden, aus geradezu sektiererisch-anarchischen Gemeinschaften im Untergrund, war eine kirchliche Institution von universalem Zuschnitt entstanden. Die separatistische Exklusivität des Heilsanspruchs („extra ecclesiam non est salus") war allerdings nicht aufgegeben worden. Die Grenzen blieben bestehen, sie wurden nur geographisch ausgeweitet. Immer noch galt: „extra ecclesiam non est salus". Wer getauft worden war, gehörte zur christlichen Kirche, doch nicht nur zur Kirche, sondern auch zum weltlichen Obrigkeitsbereich des Kaisers, dem das Herrschaftsrecht vom Papst verliehen worden war: zum „Heiligen Römischen Reich". Die Grenzen des Reichs waren die Grenzen der Kirche, und die Grenzen der Kirche waren die Grenzen des Reichs. Wer nicht getauft war, wie Juden, Sarazenen und Türken, gehörte nicht zum Reich; wer vom Glauben der Kirche abfiel oder sich ihm widersetzte, wie Bogomilen, Albigenser, Katharer und Waldenser, gehörte nicht mehr zum Reich. Er stand außerhalb des Corpus Christianum.

Im Reich waren natürlich auch Spannungen, Rivalitäten und Streitigkeiten an der Tagesordnung: der große Streit zwischen Kaiser und Papst um die Vorherrschaft im Reich, der Investiturstreit im Hochmittelalter. Seit dem 11. Jahrhundert stellten sich auch Spannungen zwischen dem Klerus und den Laien ein. Schon Walter von der Vogelweide klagte:

> „da sich begunden zweien,
> die pfaffen unde leien,
> das was ein not vor aller not".

Spannungen und Konflikte gab es auch zwischen höherem und niederem Adel, höherem und niederem Klerus, zwischen Weltgeistlichen und Ordensgeistlichen, Gelehrten und Mönchen, zwischen Grundherren und Bauern, zwischen Stadtbürgern und Adel, zwischen Ratsherren und dem „gemeinen Mann". Die Geschichte des Mittelalters war alles andere als die Geschichte einer harmonischen Weltgesellschaft. Sie war die Geschichte von Spannung, Konflikt, Krieg und Aufstand, doch eben im Rahmen des *Corpus Christianum*. Diese Grundordnung wurde nicht gesprengt, auch wenn ihre Idee, wie Johannes Heckel meinte, „durch die starke Einbuße der geistlichen Autorität des Papsttums und durch das Aufkommen des Nationalstaatsgedankens ihren realpolitischen Rückhalt verloren" hat. Noch aber blieben Geistliches und Weltliches rechtlich miteinander verzahnt.

Corpus Christianum wurde zunächst als ein Verfassungsbegriff verstanden. Auf Konflikte und Auseinandersetzungen bezogen, zeigt sich jedoch, dass das *Corpus Christianum* auch sozialgeschichtlich relevant war, wie an folgenden Beispielen besonders deutlich zu erkennen ist.

Das *erste* Beispiel führt aufs Land. Dort wird das Sozialgefüge vom Verhältnis zwischen dem adligen Herrn und dem Bauern bestimmt. Der Herr war zunächst *Grundherr*. Er überließ dem Bauern Grund und Boden (Hufe) zu wirtschaftlicher Nutzung. Andererseits schuf er mit den Abgaben und Diensten, die dem Bauern als Gegenleistung auferlegt wurden (Naturalien, Geld, Frondienste), auch für sich selbst eine sich ständig erneuernde Existenzgrundlage. Dieses Feudalverhältnis, wie es später genannt wurde, war idealiter ein Verhältnis auf Gegenseitigkeit, das sich aus dem Lehnswesen, der Beziehung zwischen König und Vasall, ergeben hatte und auf einer unteren sozialen Ebene nachgestaltet wurde. Realiter entartete das Feudalverhältnis aber in der Regel zu einem Ausbeutungs- und Unterdrückungsverhältnis. Der Herr war nicht nur Grundherr, er war *auch Leibherr*, d.h. er entschied über die persönliche Freizügigkeit der Bauern, die ihm hörig waren, über Arbeitseinsatz, Heirat, Wegzug und über besondere Abgaben im Todfall. Der Grundherr war ebenfalls *Gerichtsherr*, d.h. er saß in Streitigkeiten, die zwischen ihm und den Bauern auftraten, selber zu Gericht. Der Grundherr war *schließlich* in vielen Fällen auch *Patronatsherr* (besonders in der Gutsherrschaft östlich der Elbe, einer speziellen Form der Grundherrschaft), d.h. er war dafür verantwortlich, daß seine Hintersassen auch geistlich versorgt wurden. Im Verhältnis von Grundherr und Bauer spiegelt sich das *Corpus Christianum* wieder. Die Grundherrschaft war ein Sozialgebilde, in dem christliche Fürsorglichkeit und hierarchische Unterordnung miteinander vereint wurden. Die Grundherrschaft war *Corpus Christianum* auf dem Lande.

Das *andere* Beispiel führt in die *Stadt*. Umgeben von einer Mauer ist die Stadt eine Welt für sich. Sie ist eine Wohngemeinschaft von Bürgern. Sie ist eine Wehrgemeinschaft, die sich vor Feinden von außen schützt. Sie ist eine Rechtsgemeinschaft, in der jeder zu seinem Recht kommt. Sie ist eine Wirtschaftsgemeinschaft, in der Gewerbe und Handel, zünftlerisch organisiert wurden und in der jeder sein Auskommen hatte. Sie ist schließlich eine Sakralgemeinschaft, in der für das Heil der Bürger gesorgt wurde. Auch in der Stadt spiegelt sich das *Corpus Christianum* wider. Sie ist eine Gemeinschaft gegenseitiger Hilfe.

Die Stadt repräsentiert sehr viel deutlicher als die Grundherrschaft den Charakter christlicher Gleichheit und Solidarität. Der hierarchische Zug ist nicht mehr vorherrschend, er kommt allerdings noch in der Unterscheidung von Patriziat und Bürgertum und in der Rangfolge der Zünfte zur Geltung, auch in den oligarchischen Tendenzen des Magistrats. Grundsätzlich aber ist der genossenschaftliche, korporative Charakter der Bürgerschaft sichtbar, vor allem in den Reichsstädten. Darin unterscheidet sich die Stadtgesellschaft von der feudal verfaßten Agrargesellschaft.

Das Dorf ist eine Lebenswelt genauso wie die Stadt. In dieser Lebenswelt sind Religiöses, Soziales, Wirtschaftliches, Rechtliches und Politisches eine untrennbare Symbiose eingegangen. Besonders eindrucksvoll und aussagekräftig ist die graphische Darstellung des *Corpus Christianum* in der Repräsentation des *Heiligen Römischen Reiches Deutscher Nation:* Das heraldisch ausgestaltete Gefieder eines kraftvollen Adlers, der die Territorien des Reiches repräsentiert, wird mit dem Christus Crucifixus als Rumpf kombiniert, das Symbol der Wehrhaftigkeit mit dem Symbol der Leidensfähigkeit und Erlösung. Das ist Mittelalter.

3. Ständische Ordnung

Blickt man auf die sozialen Träger des *Corpus Christianum*, fallen einzelne Stände ins Auge: der Priester, der Ritter, der Bauer und der Bürger. Der umfassende Standesbegriff für den Priester ist der *Klerus*, für den Ritter der *Adel*, für den Bauern und den Bürger gibt es einen solchen Begriff nicht. Bürger und Bauern sind im späten Mittelalter noch nicht, wie am Vorabend der Französischen Revolution, der „Dritte Stand". Es gibt also nur zwei Stände: den Klerus und den Adel. Der erste Stand ist der Klerus, der zweite ist der Adel. Weiter gefaßt werden Bauern und Bürger zwar gelegentlich auch schon als Stand angesprochen, die volle Standschaft erhielten die Bürger im Reichstag aber nicht, ebenso wenig die Bauern in den Landtagen, in denen sie gegen Ende des Mittelalters schon vertreten waren, in Württemberg und Tirol beispielsweise. Andererseits bildet sich im späten Mittelalter schon eine Dreiständelehre aus, die den Ständen neben dem symbolisch-repräsentativen auch einen funktionalen Charakter zuweist: Der

Wehrstand, das sind die Ritter, der *Lehrstand*, das sind die Kleriker, und der *Nährstand*, das sind die Bauern und Handwerker: die *Bellatores*, *Oratores* und *Laboratores*. Die Bellatores beschützen die Geistlichen und die Bauern, die Oratores beten für die Krieger und die Bauern, und die Laboratores arbeiten für die Krieger und die Geistlichen. Funktional bestimmt verhalten sich die Stände komplementär zueinander, kein Stand steht für sich, jeder ist für den anderen da, gemeinsam dienen sie dem „Gemeinen Nutzen". Sie bilden eine Einheit. Hier spielt die biblische Metapher vom Leib Christi, der aus dem Haupt *und* den Gliedern besteht, mit hinein: die Solidargemeinschaft. Die Glieder brauchen einander, sie stehen füreinander ein und funktionieren, indem sie aufeinander abgestimmt sind. Das war gottgewollte Ordnung.

Dieser gottgewollte, komplementäre Charakter der Ordnung schließt jedoch nicht aus, sondern begründet geradezu, daß die Stände gegeneinander abgegrenzt sind. Sie sind unveränderlich, und jedermann ist gehalten, in dem Stand zu bleiben, in den er hineingeboren oder in den er eingegliedert wurde, wie der Priester durch die Weihe. Es war nicht einfach, die Standesgrenzen zu überschreiten: ein reicher Bauer blieb Bauer, und ein armer Ritter blieb Ritter. Auch nach außen hin wurden die Standesgrenzen deutlich markiert und überwacht. Kleiderordnungen setzten fest, wie ein Adliger, ein Kleriker, ein Bauer und ein Bürger gekleidet sind. Festgesetzt wurde auch, wo die Töchter der Patrizier und wo die Söhne der Handwerker tanzen. Wehe, wenn diese Ordnung mißachtet wurde und die Söhne der Handwerker auf dem Tanzboden der Patriziertöchter erschienen. Dann konnten Strafen wegen „Ungeberde auf dem Tanzboden" verhängt werden, wie in Strafregistern zu lesen ist. Alles war festgefügt und verlieh der Ständeordnung einen stabilen Charakter. Soziale Mobilität war gering. Man könnte von einer statischen Gesellschaftsordnung sprechen. Otto Brunner sprach von der „alteuropäischen Sozialstruktur", die sich zwischen dem 12. und 18. Jahrhundert kaum verändert habe.

Der gottgewollte Charakter der Ständeordnung vermittelt den Eindruck von gesellschaftlicher Festigkeit und Harmonie. Doch dieser Eindruck trügt. Zugrunde liegt diesem Modell ein Konzept von Rechtsungleichheit. Besonders augenfällig wird das im Gegenüber von Grundherr und Bauer. Herrschaftsrechte des Grundherrn, die bis zur Wahrnehmung des *ius prima noctis* reichen können (Beischlaf mit einer Leibeigenen in der Hochzeitsnacht, bevor die Ehe mit dem angetrauten Mann vollzogen wird), sprechen eine deutliche Sprache, ebenso die Schwierigkeit des Bauern, zu seinem Recht zu kommen, wenn er mit dem Grundherrn im Streit liegt. Ein anderes Beispiel: Der Klerus kann denjenigen, der ihm den Gehorsam verweigert und in Sünde lebt, exkommunizieren oder sogar eine ganze Stadt mit dem Interdikt belegen, d.h. ihren Bürgern den Empfang der Sakramente vorenthalten, hier auf Erden binden, was im Himmel gebunden sein wird, hier auf Erden lösen, was im Himmel gelöst sein wird, hier schon den Unbotmäßigen oder Sündern das Heil für alle Ewigkeit absprechen. Die Macht, die der Klerus auszuüben vermag, ist unermeßlich. Umgekehrt: wenn der Kleriker sich etwas zu Schulden kommen läßt, kann er rechtlich nicht ohne weiteres belangt, jedenfalls nicht vor ein weltliches Gericht gestellt werden. Er genießt Immunität. Für ihn gilt die geistliche Gerichtsbarkeit. An dieser Disparität begannen die Bürger im Spätmittelalter zu leiden und dagegen mit antiklerikaler Aufmüpfigkeit zu reagieren.

Wie wird diese Disparität vor dem Recht und im Umgang mit dem Recht begründet? Wäre Rechtsgleichheit vorhanden, müßten alle Stände gleichberechtigt nebeneinander stehen. Doch der idealen Konzeption nach gibt es eine hierarchische Gliederung, ein Oben und ein Unten. Man spricht deshalb von einer Ständepyramide. Die Spitze bildet der erste Stand, der Klerus, den zweiten Stand bildet der Adel, unter dem Adel stehen Bauern und Bürger. Der Klerus ist der erste Stand, weil er Gott am nächsten steht. Er partizipiert als erster am göttlichen Sein (*summum ens*). Diese höchste, den Menschen zugedachte Seinsqualität wird dem Kleriker im Sakrament der Weihe übertragen. Er wird mit dem *character indelebilis*, einem unverlierbaren Charakter, ausgestattet. Ihm wird ein „unauslöschliches Siegel" aufgeprägt. Damit unterscheidet er sich von allen übrigen Menschen, den Laien, und ist befähigt, die Wandlung von Brot und Wein in Blut und Leib Christi zu vollziehen, d.h. das Opfer, das Christus gebracht hat, um den Menschen aus der Sünde zu retten, in der Messe zu wiederholen. War das Abendmahl der Kern urchristlicher *Gemeinschaft*, so wirkt hier die Bedeutung des Abendmahls in einem *hierarchischen* Zusammenhang nach, beispielsweise wenn gelegentlich darüber geklagt wird, daß die Priester immer oben sitzen und den Wein für sich allein trinken wollen. Die Priester identifizieren sich mit dem Haupt und nicht mit den Gliedern des Leibes Christi.

Hier hat sich im Übergang von einer brüderlichen Gemeinschaft zu einem hierarchisch gegliederten Herrschaftsverband die ursprüngliche Idee der Gleichheit von Brüdern und Schwestern fast in ihr Gegenteil verkehrt. Alle Menschen sind zwar (von Gott her gesehen) mit Privilegien ausgestattet, doch die einen mehr, die anderen weniger. Privileg heißt Vorrecht. Versteht man Vorrecht als Gnadenerweis, dann ist die Privilegierung eine Analogie zum Gnadenhandeln Gottes, also auch der Stand eine sichtbare Gestalt göttlicher Gnade. So wird sich niemand Gott gegenüber beklagen, weniger Gnade empfangen zu haben als andere, denn das hieße, das Gnadenhandeln Gottes in Frage zu stellen. Also nahm man auch die ständische Gliederung hin, die eine Privilegienordnung war. Sie stellte zunächst kein besonderes Problem dar, zumal ihr die Sorge umeinander ebenso eingeschrieben war wie die Sorge um das Heil eines jeden einzelnen.

Weniger Seinsqualität als der Klerus weist der Adel auf, noch weniger die Bauern und Bürger. Der Ritter repräsentiert seinen Stand durch eine standesgemäße Ausstattung und Lebensführung: eine Burg, ein geharnischtes Pferd, die Turnierfähigkeit. Die Repräsentation ist sein Kapital, nach Pierre Bourdieu ein „symbolisches Kapital". In die Repräsentation mußte investiert werden, um sich seiner Standschaft würdig zu erweisen und um sie sich zu erhalten. Nicht mehr Schein als Sein, sondern genau der Schein, der dem Sein entsprach, war das Gestaltungsprinzip. Standesgemäß war für den Ritter, um ein Beispiel anzuführen, Großwild zu jagen; und man kann sich vorstellen, wie einem Ritter zumute war, wenn der

Landesherr ihm dieses Privileg entzog und er nur noch Kaninchen jagen durfte. Das hat sein Standesbewußtsein angeschlagen, Sein und Schein begannen auseinander zu fallen.

So lässt sich die ständische Ordnung beschreiben. Doch das Mittelalter wäre nicht das Mittelalter, wenn sich alles nicht auch anders beschreiben ließe. Die ständische Ordnung lässt sich nicht nur nach dem Modell der Ständepyramide, sondern auch nach dem Modell nebeneinander stehender, ranggleicher Repräsentanten aus beiden Ständen beschreiben: also Papst und Kaiser oben, Fürsten, Prälaten und Bischöfe darunter, Priester, Mönche, Gelehrte, Handwerker und Bauern noch einmal darunter. Dieses Modell folgt nicht dem Argument theologisch konzipierter Seinspartizipation, es richtet sich vielmehr nach einer Partizipation an Macht und Autorität. Werfen wir einen Blick auf die Sitzordnung im Reichstag: In der Mitte thront der Kaiser bzw. sein Stellvertreter, auf der einen Seite hat die Kurie der Kurfürsten Platz genommen (geistliche und weltliche Fürsten, allen voran der Erzbischof von Mainz als Kanzler des Reiches), auf der anderen Seite die Kurie der Landesherren, Herzöge, Grafen, Bischöfe und Ritter, auch hier geistliche und weltliche Herren beieinander. Dem Kaiser gegenüber stehen vor einer Schranke die Delegierten der Reichsstädte. Sie dürfen nicht sitzen, sie müssen stehen – und ein Reichstag dauerte oft wochen- oder monatelang. Sie mussten stehen, weil sie eigentlich keinem Stand angehörten – auch dies ein Beispiel dafür, daß der dritte Stand noch nicht voll ausgebildet war.

Dieses Modell ständischer Gliederung ist in manchem der Realität näher als die pyramidale Ordnung. Es ist sicherlich ein späterer Reflex auf die Tatsache, daß die Spannung zwischen Kaiser und Papst sich nicht zugunsten papaler Suprematie aufgelöst hat, vielmehr der Kaiser sich durchsetzen konnte, wie das *Corpus Christianum* ja auch nicht zu einer Theokratie wurde, sondern ein Neben- und Miteinander von geistlichem und weltlichem Regiment ist. Einer solchen Situation entsprach das Neben- und Miteinander geistlicher und weltlicher Stände mehr als die pyramidale Hierarchisierung. Die Hierarchisierung der ständischen Gliederung war damit aber nicht beseitigt worden. Auch wurde das eine Modell nicht vom anderen abgelöst. Beide bestanden nebeneinander und übten ihre unterschiedlichen Wirkungen aus. So war es zu einer variantenreich gewachsenen, regional unausgeglichenen, pluriform gestalteten ständischen Gliederung des *Heiligen Römischen Reiches Deutscher Nation* gekommen.

Das *Corpus Christianum* ist die dominierende Sozialgestalt des Mittelalters. Das christliche Gemeinschaftsbewußtsein hat sich von der verfolgten Urkirche zur herrschenden Universalkirche zwar gewandelt, es hat sich irgendwie aber auch erhalten. „Die mittelalterliche Gesellschaft", schrieb Aaron Gurjewitsch in seinem Buch über *Das Weltbild des mittelalterlichen Menschen* (1980), „ist korporativ von oben bis unten". Das ist jedoch nur ein Grundzug des Mittelalters. Der andere ist die hierarchische Stände- und Herrschaftsordnung. Gemeinschaft und Herrschaft, eine seltsame und spannungsvolle Symbiose, charakterisiert das *Corpus Christianum* des späten Mittelalters.

3. KAPITEL
Herrschaft und Wirtschaft
Reich, Territorium und Frühkapitalismus

1. Kaiser und Reich

Im 15. Jahrhundert befand sich der Prozess territorialstaatlichen Ausbaus in vollem Gange. Fürsten, Herzöge und Grafen bestimmten immer mehr die Tagesordnung der Politik im Reich. Die Macht des Kaisers wurde in Grenzen gehalten und konnte sich vor allem nur auf die eigene Hausmacht stützen, um 1500 beispielsweise auf Österreich, Böhmen, Ungarn, Burgund, die Niederlande, Spanien und Sizilien.

Die Krise der kaiserlichen Politik trat in der Regierungszeit Maximilians I. (1493 – 1519) besonders deutlich zutage. Maximilian hatte den Thron bestiegen, als die Schwäche des Reiches offensichtlich geworden war. Die Kaiser waren schon vor ihm nicht mehr in der Lage, ihren Auftrag wirklich zu erfüllen: für Frieden im Inneren zu sorgen und das Reich machtvoll gegen die Feinde von außen zu verteidigen. Der Ruf nach Reformen wurde immer lauter. Symptomatisch war dafür die Reichsreformschrift, die den Namen *Reformatio Sigismundi* (1439) trug und in zahlreichen Auflagen bis in die Reformationszeit hinein nachwirkte. Noch energischer, dafür aber verworrener, verzweifelter, blutrünstig-widersetzlicher, voller bizarrer Metaphorik, war die Schrift des *Oberrheinischen Revolutionärs* (um 1470). Diese Schrift wurde zwar nicht veröffentlicht, gewährt aber um so eindrucksvoller einen tiefen Einblick in die Gedanken und Hoffnungen, die in der Verwaltung Habsburgs eine Rolle spielten. Der Hof mußte zwischen territorialen und reichspolitischen Anforderungen ausgleichen. Erstmals wurde in diesen Schriften auch an den „gemeinen Mann" gedacht, der unter den desolaten Verhältnissen und Spannungen im Reich zu leiden hatte. Und so wurden hier kühne Forderungen laut: Die Großen werden erniedrigt und die Kleinen erhöht werden. Über allem aber ging es darum, den Kaiser zu stärken und die Zwischengewalten der Fürsten, Herzöge und Grafen auszuschalten bzw. ganz zu beseitigen. Es lebte wieder die Idee vom Volks- und Friedenskaiser auf. Den realpolitischen Trend spiegelten die Reformschriften allerdings nicht wider. Sie argumentierten aus der Defensive.

Maximilian I. konnte nicht der Friedenskaiser werden, wohl aber versuchte er, sich an die Spitze der Reformbewegung zu stellen. Sein größter Erfolg war die Verabschiedung des *Ewigen Landfriedens* auf seinem ersten Reichstag in Worms 1495. Das Fehderecht, mit dem der Adel sich auf eigene Faust sein Recht holte und mit unzähligen Unrechtstaten das Leben im Reich unsicher machte, wurde vom Landfrieden, einer rechtlich geordneten Austragung von Konflikten, ersetzt. Das war ein großer Schritt auf Rechtssicherheit hin. Davon sollte nicht nur das

Reich allgemein profitieren, sondern daraus zogen vor allem auch die Territorialherren einen Nutzen. Auf diese Weise hofften sie, sich den niederen Adel in ihren Territorien gefügig zu machen. Gelegen kam der Landfriede auch den Städten. Er sorgte für mehr Sicherheit auf den Handelswegen. Um den Landfrieden zu sichern, wurde ein Reichskammergericht eingesetzt, und ein erster Schritt auf eine moderne Rechtsprechung war getan. Doch die Fürsten versagten dieser Institution die finanzielle Ausstattung, die ihnen auferlegt worden war. Sie wollten kein Gericht unterstützen, das möglicherweise half, das Reichsrecht gegen territoriale Interessen durchzusetzen. Da dem Gericht die finanzielle Unterstützung fehlte, mußte es sogar vorübergehend aufgelöst werden – ein Opfer des Machtkampfes zwischen dem Kaiser und den Fürsten. Ähnlich erfolglos war das Bemühen um eine Reichssteuer, den *Allgemeinen Pfennig*. Der Kaiser brauchte diese finanzielle Zuwendung, um seinen Aufgaben gerecht werden zu können. Die Auseinandersetzung mit Frankreich in Oberitalien nach der habsburgischen Einverleibung Burgunds mußte finanziert und vor allem die drohende Türkengefahr an den Ostgrenzen des Reiches gebannt werden. Die Territorialherren sperrten sich gegen das Einsammeln des *Allgemeinen Pfennigs*, wo es nur möglich war. Abgerungen wurde dem Kaiser schließlich, den Reichstag in regelmäßigen Abständen einzuberufen, nicht eigentlich um die Politik des Reiches, sondern die Interessen der Territorien im Reich zu stärken. So bemühten sich die Reichsstände in der zweiten Hälfte des 15. Jahrhunderts darum, den Geldabfluß an die Kurie in Rom einzuschränken. Die sogenannte Gravamina-Bewegung war entstanden, und es wurde auf höchster Ebene die Finanzpolitik Roms im Reich kritisch diskutiert, z.B. am Hof des Kurfürsten zu Mainz. Die Territorien setzten sich gegen den Geldabfluß nach Rom zur Wehr. Abgetrotzt wurde dem Kaiser auch das Reichsregiment. Es sollte die Geschäfte zwischen den Reichstagen führen und darüber hinaus als ein Kontrollorgan der Reichsstände gegenüber dem Kaiser dienen. Am Ende dieses zähen Ringens um eine Reichsreform stand die Wahlkapitulation, die das Kurfürstenkollegium 1519 Karl V., dem Nachfolger Maximilians, vorlegte. Erst mit seiner Unterschrift unter dieses Dokument wurde der junge Monarch zum Oberhaupt des Reichs gewählt. Karl V. hat sein Amt unter einem paradoxen Zeichen angetreten: abhängig von den Fürsten, die drohende Glaubensspaltung vor Augen und doch Herrscher über ein Reich, „in dem die Sonne niemals untergehen" sollte, nachdem die Neue Welt entdeckt und der Herrschaftsbereich Spaniens enorm erweitert worden war.

Abb. 10: Der junge Kaiser Karl V., farbige Tonbüste von Konrad Meit, um 1517.

Abb. 11: *Das Heilige Römische Reich mit seinen Gliedern.* Holzschnitt von Hans Burgkmair, 1510.

2. Territorien und Städte

In der Forschung wurde lange Zeit über den Begriff des „Staates" diskutiert. Haben wir es im späten Mittelalter tatsächlich schon mit dem Staat als einer Institution im modernen Sinne zu tun? Für das 15. Jahrhundert hat sich die Meinung durchgesetzt, daß davon noch keine Rede sein könne. Wir sprechen von Herrschaft und von Obrigkeit, nicht aber vom Staat. Das obrigkeitliche Amt hat sich aus dem Lehnswesen heraus entwickelt, idealtypisch aus dem Verhältnis von König und Gefolgsmann (Vasall). Der König hat dem Gefolgsmann, der ihm militärisch half und ihn politisch beriet, Schutz und Schirm zugesagt und ein beneficium übertragen, Herrschaftsrechte, die mit Land und Leuten verbunden waren. Herrschaft bedeutet die Ausübung von Herrschaftsrechten, die Personen in Stand setzten, über Land und Leute zu herrschen, wie Otto Brunner in seinem berühmten Buch über *Land und Herrschaft* (5. Aufl., 1965) beschrieben hat, aber nicht institutionelle, bürokratische und rechtliche Organisation von Herrschaft. So erklärt sich die abgestufte Art von Hoheitsebenen und Herrschaftsbeziehungen, ihr Oben und Unten, ihr Kreuz-und-Quer und die oft fehlende Koordination. Man hat deshalb vorgeschlagen, wenn nicht vom Staat allgemein, so doch wenigstens von einem „Personenverbandsstaat" zu sprechen. Züge eines modernen Staatsverständnisses bildeten sich nicht auf der Ebene des Reiches, sondern der territorialen Verwaltung in Deutschland aus – und das begann im 15. Jahrhundert. Einige Historiker haben diesen Beginn sogar schon ins 13. Jahrhundert vorverlegt. Erst im 15. Jahrhundert verfestigte sich die Landkarte zu einer Zersplitterung des Reiches mit festeren Grenzen zwischen den Territorien. Vorher gab es Herrschaftsbeziehungen, jetzt entstanden Herrschaftsgebiete. Die Landesherren gingen daran, ihrer Herrschaft eine Verwaltung zu geben, die mit größerer Effizienz als vorher die Regierungsgeschäfte betrieb. Die Wirtschaft auf den eigenen Ländereien mußte geordnet, geplant und überwacht werden. Das Eintreiben der Steuern mußte effizienter gestaltet, ein direkter steuerlicher Zugriff auf den einzelnen Untertan am Grundherrn vorbei gefunden, und neue Wirtschaftszweige mußten angesiedelt werden. Besonders wichtig war in einigen Regionen die Vergabe der Bergbauregalien, d. h. der Schürfrechte, und die Schaffung einer günstigen Infrastruktur für den Bergbau. Darüber hinaus galt es, alles durch gute juristische Räte am Hofe zusammenzufügen und gegenüber den Rechtsansprüchen des niederen Adels, der sich gelegentlich zu oppositionellen Bündnissen miteinander vereinigt hatte, durchzusetzen. Ebenso mußte eine aktive Kirchenpolitik entwickelt werden, um die geistliche Gerichtsbarkeit zurückzudrängen und auch auf diesem Gebiet alles unter landesherrliche Kontrolle zu bringen. Die Verrechtlichung von Verwaltung und Gerichtswesen wurde mit Hilfe des reaktivierten „römischen Rechts" vorangetrieben. Dieses Recht war *erstens* ein gesetztes, geschriebenes Recht. Das alte Herkommen als Gewohnheitsrecht wurde abgelöst und auf diese Weise eine Vereinheitlichung des Rechts gegen die Rechtszersplitterung angestrebt. Das römische Recht war *zweitens* ein Herrschaftsrecht und eignete sich für die Professionalisierung von Verwaltung und Gerichtswesen besonders gut. Recht wird durchgesetzt und nicht mehr gewiesen. Es war ein Recht, das dem politischen Gestaltungswillen des Herrschers entgegenkam. Und es war *drittens* ein Sachrecht, d. h. es eignete sich für die Bestrebungen, das Eigentum an Land beispielsweise wirtschaftlich verfügbar zu machen, ohne auf die mit dem Feudaleigentum gegebene Sozialpflichtigkeit allzusehr Rücksicht nehmen zu müssen. Das war ein deutlicher Schritt auf eine neue, später bürgerlich-kapitalistische Eigentumsordnung zu.

Verändert hat sich mit der aufstrebenden Territorialherrschaft auch die politische Partizipation der Stände an Herrschaft – oft zum Verdruss der Landesherren. Die Stände waren auf den Landtagen, wie auf den Reichstagen, vertreten, in einigen Territorien sogar neben Adel, Klerus und Bürgertum der Landstädte auch Bauern und Bergknappen. Der Landesherr mußte die Stände zur Steuerbewilligung einberufen und sich von ihnen beraten lassen, z. B. im Falle eines Kriegszugs oder der Auseinandersetzungen mit den Reichsstädten, die in den Territorien lagen und den Landesherren vor allem unter wirtschaftlichen Gesichtspunkten ein Dorn im Auge waren. So kam es auch politisch zu einer Modernisierung von Herrschaft und zur Ausbildung eines „dualistischen Herrschaftssystems" – auch das ein Weg, der in die Zukunft führte.

Die Kraft politischen Handelns lag eindeutig bei den Landesherren. Sie setzten sich gegenüber dem Reich und dem niederen Adel durch und beherrschten eine Entwicklung, die schließlich in den partikularstaatlichen Absolutismus führte.

Neben den Problemen des Reiches und der Territorien befanden sich auch die Städte in einer problematischen Situation. Die deutschen Lande waren mit zwei- bis dreitausend Städten überzogen, dichter im Südwesten und am Rhein, lockerer im Norden und Osten. Die meisten Städte zählten nur fünfhundert bis eintausend Einwohner, ungefähr zwanzig Städte waren auf mehrere tausend Einwohner angewachsen, nur wenige erreichten eine Größe von zwanzig bis vierzigtausend Menschen. Großstädte wie in einigen anderen Ländern gab es überhaupt nicht.

Herkömmlicherweise wird zwischen Reichsstädten, die rechtlich allein dem Kaiser unterstanden, aber politisch autonom handelten, und Landstädten unterschieden, die alle inneren Angelegenheiten der Kommune selber verwalteten, aber sowohl rechtlich, fiskalisch als auch politisch dem Landesherrn unterstanden. Hier war es oft so, daß dem Bürgermeister und dem Rat einer Landstadt ein Amtmann oder Schosser (Steuerbeamter) beigestellt wurde. Verfassungsrechtlich hatten die Bürger einer Landstadt, d. h. alle diejenigen, die aufgrund ihres besteuerbaren Haus- und Grundbesitzes die Bürgerrechte besaßen, keine vollständige Partizipation an der Herrschaft erlangt. Sie befanden sich gegenüber der Landesherrschaft im Status des „gemeinen Mannes". Das galt nicht nur für die Landstädte, die unter wirtschaftlichen Gesichtspunkten zumeist kleine Ackerbürgerstädte waren, das galt auch für die aufstrebenden oder neugegründeten Bergbaustädte. Der Bürger der Landstadt und der Bergknappe waren der „gemeine Mann".

Daß der landesherrliche Zugriff auf Bürger und Bergknappen in den Landstädten einfacher war als auf den „gemeinen Mann" in den ländlichen Gebieten, versteht sich fast von selbst, denn zwischen dem Landesherrn und den Bauern standen in der Regel die Grundherren, die für den Bauern herkömmlicherweise die Obrigkeit darstellten. Jede übergeordnete Obrigkeit war weit weg. So wird auch verständlich, daß Konflikte auf dem Land oft Dreieckskonflikte waren: zwischen dem Landesherrn, den Grundherren und den Dorfbewohnern.

Die Reichsstadt war ein eigenes Territorium, oft mit einer Herrschaft über vorgelagertes ländliches Gebiet, die Dörfer einer Reichsstadt oder die Dörfer auf der Landschaft. Die Mauer war Ausdruck reichsstädtischer Autonomie. Mit ihr wurde die Stadt, in der die Menschen dicht beieinander wohnten, zu einer Wehrgemeinschaft, einem eigenen Rechtsbezirk, einer Wirtschaftsgemeinschaft und schließlich zu einer Sakralgemeinschaft.

Die Bürger in der Reichsstadt verstanden ihr Gemeinwesen als eine Genossenschaft. Alles Denken und Handeln war auf den „gemeinen Nutzen" ausgerichtet. Mit dem Stadtherrn der Anfangszeit war auch das Herrschaftsprinzip aus der Stadt verbannt worden. Doch hatte sich im Laufe der Zeit innerhalb der horizontalen Struktur des Zusammenlebens (Genossen unter sich) eine vertikale gebildet. Der Rat hatte sich, auch nach den anfänglichen Zunft- und Bürgerkämpfen um politische Mitbestimmung im 14. Jahrhundert, die dem Patriziat abgerungen wurde, zunehmend oligarchisiert, d.h. er hat sich der Bürgerschaft gegenüber als Herrschaft etabliert und auf diese Weise den Konflikt zwischen Rat und Gemeinde auf den Plan gerufen. So kam es fortwährend zu zahlreichen, teils militanten Auseinandersetzungen in den Städten zwischen dem nicht herrschaftsfähigen „gemeinen Mann" und dem Rat. Zwischen 1475 und 1478 waren die Weber in Augsburg aufgestanden, 1509 erlebte Erfurt (keine Reichsstadt, aber um Autonomie gegenüber dem geistlichen Herrn in Mainz bemüht) das „tolle Jahr", und 1513 kam es in vielen Städten zu Aufläufen: in Köln, Braunschweig, Regensburg, Worms. Es gibt kaum eine Stadtchronik, die nicht von solchem Aufruhr berichtet. Hier hatte sich das Muster eines Konflikts und seiner Austragungsmechanismen ausgebildet, das im Durchsetzungsprozeß der Reformation noch eine Rolle spielen wird (die Bildung von Bürgerausschüssen etwa, eine Erinnerung daran ist in Hamburg die *Deputation*).

In der Reichsstadt schwelte noch ein anderer Konflikt. Es war der Konflikt zwischen den Bürgern und der Geistlichkeit, die in den Städten erstaunlich angewachsen war – oft bis zu fünf oder zehn Prozent der Bevölkerung. Mit dem Klerus, der nur der geistlichen, nicht aber der bürgerlichen Gerichtsbarkeit unterlag und Steuerfreiheit genoß, war zweierlei Recht in Geltung, ein Zustand, der dem genossenschaftlichen Selbstverständnis der Stadtbürger ein Dorn im Auge war. So bildeten sich einerseits antiklerikale Affekte in der Bevölkerung aus und andererseits eine politisch orientierte Kirchenpolitik. Sie verfolgten das Ziel, die geistliche Gerichtsbarkeit aus der Stadt zu verdrängen. Immer mehr Rats- bzw. Stadtkirchen entstanden, Prädikaturen wurden unter dem Patronatsrecht des Rates gestiftet und immer mehr Geld wurde aufgewandt, um in Rom städtische Patronatsrechte zu erwerben, wie auch Zünfte, Gilden und einzelne Bürger durch kirchliche Stiftungen den bürgerlich-städtischen Einfluß auf das geistliche Leben verstärkten.

Trotz ihrer genossenschaftlichen Grundverfassung war die Stadt kein homogenes Sozialgebilde. Es gibt große und kleine Städte, Reichsstädte und Landstädte, Wirtschaftsmetropolen und Ackerbürgerstädte, Residenz- und Bischofsstädte, patrizische und zünftlerische Ratsverfassungen (oft regierte ein gemischter Rat, der aus Patriziern und Handwerkern zusammengesetzt war). In allen Städten gestalteten sich die Beziehungen der Stadtbewohner zueinander auf variantenreiche Weise, in allen waren Spannungen und Konflikte an der Tagesordnung. Berndt Hamm beschrieb sie in seinem Buch über *Bürgertum und Glaube. Konturen der städtischen Reformation* (1996) so: „Nicht Harmonie ist das Kennzeichen städtischen Lebens zu Beginn der Reformation, sondern ein mehr oder weniger explosives Syndrom sich verschärfender Spannungen. Wirtschaftlich ist es die Schere zwischen den über große Kapitalien verfügenden Kaufleuten und wohlhabenden Handwerksmeistern einerseits und einer in die Armut absinkenden unteren handwerklichen Mittelschicht und den städtischen Unterschichten andererseits, zwischen reichen, angesehenen und armen, mindergeachteten Handwerkszweigen; sozial ist es der Gegensatz zwischen einer städtischen „Ehrbarkeit" im weiteren Sinne, die die vielfältigen Ämter unter sich verteilt, und der von dieser Repräsentation Ausgeschlossenen; politisch ist es das Gegeneinander zwischen einer Führungselite, die sich abzuschließen trachtete, und solchen aufstrebenden Gruppen der Bürgerschaft, die nach wirksamer Kontrolle des Rates sowie personeller Partizipation am Stadtregiment strebten und in der Tradition spätmittelalterlicher Bürgerunruhen und Bürgerkämpfe stehen; kirchlich ist es die Realität zwischen Laien und Klerikern, den Organen der bürgerlichen Genossenschaft und der Hierarchie der kirchlichen Anstalt, zwischen Mönchen und Stadtklerikern oder die Kluft zwischen höhergestellten und gebildeten Klerikern und der Masse ungebildeter, schlechter bezahlter Messpriester."

Ratsoligarchie und Geistlichkeit waren zwei Konfliktherde, die in den Reichsstädten für politischen, sozialen und religiösen Zündstoff sorgten. Das war um so brisanter, als die Reichsstädte sich im Laufe des späten Mittelalters zu Zentren hoher Wirtschaftskraft und kultureller Bedeutung entwickelt hatten. Was in der kulturellen Szene damals Rang und Namen hatte, atmete die Luft der Stadt: Albrecht Dürer und Veit Stoß, Sebastian Brant und Johannes Reuchlin, Peter Henlein und Hans Sachs, Erasmus von Rotterdam und Willibald Pirckheimer. Höfische oder adlige Kultur waren verfallen, auch in den Klöstern war Bildung nicht mehr selbstverständlich. „Ich möchte nicht, daß meine Mönche sich ständig mit Büchern abgeben", ließ Erasmus von Rotterdam in seinen *Colloquia familiaria* einen Abt auf Fragen einer humanistisch gebildeten Frau aus der Stadt antworten. Geistige Kultur war Stadtkultur. Mit ihr bahnte sich eine Entwicklung an, die unaufhaltsam von der Priesterkultur des Mittelalters zur Laienkultur der Frühen Neuzeit führte.

Also nicht nur in den ländlichen Territorien, sondern vor allem auch in den Reichsstädten bahnten sich um 1500 Entwicklungen an, die in die Zukunft wiesen. Auf den Ebenen von Reich, Territorium und Stadt werden die Entscheidungen um eine Reform des *Corpus Christianum* fallen.

3. Agrarwirtschaft, Gewerbe, Handel und Frühkapitalismus

In Deutschland (ungefähr in den Grenzen des 19. Jahrhunderts) lebten um 1500 etwa 12 Millionen Menschen. Das waren zwei Millionen weniger als vor der Großen Pest in der Mitte des 14. Jahrhunderts. Um die Mitte des 16. Jahrhunderts waren es wieder 14 Millionen Einwohner. Die Bevölkerung hatte sich also nach dem demographischen Aderlaß erholt und befand sich in einem relativ schnellen Wachstum. Um einige Beispiele zu geben: Hamburg wuchs von 16.000 Einwohnern um 1500 auf etwa 40.000 Einwohner um 1600 an, Frankfurt von 12.000 auf 18.000, Leipzig von 8.500 auf 15.000. Um 1500 gab es zwei Städte mit mehr als 40.000 Einwohnern, Köln und Augsburg, um 1600 kamen noch Nürnberg, Prag, Wien und Hamburg hinzu. Durchschnittlich wuchs die Bevölkerung

Abb. 12: Ländliches Leben: *Dorfkirchweih.* Holzschnitt von Sebald Beham, 1535.

im langen 16. Jahrhundert um ca. 0,55 % pro Jahr, bis 1560 schneller und danach ein wenig langsamer. Sie wuchs auch regional unterschiedlich, so daß es kaum möglich ist, ein einheitliches Bild entstehen zu lassen.

Dieses schnelle Wachstum verursachte vor allem auf dem Land erhebliche Schwierigkeiten. Immerhin lebten ungefähr 80- 85 % der Bevölkerung damals auf dem Land, und die meisten lebten vom Land. Es gab auch Ausnahmen: In einigen Regionen Sachsens wuchsen einige Städte auf über 30 % der Bevölkerung an, das war zwar eine Ausnahme, deutete aber den Jahrhunderttrend an. Allgemein war es so: Nicht alle Landbewohner konnten mehr mit Grund und Boden versorgt werden. Wo das Erbrecht eine Teilung der Hufen zuließ, wurde geteilt. Ansonsten aber mußten Nachgeborene sich als Lohnarbeiter oder Tagelöhner verdingen. Sie stiegen sozial ab. Zahlreiche Bauernsöhne ließen sich auch als Söldner anheuern oder zogen in die Städte ab, solange sie dort noch Aufnahme fanden. Auf jeden Fall begann die dörfliche Gesellschaft sich sozial zu differenzieren. Immer größer wurde der Anteil der Landlosen bzw. derjenigen, die nur in provisorischen Häusern oder Hütten, Katen oder Kotten am Rande der Dörfer wohnten und kaum mehr als einen Garten für sich bewirtschafteten, ansonsten ihr Leben mit gewerblicher Heimarbeit fristeten, die von Verlagskaufleuten vor allem in Oberdeutschland, im Rheinland und in Westfalen organisiert wurde. Die Verlagsherren lieferten die Rohstoffe, teilweise auch Werkzeuge und Maschinen

(z.B. Webstühle). Die Häusler, Kötter, Kossäten oder Seldner, wie sie regional verschieden genannt wurden, fertigten die in Auftrag gegebene Ware in ihren engen Häusern und Stuben, zumeist Tuche und Wolle, vor allem aber Barchent, eine Mischung aus Baumwolle und heimischem Flachsgarn. Die Baumwolle wurde über Venedig aus dem Vorderen Orient importiert. Barchent wurde zur begehrten Massenware. Die Verlagsherren entlohnten die Heimarbeiter mit Niedriglöhnen und brachten die Ware auf den Markt. So verdienten sie an der Beschaffung der Rohstoffe, an der Herstellung und am Handel. Barchent warf besonders hohe Gewinne ab. Das war, kurz beschrieben, das Verlagssystem, das in Konkurrenz zum Zunfthandwerk als ein besonderes Merkmal frühkapitalistischen Wirtschaftens gilt. So fand die gewerbliche Produktion immer mehr Eingang in die Dörfer. Die Bauern und die Grundherren waren damit nur selten einverstanden, um so mehr fand dieser neue Produktionszweig bei den Landesherren Unterstützung. Oft setzten sie gegen Bauern und Grundherren durch, dass die Allmende, das Gemeinland, für die vermehrte Ansiedlung dieser frühen Lohnarbeiter genutzt wurde und sich auf diese Weise ein notdürftiges Gegengewicht gegen das städtische Gewerbe schaffen ließ. Aus dieser frühen Form von Heimarbeit entwickelte sich später eine geradezu vorindustrielle Form der Verlagsarbeit, die so genannte Protoindustrialisierung als Keimzelle der Industrialisierung im 19. Jahrhundert. Eine Belastung waren diese Lohnarbeiter, deren Zahl im Laufe des 16. Jahrhunderts anwuchs, auch insofern, als sie am Rande des Existenzminimums lebten und die Ernährungsengpässe auf dem Land verschärften. Generell sagt man, wie David W. Sabean am Ravensburger Land in der Nähe des Bodensees exemplifiziert hat, dass ein Drittel der Bauern nach Abzug der Abgaben einen Überschuß erwirtschaftete, ein Drittel mit den Einkünften einigermaßen zurechtkam und ein Drittel sich am Existenzminimum bewegte, was in Zeiten von Mißernten besonders prekär wurde. Darunter lebten die bäuerlichen bzw. dörflichen Unterschichten.

Das erhöhte Bevölkerungswachstum führte zu verstärkter Nachfrage auf dem Markt und die Nachfrage bei knapper werdendem Angebot zu höheren Preisen. Die Lebenshaltungskosten stiegen, z. B. die Preise für das Brotgetreide, während die Löhne sanken. Es entwickelte sich eine Preisrevolution. Für die ländliche Bevölkerung bedeutete das, daß ein Teil der Bauern vorübergehend von der Konjunktur der lokalen Märkte profitierte, nicht hingegen die Grundherren, denn ihre Einnahmen aus den bäuerlichen Abgaben waren „festgeschrieben" und blieben zunächst konstant, während sie für den Kauf von gewerblichen Artikeln und Luxusgütern in den Städten mehr als bisher aufwenden mußten. So kam es neben den Spannungen zwischen Bauern und unterbäuerlichen Schichten auch zu Spannungen zwischen Grundherren und Bauern. Die Grundherren versuchten, die Abgaben zu erhöhen bzw. sich über die Veränderung von Rechten neue Abgabequellen zu erschließen. Man spricht von der Agrarkrise, die sich entwickel-

Abb. 13: Städtisches Leben in der Handelsstadt Augsburg. Gemälde von Heinrich Vogtherr d. J. (ca. 1541).

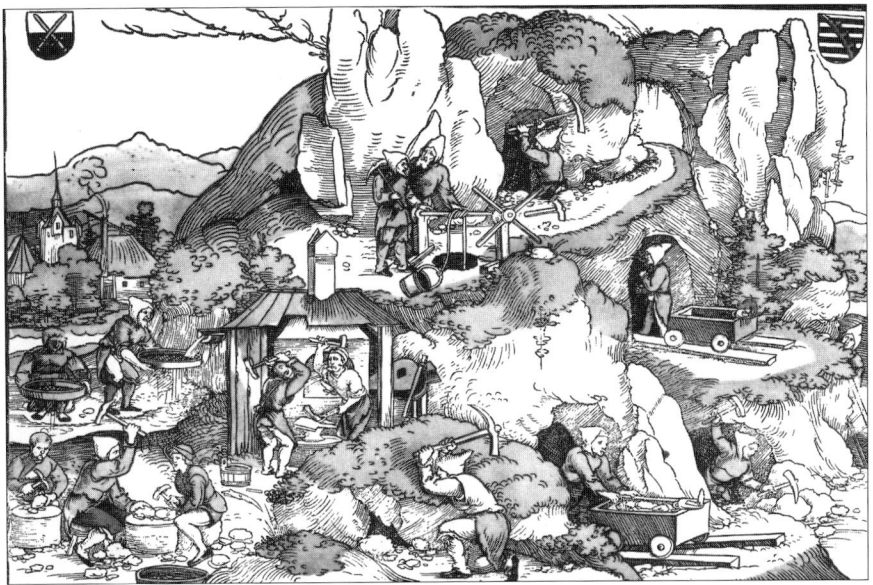

Abb. 14: Bergwerk. Holzschnitt von Sebald Beham (ca. 1528).

te. Allerdings hat der Adel es im 16. Jahrhundert doch bald geschafft, auch noch von der Agrarkonjunktur zu profitieren. Heinz Schilling hat die luxuriöse Lebenshaltung bei Hofe, auf den Burgen und Schlössern des Adels in seinem Buch *Aufbruch und Krise. Deutschland 1517–1648* (1988) anschaulich geschildert: „Von den Ess- und Trinkgewohnheiten am Sächsischen Hof hieß es, dass man dort ‚als Mensch ankam und als Sau davonging'. Fressen und Saufen wurde zur Mode. Die einen darbten, und die anderen lebten in Saus und Braus."

Deutschland war damals ein Agrarland. Zwei Drittel dessen, was zum Leben benötigt wurde, war auf dem Land erwirtschaftet worden – hauptsächlich Getreide, vorübergehend, kurz nach den demographischen Einbrüchen wurde die Viehhaltung intensiviert. Die Nachfrage nach Fleisch wuchs und die Ernährung wurde für kurze Zeit von kohlehydrathaltigen auf proteinreichere Speisen umgestellt. Dem Typ nach war die Agrarproduktion Subsistenzwirtschaft, allerdings nicht mehr ausschließlich, wie das Verlagswesen zeigt, und nicht mehr in reiner Form. Zunehmend wurde auch die Sicherung der Ernährung vom überregionalen, ja, transterritorialen Handel abhängig. Getreide wurde in großen Mengen aus dem Osten über Danzig in den Norden und Westen Deutschlands gebracht. Danzig begann zu „boomen" und entwickelte sich schnell zu einer der größten Städte in Mitteleuropa (eine polnische Stadt mit überwiegend deutscher Bevölkerung). Auch Fleisch wurde importiert. Herden von Ochsen wurden quer durch Europa getrieben: von Dänemark über die Elbe bei Ochsenwerder, Ochsenzoll und die Wedeler Marsch

3. Herrschaft und Wirtschaft

Abb. 15: Jakob Fugger und sein Hauptbuchhalter Matthäus Schwarz im Augsburger Kontor. Miniatur um 1520.

ins Oldenburger Land und weiter ins Rheinland oder nach Hessen, von Ungarn in den mitteldeutschen Raum, über Ochsenfurt am Main, und weiter in den Norden. So konnten die Tische bei Hofe und in den wohlhabenden Bürgerhäusern reichlich gedeckt werden. Der Fleischkonsum war gewachsen und nahm gelegentlich unvorstellbare Formen an. Gehandelt wurde natürlich auch mit Wein. Bier wurde lokal hergestellt und konsumiert, allerdings sollen reiche Bauern in Ostfriesland das Hamburger Bier ihrem eigenen Gebräu vorgezogen haben. Wein konnte nicht überall angebaut werden, war aber das Getränk der oberen Schichten überall. So begann die Nahrung von der Konjunktur abhängig zu werden. Auch hier drang frühkapitalistisch orientierter Handel in die Wirtschaft Deutschlands ein.

Das galt für den Handel allgemein, z. B. die großen Handelshäuser der Fugger, Welser und Hoechstetter in Augsburg oder der Tucher in Nürnberg. Sie richteten sich ganz auf die neuen Handelswege und -räume ein, die sich damals vom Mittelmeer an die nordatlantische Küste um Antwerpen, Gent, Brügge und die englischen Seehäfen verlagert hatten, später auch nach Portugal, Spanien und Frankreich. Hier wurde enormes Handelskapital akkumuliert, das zur Grundlage für kapitalistisches Wirtschaften wurde. Diese Handelshäuser waren, neben zahlreichen anderen Kaufmannshandlungen, auch in der entstehenden Montanwirtschaft engagiert, im Kupfer- und Silberbergbau: im Mansfeldischen, im Erzgebirge, in Tirol. Diese Handelshäuser unterhielten Minen, handelten aber auch mit Metallen kreuz und quer in Europa und später sogar in Übersee. Hier wurden nach technischen Erfindungen, besonders den Förderwerkzeugen und Maschinen, die im

Bergbau eingesetzt wurden, große Gewinne erzielt, die von den Handelshäusern wiederum gewinnbringend angelegt wurden. Sie erwirtschafteten auch Gewinne durch Vergabe von Krediten an Höfe, Kaiser, Päpste und Fürsten, ebenso ein lukratives Geschäft, vor allem nachdem die theologischen Vorbehalte gegen den Wucherzins, die in der frühen Reformationszeit noch stark waren, allmählich nachgelassen hatten. Oft wurden die Kredite auch gegen das Überlassen von Bergregalien, d. h. Schürfrechten, gewährt. So hatten die Fugger beispielsweise solche Rechte für Tirol, Kärnten und Spanien erworben, oft nicht nur die Abbaurechte, sondern geradezu Monopole: im Abbau der Bodenschätze und im Handel. Diese Konzentration von Produktion, Handel und Bankgeschäft in einer Unternehmerhand war der kreative Kern des Frühkapitalismus. Frühkapitalistische Züge deuteten sich schon vor 1500 an, von einer ausgebildeten kapitalistischen Wirtschaftsform kann allerdings noch nicht die Rede sein. Und doch war wirtschaftlich alles im Aufbruch. Im Hinblick auf die technischen Entwicklungen, die sich schnell nutzbringend auswirkten, hat Wolfgang v. Stromer von einer „industriellen Revolution" im Spätmittelalter gesprochen, sicherlich überspitzt formuliert, aber doch nicht ohne Grund.

So ging mit dem Bevölkerungswachstum ein allgemeines wirtschaftliches Wachstum einher – eine Erfahrung, die „Wirtschaftstheoretiker" bei Hofe damals und weiterhin im Zeitalter des Merkantilismus zu der Einsicht führte: Wenn nur die Bevölkerung wächst, wird auch die Wirtschaft wachsen.

4. KAPITEL

Vom „brüderlichen Leben" im späten Mittelalter

Kommunalisierung: „korporativ von oben bis unten"

Es soll noch einmal an das Wort Aaron Gurjewitsch erinnert werden, dass die mittelalterliche Gesellschaft „korporativ von oben bis unten" gewesen sei. Die ständische Gesellschaft war im Prinzip hierarchisch gegliedert. Es gab höhere und niedere Stände. Aber innerhalb der Stände und korporativen Verbände, die sie bildeten, ging es genossenschaftlich bzw. brüderlich zu, dort herrschte ein egalitäres Selbstverständnis.

1. Korporative Nischen im späten Mittelalter

Wie stark der korporative Geist sein konnte, zeigt sich beispielsweise darin, dass in Vereinigungen, in denen sich gelegentlich Personen unterschiedlicher Standeszugehörigkeit zusammengeschlossen hatten, brüderliche Solidarität stärker war als ständische Hierarchie: in den Altar-, Fronleichnams-, Wallfahrts-, Elends- und Laienbruderschaften, die sich aus Bürgern und Klerikern zusammensetzten und semiklerikale Genossenschaften oder semimonastische Gemeinschaften waren: so genannte Bruderschaften. Es gab sogar eine Elendsbruderschaft, in der neben dem Kaiser auch der Bettler einen Platz fand. Diese Bruderschaften erinnerten an das frühchristliche Ideal der Brüderlichkeit. Das Überschreiten der Standesgrenzen war sicherlich nicht die Regel, im späten Mittelalter aber keineswegs eine befremdliche Erscheinung. Irgendwo dazuzugehören, einen festen Ort zu haben, mit korporativer Solidarität zu rechnen, mit einem standesgemäßen Begräbnis aus dieser Welt zu scheiden, von der Wiege bis zur Bahre beschützt zu sein: das war mittelalterliche Selbstverständlichkeit und gelegentlich stärker als Rücksichten auf hierarchische Standesgliederungen.

Diese genossenschaftlich konzipierten Gemeinschaften gehen auf die mittelalterliche „Einung" zurück, in der sich Individuen zu einer Gemeinschaft zusammenschlossen, in der die Mitgliedschaft durch einen Eid befestigt, oft auch jährlich erneuert wurde. Mit Bruderschaften, Zünften, Gilden, auch mit Stadt-, Adels- und Landfriedensbünden entstand ein „dichtes Netz geschworener Verpflichtungen, die die Beziehungen der Individuen untereinander schaffen und regeln" (Otto Gerhard Oexle). Gründe für das Aufkommen solcher Gemeinschaften waren: das hohe Lebensrisiko in den Zeiten der Kreuzzüge, bei Reisen über

Land und auf dem Wasser, Ängste vor Naturkatastrophen, Pestepidemien, Missernten und Hungersnot. Besonders plausibel wird der Zusammenhang zwischen Schwarzem Tod und Sehnsucht nach brüderlicher Liebe und Geborgenheit in der *Neustädter Chronik* zum Ausdruck gebracht: „Anno 1472 sind Zweene Cometen, die beyde sehr groß und erschrecklich gewesen, erschienen, darauff ist eine dreyjährige Dürre, viel Krieg und Unruhe, neben geschwinden Sterbensläufften und anderem Unglück erfolget. Auch nahm alle Liebe, Freundschafft und Treue bey den Menschen ein Ende. Wo in einem Ort die Seuche einriß, da lief, was lauffen kunte, die Männer liefen von ihren Weibern, die Weiber von ihren kranken Männern, die Eltern ließen die Kinder, die Kinder ihre Eltern in der Not stecken und verderben, von Geschwister, Freunden und Nachbarn Hilfe erwarten wollen, war vergebens. Die Priester und Mönche wollten niemand Beicht hören, noch mit dem Heiligen Abendmahl versorgen. Viel Verstorbne wolte niemand begraben, oder auf gebührende Kirchhöfe, und in erkauffte Begräbnisse begraben." Im späten Mittelalter konnte hierarchisch-herrschaftliche Ordnung (vertikal) und brüderliche Genossenschaft (horizontal), die tendenziell herrschaftsfeindlich war, neben- und miteinander existieren, ja, die eine ohne die andere kaum bestehen. Wie der korporative Geist sich gelegentlich über Standeshierarchien hinwegsetzte, konnte auch umgekehrt ein brüderlich-genossenschaftlicher Verband, wie die Stadt zum Beispiel, eine Elite bilden, die sich von den Genossen absetzte und Herrschaft über die Bürgerschaft ausübte: aus pragmatischen Gründen, um dem politischen Druck von außen wirksam zu begegnen, immer zum Wohl der ganzen Stadt, wie man meinte, nur daß die Gemeinde oft unter dem Wohl der Stadt etwas anderes verstand. Sie fühlte sich als Gemeinschaft des „gemeinen Mannes" von der politischen Gestaltung des Lebens in der Stadt ausgeschlossen.

Neben den Bruderschaften fand der genossenschaftlich-brüderliche Gedanke einen besonderen Ausdruck in Gilden und Zünften. Kaufleute schlossen sich vor allem zu Gilden zusammen, Handwerker zu Zünften. Scharf lassen sich aber beide nicht voneinander trennen. Gemeinsam ist ihnen „die wechselseitige Unterstützung und die gesellige Gemeinschaft bei Gelage und Mahl" (Wolfgang Hardtwig). Obwohl die Zünfte weiterhin für die religiösen und geselligen Bedürfnisse ihrer Genossen sorgten, entwickelten sie sich zunehmend zu einer berufsständischen Organisation. Jeder Beruf hatte seine Zunft. Auf den Zunftstuben ging es brüderlich zu, seither gibt es den Begriff des „Zunftbruders" (gelegentlich auch des „Saufbruders"), in den Zunftordnungen wurden Produktion und Handel genossenschaftlich geregelt, so daß jeder sein Auskommen hatte und die Stadtbewohner versorgt waren. Im Zunfthaushalt selbst aber herrschte ein patriarchalischer Geist. Unumstrittenes Haupt war der Zunftmeister, der *pater familias*. Ihm waren alle, die im Zunfthaushalt lebten und arbeiteten, also auch die Gesellen, Lehrlinge und das Gesinde, untertan. Selbst die eigene Frau hatte sich unterzuordnen. War die Familie mehr als eine auf Blutsverwandtschaft gegründete Gemeinschaft, nämlich eine kleine Wirtschaftsgemeinschaft (das

„ganze Haus"), war der Patriarchalismus offensichtlich der angemessene Rahmen, in dem sich diese Gemeinschaft zusammenhalten ließ. Hierarchie und Brüderlichkeit gingen eine Symbiose ein. Das brüderliche Leben, das in der Zunft praktiziert wurde, regelte übrigens nicht nur die weltlichen Belange der Handwerker, sondern auch seelsorgerliche. Der Zunft eignete, besonders ausgeprägt in der Anfangszeit, eine religiöse Dimension. Der hierarchisch-brüderliche Zug, der in der mittelalterlichen Frömmigkeit allenthalben in Erscheinung trat, Priester und Laie, spiegelte sich auf seine Weise auch in der Konzeption der Familie wider.

2. „Gemeinde" als politische Organisations- und Verwaltungsform

Das Neben- und Miteinander hierarchischer und genossenschaftlicher Ordnung existierte nicht nur in kleinen, überschaubaren Korporationen, es existierte auch in größeren Verbänden, die Leitungs- und Regierungsfunktionen wahrnahmen: im Dorf und in der Stadt. Neben Herrschaft stand Genossenschaft. Peter Blickle hat von einer Kommunalisierung des öffentlichen Lebens auf dem Lande und in der Stadt gesprochen. Er hat damit einen Prozess gemeint, in dem sich die Gemeinde, ein horizontaler, genossenschaftlicher Zusammenschluß von Bauern hier und Städtern dort als lebensbestimmende Organisation herauszubilden begann – und zwar als ein wichtiges Unterscheidungsmerkmal von Mittelalter und Spätmittelalter. Im Mittelalter herrschte hierarchische Über- bzw. Unterordnung, grob gesagt, auf der einen Seite die Freien und auf der anderen Seite die Unfreien; im Spätmittelalter wurde diese Sozialordnung allmählich durch das genossenschaftliche Miteinander der einst Unfreien zersetzt. Immer deutlicher trat die Gemeinde in den Vordergrund und bestimmte das Selbstverständnis von Bürgern und Bauern. Menschen, die bisher überhaupt keine Chance hatten, ihren eigenen Lebensbereich zu verwalten und zu gestalten, begannen auf Gemeindeebene zu erfahren, was es bedeutet, an Herrschaft zu partizipieren. Das war in der Tat, wie Blickle meint, ein epochaler Einschnitt in der abendländischen Geschichte.

Gewöhnlich sah man einen epochalen Einschnitt in der Ausbildung der *Landesherrschaften*, im Formierungsprozess der späteren Partikularstaaten in Deutschland. Man sah ihn auch in den zahlreichen Bemühungen um eine Reform des Reiches, im *Defensor Pacis* des Marsilius von Padua beispielsweise oder in der *Reformatio Sigismundi*. Und schließlich sah man diesen Einschnitt im Konziliarismus, den Bemühungen, dem Papst ein Mitbestimmungsrecht über die Belange der Kirche abzutrotzen, ja, das Konzil über die Autorität des Papstes zu stellen. Die vermessenen Versuche, die Suprematie über den Kaiser endgültig durchzusetzen, waren gescheitert, die Autorität des Papsttums zerfallen: So etwas konnte im Corpus Christianum nicht ohne Folgen bleiben. Doch weniger aufmerksam wurde bisher der Prozess beobachtet, den Blickle die „Kommunalisierung der spätmittelalterlichen Gesellschaft" nennt – ein Prozess, der in der Reformationszeit seinem Höhepunkt zutrieb und in der Losung gipfelte: ganz Deutschland solle „schwyzerisch" werden – eine Eidgenossenschaft.

Begonnen hatte dieser Prozess mit der Auflösung der *Villikationsordnung*. *Villicus* ist der Hof des Herrn. Dort lebte der adlige Herr mit seinen Knechten bzw. Bauern, die sein Land, das so genannte Salland, bewirtschafteten. Sie leisteten Frondienste und waren dafür auf dem Hof, dem Fronhof, versorgt und geschützt. Sie waren Unfreie, aber nicht (mehr) Sklaven wie auf den Latifundien des *Imperium Romanum*. Über die Unfreien konnte nicht mehr verfügt werden wie über eine Sache. Der Grundherr stand ihnen gegenüber in der Sozialpflicht. Wichtig ist, der Fronhof war eine adlige Eigenwirtschaft. Nach und nach übergaben die Herren den unfreien Bauern aber jeweils ein Stück Land, groß genug, um sich und seine Familie durchzubringen und an den Grundherrn Abgaben in Form von Naturalien oder Geld abzuführen. Es wird von der Rentengrundherrschaft gesprochen, die hier entstanden war und zu einer effizienteren Bewirtschaftung des Bodens führte als die adlige Eigenwirtschaft. Die Grundherren verließen ihre Höfe und bauten sich Burgen bzw. Schlösser, um dort ein standesgemäßes und ihrer militärischen Funktion angemessenes Leben zu führen. Die enge Lebensgemeinschaft von Freien und Unfreien wird aufgelöst, und es tritt eine Distanz zwischen den Adligen und der Lebenswelt der Bauern ein. Seit dem 13. und 14. Jahrhundert beginnt sich diese Rentengrundherrschaft vor allem im deutschen Südwesten durchzusetzen. Ihr Prinzip ist das Herrschaftsrecht des Adels.

Die Bauern bewirtschafteten das Land, das nicht ihr eigenes war, sondern das sie nur „besaßen", in räumlicher Distanz zu ihrem Herrn, und sie fanden bald heraus, daß sie Aussaat und Ernte auf den Feldern gemeinsam miteinander abstimmen mußten, um sich nicht gegenseitig in die Quere zu kommen. Auch die Fruchtfolge im System der Dreifelder-Wirtschaft (Sommersaat, Wintersaat, Brache) mußte abgesprochen werden, ebenso die gemeinsame Nutzung der Allmende, d. h. einer Wiese, eines Angers oder eines Waldes, die der Grundherr allen zur gemeinsamen Nutzung (ohne Abgabenpflicht) überlassen hatte – eine Erinnerung daran, daß einst alles allen gehörte. Auch die Aufsicht über das Einhalten der Vereinbarungen mußte sichergestellt werden. Aus der Notwendigkeit, den alltäglichen Vollzug der Arbeit zu regeln, entwickelte sich das Bewußtsein, zu einer Gemeinde zu gehören. Ihren sinnfälligen Ausdruck fand das in der jährlichen Gemeindeversammlung, in der die Organe der Gemeinde gewählt und auch über das jeweilige Vorgehen gegen den Grundherrn, falls Streit über dem Dorf lag, entschieden wurde. Gewählt wurde der Gemeinderat, das Dorfgericht mußte besetzt und schließlich der Dorfschulze gewählt werden. Diese wichtigeren Ämter wurden jedoch nicht ohne das Mitspracherecht des Grundherrn besetzt. Hier stieß die Gemeindeautonomie an ihre Grenze. Dennoch machte die Selbstverwaltung die Bauern stark, aber nur innerhalb des Rahmens der Grundherrschaft. Blickle schreibt: „Es gibt eine politische Autonomie der Gemeinde, aber sie ist eine durch die Grundherrschaft beschränkte."

Analog vollzog sich der Kommunalisierungsprozess in der *Stadt*. Der Stadtherr wurde aus den Mauern der Stadt verdrängt. Gewöhnlich stehen die Burgen oberhalb der Städte, auf jeden Fall außerhalb der städtischen Mauern. Die Bürger gingen dazu über, ihr Leben innerhalb der Stadtmauern selber zu regeln. Das war ein Prozess, in dem sich die Bürger von dem Rechtsanspruch des Stadtherrn bzw. des Bischofs lösten und danach trachteten, die Stadt zum Bezirk mit einerlei Recht, mit Bürgerrecht, auszubauen. Nur noch das Bürgerrecht sollte in den Mauern der Stadt gelten. Es war ein Recht, das die Bürger sich selbst setzten, trug also einen anderen Charakter als das Alte Recht oder Herkommen auf dem Lande. Damit war die Dynamik einer Entwicklung entstanden, an deren Ende in zahlreichen Städten, zumal wenn sie wirtschaftlich und kulturell aufblühten, eine fast vollkommene Autonomie erreicht wurde. Sie waren stark genug, sich an den Kaiser zu wenden und sich die Rechte einer reichsunmittelbaren Stadt, einer Reichsstadt, verleihen zu lassen. Um 1500 waren ungefähr 65 Städte zu Reichsstädten herangewachsen. Sie waren genauso autonom wie die Territorien der Landesherren. Der Rest der Städte waren Territorial- bzw. Landstädte, davon gab es ungefähr 3000. Sie wurden zwar von einem eigenen Rat verwaltet, unterstanden aber der Herrschaft des Territorialherrn.

Das Bürgerrecht war geregelt, die Zunftordnung geschaffen, die Gerichtsbarkeit eingesetzt und der Rat gewählt, der die politischen Geschäfte wahrnahm: in der Regel der „kleine" Rat, der „große" Rat, der aus Vertretern der führenden Familien in der Stadt beschickt wurde, hatte dagegen nur beratende Funktion. Obwohl es in der Stadt auch ein „oben" und „unten" gab, Patrizier, Kaufleute, Zunftbürger, Angehörige der Unterschichten, hat sich hier insgesamt doch ein genossenschaftliches Verfassungsverständnis entwickelt.

Ein Faktor freilich hat dieses genossenschaftliche Selbstverständnis besonders empfindlich gestört. Es waren die Kirchen, ausgerechnet die weithin sichtbaren Wahrzeichen der Stadt, und es war der Klerus in der Stadt. Kirchen und Klerus gehörten einer anderen, einer geistlichen bzw. bischöflichen Gerichtsbarkeit an. Die Kleriker waren keine Bürger, unterstanden deshalb auch nicht der bürgerlichen Gerichtsbarkeit; umgekehrt saßen sie in kirchlichen und ehelichen Angelegenheiten über die Bürger zu Gericht. Zunehmend wurde der Klerus als Fremdkörper in der städtischen Gesellschaft empfunden. Die Magistrate setzten alles daran, die geistliche Gerichtsbarkeit in eigene Regie zu nehmen bzw. die geistlichen Rechte in Rom abzulösen – so Nürnberg beispielsweise mit starker Finanzkraft. Auch wurden sogenannte Stadtkirchen bzw. Ratskirchen gestiftet, deren Besetzungsrecht für den Pfarrklerus beim Rat der Stadt lag. Ebenso wurde die Armenfürsorge zunehmend vom Rat wahrgenommen. Die Tendenz, die sich hier im Verhältnis zur Kirche zeigt, einer hierarchisch strukturierten, geistlichen Institution, war die Kommunalisierung der Kirche. Die Kirche sollte der Stadt gehören. Sie war es, die aus einem Wohn-, Wehr-, Rechts- und Wirtschaftsbereich eine Sakralgemeinschaft werden ließ. Die Stadt war das „neue Jerusalem". Sie wuchs in das Modell hinein, das bei ihrer Entstehung einst Pate gestanden hatte.

In der Stadt war der Bürger ganz und gar umsorgt. Das bezog sich auf sein leibliches Wohl und sein geistliches Heil in gleicher Weise. Die Stadt war ein geschlossener Kosmos, ein *Corpus Christianum* im Kleinen.

Tendenzen zur Kommunalisierung der Kirche gab es auch in den Dörfern. Die Bauern versuchten, eigene Kapellen zu errichten, gegen Ende des 15. Jahrhunderts kam geradezu eine „Kirche-ins-Dorf"-Bewegung auf. Sodann waren Bemühungen im Gange, die Priester selber wählen zu dürfen, das sogenannte Pfarrwahlrecht einzuklagen, eine Forderung, die in Luthers Schrift über die Gemeinde, die das Recht habe, über die Lehre zu urteilen und Pfarrer ein- und abzusetzen, und in den berühmten *Zwölf Artikeln* der Bauern von 1525 wiederholt wurde.

Die dörfliche Gemeinde verstand sich als eine Lebensgemeinschaft, in der – ebenso wie in der Stadt – für alle Bedürfnisse der Menschen, auch für die religiösen, Sorge getragen wurde. Die Autonomie der Gemeinde war erst wirklich erreicht, wenn auch die religiöse Versorgung in ihren Händen ruhte, sie bei Wind und Wetter, sobald der Priester oder Vikar den Weg aus der Stadt ins Dorf nicht fand, nicht mehr auf Messe und Predigt warten mußte, nicht auf eine Beerdigung oder die Taufe eines Neugeborenen. Immer häufiger wurden die Eingaben der

Abb. 16: Kritik am geistlichen Stand: Ein Mönch schachert dem Vater die Tochter ab. Holzschnitt von Leonard Beck, 1523.

Bauern, in denen sie über die mangelhafte geistliche Versorgung klagten. Einen weiten Schritt voran waren die Bauern von Wendelstein in Franken gekommen. Als ihnen ein neuer Pfarrer von ihrem Landesherrn präsentiert wurde, empfingen sie ihn kühl und selbstbewußt: „so werden wir dich für kain Herren, sunder allain für ein Knecht und Diener der Gemeind erkennen, das du *nit* uns, sunder wir dir zu gebieten haben, und befehlen dir demnach, das du uns das Evangelion und Wort Gottes lauter und klar nach der Wahrheit (mit Menschenlehre unverhencket und unbefleckt) treulich vorgebest." Die Bauern wollten nicht nur ihre kommunalistischen Forderungen durchsetzen, sondern zugleich auch eine alte antiklerikale Forderung einlösen: Der Priester soll mit seinem Lebenswandel kein Ärgernis erregen und sich in seiner Lebensführung so verhalten, wie das Evangelium es gebietet. Das ist das berühmte Beispiel von Wendelstein aus dem Jahr 1524. Doch soweit war es im späten Mittelalter noch nicht. Es dürfte deutlich geworden sein, dass die Tendenz, das gesamte Leben in der Stadt und auf dem Lande zu „kommunalisieren", Bürgern und Bauern zu Bewußtsein brachte, dass auf lange Sicht das herrschaftliche mit dem genossenschaftlichen Prinzip in schwere Konflikte geraten mußte: Die eine Seite würde nicht ohne weiteres aufstecken, und die andere musste zum Kampf bereit sein, wenn die kleinen Errungenschaften der Autonomie erhalten und weiterentwickelt werden sollten.

3. Kommunalismus als Keimzelle für Widerstand

Auf dem Lande war es jetzt nicht nur so, dass die Bauern vor der Aufgabe standen, die Gemeinderechte gegen die herkömmlichen Herrschaftsrechte durchzusetzen, es war vielmehr auch so, dass die Herren durch die allgemeine wirtschaftliche Lage, z.B. die Verteuerung der Gebrauchs- und Luxusgüter, in finanzielle Bedrängnis geraten waren und nun darangingen, ihre herrschaftliche Autorität zu nutzen, um erhöhte Abgaben von den Bauern zu fordern. Das markanteste Beispiel ist die Wiedereinführung der Leibeigenschaft, wo sie zwar formell bestand, aber *de facto* kaum noch Bedeutung hatte. Eingeführt wurde die so genannte zweite Leibeigenschaft, die die Bauern finanziell zusätzlich belastete. Bald formierte sich bäuerlicher Widerstand im weiteren Verlauf der Geschichte gegen die härtere Gangart der Herrschaften und führte die Bauern zu der Erkenntnis, daß sie kommunales Bewußtsein stärken und zu einem Kampfinstrument ausgestalten mussten, wenn sie selber nicht auf der Strecke bleiben wollten. So beobachtete Blickle die meisten Bauernaufstände auch in jenen Gebieten, in denen die Gemeindeentwicklung weit fortgeschritten war: in Oberdeutschland und in Franken.

Mit diesem Hinweis befinden wir uns bereits in der Vorgeschichte des Bauernkriegs von 1525 und werden darauf noch zurückkommen. Hier nur soll gesagt werden, daß sich in diesem Herrschaftskonflikt allmählich der Begriff des „gemeinen Mannes", wie er im Dorf in Erscheinung tritt, herausbildet und eine bestimmte Bedeutung annimmt. Es ist der nicht herrschaftsfähige Bauer auf dem Lande. Der „gemeine Mann" ist derjenige, der in der Gemeinde die politische, rechtliche und wirtschaftliche Form seines Lebens sieht und sich für das genossenschaftliche Lebensprinzip im Gegenzug zur feudalrechtlich konzipierten Herrschaft einsetzt.

In der Stadt sah diese Entwicklung ein wenig anders aus. Dort war der Stadtherr, zumindest was die Reichsstädte anlangte, vertrieben worden, so dass die herkömmliche Herrschaftselite nicht mehr das Leben der Bürger bestimmte. Allerdings war innerhalb der städtischen Genossenschaft eine eigene Herrschaft herangewachsen. Wenige Geschlechter und Ratsfamilien, gewöhnlich vom Prinzip der Anciennität bestimmt, hatten sich vom Bürgertum abgesetzt und den Zugang zur Ratsherrschaft für sich und ihresgleichen monopolisiert. Da jedoch auch zahlreiche Entscheidungen getroffen werden mußten, die in die wirtschaftlichen Belange der Zunftbürger tief eingriffen, wurde die Ratsoligarchie zu einem Problem für die Zünfte, die selber keinen Zugang zur Ratspolitik hatten. So kam es auch in den Städten, wie bereits erwähnt, zu zahlreichen Bürgeraufständen oder Zunftkämpfen um das politische Mitbestimmungsrecht.

In den meisten Fällen konnten die Bürger eine Beteiligung der Zünfte am Stadtregiment durchsetzen. Im Zuge dieser Kämpfe veränderte sich der Inhalt des Gemeindebewußtseins. Gemeinde oder Gemeinheit war jetzt nicht mehr die ganze Stadt, sondern vor allem der nicht herrschaftsfähige Teil der Zunftbürger, deren Ziel es sein mußte, die ursprüngliche Genossenschaft für die ganze Stadt wiederherzustellen. Auch hier stellte sich für diesen Teil der Bevölkerung der Begriff des „gemeinen Mannes" ein: des reichsstädtischen Bürgers, der nicht herrschaftsfähig bzw. ratsfähig war. Nicht alle Stadtbewohner, die der Ratsherrschaft gegenüberstanden, waren der „gemeine Mann", also nicht die Angehörigen der Unterschichten, sondern nur die nichtratsfähigen Bürger. „Gemeiner Mann" ist ein politisch-rechtlicher Begriff für die Mittelschicht in der Reichsstadt. Dieser Bürger genießt zwar das aktive Wahlrecht, darf aber selber nicht in obrigkeitliche Ämter gewählt werden. Das ist für den Zunfthandwerker eine schwer zu ertragende Zumutung. Einerseits ist das genossenschaftliche Selbstverständnis der Stadt aus der Zunftgenossenschaft heraus entstanden und entwickelt worden, und andererseits wird gerade dem typischen Repräsentanten dieser Genossenschaft, zumindest den mittleren und unteren Zünften, die politische Mitgestaltung vorenthalten. In diesem Widerspruch ruhte politischer Zündstoff.

Ein wenig anders war das in den Landstädten. Hier war der Landesherr derjenige, der die Stadtherrschaft mit Hilfe seiner Amtmänner und Schosser (Steuereintreiber), ausübte, auch wenn die inneren Angelegenheiten der Stadtbevölkerung vom Rat geregelt wurden. Hier war die Situation derjenigen im Dorf vergleichbar. Der „gemeine Mann" war der nicht-herrschaftsfähige Bürger einer Landstadt. Also auch die Ratsherren gehörten hier zum „gemeinen Mann", denn sie waren von landesherrlicher Mitherrschaft ausgeschlossen. Allerdings waren Stadtdelegierte auf Landtagen vertreten. So läßt sich also Analoges auf dem Lande und in der Stadt beobachten, die Kommunalisierung in beiden Bereichen hält sich als gemeinsame Tendenz bis in die revolutionäre Konsequenz durch: Wo es zu Aufständen kommt, kann man deshalb, was Blickle besonders betont, von Empörungen, Unruhen und, wie im Bauernkrieg 1525, von einer Revolution des „gemeinen Mannes" sprechen. In seiner Einleitung zu dem Sammelband *Kommunalisierung und Christianisierung* (1989) schreibt er: „Kurzum: Stadt und Dorf sind, wo sie kommunal geprägt sind, antifeudal. Wenn man schon einen dem Feudalismus alternativen Begriff für vergleichbar mächtige gegenläufige Strömungen suchen will, dann ist es der Kommunalismus, nicht der Kapitalismus." Das ist ein prägnantes Urteil. Doch es trifft nur die Anfangsperiode in der Stadtentwicklung und die Gemeindebildung auf dem Lande generell, nicht jedoch den Kampf des „gemeinen Mannes" in der Stadt gegen die eigene Ratsoligarchie. Diese Ratsoligarchie mag zwar feudale Züge in Repräsentation und Handeln an den Tag gelegt haben, war aber *stricte dictu* nicht feudal zu nennen. Insgesamt hat Blickle jedoch Recht: Der Kommunalismus war eine mächtige Bewegung, die im Zentrum spätmittelalterlicher Spannungen und Konflikte angesiedelt war, diese Spannungen und Konflikte zwar nicht allein heraufführte, aber doch entscheidend verstärkte und auf die Spitze trieb – so in der Reformation, wie wir sehen werden, und im Bauernkrieg. Und Blickle hat auch Recht, wenn er im Kommunalisierungsprozess eine Entwicklung sieht, die auf republikanische Verhältnisse hinwirkte. Im Bemühen, die vertikale Herrschaftsstruktur zu überwinden, zeigt sich sein revolutionärer Charakter.

5. KAPITEL
Am Vorabend der Reformation
Frömmigkeit, Humanismus, Antiklerikalismus

„Am Vorabend der Reformation": unter diesem Titel wird gewöhnlich über die Missstände in der Christenheit am Ausgang des Mittelalters berichtet. Je größer die institutionellen Missstände, je korrupter der Klerus und je abergläubischer das Volk, so meinte man, um so überzeugender bietet sich die Reformation als der erlösende Ausweg aus der allgemeinen Misere an. Die Reformation braucht nicht gerechtfertigt zu werden, es sind die Missstände, die sie rechtfertigen. „Deutschland am Vorabend der Reformation" ist gewöhnlich ein Kapitel, das die Voraussetzungen dafür schafft, die Reformation als große Wende und neuen Anfang darstellen zu können.

Die Reformation, die sich ankündigte, kann freilich auch anders beurteilt werden. Sie ist das Ereignis, das den Niedergang der Christenheit besiegelt: nicht Wende und nicht neuer Anfang, sondern Auflösung jeder Ordnung, Spaltung einer religiös-kulturellen, einer politischen und sozialen Einheit, die in Jahrhunderten gewachsen war und schließlich im blutigen Desaster des Dreißigjährigen Krieges unterging.

Im Protestantismus wurde die Kirche der weltlichen Obrigkeit untergeordnet, die geistlich-weltliche Rechtsordnung, die ein relatives Nebeneinander von Kirche und weltlicher Obrigkeit vorsah, wurde gebrochen. Reformation war Rechtsbruch. Das wird von protestantischer Seite meistens überspielt und von katholischer Seite zu negativ gewertet. Nicht in den Missständen hier und da, sie wären reparabel gewesen, sondern im Rechtsbruch, so wurde katholischerseits der Spieß umgedreht, offenbarte sich ein Missstand, der verwerflich sei. Protestantischerseits wurde die Meinung vertreten, dass die Missstände auf eine grundsätzliche Fehlentscheidung der Christenheit zurückzuführen seien und eine Korrektur an „Haupt und Gliedern" nur von der Wurzel her in Angriff genommen werden könne. Diese Korrektur wurde nicht als Rechtsbruch empfunden, sondern als evangeliumsgemäße Wiederherstellung eines pervertierten Rechts. Die Diskussion der Missstände zeigt, daß konfessionalistische Bewertung ins historische Urteil eindringt und den Vorabend der Reformation entweder in einem düsteren oder in einem hellen Licht erscheinen läßt. So gesehen ist der Vorschlag hilfreich, das Jahrhundert vor der Reformation aus seinem eigenen Recht zu begreifen und die Deutung nicht in erster Linie auf die Reformation hin auszurichten.

5. Am Vorabend der Reformation

1. Kirchliche Verhältnisse und Laienfrömmigkeit

Am Ende des späten Mittelalters schien die Kirche ihre Krise, die in der Anfechtung der päpstlichen Autorität durch die Konzile gipfelte, überwunden zu haben. Nicht das Konzil, eine Versammlung aus Vertretern der Kirchenprovinzen, sondern der Papst ist zuletzt als alleinige Autorität aus der Bewegung des Konziliarismus hervorgegangen. Auch hatte sich das Papsttum von der „Babylonischen Gefangenschaft" in Avignon, wo es zum Gefangenen der französischen Krone geworden war, erholt, auch von dem jämmerlichen Bild, das es mit den Gegenpäpsten bot. Nicht erst der Konziliarismus, sondern dieser „pluralistische" Zustand des Papsttums hatte die exklusive Autorität des Stellvertreters Christi im Abendland untergraben. Der Konziliarismus war offensichtlich nur die Antwort auf diesen desolaten Autoritätsverfall. Doch nicht die Bemühungen um eine Reform, sondern die Restauration päpstlicher Macht bestimmte den Vorabend der Reformation.

Der römischen Kurie war es inzwischen auch gelungen, die Verwaltung zu straffen und die Methoden zu verbessern, Geld aus allen Teilen des Reiches nach Rom zu ziehen. Schließlich versah der „Stellvertreter Christi auf Erden" sein Amt als Renaissancemensch und trieb mit dem Ausbau des Petersdoms und einer pompösen Hofhaltung eine herrschaftliche Repräsentation in großem Stil. Als Leo X., ein Medici aus Florenz, gewählt worden war, sprach er nicht von seinen geistlichen Pflichten, sondern davon, daß er das Papsttum genießen wolle. Auch waren die Päpste in die politischen und militärischen Auseinandersetzungen um die Vorherrschaft Habsburgs und Frankreichs in Oberitalien verwickelt. Mit Argwohn gegenüber den Habsburgern, die sich inzwischen Sizilien einverleibt hatten und Rom bedrohlich nahegekommen waren, unterstützte Leo X. die Wahl des französischen Königs zum Kaiser im Reich – ein politisches Kalkül, das nicht aufging.

Das Mittelalter war die große Zeit der Kirche. Es gab zwar Auseinandersetzungen zwischen Kaiser und Papst, weltlicher und geistlicher Obrigkeit, umstritten war aber die Autorität der Kirche nicht. Sie gab dem Abendland Sinn und Ordnung. Diese Ordnung, in der Geistliches und Weltliches miteinander verschmolzen, war das *Corpus Christianum*, ein klerikal durchwirkter Herrschaftsverband. Am Klerus hing alles.

Abb. 17: Renaissanceherren: Raffaels Gemälde *Papst Leo X. mit den Kardinälen Luigi Rosso und Giulio de Medici* (1517).

Er war nicht nur der erste Stand in der Gesellschaftspyramide des Mittelalters. Er war auch, dogmatisch formuliert, die Kirche. Das muss erklärt werden. Kirche war, ähnlich wie die weltliche Obrigkeit ein Personenverbandsstaat war, eine Personenverbandskirche. Nicht die Gemeinschaft aus Klerikern und Laien war die Kirche, sondern die Hierarchie der Amtsträger: vom Papst über die Bischöfe zu den Priestern. Kirche war nur, wo der Priester war. Die Kirche wurde nicht als Gemeinschaft der Gläubigen verstanden, auch nicht als eine Institution im Sinne einer Anstalt, Kirche war vielmehr die klerikale Hierarchie, die das Heil verwaltete und vermittelte. Die Laien, d.h. die Masse der Gläubigen, waren auf den Klerus angewiesen, sie waren ihm untergeordnet und von ihm abhängig. Die biblische Vorstellung vom Leib Christi wurde herrschaftsorientiert und nicht genossenschaftsorientiert gedeutet. Die Kleriker stellten sich auf die Seite des Hauptes, die Laien standen auf der Seite der Glieder. Selbst im Kloster, das dem urchristlichen Ideal einer *vita communis* am nächsten kam, herrschte eine hierarchische Ordnung. So bildete sich in der Kirche Herrschaft, Verwaltung und Vermittlung aus.

1. *Herrschaft*: Die klerikale Hierarchie war nicht nur von oben nach unten, vom Papst über die Bischöfe zu den Priestern, herrschaftlich organisiert, sondern versuchte sich als oberste Herrschaftsinstanz allgemein zu etablieren. Darum ging der Streit zwischen Kaiser und Papst (der sogenannte Investiturstreit), bis Bonifaz VIII. die Suprematie des Papstes gegenüber dem Kaiser 1302 mit voller Macht zu behaupten versuchte – ohne wirklich zu ahnen, daß er damit nicht die Stärke, sondern die Schwäche seines Amtes zum Ausdruck brachte. Ihm fehlten die Mittel, diesen aggressiven Machtanspruch auch politisch durchzusetzen. Die Lehre von der Suprematie des Papstes bedeutete die Feudalisierung der Kirche in reinster Form. Der Kaiser und mit ihm alle weltlichen Obrigkeiten wurden in ein Vasalitätsverhältnis gegenüber dem Papst gezwängt. Die Schwertgewalt, die dem Kaiser übertragen wurde, war zum Benefizium geworden, das der Papst verlieh. Gegen diesen geistlichen Herrschaftsanspruch, ja die geistliche Monopolisierung der Macht, wandten sich in der Folgezeit Kaiser und Fürsten. In der praktischen Politik auf territorialer Ebene hatte diese Suprematiepolitik des Papstes keine Chance, ja, das Papsttum, das in die Hände der französischen Krone geraten war, konterkarierte diesen Anspruch mit seiner eigenen Ohnmacht in der Gefangenschaft zu Avignon. Und doch bildeten sich Herrschaftsstrukturen aus, die in der Kirche unangefochten in Geltung standen. Eine kleine, aber höchst effektive Geste zeigt das besonders deutlich: Der Priester trat nicht eigentlich als Diener der Kirche unter den Gläubigen auf, sondern als Herr. Er war nicht Bruder unter Brüdern, sondern Herr über die Laien: bis heute „Herr Pfarrer" oder „Hochwürden". Die Repräsentation des Klerus war Repräsentation von Herrschaft.

2. *Verwaltung*: Eine Herrschaftskirche kostete Geld. Um Geld einzutreiben, musste eine Verwaltung geschaffen werden, die vor allem in der Zeit der beginnenden Geldwirtschaft des hohen Mittelalters unentbehrlich war. Das Geld muß-

te aus allen Teilen der Christenheit nach Rom transferiert werden. So ohnmächtig das Papsttum in Avignon war, so eifrig war es bemüht, nicht ohne Erfolg, ein kirchliches Banken- und Verwaltungssystem aufzubauen, Pfründen, Stiftungen usw. zu regulieren und zur Einnahmequelle für die Kurie zu entwickeln. Nicht genug damit, kirchliche Handlungen wurden kostenpflichtig. Der Kirchenzehnt reichte nicht mehr aus, es wurden so genannte Stollgebühren für Tauf-, Hochzeits- und Begräbnisrituale erhoben. Durch das Ablasswesen und die finanzielle Ausschlachtung der Vorstellung vom Fegefeuer, der Möglichkeit, das Heil noch über den Tod hinaus beeinflussen zu können, waren die Dienstleistungen der Kirche fiskalisiert worden. Sie war alles andere als eine „wohlfeile" Kirche.

3. *Vermittlung*: Der Klerus vermittelte zwischen Gott und Mensch. Nur durch diese Vermittlung konnte der Mensch ewiges Heil erlangen, nicht durch einen einmaligen Akt der Vermittlung, sondern durch einen Vermittlungsdienst, der lebenslang in Anspruch genommen wurde. Immer wieder wurde das Opfer in der Messe vollzogen, um dem Gläubigen die Teilnahme an der Vergebung der Sünden zu sichern. Der so genannten Kommunion, dem Empfang der Gnadenmittel im Sakrament des Abendmahls, ging die Beichte voraus. Michel Foucault sah darin ein Mittel des Klerus, die Menschen auszuhorchen, ihnen ins Gewissen zu reden, ja, sie „regierbar" zu machen. Mehr noch, Foucault meint, daß in dieser mittelalterlichen Pastoral moderner Regierungsstil und moderne Staatlichkeit ihren Ursprung hätten. Hier wird die Struktur der Machtbeziehung, in der Menschen zueinander stehen, ausgebildet. Der Klerus perfektioniert nicht nur seine Machtstellung und den Umgang mit Macht, auch der Laie lernt, mit dem Klerus umzugehen. Der Laie erfährt sich selber als Träger von Macht. Er wird gelegentlich widersetzlich und lässt nicht mehr alles über sich ergehen.

Die Missstände, die in der Kirche wahrgenommen wurden, beziehen sich auf die Bereiche von Herrschaft, Verwaltung und Vermittlung. Hier konnte es schnell zu Fehlbildungen und Exzessen der Begehrlichkeit kommen. Hoffahrt und Habgier waren im mittelalterlichen Lasterkatalog Todsünden – und bald zeigte sich, dass die Kirche, d.h. nun genau, die Kleriker selber nicht frei davon waren. Die Vorstellung vom Unmut über kirchliche und geistliche Mißstände passt zunächst nicht zur Frömmigkeit der Laien, ganz im Gegenteil, hier schien auf den ersten Blick alles in Ordnung zu sein. Bernd Moeller hat von einer Blüte der Frömmigkeit um 1500 gesprochen und das Argument von den Missständen, die die Reformation rechtfertigten, teilweise aus der Hand gegeben. „Die Kirche hatte Hochkonjunktur". Die Menschen hätten sich um 1500 mit „Leidenschaft und Inbrunst" in einen religiösen Leistungsrausch um das Heil ihrer Seele gestürzt. Mehr als zuvor wurden Messen von Laien gestiftet, die Nischen in den Kirchengewölben wurden zusätzlich mit gestifteten Altären ausgestattet, vom höheren Bürgertum genauso wie von Handwerkern und ihren zünftlerischen Organisationen, sogar von den weniger bemittelten Tuchknappen und Gesellenbruderschaften wurde finanzieller Aufwand zugunsten kirchlicher Rituale und Zeremonien getrieben. Prädikaturen wurden eingerichtet, also die Verkündigung des Wortes in einer ansonsten sakramental ritualisierten Kirche aufgewertet, Prozessionen und Wallfahrten fanden größten Zulauf. Reliquien wurden gesammelt und zur Schau gestellt: auch das eine Einnahmequelle, denn der geistliche Umgang mit Reliquien, die Heilswirkung hatten, wurde „gebührenpflichtig". Zahlreiche Bruderschaften wurden gegründet: gesellig-religiöse Gemeinschaften, von denen die Menschen sich eine besonders intensive Befriedigung ihrer Bedürfnisse nach Heilsgewissheit versprachen. Intensiviert wurde die Verehrung der Heiligen (in den Bergbaugebieten entstanden neue Städte, die nach Heiligen benannt wurden: Annaberg, Joachimstal, Andreasberg) – und schließlich wurden Ablasskampagnen organisiert. Ablasshändler zogen von Ort zu Ort, predigten, riefen zu Reue und Buße auf und boten Ablassbriefe feil, d.h. Bescheinigungen, die man erwerben konnte, um sich die Zeit im Fegefeuer zu verkürzen, auch den bereits verstorbenen Anverwandten aus dieser Pein schnell wieder herauszuhelfen. Der Ablass, das Austeilen aus dem Schatz der überschüssigen Verdienste Christi, aus dem so genannten *depositum fidei*, war die Klimax der Leistungsfrömmigkeit.

Die Frömmigkeit, die um 1500 in hoher Blüte stand, war allerdings ritualisierte Frömmigkeit, neben andächtigem Empfang der Sakramente auch viel Plappern, Plerren und Rosenkranzbeten, wie es bald kritisch heißen wird, viel Magie. Der Frömmigkeitssinn hatte nur ein Ziel: sich Heilsvorteile zu verschaffen. Religiöse Leistung wurde von den Laien nicht nur gefordert, sie wurde von ihnen geradezu gesucht.

Eine andere, weitaus weniger verbreitete Art von Frömmigkeit war die Pflege religiöser Innerlichkeit, oft eine meditative, mystisch in die Erfahrung Gottes im Abgrund der eigenen Seele versenkte Frömmigkeit, eine *vita contemplativa* der Laien. Diese Art der Frömmigkeit hatte ihren Ursprung im klösterlichen Leben, wurde aber vor allem über die niederländisch-niederdeutsche Bewegung der *Devotio moderna* auch unter die Laien getragen. Besonders Kaufleute, oft auf Reisen und nicht immer ins routinierte Kirchenritual eingebunden, fühlten sich zu dieser *Devotio* hingezogen. Es ging dabei nicht nur um eine gewisse Abstraktion vom religiösen Ritual, sondern zugleich um die Pflege eines ethisch hochstehenden Verhaltens. Es ging um eine Ethisierung des Glaubens. Diese Art verinnerlichter Religiosität fand wohl nur in den Städten Verbreitung und hatte etwas Elitäres an sich. Mit ihr wurde versucht, ein Stück religiöse Ehrlichkeit wiederzugewinnen. Sie stand aber immer noch im Zeichen der Bemühungen, das eigene Heil zu sichern, und war in ihrem Kern eine Leistungsfrömmigkeit. Einerseits verdeckten diese vielfältigen Formen der Frömmigkeit die Probleme, die die Menschen mit der Kirche damals hatten, andererseits deutete sich hier schon an, dass die Menschen nicht mehr bereit waren, die Sorge für das Heil dem Klerus allein zu überlassen. So war die gesteigerte Frömmigkeit Ausdruck einer tiefen Krise. Pointiert gesagt: Mit der Feudalkrise, von der das gesellschaftliche Leben ergriffen worden war, ging eine Religionskrise einher.

2. Humanismus – eine Bildungsbewegung

Abb. 18: Erasmus von Rotterdam. Holzschnitt, Basel 1522.

Der Humanismus, der entscheidend dazu beitrug, die theologisch-scholastisch begründete Ordnung der Christenheit zu zerrütten, das gradualistische Denken in Natur und Übernatur, kann nur in Grundzügen dargestellt werden.

1. Man unterscheidet einen italienischen, aus der Renaissance erwachsenen Humanismus von einem Humanismus, der sich, von jenem angeregt, diesseits der Alpen entwickelte und wirksam war. Unbestrittene Häupter dieses Humanismus waren Johann Reuchlin, Conrad Celtis, Konrad Muntianus Rufus und Erasmus von Rotterdam. Ein Zentrum war Wien, ein anderes Erfurt und schließlich Basel. Der Humanismus war eine Bildungsbewegung, die Theologie, Philosophie, Rhetorik bzw. Philologie, bildende Kunst, Jura, Medizin und die Naturwissenschaften erfasst hatte. Der Begriff „Humanismus" geht auf die „studia humanitatis" oder die „studia humaniora" zurück, also auf Grammatik, Rhetorik, Poetik, Geschichte und Moralphilosophie. Er hat seinen Ursprung im Studium an den Universitäten, fasst zunächst aber außerhalb des Universitätsbetriebs Fuß. Der Humanismus weist auf die Bildungsfähigkeit des Menschen hin, sich nicht nur intellektuell, sondern auch moralisch zur Vollkommenheit zu steigern. Mit ihm bildet sich heraus, was man eine akademische Persönlichkeit nennen könnte.

2. Der Humanismus stellt ein neues Wissenschaftsparadigma dar. Er geht auf die Erfahrung zurück, daß die scholastische Theologie des Mittelalters in den unterschiedlichen Schulen und Richtungen, die sie hervorgebracht hatte, ein Raster über die ursprünglichen Inhalte des Glaubens und Denkens gelegt hat, das ein neues System, eine neue Glaubens- und Gedankenwelt über den ursprünglichen religiösen und philosophischen Aussagen errichtet hatte. Diese artifizielle, ganz auf das Jenseits ausgerichtete Gedankenwelt wollte der Humanismus mit seinem Ruf „Ad Fontes!" (Zurück zu den Quellen!) zerstören, zu den Quellen des klassischen Altertums, der Gräzität und Latinität, ebenso zurück zu den Quellen des urchristlichen Glaubens und zur Frömmigkeit der frühen Christenheit. Die Texte der Klassiker wurden von ihren scholastischen Übermalungen in ihrer ursprünglichen philologischen Gestalt wiederhergestellt, das Neue Testament wurde von Erasmus in seiner griechischen Ursprache ediert (1516), ein kühnes Unternehmen

gegen den von der Kirche autorisierten Text der *Vulgata*, der lateinischen Fassung des Bibeltextes. *Ad Fontes* war nicht nur ein Ruf zu den Ursprüngen des Glaubens und des Denkens, sondern zugleich auch ein Ruf zu Einfachheit und Schlichtheit: Weg von Allegorie und Spekulation, weg vom Formelwerk der scholastischen Gelehrsamkeit. Das war ein Akt der Entzauberung, der Reinigung und der Rationalisierung. Die Schriften des Erasmus von Rotterdam zu lesen, war eine befreiende, ausgesprochen erfrischende Lektüre. Streckenweise waren die Werke der Humanisten sogar unterhaltsam: das *Narrenschiff* des Sebastian Brant, das *Lob der Torheit* des Erasmus und die *Utopia* des Thomas Morus.

3. Das Feld der Formelsprache und der theologischen Spekulationen wurde verlassen; die Intellektuellen nahmen sich statt dessen der Moral an, kritisierten das Fehlverhalten der Menschen, vor allem des Klerus, und wandten sich den einfachen Formen der *praxis pietatis* zu. Ein besonders eindrucksvolles Beispiel sind die *Epistulae Virorum Obscurorum*, die Dunkelmännerbriefe (1515), an denen auch Ulrich von Hutten beteiligt war, der herausragende Literat des deutschen Humanismus. Es handelte sich dabei um fingierte Briefe, die die Dominikaner-Gelehrten an der Universität zu Köln lächerlich machen sollten. Kritisiert wurde auf satirische Weise die Dummheit, Verlogenheit und das liederliche Leben dieser Kleriker. In den Vordergrund trat also, wie bereits angedeutet, das einfache, integre Leben der Laien, Nüchternheit und Mäßigung – die Tugenden des aufstrebenden Bürgertums. Frömmigkeitsgeschichtlich betrachtet paßte die *Devotio moderna* gut zur Religiosität und Frömmigkeit des Humanismus: eine moralisch ausgeprägte Innerlichkeit und eine schlichte Rationalisierung des christlichen Glaubens. Alles war laikal ausgerichtet, blieb aber noch innerhalb der katholischen Kirche.

4. Für die Verbreitung des Humanismus haben seine Geselligkeits- und Organisationsformen gesorgt. Die Humanisten hatten ein dichtes Netz von Korrespondenzen über Zentraleuropa gespannt und standen in regem Austausch untereinander. Wo mehrere Humanisten an einem Ort beieinander waren, trafen sie sich zu Gesprächskreisen, so genannten *sodalitates*, oder gründeten Akademien. Bald wurden hier auch die Themen der Reformation diskutiert, in Nürnberg beispielsweise, wo Stadtschreiber und Juristen beisammen saßen, wurden Weichen für die Reformationspolitik des Rates gestellt. Die Humanistenkreise hatten zwar noch nicht die breite Öffentlichkeit erreicht, sie waren aber nicht ohne Einfluss. Für Verbreitung und Wirkung der Humanisten sorgte auch die Mobilität der Gelehrten, die nach Scholarenart unterwegs waren und ein enges Kommunikationsnetz auch durch gegenseitige Besuche knüpften. Man spricht geradezu von dem Hof, den Erasmus, der Fürst unter den Humanisten, für seine zahlreichen Besucher in Basel hielt. Die humanistischen Scholaren, die bis nach Italien zogen, nach Bologna beispielsweise, lernten voneinander und versuchten, hier und da den Lehrbetrieb an den Lateinschulen zu reformieren und in die Universitäten einzudringen. Es war allerdings

nicht immer einfach, den Widerstand der Universitätsprofessoren zu brechen und sich an den Universitäten Gehör zu verschaffen. So erzählt Peter Luder, ein Poetologe, wie hinter den Säulen der Aula in Heidelberg Hilfskräfte des Lehrpersonals darauf warteten, seine Vorlesungsankündigungen von den Säulen zu reißen, sobald er sie dort angeheftet hatte. Oft war es den Humanisten aber doch gelungen, sich als Lehralternative zu empfehlen, so etwa Conrad Celtis, der in Wien eine *Academia poetarum et mathematicorum* gründete, sie allerdings, da er ein unruhiger Geist war, bald wieder verließ und weiterzog. Eingenistet hatte sich der Humanismus an dieser Universität dennoch. Mit dem Schweizer Gelehrten Joachim Vadian, der aus St. Gallen stammte, besetzte er sogar das Amt des Rektors.

5. Dem Humanismus ist zu verdanken, daß um 1500 ein deutsches Nationalbewusstsein artikuliert und propagiert wurde – ein Bewusstsein, das vor allem von Ulrich von Hutten gepflegt und mit Inhalt gefüllt wurde. Es war ein Bewusstsein, das sich auf die sich allmählich herausbildende gemeinsame deutsche Sprache gründete, wie sie in den Kanzleien am sächsischen und habsburgischen Hof geformt, von Ulrich von Hutten und bald vor allem von Luther zur Hochsprache weiterentwickelt wurde. So sollte ein Nationalitätsbewusstsein entstehen, das trotz der Partikularität der Staaten als das sie zusammenhaltende Band die deutsche Sprache verstand. Das ist das eine, das andere ist, dass die deutsche Nation aus ihrem Gegensatz zu Rom definiert wurde. „In Rom ist alles käuflich, das ist die Stadt um deretwillen wir uns das Geschwärm der Mönche und die Grausamkeit der Inquisitoren gefallen lassen. Das ist die Stadt, wohin deutsches Blut und deutsches Geld in Strömen fließen, das ist die Stadt, die uns arm gemacht hat und immer ärmer machen wird. Die Herrschaften in Rom sitzen auf den Tränen der deutschen Bauern und lachen über des Deutschen Blödigkeit." In diesen Versen Ulrich von Huttens fließen Klerus-, Sozialkritik und Nationalbewusstsein ineinander. In den frühen zwanziger Jahren des 16. Jahrhunderts schloss Hutten sich Franz von Sickingen an und rief den „Pfaffenkrieg" aus. Dann erkrankte er an der Syphilis, an der er 1523 auf der Insel Ufenau im Zürichsee starb.

6. Der Humanismus war auch Ausdruck einer scharfen Gesellschaftskritik. Die Unzulänglichkeiten der Stände wurden mit spitzer Feder kritisiert, vor allem der Klerus, aber auch der Adel, die Kaufleute und Handwerker. Mit besonderer Aufmerksamkeit wurde der Ständebaum des Petrarca Meisters aus dem frühen 14. Jahrhundert betrachtet: eine Satire auf die ständische Ordnung der Gesellschaft. In Muße und Gelassenheit, ganz und gar entspannt, werden eines Tages die Bauern, die noch im Wurzelwerk des Baumes gebückt, gekrümmt, geradezu mit dem Baum verwachsen, verschwitzt und abgerissen arbeiten, in den Wipfeln des Baumes musizierend einen ewigen Feierabend genießen. Unter ihnen saßen der Papst und der Kaiser, Bischöfe und Fürsten, Kaufleute, Handwerker und Mönche. Wie überhaupt die Satire mit dem *Narrenschiff* Sebastian Brants zur bevorzugten literarischen Gattung wurde, die Gesellschaftskritik artikulierte.

Frömmigkeit, Humanismus, Antiklerikalismus   79

Abb. 19: Alles lastet auf den Bauern und wird ein gutes Ende in den Wipfeln des Baumes finden: So genannter Ständebaum des Petrarca-Meisters, Holzschnitt um 1520.

3. Vorreformatorischer Antiklerikalismus

Der Einfluß, den der Humanismus auf die Masse der Bevölkerung hatte, darf allerdings nicht zu hoch eingeschätzt werden. Er war und blieb eine akademische Bewegung, trotz seiner Ambitionen, weitere Kreise zu erreichen. Die Massen ergreifen konnte er teilweise nur, wo es ihm gelang, die antiklerikalen Affekte in der Bevölkerung zu schüren und den Pfaffenhass zu verstärken. Man sagte, dass es das Phänomen der „Öffentlichkeit" damals noch nicht gegeben habe – im Sinne der Aufklärung als eines revolutionierenden Mediums gewiß nicht. Aber die Kleruskritik, das Gerede über die Pfaffen, war so etwas wie eine Frühform von Öffentlichkeit: Hier horchte man auf, hier konnte jeder mitreden. Sie war ein Milieu, in dem Widersetzlichkeit und Empörung entstanden, schließlich auch „reformatorische Öffentlichkeit" (Rainer Wohlfeil).

Antiklerikalismus ist ein Begriff, der im 19. Jahrhundert entstand: in den Auseinandersetzungen um den politischen und kulturellen Einfluß, den der römisch-katholische Klerus im gesellschaftlichen Leben zahlreicher europäischer Staaten immer noch ausübte oder wiederzugewinnen versuchte. Wo der Antiklerikalismus sich mit atheistischer Religionskritik verband, wurde er nicht nur zu einer energischen Kampfansage an die Hierarchie der Kirche, sondern ebenso zu einem Angriff auf die religiösen Inhalte, die der Klerus vertrat. Es ging um eine Überwindung von Klerus und Religion überhaupt. Dieser neuzeitlich geprägte Begriff erfasst aber nicht ohne weiteres auch die Verhältnisse im späten Mittelalter und in der frühen Neuzeit. Damals ging es nicht darum, klerikale Einflüsse aus dem öffentlichen Leben zurückzudrängen und die Religion in den Bereich des Privaten zu verbannen oder zu beseitigen. Damals wurde vielmehr Kritik an den Amtsträgern der Kirche aus einem tiefen Bedürfnis nach ursprünglicher Religiosität geübt. Der Klerus wurde verspottet und beschimpft, bedroht und tätlich angegriffen, weil er seine Amtspflichten vernachlässigte und ein moralisches Ärgernis auf das andere häufte. Das Vertrauen der Laien in die heilsvermittelnde Kraft der Priester nahm ab und schlug in ein aggressives Misstrauen gegenüber dem Klerus allgemein um. Nicht als Ausdruck radikaler Religionskritik, wohl aber unter dem Gesichtspunkt, dass der Klerus als privilegierter *Stand* insgesamt vernichtender Kritik ausgesetzt war, ist es angebracht, den Begriff des Antiklerikalismus doch zu nutzen. Er ist geeignet, die Spannungen, die zwischen Laien und Geistlichen schon im späten Mittelalter und in der Reformationszeit entstanden waren, geschichtswissenschaftlich zu erfassen und ein Strukturproblem spätmittelalterlicher Gesellschaft zur Darstellung zu bringen.

Seit dem 11. Jahrhundert hat sich allmählich eine Trennung von Klerikern und Laien ausgebildet und im *Codex Iuris Canonici* seit dem 12. Jahrhundert ihre rechtliche Verbindlichkeit erlangt: Die einen sind berufen, die Kirche zu führen, und die anderen verpflichtet, sich dieser Führung anzuvertrauen. Merkmal dieser Trennung ist das Sakrament der Weihe, das den Priester mit dem *character indelebilis* ausstattet, ihn gegenüber dem Laien auf eine höhere Stufe der Partizipation am göttlichen Sein hebt und dadurch befähigt, das Opfer Christi in der Messe zu wiederholen. Allein der Geistliche, nicht der Laie, lebt im Stande der „Vollkommenheit" und ist befugt, das Heil zu vermitteln: der *homo religiosus*. Zunächst mag das Miteinander des geistlichen und des weltlichen Standes unproblematisch gewesen sein. Im Zuge der Armuts- und Ketzerbewegungen des späten Mittelalters kam es aber bald zu Spannungen zwischen diesen Ständen auf breiter Ebene.

Der Antiklerikalismus geht auf unterschiedliche Ursachen zurück: 1. auf das moralische Fehlverhalten derjenigen, die von ihrem Selbstverständnis her die Repräsentanten christlicher Vollkommenheit sind; 2. auf die Privilegien der rechtlichen Immunität, der Befreiung von den Steuern und der Aufsicht über Schulen und Spitäler; die Bürger fühlten sich herausgefordert, dass die Geistlichen trotz ihrer Immunität die Vorzüge der Stadt genossen und in Anspruch nahmen; 3. auf die Freistellung von Kriegs-, Wehr- und Wachdiensten; 4. auf die wirtschaftliche Betätigung (Kreditgeschäfte, Bierausschank, Weinanbau, Weberei); 5. auf die kirchliche Gerichtsbarkeit, die sich zunehmend auch mit weltlichen Angelegenheiten befasste und sich mit kirchlichen Sanktionen (Exkommunikation, Bann, Interdikt etc.) durchzusetzen wußte, während die Geistlichkeit nicht von weltlichen Gerichten zur Rechenschaft gezogen werden konnte; 6. auf Pfründenhäu-

Abb. 20: Fahrende Kleriker bei einem Sang auf die Schlemmerei. Holzschnitt, um 1500.

5. Am Vorabend der Reformation

Abb. 21: Kopie nach Sebald Beham (1500 – 1550): Schafstall Christi. Der Schafstall Christi" ist ein anspielungreiches Gemälde der reformatorischen Bildpropadanda. Ein Gleichnis Jesu aus dem Johannes-Evangelium (Joh. 10, 1-11) wird polemisch gegen die römische Kirche ausgelegt: „Wer nicht zur Tür hineingeht in den Schafstall, sondern steigt anderswo hinein, der ist ein Dieb und ein Mörder, aber die Schafe haben ihnen nicht gehorcht. Ich bin die Tür, so jemand durch mich eingeht, der wird selig werden und wird ein und aus gehen und Weide finden. Ein Dieb kommt nur, daß er stehle, würge und umbringe. Ich bin gekommen daß sie das Leben und volle Genüge haben sollen."

fung, Bettelei (Bettelorden), Erbschleicherei, luxuriöse Lebensgestaltung besonders der adligen Dom- bzw. Chorherren und der Prälaten, Fiskalisierung kirchlicher Dienstleistungen und Vernachlässigung der Amtspflichten.

Die Ursachen sind also moralischer, spirituell-ekklesiologischer, fiskalischer, wirtschaftlicher und kultureller Art; und die antiklerikale Auflehnung der Laien, von den Fürsten bis zu den Bürgern und Bauern, deutet darauf hin, wie intensiv und beherrschend die kirchliche Hierarchie in die spätmittelalterliche Lebenswelt der Menschen eingedrungen war, so sehr, daß der Herrschaftsdruck, der vom Klerus ausging, zur eigentlichen Ursache des Antiklerikalismus erklärt werden konnte. Nur so lassen sich Klosterstürme, die „tollen Jahre" in Erfurt (1509-1516) und die „Pfaffenkriege" in einigen Hansestädten erklären.

Aus den antiklerikalen Reaktionen kann allerdings nicht unbedingt auf den tatsächlichen Zustand des Klerus geschlossen werden. Oft handelte es sich um stilisierte Argumente (Lasterkatalog, Satire) und geradezu ritualisierte Formen des Protests, übertriebene und provozierende Agitation. Doch die zahlreichen Belege, die in verschiedenen Regionen und Ländern ähnliche Klagen und Reaktionsweisen zum Ausdruck brachten, zeigen deutlich, daß die Proteste gegen den Klerus nicht aus der Luft gegriffen waren, sondern entweder der Erfahrung mit den Geistlichen entsprangen oder Stimmung und Bewegung gegen den Klerus zu mobilisieren vermochten: gegen den Papst, den höheren Klerus und die gemeine Pfaffheit. Auf dem Wege zum Ausbau landesherrlicher Territorien und im Zuge des voranschreitenden Kommunalismus in der Stadt und auf dem Lande erwies sich der Klerus mit seinen Standesprivilegien und seinen hierarchisch-herrschaftlichen Verhaltensformen als ein Hindernis. Es waren jedoch nicht nur die Spannungen zwischen dem Klerus und den Laien, die den Antiklerikalismus hervorbrachten; auch die Spannungen zwischen Ordens- und Weltgeistlichen, der sogenannte Antifraternalismus, sowie die Auseinandersetzungen um die Observanz der Ordensregeln trugen dazu bei, dass die Kritik am Klerus wuchs und mit zusätzlichen Argumenten versorgt wurde, wie überhaupt in erster Linie Kleriker es waren, die den Laien ihre Sprache liehen und zu Protagonisten antiklerikaler Artikulation wurden.

Dieser antiklerikale Befund widerspricht nicht der Beobachtung, dass die allgemeine Frömmigkeit am Vorabend der Reformation in besonders hoher Blüte stand. So wenig das Kirchenvolk allerdings in der Lage war, auf die Heilsvermittlung durch den Klerus zu verzichten, so sehr nahm das „Verantwortungsgefühl der Laien für die kirchliche Ordnung deutlich zu" (Bernd Moeller). Die Laien maßen den Klerus am Ideal des *homo religiosus* und wandten sich aus Sorge um ihr Heil gegen die Geistlichkeit, die sie im Stich zu lassen schien. „Antiklerikalismus" im späten Mittelalter ist so zu verstehen: ein langer Kampf der Laien gegen den Klerus, verdeckt hier und offen dort, Kritik, Spott und Beschimpfung hier, Verweigerung, aggressive Agitation und Handgreiflichkeit bis zum Bischofs- und Priestermord dort. Dahinter stand die Absicht, sich von dem aufgestauten Unmut zu befreien, vor allem aber Päpste, Bischöfe, Priester und Ordensleute auf diese Weise zur Besinnung zu rufen. Alles in allem: Die Sorge um das Heil mag die tief in der Existenz des Menschen wurzelnde Ursache für den Pfaffenhass gewesen sein. Das war sicherlich kein „prinzipieller Antiklerikalismus" (Michael Bogolte), der sich in Kirchenfeindschaft Ausdruck verschaffte, wohl aber ein Antiklerikalismus, der um eine Reform von Klerus und Kirche besorgt war, es dem Klerus aber nicht mehr zutraute, allein für das Heil der Menschen zu sorgen.

Im Antiklerikalismus fließen religiöse, soziale, politische, rechtliche und ökonomische Probleme zusammen. Das ist der Grund, warum sich dieser Begriff dazu eignet, die Krise sichtbar zu machen, die sich im späten Mittelalter entwickelte, und den Weg anzudeuten, der zu Reformen führen wird.

6. KAPITEL
Die Idee der Reformation
Schlagwörter und ihre Folgen

Bereits das 15. Jahrhundert ließ den Ruf nach Reformen laut werden: Reform der Kirche genauso wie Reform des Reiches. „Reformatio" war der Begriff für ein umfassendes, die gesamte Christenheit umschließendes Reformverlangen.

Die Wurzeln für dieses Reformverlangen liegen in verschiedenen Bereichen: Im Machtverfall des Reiches und seinen Institutionen, im Herrschaftsausbau der Partikularterritorien, im Heranwachsen eines kommunalen Politikverständnisses, in der Fiskalisierung des kirchlichen Kultus, im Autoritätsverfall der geistlichen Amtsträger ebenso wie in ihrem unermeßlichen Bedürfnis nach Macht über die Menschen, in der zunehmenden Sorge der Laien um ihr Heil, im Streit theologischer Schulen untereinander und in einer gesteigerten Leistungsfrömmigkeit. So stellt sich die Frage: Haben sich die Kritikpunkte und Erneuerungsimpulse nur gesteigert und verschärft, ist es diese Zuspitzung gewesen, die schließlich zum Ausbruch der Reformation geführt hat, oder wurde das Reformationsverständnis von einer ganz anderen Wurzel genährt?

Dass es so gewesen sein könnte, illustriert eine wichtige Begebenheit auf dem Reichstag zu Worms 1521: die Beratungen über die „Causa Lutheri". Die Reichsstände sahen in der Causa Lutheri einen willkommenen Anlaß, die Gravamina-Bewegung zum Ziel zu führen und den Geldabfluss nach Rom zu unterbinden. Sie ließen Luther wissen, dass es zu einem einmütigen Entscheid der Reichsstände kommen werde, wenn er bereit sei, seine theologischen Angriffe auf den Papst zu widerrufen. Eigentlich, so meinten sie, müßte er ein Interesse an ihrer Politik zeigen, um vor dem Bannstrahl Roms gerettet zu werden und den Einfluss der Kurie zurückzudrängen, hatte er doch die Liste der Gravamina selber als Anhang in seine große Reformschrift *An den christlichen Adel deutscher Nation von des christlichen Standes Besserung* (1520) aufgenommen. Luther tat ihnen diesen Gefallen aber nicht. Er be-

Abb. 22: Martin Luther als Mönch mit Doktorhut. Kupferstich von Lucas Cranach d. Ä., 1521.

harrte auf seinen reformatorischen Einsichten. Offensichtlich meinte er, dass die Reichsstände nur an den Symptomen des Verfalls der Christenheit kurierten, während er das Übel an der Wurzel („radix" = radikal) fasste. Er widerrief nicht und wurde, wie im Wormser Edikt formuliert, in die Reichsacht entlassen. Er war fortan „vogelfrei". Der Gravamina-Beschluß kam übrigens nicht zustande. Die weitere Entwicklung sollte Luther jedoch recht geben. Die Gravamina wurden bald überhaupt nicht mehr auf den Reichstagen diskutiert; die Probleme mit Rom hatten sich auf andere Weise gelöst. Rom wurde die theologische Legitimation zum Einzug des Geldes in den Territorien und Reichsstädten entzogen, die zur Reformation übergegangen waren. Hier hat die Theologie, überspitzt gesagt, die Volkswirtschaft gerettet.

1. Die Freiheit Gottes

Es ging Luther nicht um den Menschen, der sich um sein Heil sorgte, auch nicht um den Menschen überhaupt, sondern einzig und allein um Gott, genauer gesagt: *um die Freiheit Gottes*. Es muss zu denken geben: Die Neuzeit beginnt nicht mit Gedanken über die Freiheit des Menschen (das geschieht in der Aufklärung), sondern mit Gedanken über die Freiheit Gottes. Das können einige Schlagwörter der Reformation verdeutlichen. Schlagwörter sind nicht komplizierte, komplex und diffizil vorgetragene Ideen. Sie sind vielmehr die defizitäre Gestalt von Ideen. Sie sind einfacher, holzschnittartiger, abgegriffener, aber dafür eingängiger und mit einem hohen Wiedererkennungswert ausgestattet. Ideen werden vor allem ideengeschichtlich erfaßt. Schlagwörter dagegen sind die sozialgeschichtlich relevante Seite von Ideen, das an ihnen, was zur Gestalt drängt, von den Ideen schließlich einmal übrigbleibt bzw. in den Sozialisationsprozess der Menschen eingeht, was sich „materialisiert".

Die „Gerechtigkeit" Gottes – der Gedanke, der das Zentrum der Reformation bildet, ist eine bestimmte Deutung der „Gerechtigkeit Gottes", wie sie in der Heiligen Schrift beschrieben wird. „Der Gerechte wird seines Glaubens leben." Dieser Stelle aus dem Römerbrief des Paulus (Röm. 1, 17) wurde eine neue Interpretation abgerungen. Das Mittelalter kannte den gerechten, unerbittlich fordernden Gott, der straft, wenn der Mensch die Forderungen nach moralischem Verhalten und Handeln nicht erfüllt. Luther hatte sich darum als Mönch bis zum physischen Ruin bemüht, nun kommt er nach seelischen Kämpfen allmählich zur Erkenntnis, dass Gott nicht deshalb gerecht sei, weil er vom Menschen Rechtschaffenheit fordert, wie die „Sautheologen" lehrten (so drastisch drückte sich der „Doktor der Heiligen Schrift" aus). Gerechtigkeit Gottes ist vielmehr die Rechtschaffenheit, die Gott allein dem Menschen zuspricht oder schenkt. Der Mensch ist ihm schon recht. Gerechtigkeit Gottes ist nicht Gerechtigkeit, die vom Menschen gefordert wird, sondern die Art und Weise, in der Gott den Menschen *recht* sein läßt: nicht *iustitia activa*, sondern *iustitia Dei passiva*. Später erinnert sich Luther, wie ihm zumute

Abb. 23: Predigt der Protestanten und der Katholiken gegenübergestellt: Holzschnitt von Georg Pencz mit Text von Hans Sachs (ca. 1529)

Abb. 24: Ablaßbrief des Klosters Sankt Trudpert im Schwarzwald, Einblattdruck um 1490.

war, als er zu dieser Erkenntnis durchgedrungen war: „Da fühlte ich mich völlig neu geboren, als wäre ich durch die geöffneten Pforten ins Paradies eingetreten." Diese Erkenntnis stellte einen radikalen Bruch mit dem dar, was in der Kirche damals geglaubt und gelehrt wurde – vor allem einen Bruch mit der Leistungsfrömmigkeit. Das Heil kann nicht durch gute Werke, nicht durch Geld und rituelles Engagement erworben werden. Alles muß dem Menschen zugesprochen, zugeeignet, geschenkt werden. Nicht das Gesetz hilft, sondern allein die Gnade (*sola gratia*), die im Glauben ergriffen wird. Die Glaubensgerechtigkeit widerstreitet der Werkgerechtigkeit.

Diese neue Erkenntnis soll jetzt auf dem Hintergrund der mittelalterlichen Auffassung von der *iustitia Dei* erläutert werden. Das Mittelalter kannte zwei Wege zum Heil: den „alten Weg" (die *via antiqua*) und den „neuen Weg" (die *via moderna*). Es gab zwischen den Universitäten geradezu einen „Wegestreit", einen Streit zwischen „konservativ" und „progressiv". Luther war in Erfurt in der Tradition des „neuen Wegs" erzogen worden.

Die *via antiqua* lehrte, um es kurz zu sagen, dass der Mensch nach dem Sündenfall Adams alle Rechtschaffenheit vor Gott verloren habe und von sich aus nicht mehr zu Gott zurückfinden könne. Gott aber in seiner Barmherzigkeit tilgte die Erbsünde, nicht aber die Sünde allgemein, durch das Sakrament der Taufe und pflanzte dem Menschen dadurch eine Qualität ein, die ihn, unterstützt von den übrigen Sakramenten der Kirche, befähigte, durch fromme Übungen und gute Werke, durch geistliche Leistung, wieder in den ursprünglichen Stand der Rechtschaffenheit vor Gott zu gelangen. Ohne die Gnade Gottes ging das nicht, aber ohne die Mitwirkung des Menschen auch nicht. Gott war nicht so frei, den Menschen, wenn er gute Werke vorweisen konnte, in die Verdammnis zu stoßen. So hartherzig konnte man sich Gott nicht vorstellen. Er war geradezu gezwungen, den Menschen anzunehmen. Bestanden die guten Werke, um das extreme Beispiel zu nehmen, in der Finanzkraft, mit der man Ablaßbriefe kaufen konnte, also Sündennachlass, war das Heil zur Ware geworden, wurde Gott zum Krämer, abhängig vom Geld des Menschen. Gott war nicht frei und die Kirche alles andere als „wohlfeil".

Die *via moderna* hingegen lehrte, daß der Mensch von sich aus sehr wohl in der Lage sei, seinen verlorenen Zustand vor Gott wiederherzustellen, er mußte nur wollen. Interessant ist nun, daß die Betonung des menschlichen Willens Gott nicht bindet, sondern gerade die Freiheit Gottes gegenüber dem Menschen herausstreicht. Das ist ein überraschender Gedanke. Gott ist so frei, dass er sich von den Bemühungen des menschlichen Willens nicht beeindrucken lässt. Er ist aber ebenso frei, sich gerade davon beeindrucken zu lassen. Der Mensch wird nun alles daransetzen, es Gott recht zu tun, denn nur dann kann er damit rechnen, daß Gott sich ihm in seiner Freiheit gnädig zuwendet. Die Freiheit Gottes wird hier zwar stärker betont, der Mensch aber noch mehr als in der *via antiqua* an sein persönliches Leistungsstreben gebunden. Die *via moderna* passt gut zu dem neuen Selbstbewußtsein, das der aufstrebende Stadtbürger am Ausgang des Mittelalters erlangt hatte. Er ist wer und leistet was. Die *via moderna* gibt der Leistungsfrömmigkeit des Spätmittelalters eine tiefe theologische Rechtfertigung. Doch Gottes Freiheit, wie sie hier konzipiert wurde, ist, kritisch besehen, des Menschen Unfreiheit. Der Mensch wird vom Gesetz verängstigt und geknechtet, das ihm die Leistungen um seines Heils willen abverlangt, ihm aber nicht Gewissheit vermittelt, auch schon wirklich alles getan zu haben. Gott wird zu einem fordernden, zürnenden Gott. Die Frömmigkeit wird zu einem Getriebensein, zu rastloser Verzweiflung im Grunde. Darin sah Luther eine Perversion christlicher Religiosität. Es fehlte Trost, es fehlte Liebe – doch ohne Trost und Liebe gab es kein Heil. Die Menschen suchten das Heil, aber wie sie es taten, entzog es sich ihnen.

Luther erkannte, daß beide Wege Gott die Freiheit nahmen, aus eigenem Liebesentschluß zu handeln. Gott nimmt den Menschen an, wie er ist, und spricht ihn gerecht, obwohl der Mensch in Sünde vor ihm steht. Grund für diese Rechtfertigung ist allein der Christus, der die Sünde des Menschen ans Kreuz getragen hat. So ist zu sehen, wie auf einem bekannten Gemälde Lucas Cranachs der Reformator auf der Wittenberger Kanzel steht und auf den Crucifixus zeigt, der zwischen der Kanzel und der andächtig lauschenden Gemeinde hängt. Die Predigt macht deutlich: Hier findet der „fröhliche Wechsel" statt. Die Sünde wird dem Menschen genommen und Christus auferlegt. Nicht der Mensch, sondern der Gottessohn geht daran zugrunde – zum Heil des Menschen. Die Gerechtigkeit Christi wird gegen die Ungerechtigkeit des Menschen eingetauscht. Das ist, schlagwortartig umrissen, die berühmte Lehre von der „Rechtfertigung des Sünders aus Gnade allein". Es ist die Rechtfertigung des Gottlosen: *iustitia impii*. Mit dem „impius" soll gesagt werden, daß der Mensch überhaupt keine Voraussetzung oder Disposition für sein Heil mitbringt. Der Mensch ist gottlos. Doch genau besehen geht es gar nicht um den Sünder und den Gottlosen, sondern einzig und allein um die Freiheit Gottes, die sich nicht an das Heilsverlangen des Menschen binden läßt. In der Freiheit Gottes und nirgendwo sonst gründet die Reformation der Kirche, denn eine Kirche, die Gott nötigt und zwingt, ist eine Kirche ohne Gott. Luther wollte aber eine Kirche mit Gott. Die Neuzeit beginnt nicht mit einer Befreiung des Menschen von Gott, sondern mit der Befreiung Gottes vom Menschen. Auf den ersten Blick mutet das nicht modern an, doch auf den zweiten Blick ist das höchst modern, denn die Neuzeit beginnt mit der Einsicht, daß der Mensch nicht mehr auf sein Heil fixiert wird. Sein Leistungswillen wird nicht mehr religiös eingespannt. Er darf sich säkular entfalten.

2. „Freiheit eines Christenmenschen"

An der Freiheit Gottes lag Luther alles, aber er hat keine Flugschrift über die Freiheit Gottes geschrieben, wohl aber über „Die Freiheit eines Christenmenschen". Später hat er einen polemischen Traktat über *De Servo arbitrio*, die Unfreiheit des (menschlichen) Willens, veröffentlicht, mit dem er Erasmus von Rotterdam entgegentrat (1526). Wer bedrückt oder belastet ist, verknechtet und in Ketten gelegt, psychisch oder physisch – der horcht auf, wenn auf einmal das Losungswort von der *„Freiheit eines Christenmenschen"* von Mund zu Mund geht. Bekannt ist der Holzschnitt: Ein Landsknecht entrollt mit großem Schwung und stolzer Geste eine Fahne, auf der „Freiheit" steht. Das ist ein Holzschnitt aus einem Pamphlet, das gegen Martin Luther gerichtet wurde und gegen die Schlagwörter polemisierte, die der Wittenberger unters Volk trug: Evangelium, Freiheit, Gerechtigkeit. Dieses Pamphlet, das Thomas Murner schrieb, heißt vom „Großen Lutherischen Narren" und will jedermann davor warnen, sich von dem aufmüpfigen Mönch narren zu lassen und dem Kriegsgeschrei nachzulaufen.

Luthers berühmte Schrift *Von der Freiheit eines Christenmenschen* beginnt tatsächlich mit einem kühnen Wort: „Ein Christenmensch ist ein freier Herr und niemandem untertan." Welche Töne in einer Welt ständischer Unterordnung und hierarchischer Gliederung, in einer Gesellschaft, in der von oben nach unten durchgeherrscht wird. Ein Bauer soll kein Untertan mehr sein, sondern ein Herr, nicht mehr unfrei und leibeigen, sondern frei. Ihm bleibt nicht nur der kümmerliche Rest von den Früchten des Feldes, nachdem Zins und Abgaben entrichtet sind, er ist vielmehr Herr über alle Dinge: die Fische im Wasser, die Vögel in der Luft, über die Erträge seiner Arbeit. So konnte der Reformator gehört und verstanden werden – und so wurde er auch gehört. In der Welt des „gemeinen Mannes" begann es unruhig zu werden. Gemeint hatte Luther es jedoch anders. Die neue Deutung der Gerechtigkeit Gottes, die dem Menschen geschenkt wird, greift seiner Meinung nach zunächst nur in das hierarchische Gefüge der katholischen Kirche ein. Auch in der Kirche wurde geherrscht und gehorcht, befohlen und befolgt. Dort war der Priester der Vermittler zwischen Gott und Mensch. Er vollzog das Opfer Christi in der Messe, er verlangte gute Werke und wachte über diese Werke. Er sprach den reuigen und bußfertigen Sünder von seiner Sünde los. Ohne den Priester ging es nicht. Der Priester stand zwischen dem Menschen und Gott. Er war der Vermittler des Heils und tat nichts umsonst. Satirisch überzogen, doch nicht falsch wird dem Papst in einer Flugschrift in den Mund gelegt:

Abb. 25: Hans Holbein d. J.: Luther als deutscher Herkules, Holzschnitt 1523.

„Es wird keiner selig, er beichtet denn meinen Pfaffen oder Mönchen, die schicken mir Geld zu." Wenn Gott aber voraussetzungslos schenkt, wenn er durch die Finger sieht, wird der priesterliche Vermittler überflüssig. Er stört nur noch. Er wirft sich nämlich wie eine Mauer vor die Laien auf und verstellt den Blick auf Gott, er verwehrt auch den Zugang zu Gott. Die erste Mauer der Romanisten ist die Trennung von geistlichem und weltlichem Stand, sagt Luther in der Reformschrift. *An den christlichen Adel deutscher Nation. Von des christlichen Standes Besserung.* So bildet er bald nach den Ablassthesen von 1517 seine Anschauung vom „Priestertum aller Gläubigen" aus: auch das ein Schlagwort, das besonders stark gewirkt hat. Priester, Bischöfe und Papst waren nicht mehr nötig, denn „was aus der Taufe gekrochen ist, das kann sich rühmen, daß es schon zum Priester, Bischof und Papst geweihet sei." So fällt mit der neuen Deutung der Gerechtigkeit Gottes der ganze hierarchische Herrschaftsaufbau der Kirche in sich zusammen. Der kirchlichen „Nomenclatura", die sich durch die Werkgerechtigkeit der Laien am Leben hielt, wird die Existenzgrundlage entzogen. Das Heil gründet nicht in den Werken, sondern allein im Glauben. In geistlichen Dingen gibt es keine Obrigkeit. Das ist der eigentliche Grund, warum Luther in Worms nicht widerrufen hat. Über die Rechtgläubigkeit seiner reformatorischen Grundthesen entscheidet allein die Heilige Schrift (sola scriptura).

Der Laie wurde damals tatsächlich vom Klerus beherrscht. Luther befreite die Menschen von dieser Herrschaft. Das Schlagwort vom „Priestertum aller Gläubigen" ist die tiefe, neue Rechtfertigung des Antiklerikalismus. Nicht von ungefähr wurde Luther von Hans Holbein als „Herkules Teutonicus" dargestellt, der mit der Keule martialisch unter Papst, Bischöfe, Kardinäle, Mönche, Theologen und Philosophen fährt und den Augias-Stall ausmistet. Vielleicht hat Holbein es anders gemeint, lutherkritisch: Ein solcher martialischer Mönch kann doch nicht wirklich ein Mann des Evangeliums sein. Verstanden werden konnte der Holzschnitt auch anders. Luther munterte Priester und Mönche auf, ihren Stand zu verlassen: „Darum sollte man solche Gelübde nicht allein brechen, sondern auch streng bestrafen und solche Klöster, als des Teufels Schlammpfützen und Hurenhäuser dem Boden gleichmachen." Ganz so wörtlich hat er es nicht gemeint, andere haben es aber ganz wörtlich aufgefaßt, Bilder gestürmt, Klöster besetzt, geplündert und verwüstet. Unzählige Mönche und Nonnen sind davongelaufen. Den Zerfall der Klöster freilich hat Luther bewusst gefördert. Sein eigenes Haus, das säkularisierte Augustinerkloster zu Wittenberg, war vorübergehend eine Zufluchtsstätte für entlaufene Nonnen und Mönche, ein Asylantenheim geworden. An vielen Orten war der altgläubige kirchliche Dienstleistungsbetrieb zusammengebrochen. Der Christ war frei und mündig geworden, ein freier Herr und niemandem untertan.

Auch das wurde gehört. Luther hat die antiklerikalen Affekte im Volk angeheizt und dem Antiklerikalismus eine neue Qualität gegeben: Der Klerus sollte als Stand nicht mehr reformiert, er sollte ganz und gar abgeschafft werden. Weniger gehört und vernommen wurde, was Luther dem kühnen Wort von der Freiheit gleich beigesellt hat: „Ein Christenmensch ist ein dienstbarer Knecht aller Dinge und jedermann untertan." Warum hat Luther diesen Satz, der doch dem ersten widerspricht, hinzugefügt? Wollte er einem zügellosen Gebrauch der Freiheit wehren? Nein, er wollte mit diesem Satz, so paradox das klingt, nichts anderes, als noch einmal die Freiheit des Christenmenschen unterstreichen. Der Christ ist so frei, nachdem ihn die schenkende Gnade Gottes erreicht hat, sich für seinen Nächsten einzusetzen, ohne auf sein eigenes Heil irgendwie Rücksicht nehmen zu müssen. Er ist so frei, von sich und seinem Vorteil abzusehen und dem andern zu dienen, sich für ihn zu engagieren und zu verausgaben. Das ist Gottesdienst, nicht Dienst für die eigene Seele, das wäre Heilsegoismus, sondern Dienst für den Nächsten, da wo dieser einem begegnet: im Alltag. Nicht im Kloster, sondern im Beruf bewährt und vervollkommnet sich der Mensch. So wird die Arbeitswelt aufgewertet. Auch das ist modern, wie modern, hat Max Weber gezeigt: Die protestantische Ethik kommt dem „Geist des Kapitalismus" entgegen, ja, mehr noch, bringt ihn zu Bewusstsein und zu wirtschaftlichem Erfolg. Weber sah sehr deutlich, daß die lutherische Aufwertung der Berufsarbeit in diese Richtung wirkte. Er sah aber auch, dass das ständische Denken des Reformators, jedermann solle in dem Stand verharren, in den er hineingeboren oder hineingestellt worden sei, nicht der sozialen Mobilität zuarbeitete, ohne die das kapitalistische Wirtschaften allerdings nicht hätte gedeihen können.

Weiter: Der Christ ist so frei, auf sein eigenes Recht zu verzichten, wenn nur das Recht des Nächsten gewahrt und erhalten bleibt. Mit diesem Satz will Luther nichts über die Werke sagen, mit denen das Heil erworben werden könne, sondern über die „guten Werke", die aus dem Glauben fließen. Er will es so sagen, dass diese Werke sich nicht nachträglich wieder zur Rechtfertigung des Christen vor Gott verkehren, als ob Gott letztlich doch nach den Werken über den einzelnen urteilen wird. Die Werke stehen nicht unter dem Zwang zum Heil. Sie fließen aus der Freiheit, in der Gott sich dem Menschen mitgeteilt hat. Luther beschließt seine Freiheitsschrift so: „Ein Christenmensch lebt nicht in sich selbst, sondern in Christus und in seinem Nächsten, in Christus durch den Glauben, im Nächsten durch die Liebe." Der Christ lebt nicht in sich selbst. Er lebt aus Gott und für den Nächsten.

Er bleibt nicht bei sich. Er ist stets – im besten Sinne des Wortes – außer sich. Er steht in der Freiheit Gottes und verbreitet, wo er am Nächsten handelt, Freiheit. Er bedrängt und bedrückt nicht, er löst und befreit. Er wird dem anderen zum Nächsten. Das ist der Sinn der reformatorischen Botschaft, die von Luther ausging. Die Bewegung, die der Wittenberger Reformator auslöste, ist in ihrem Kern eine *Befreiungsbewegung*. Aber noch einmal: Sie befreit nicht von politischer Unfreiheit, sondern vom Zwang der Werke zur Erlangung des Heils. Sie befreit nicht aus der Leibeigenschaft, wohl aber schafft sie ein Klima, in dem die Leibeigenschaft eines Tages aufgehoben werden könnte – mehr nicht.

Als eine Befreiungsbewegung in einem allgemeineren Sinn konnte auch der spätmittelalterliche Kommunalismus gedeutet werden. Dieser Entwicklung hat Luther sich eingefügt, er hat ihr theologische Tiefe gegeben und sie verstärkt. 1523 sprach er von der Gemeinde, die das Recht habe, Prediger zu berufen und abzusetzen, die Lehre zu urteilen. Nicht der Klerus, sondern die Gemeinde der frommen Laien sollte das tun. Auch der Antiklerikalismus war ansatzweise das Fanal für eine Befreiungsbewegung. Luther macht das nun vollends klar: Der Klerus, der die Menschen zu religiöser Leistung zwang, ist ein „unnützer Stand" geworden. Solche Lösungen stärken das Selbstbewusstsein des Laien.

Mit der Schrift *Von der Freiheit eines Christenmenschen* endete allerdings nicht die Reformation. Sie begann jetzt erst eigentlich und mußte vom Wort zur Tat übergehen. Es wollten nicht nur die geistlichen und kirchlichen Nöte gewendet werden. Luther hatte es nicht leicht, das zarte Pflänzchen von der „Freiheit eines Christenmenschen" vor dem Andrang der Sorgen und Probleme zu schützen, die den Alltag der Menschen bestimmten. Er selber hatte die Erwartungen der Menschen auf eine „große Wende" geweckt. Er durfte sie nicht enttäuschen. Er durfte aber auch Gott nicht wieder binden. Doch eine Gefahr für die Freiheit Gottes sah er in den Versuchen vieler Zeitgenossen, die „Freiheit eines Christenmenschen" ins „Fleischliche" zu ziehen, wie er das nannte, also die Leibeigenschaft im Bauernkrieg etwa selber abzuwerfen oder sich zu seinem eigenen Richter aufzuwerfen. Davon fürchtete er gesellschaftliches Chaos, Mord und Totschlag. So verlagerte er allmählich die Akzente vom ersten auf den zweiten Satz, vom Christenmenschen, der ein freier Herr ist und niemandem untertan, auf den Christenmenschen, der ein Knecht ist und jedermann untertan. Der Christ dient, er fügt sich ein, er begehrt nicht auf, er leidet, bis hin zur Konsequenz, dass er im weltlichen Bereich alles beim Alten lässt, Hauptsache ist, er ist mit seinem Gott im Reinen. Damit hat Luther preisgegeben und zerstört, was sich unter dem „gemeinen Mann" immer kräftiger herausbildete: die Hoffnung auf eine „Welt der Brüderlichkeit und Nächstenliebe" (Peter Blickle). Beide haben unter Brüderlichkeit und Nächstenliebe nicht dasselbe verstanden. Für die Bauern waren sie Prinzipien, die das gesamte Zusammenleben gestalteten, für Luther dagegen eine aus dem Glauben fließende gute Tat, die da angebracht war, wo Not am Mann war. Wirklich verändern ließ die Welt sich mit Nächstenliebe nicht. Sie war eine Hilfsmaßnahme, jedoch kein gesellschaftliches Gestaltungsprinzip.

3. Angst vor der eigenen Courage

In der Forschung wird zwischen dem jungen Luther, der die Reformation in Gang setzte, und dem älteren Luther unterschieden, der den Aufbau eines neuen Kirchenwesens vorantrieb und begleitete: mit theologischer Klärung, evangelischer Predigt, harscher Polemik gegen den Papst in Rom genauso wie gegen die „himmlischen Propheten" oder die „Schwärmer", die einem anderen Leitbild von Reformation folgten. Er lag auch im Streit mit dem symbolischen Abendmahlsverständnis des Zürcher Reformators Ulrich Zwingli, und mit den Varianten bei Andreas Bodenstein von Karlstadt, seinem Kollegen an der Wittenberger Universität, und beim schlesischen Edelmann Kaspar von Schwenckfeld. Das Marburger Religionsgespräch, das 1529 zwischen Luther und Zwingli geführt wurde, endete ergebnislos: Luther blieb dabei, Brot und Wein sind Leib und Blut Christi unter dem Wort Gottes; Zwingli insistierte weiter darauf, dass Brot und Wein lediglich auf den Leib und das Blut Christi hinweisen, nichts als Zeichen sind. Im griechischen Urtext fehlt die *Copula*: Dort steht weder *est* (Luther), noch *significat* (Zwingli), dort steht nur ‚Brot und Wein Leib und Blut Christi'. Hier war ein Streit entbrannt, der auch politisch-militärische Bündnisfolgen hatte. Die Anhänger der einen Position wollten kein Bündnis mit den Anhängern der anderen eingehen. Das reformatorische Lager schwächte sich selber.

Luther erneuerte die Liturgie, dichtete evangelische Kirchenlieder, er arbeitete an der Übersetzung der biblischen Bücher ins Deutsche weiter, an einer Übersetzung, die er auf der Wartburg 1521/22 begonnen hatte. Dorthin war er von seinem Kurfürsten für eine Weile verschleppt worden, um vor den Folgen der Reichsacht geschützt zu sein. Luther beriet Fürsten und Magistrate in Gesprächen, Briefen und Sendschreiben. Schließlich sorgte er mit seinem Großen und Kleinen Katechismus (1529) für die Unterweisung in der Kirche und mit seinem Rat bei der Abfassung von Bekenntnisschriften dafür, daß die evangelischen Kirchen ein theologisch eindeutiges Lehrgerüst erhielten. Die Verhandlungen mit Kaiser und Reich auf dem Reichstag zu Augsburg 1530, die zur so genannten *Confessio Augustana* führten, musste er allerdings seinem Kollegen Philipp Melanchthon überlassen. Auf den Reichstagen war er *persona non grata*, außerdem wäre es nicht ratsam gewesen, sich allzu frei auf Reisen zu bewegen, da über ihm noch das Damoklesschwert von Acht und Bann schwebte.

Am Anfang war alles Aufbruch und Bewegung. Es waren die „Sturmjahre der Reformation". Der Ausbruch des Bauernkriegs 1525 zeigte Luther aber, welche Kräfte gesellschaftlicher Veränderung entfesselt worden waren, und wie sehr es nun darauf ankam, den weiteren Gang der Reformation in geordnete Bahnen zu lenken. Am Anfang stand der radikale Bruch mit der religiös-gesellschaftlichen Grundordnung im Reich. Das provokative Verbrennen der Bannandrohungsbulle des Papstes vor dem Elstertor in Wittenberg war ein Rechtsbruch, denn der Mönch verweigerte dem Papst nicht nur den schuldigen Gehorsam, er warf auch das „kanonische" Recht ins Feuer. In der Adelsschrift bestritt Luther der klerika-

Abb. 26: *Martinus Luther Siebenkopff: Doctor – Martin – Luther – Ecclesiast – Schwirmer - Visitirer – Barrabas.* Hans Brosamers Titelholzschnitt zur antireformatorischen Streitschrift des Johann Cochlaeus *Septiceps Lutherus,* Leipzig 1529.

len Hierarchie, eine obrigkeitliche Ordnungsmacht zu sein; auch das war ein Verstoß gegen die Grundordnung des Reiches. Schließlich wurde das Reichsrecht missachtet und gebrochen, wo man sich über das Wormser Edikt hinwegsetzte, Luthers Schriften veröffentlicht und gelesen wurden. Sollte nicht alles in Unordnung und Chaos enden, mußte das alte Recht durch ein neues ersetzt werden. Genau darum ging es Luther jetzt.

Luther begann, seine Ausfälle gegen Rom zu zügeln und seine antiklerikale Polemik einzustellen, um das Aufbegehren des „gemeinen Mannes" nicht noch mehr anzuheizen und um zu verhindern, dass sich die Reformation „von unten" verselbständigte und aus dem Ruder lief. Er strebte jetzt nicht mehr eine „Volksreformation" bzw. „Gemeindereformation" an, sondern knüpfte an die kirchenpolitischen Ambitionen der Fürsten in den Territorien und der Räte in den

Reichsstädten an, die schon vor der Reformation versuchten, die geistliche Gerichtsbarkeit des Klerus zurückzudrängen und für „einerlei" Recht in ihren Herrschaften zu sorgen. Luther machte kein Hehl daraus, dass er die Reformation in den Dienst der weltlichen Ordnungsmächte stellte, und sorgte selbst dafür, dass sich so etwas wie eine Fürsten- oder Ratsreformation entwickeln konnte. Die marxistische Geschichtsschreibung sah in Luther gelegentlich den „Fürstenknecht", und Peter Blickle sprach in *Reformation im Reich* (3. Aufl., 2000) von einem dialektischen Umschlag, der sich von der Gemeindereformation zur Fürstenreformation nach der Niederlage der Bauern 1525 vollzogen habe. So muss man es sehen, wenn die Gemeindereformation zur einheitlichen Frühgestalt reformatorischer Erneuerung insgesamt erklärt wird. Beachtet man jedoch, daß die reformatorische Idee nicht nur die Bevölkerung allgemein ergriff, sondern auch in die Beratungen bei Hofe und in die Ratsstuben eindrang, wird man nicht von einem dialektischen Umschlag sprechen, sondern von einer Akzentverlagerung: Luther setzte nicht mehr auf die Reformbegeisterung der Laien, sondern auf den politischen Instinkt der Herrschaftseliten, um die Reformation durchzusetzen. Den Laien galt seine Sorge weiterhin, aber sie sollten nicht zu eigenem reformerischen Handeln mobilisiert werden. Der Bauernkrieg hatte ihm gezeigt, wohin das führte. Die Laien werden vielmehr aufgefordert, sich obrigkeitlicher Disziplin zu unterstellen, bzw. als Objekte der Sozialdisziplinierung freigegeben.

Das war eine Konsequenz, die sich aus der so genannten Zwei-Reiche-Lehre Luthers ergab. Er begann, immer deutlicher zwischen einem geistlichen und einem weltlichen Reich oder zwischen einem geistlichen und einem weltlichen Regiment zu unterscheiden. Im geistlichen Reich herrscht Gott durch seinen Geist und sein Wort in Barmherzigkeit und Liebe, im weltlichen Reich herrschen die Obrigkeiten mit Vernunft, Gesetz und Schwert. Das Evangelium wird in der Kirche verkündigt, die Vernunft wird am Hof oder in der Ratsstube exekutiert. So werden die beiden Reiche bzw. Regimente voneinander getrennt, obwohl sie beide unter der Herrschaft Gottes stehen. Der Fürst darf nicht, wenn er sein Amt ausübt, Gnade vor Recht walten lassen, und der Prediger darf seine Gemeinde nicht mit dem Gesetz unter Druck setzen. Da die Kirche nun aber eine geistliche und eine weltliche Seite hat, einerseits Predigt, Lehre, Sakramentsverwaltung und Bekenntnis und andererseits Ordnung und Organisation ist, die dem Verwaltungshandeln der weltlichen Obrigkeiten unterliegen, kommt es zu einer Unterordnung der Kirche, was ihre empirische Gestalt anbetrifft, unter die weltliche Macht. Sie ist für Ordnung und Organisation zuständig. Das war in der römischen Kirche nicht der Fall. Im Protestantismus konnte es aber soweit führen, dass dem Landesherrn das Amt eines „Notbischofs" anvertraut wurde bzw. die Bevölkerung dem Glaubensbekenntnis folgen muss, das der Landesherr gewählt hatte: „Cuius regio, eius religio." Dieser Grundsatz wurde Reichsrecht auf dem Reichstag zu Augsburg 1555.

Die Akzentverschiebung zur Politisierung der Reformation, alles andere als eine strikte Anwendung der Zwei-Reiche-Lehre, setzte mit der Reaktion auf den

Bauernkrieg 1525 deutlich ein und entwickelte sich schubweise fort, bis aus dem vitalen Aufbruch der Reformation um 1520 in weiten Teilen Deutschlands ein reformatorisch-konfessionelles Establishment um 1550 wurde: Aus dem Rechtsbruch ist neues Recht entstanden, metaphorisch gesprochen: Der radikalen Aggressivität der frühen Jahre sind die Zähne ausgebrochen worden. Mit dem Augsburger Frieden von 1555 galt ein doppeltes Recht im Reich.

7. KAPITEL
Eine bewegte Epoche
Kommunikation, Agitation, Bewegung

Die Idee der Reformation war noch nicht die Reformation, wie sie Gestalt angenommen hat. *Erstens* ist wohl damit zu rechnen, daß die Wirklichkeit stets hinter der Idee zurückbleibt, sonst lebten wir nur noch in verwirklichten Utopien. Gegenüber der Idee ist ihre Verwirklichung defizitär. Gute Absichten, differenziert artikulierte Gedanken bleiben auf der Strecke und finden sich nur in reduzierter, depravierter Form in der sozialen Realität wieder. Und *zweitens* verliert eine Idee, wenn sie denn innovativ ist, in der Regel ihre Eindeutigkeit. Auf dem Wege in die Realität wird sie diffus, vom einen so, vom andern anders verstanden. Der Rezeptionsprozess ist immer vieldeutiger, irgendwie auch reichhaltiger, als die Erkenntnis, die aufgenommen werden soll. Er ist offen für produktive Missverständnisse.

Grob gesagt führt der Weg von der reformatorischen Idee zu politischer, sozialer und kultureller Realität über Kommunikation, Agitation und Bewegung. Eigentlich müsste über diese drei Verbreitungsmittel ausführlich gesprochen werden. Der Stoff muss jedoch gestrafft werden, deshalb soll nur über die „Bewegung" gesprochen werden; zu Kommunikation und Agitation lediglich einige Andeutungen vorweg.

1. Kommunikation

Die wichtigsten Kommunikationsmittel, die dazu dienten, den reformatorischen Ideen zum Durchbruch zu verhelfen, waren die *Predigt* und die *Flugschrift*. Gehen wir davon aus, daß die Reformation sich in einer „oral society" vollzog (80-90% der Bevölkerung waren Analphabeten, auf dem Land mehr, in der Stadt weniger), wird die Predigt das entscheidende Kommunikationsmittel gewesen sein: nicht mehr die Messe, sondern der Wortgottesdienst. Reformation bildet sich vor allem in den Städten um die Predigt. Keine Reformation ohne Predigt, keine Reformation ohne einen Reformator in der Stadt, der die Menschen unter der Kanzel versammelte. Die Predigt stellte eine lokale Öffentlichkeit her. Sie wurde zum Stadtgespräch und zum Medium für ein neues Verständnis der Heiligen Schrift.

Daneben wirkte das *Flugblatt* oder die *Flugschrift*. Dieses Medium mit überregionaler Reichweite war gerade erst erfunden worden und hatte die reformatorischen Inhalte schnell unters Volk gebracht. Die Flugschriften (dünne Broschüren) waren so begehrt, daß die Drucker gute Geschäfte machten, Flugschriftenhändler übers Land zogen und die Nachfrage nach reformatorischen Schriften sich erhöh-

Abb. 27: Jesu Leben und das Treiben der Papisten gegenübergestellt: Vertreibung der Geldwechsler und Ablaßhändler. *Passional Christi und Antichristi* von Lucas Cranach d. Ä. (1521), Himmelfahrt und Höllensturz.

te. Jeder Drucker wollte an diesem Geschäft partizipieren – mit dem Ergebnis, dass weitaus mehr reformatorisch gesinnte als altgläubige Autoren eine Chance erhielten, ihre Schriften unter die Leute zu bringen. Die Flugschriftenliteratur war nicht nur und nicht in erster Linie Informationsmaterial, sondern Propaganda-

und Agitationsliteratur, Material das polarisierte, aber zugleich auch Kommunikation suchte. Das gilt beispielsweise für das *Passional Christi und Antichristi* aus der Werkstatt Lukas Cranachs des Älteren in Wittenberg. Solche Publikationen eigneten sich nicht für eine differenzierte theologische Argumentation, wie die komplizierte Darlegung des Rechtfertigungsverständnisses, wohl aber für Schlagwörter – und ganz vorzüglich für antiklerikale Invektiven. Man kann sagen, dass die Flugschriftenliteratur antiklerikal durch und durch gewesen sei. Jedes Thema ist antiklerikal eingefärbt.

Lange Zeit wurde die Bedeutung der Flugschriften für die Durchsetzung der Reformation verkannt. Erst die neuere Forschung hat gezeigt, dass Flugblätter und Flugschriften mit ihrer hohen Auflage viel dazu beitrugen, reformatorische Ideen zu verbreiten. Zwischen 1520 und 1525 wurden ungefähr zehn Millionen Exemplare in Umlauf gebracht. Mit diesen Flugschriften, die das Thema der Reformation aufgriffen und im Gespräch hielten, die über den Gang der Reformation informierten und Meinungen beeinflussten, ist das erste Massenkommunikationsmittel in Europa entstanden. Den exorbitanten Anteil, den der Wittenberger Reformator daran hatte, hat Mark U. Edwards in seiner Studie zu *Printing, Propaganda and Martin Luther* (1994) eingehend untersucht und in diesem Zusammenhang von einer „Medienreformation" gesprochen. Weiter verfolgt hat diesen Gedanken dann Johannes Burkhardt in seinem Buch über *Das Reformationsjahrhundert. Deutsche Geschichte zwischen Medienrevolution und Institutionenbildung 1517-1617* (2002). Er hat die Erfindung des Buchdrucks mit beweglichen Lettern, die „schwarze Kunst" Johann Gutenbergs, als das einzige Phänomen gewürdigt, das im 16. Jahrhundert wirklich Modernität für sich in Anspruch nehmen durfte. Und nur weil die Reformation sich in einem glücklichen Moment der Geschichte mit dem Medium verband, das die neue Buchdrucktechnik hervorgebracht hatte, ist sie als „Medienereignis" zu einer epochalen Zäsur zwischen Mittelalter und Neuzeit geworden. „Es ist oft gesagt worden, dass die Reformation ohne die Erfindung des Buchdrucks nicht hätte stattfinden können und ihr viel verdankt." Besonders interessant aber ist, was Burkhardt selbst hinzufügt: „Es wird jedoch noch kaum gesehen, dass auch umgekehrt die Reformation den Buchdruck aus einer Existenzkrise gerettet hat (in die er nach anfänglichem Aufschwung geraten war, Vf.). Dieses Verdienst der reformatorischen Idee um die Veränderung des neuzeitlichen Informationssystems ist wirkungsgeschichtlich vielleicht ihre größte Leistung." Doch ein Medienereignis wurde die Reformation nicht nur dadurch, dass das Medium zur Botschaft wurde, oder wie Burkhardt schrieb, „dass auch inhaltlich die reformatorische Wirklichkeit selbst von ihr konstituiert wurde". Gewirkt hat die Reformation, weil Predigt und Flugschrift soziale Bewegungen mobilisierten, die mit dem ganzen Einfallsreichtum an Gesten, Happenings und Agitationen die kirchlichen und gesellschaftlichen Verhältnisse und Institutionen zu verändern versuchten. Entscheidend war wohl die reformatorische Bewegungsvielfalt als soziales Medium im 16. Jahrhundert, das Medienereignis und die „druckgestützte" Öffentlichkeit

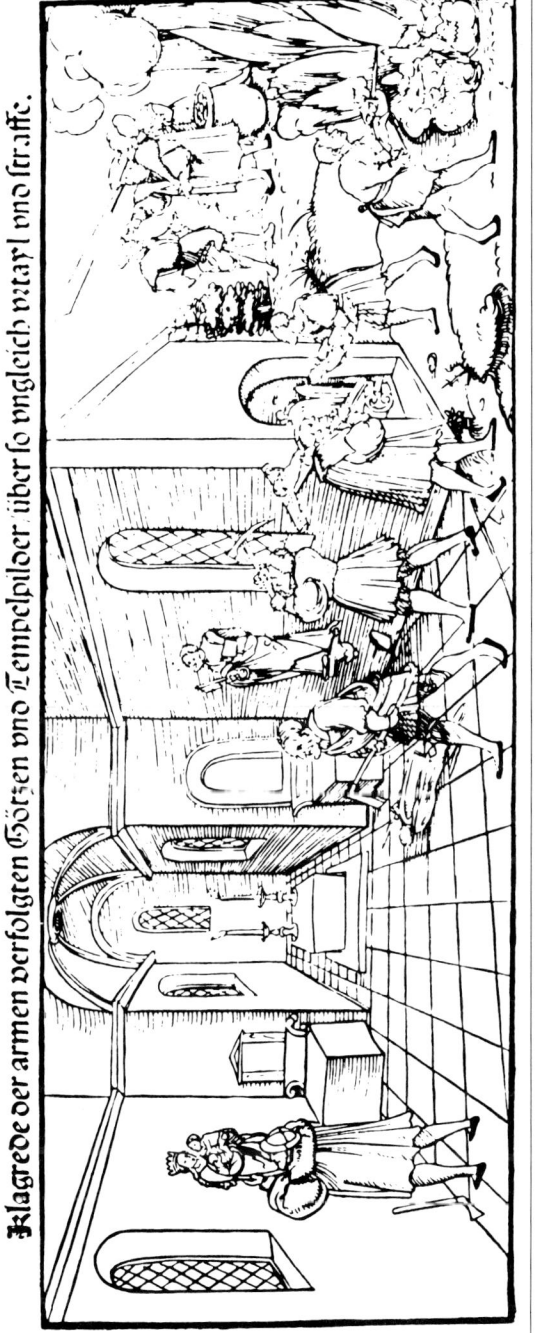

Abb. 28: *Klagrede der armen verfolgten Götzen:* Satirischer Einblattdruck, der den Bildersturm rechtfertigt Erhard Schoen ca. 1920-30.

waren nur ihre Voraussetzung. In der Bewegung vereinigte sich Wort, Schrift und Handeln zu einer Kraft, die der Wirklichkeit eine neue Gestalt gab und historisch wirksam wurde. Dieser Aspekt kommt in der Rede von der Reformation als einem „Medienereignis" zu kurz.

2. Agitation

Unter Agitation soll nicht eine Vielzahl von Handlungen verstanden werden, die nicht miteinander koordiniert waren, sondern ein Setzen von Zeichen, die auf ein Ziel ausgerichtet waren: auf die Erneuerung der Christenheit. Wenn zum Beispiel eine Kapelle in Brand gesteckt wurde, musste das nicht ein Ausdruck von Volkszorn und Vandalismus, es wird in den meisten Fällen ein bewusster Angriff auf den Götzendienst im Kultus der Kirche gewesen sein. Wenn Bilder gestürmt, auf den Vorplatz geworfen und verbrannt wurden, wie im großen Bildersturm, den die Leineweberzunft 1529 in Basel inszenierte, dann war das ein Fanal, das alle politischen und laizistisch-geistlichen Kräfte auf die endgültige Einführung der Reformation ausrichtete. Mit der Verehrung der Bilder wurde endgültig Schluß gemacht, die numinose Kraft wurde den Bildern entzogen, weil jetzt nicht mehr die Vermittlung des Heils durch materielle Symbole, sondern die Unmittelbarkeit des Heils aktuell war: Nichts sollte mehr zwischen Gott und dem Menschen stehen. So erklären sich auch die Angriffe auf den Klerus, die Stürme auf die Häuser der Priester und die Plünderungen der Klöster, auch dies kein Volkszorn, der sich an den Geistlichen entlud, sondern eine tief in der Unmittelbarkeit des religiösen Empfindens begründete Strategie, um die Christenheit einer Säuberung zu unterziehen. Auch hier handelt es sich um Gesten, die helfen sollten, eine Veränderung herbeizuführen. Das berühmt-berüchtigte Fastenbrechen in dem Haus des Zürcher Verlegers Froschauer oder gleich danach etwas populärer, wo saftige Würste in aller Öffentlichkeit verzehrt wurden, war ein Akt, der bewußt inszeniert wurde, um den Rat der Stadt zu politischem Handeln zu bewegen. Dass solcher Agitation eine Konzeption zugrunde lag, zeigte sich in der Absicht, die Kontraste zwischen dem Priester, der hoffnungslos korrupt und verkommen zu sein schien, und dem Laien, der für das Heil empfänglich war, besonders zu betonen. Dass es sich dabei um regelrechte Inszenierungen handelte, oft in volkskulturellen Traditionen verankert, hat Robert W. Scribner in zahlreichen Untersuchungen gezeigt: z.B. in *Volkskultur und Volksreligion: zur Rezeption evangelischer Ideen* oder in *Karneval und Reformation*. Dramaturgische Grundmuster werden übernommen und für die antiklerikale Auseinandersetzung genutzt. Auf diese Weise kann der Laie sich einbringen und sich mit der Sache der Reformation identifizieren, er horcht auf, wenn er Zeuge solcher Agitation wird, er wird motiviert, auf die Seite der reformatorischen Kräfte zu treten. In einer Gesellschaft, in der die mündliche Kommunikation orientierende Öffentlichkeit herstellt, gewinnt das zeichenhafte Handeln besondere Bedeutung.

Flugschriften, Predigten und Rituale hatten mobilisierende Kraft. Sie motivierten die Menschen, sie überzeugten sie für die Sache der Reformation, sie sammelten Anhänger und ließen Bewegungen entstehen.

3. Bewegung

Gewöhnlich sind Historiker sorgsam darauf bedacht, sich Rechenschaft über ihre Interpretationskategorien abzulegen und eine Begrifflichkeit zurückzuweisen oder kritisch zu verwenden, die ihren Ursprung in der „Moderne" hat, wie Krise, Klasse, Gesellschaft, Revolution beispielsweise. Um so erstaunlicher ist, wie arglos und inflationär der Bewegungsbegriff, der begriffsgeschichtlich erst im Umkreis der Französischen Revolution und in den gesellschaftlichen Auseinandersetzungen des 19. Jahrhunderts auftaucht, in Darstellungen und Untersuchungen zum späten Mittelalter und zur frühen Neuzeit verwendet wird. Ein Blick in die Bibliographien der letzten Jahre mag als Beleg für diese Feststellung genügen. Da ist die Rede von religiösen Bewegungen, Ketzerbewegungen, von politischer Bewegung, von sozialen Bewegungen, von kommunaler Bewegung, von Antimonopolbewegung, von reformatorischen und revolutionären Bewegungen, von Bauernbewegungen, Widerstandsbewegungen, Oppositionsbewegungen, Volksbewegungen. Das sind Begriffe, die allein schon in den Titeln und Untertiteln relevanter Publikationen auftauchen, nicht weniger großzügig wird mit dieser Begrifflichkeit in den Texten selber umgegangen: Es fehlt kritische Reflexion, die sprachliche Verwendung ist naiv und umgangssprachlich. Wenn sich etwas regt, aufbricht oder in Gang setzt, wenn es stürmt oder turbulent wird, muß der Begriff der Bewegung solche Phänomene fassen.

Das Angebot an theoretisch geschliffener Bewegungsbegrifflichkeit, die auf die Reformationszeit hätte Anwendung finden können, ist nicht gerade groß. Otthein Rammstedt hat für die Vorgänge in Münster 1534/35 die Begriffe „Sekte" und „soziale Bewegung" aus dem Werk Max Webers nutzbar gemacht und später einen Beitrag zur Theorie der Bewegung allgemein geleistet. Robert W. Scribner hat in *The Reformation as Social Movement* (1987) Merkmale, wie ausgeprägtes Gruppenbewusstsein, kollektive, von Ungeduld geprägte Aktion zur Veränderung der bestehenden, vor allem der kirchlichen Ordnung, und Verwendung nichtinstitutioneller Agitationsmittel, zusammengestellt, die eine reformatorische Bewegung kennzeichnen. Zu einem bewussten Gebrauch des Bewegungsbegriffs, allerdings auf bäuerliche Bewegungen eingeschränkt, haben sich Gerhard Heitz und Günter Vogler entschlossen: „...und es zeichnet sich ab, daß bäuerlicher Widerstand gegen feudale Ausbeutung und Herrschaft ständig begegnet, aber erst bei einer gewissen Konsistenz (die zuvor beschrieben wurde, Vf.) als Bewegung verstanden werden kann." Einen genaueren, aber sozialwissenschaftlich noch nicht restlos geklärten Begriff von „sozialer Bewegung" hat Olaf Moerke verwendet, um die reformatorischen Anfänge in den welfischen Hansestädten Lüneburg, Braunschweig und Göttingen zu beschreiben. „Soziale Bewegung" ist die Reformation „in der Zeit von der ersten Artikulation des Verlangens nach Reformation bis zur Institutionalisierung der neuen Kirche". Schließlich habe ich in *Pfaffenhass und groß Geschrei* (1987) die Definition aufgenommen, die der Hamburger Politologe Joachim Raschke in seinem historisch-systematischen Grundriß über *Soziale Bewegungen* (1985) vorgeschlagen hat. Ich wiederhole diese Definition noch einmal und füge einige Erläuterungen hinzu. „Soziale Bewegung ist ein mobilisierender kollektiver Akteur, der mit einer gewissen Kontinuität auf der Grundlage hoher symbolischer Integration und geringer Rollenspezifikation mittels variabler Organisations- und Aktionsformen das Ziel verfolgt, grundlegenderen sozialen Wandel herbeizuführen, zu verhindern oder rückgängig zu machen." Diese Definition ist aus der Beobachtung sozialer Bewegungen erwachsen, wie sie in der „Moderne" aufgetreten sind. Diese Definition bietet sich aber auch für die historische Arbeit an „vormodernen" Bewegungen an, da sie auf die formalen Bauelemente der Bewegung abhebt und es vermeidet, sich von den spezifischen Entstehungsbedingungen und den ideologischen Prämissen moderner Bewegungen inhaltlich bestimmen zu lassen. Nicht erst die gesellschaftliche Programmatik macht die Bewegung zu einer „sozialen" Bewegung, sondern bereits die in gesellschaftlichen Wandlungsprozessen entstehende Kollektivität des Akteurs, die ein bestimmtes, in dieser Definition beschriebenes Sozialverhalten nach sich zieht.

Bevor die Merkmale dieser Definition auf die Reformationszeit bezogen werden, ist noch zweierlei hervorzuheben: *Erstens* steht die soziale Bewegung, wie oben bereits angedeutet, im Zusammenhang mit sozialem Wandel, sie leitet ihn ein oder begleitet ihn, sie führt ihn herbei oder verhindert ihn. Sie kann ihn auch rückgängig machen. Und *zweitens* bilden sich soziale Bewegungen als „Komplementäreinrichtungen der etablierten politischen Institutionen" und „dienen als belebendes Element, Impulsgeber und Regulator". Unter diesem Gesichtspunkt kann die Bewegung, wenn sie erfolgreich ist, die bestehende Institution ersetzen, wenn es ihr aber nicht gelingt, die bestehenden Institutionen zu überwinden, kann sie doch wenigstens zum „Motor der Institutionsanpassung, zum Anstoßgeber für einen langsamen Wandel der politischen Institutionen" werden. Das ist zwar im Hinblick auf parlamentarische Demokratien ausgearbeitet worden, kann aber als Arbeitshypothese auch für die frühe Neuzeit in Anspruch genommen werden.

Übernimmt die Herrschaftselite, der Rat in der Stadt oder der Territorialherr auf dem Lande, selbst die Initiative zur Einführung der Reformation, ist mehr im Spiel als nur eine soziale Bewegung, so sehr der Anstoß dazu auch oft von ihr ausgegangen sein mag. Aus diesem Grunde ist es problematisch, die Reformation insgesamt als soziale Bewegung zu kennzeichnen. Auf dem Land nimmt die Reformation um 1525 tatsächlich die Gestalt einer sozialen Bewegung an, in der Stadt erschöpft sich der frühe Reformationsprozeß jedoch nicht in einer solchen Bewegung, hier schaltet sich bereits zu einem frühen Zeitpunkt der Rat ein, und hier erreicht die Bewegung am ehesten ihr institutionelles Ziel.

1. Von einer reformatorischen Bewegung kann noch nicht gesprochen werden, wo ein reformgesinnter Prediger auf die Kanzel steigt und die Gemeindeglieder anspricht, auch nicht, wo reformatorische Losungen in Flugschriften unters Volk getragen werden. So wird allenfalls ein Klima erzeugt, in dem gewisse Ideen die Chance haben, auf offene Ohren zu stoßen, Aufmerksamkeit in weiten Kreisen zu erwecken und vielleicht auch die öffentliche Meinung zu beeinflussen. Doch eine „Regung" für die reformatorische Predigt oder eine „Neigung", sich mit reformgesinnten Predigern zu solidarisieren, sich für die Inhalte ihrer Predigt zu interessieren oder zu erwärmen, ist noch keine „soziale Bewegung". Wir haben es in diesem Fall allenfalls mit einer „Strömung" zu tun, von der man mitgerissen wird. Eine „Bewegung" braucht die Idee, die Predigt, die Propaganda als Anstoß und Stimulans, als „erste Artikulation des Verlangens nach Reformation", das ist keine Frage. „Bewegung" aber wird daraus erst, wenn ein „kollektiver Akteur" entstanden ist, der eine mobilisierende Kraft entfaltet, wie sie selbst ein begnadeter Prediger oder Flugschriftenautor nicht besitzt. Ein „kollektiver Akteur", das bedeutet, daß sich eine Anhängerschaft um die Reformatoren bildet, die außerhalb der Institutionen einen Prozeß vorantreibt, der auf eine Verbesserung der Lebenssituation drängt oder eine Veränderung der bestehenden Verhältnisse herbeizuführen versucht. In Stadt und Land ist dieser „kollektive Akteur" vor allem der von Herrschaft ausgeschlossene „gemeine Mann". „Kollektiver Akteur" ist zum Beispiel auch ein Teil der Reichsritterschaft, die sich im Zeichen der Reformation zum Aufstand gegen einen geistlichen Territorialherrn, den Erzbischof von Trier, zusammengefunden hat, um Veränderungen im Herrschaftsgefüge des Reichs zu erzwingen oder die Tendenz zum fortschreitenden Ausbau der Territorien aufzuhalten bzw. rückgängig zu machen. „Kollektiver Akteur" ist auch jene Schar von Handwerkern, Bauern und entlaufenen Klerikern, denen die Erneuerungsbemühungen der Reformatoren nicht weit genug gingen und die eine weitaus entschiedenere Reformation ins Auge faßten. Einige wollten Kirche und Gesellschaft erneuern und in das „Reich Gottes" überführen, andere zogen sich auf kleine Gemeinschaften zurück und versuchten, die „reine" Kirche unter sich zu errichten bzw. gleichzeitig den Prototyp einer neuen Gesellschaft zu erproben. Bewegung entsteht also aus der Interaktion zwischen Reformator (möglicherweise auch einer Gruppe von Reformatoren oder Erneuerern) und Anhängerschaft bzw. einer Idee und ihren Rezipienten. Nicht ein einzelner Reformator, auch nicht die reformatorische Predigt an und für sich, nicht das „Wort Gottes" allein in seiner von Menschen unverstellten Stoßrichtung wurden historisch wirksam, entscheidend war vielmehr, auf welche Art und Weise Menschen dadurch in Bewegung gesetzt bzw. gehalten wurden. Das Subjekt der Reformation, um es noch einmal zu sagen, ist ein „kollektiver Akteur". Er verleiht der Reformation ihre konkrete Gestalt – zumindest am Anfang. Deshalb kann der Charakter der Reformation auch nicht von der ursprünglichen Absicht, die mit einer reformatorischen Idee verbunden wird, historisch bestimmt werden, sondern einzig und allein von ihrer historisch in Erscheinung tretenden Gestalt: von der Interaktion

her, die zwischen Reformator, Idee und Anhängerschaft stattfindet und sich „Bewegung" schafft. Freilich gilt das nur für den außerinstitutionell wirksamen Charakter der werdenden Reformation. Genau genommen müsste zur Charakterisierung der Reformation auch der Prozess der Institutionsanpassung einbezogen werden: die Art und Weise, wie Institutionen, z.B. der Rat einer Stadt, auf die sich bildende Bewegung reagieren, wie sie sich beispielsweise unter ihrem Druck verändern und sich teilweise selber zu Vorreitern oder Vollstreckern der Reformation machen.

2. Bewegungen in der frühen Neuzeit haben gewöhnlich keine lange Lebensdauer. Sie verfügen aber doch über soviel Kontinuität, dass sie als deutlich erkennbare Erscheinungen identifiziert werden können: als reformatorische Bewegungen, die zur Einführung der Reformation führten, als bäuerliche Bewegungen in verschiedenen Regionen, die mit dem Begriff des Bauernkriegs oder besser der „Revolution des gemeinen Mannes" (Peter Blickle) erfaßt werden, als täuferische Bewegungen, die ihre Vision einer radikalen Reformation nur zeitweise und auch nur ansatzweise verwirklichen konnten, insgesamt aber gescheitert sind, wie die Erhebung des „gemeinen Mannes" um 1525 auch.

Diese Bewegungen haben ein eigenes Profil ausgebildet, das sie einigermaßen deutlich voneinander abhebt; und das konnte nur gelingen, weil eine gewisse Kontinuität gegeben war. Die mobilisierende Kraft dieser Bewegungen war offensichtlich so stark, daß sie durch Propaganda, Predigt und Werbung schnell Fuß in der Bevölkerung fassen und sich einen Anhang schaffen konnten, der, einmal entstanden, nicht sogleich wieder abfiel oder sich auflöste.

In den zwanziger Jahren des 16. Jahrhunderts waren besonders viele verschiedenartige Bewegungen entstanden, ein Bewegungsreichtum, der nach 1529/30 wieder abnahm. Es gab jedoch Bewegungen, die über diesen Zeitraum hinaus weiterlebten: kommunal-reformatorische Bewegungen beispielsweise, die in den zwanziger Jahren in den oberdeutschen Reichsstädten zwar bereits ihre Schuldigkeit getan hatten, dann aber auch noch in den dreißiger und vierziger Jahren in den norddeutschen Städten die Reformation vorantrieben; täuferische Bewegungen, die erst nach dem Reichsedikt gegen die Wiedertäufer von 1529 entstanden waren und sich in komplizierten Verästelungen noch einige Jahrzehnte hielten. Für eine gewisse Kontinuität dieser Bewegungen hat nicht nur der personelle Zusammenhalt der Anhänger gesorgt, der durch Aktion und Ritus gestärkt wurde, nicht nur das Charisma einiger Führerpersönlichkeiten, sondern auch das Schrifttum, vor allem die Flugschriften in den frühen Jahren der Reformation. Die Kontinuität war „ablesbar" geworden.

3. Auch die Bewegungen, die in der Reformationszeit entstanden, erhielten ihre innere Festigkeit durch eine „hohe symbolische Integration". Gespeist wurde sie vor allem aus zwei Quellen: *Einmal* spielte der Gegensatz von Klerus und Laien eine große Rolle und sorgte dafür, daß ein inneres Einverständnis innerhalb der

Bewegungen hergestellt wurde; und *zum anderen* traten die in genossenschaftlich geprägten Lebenszusammenhängen erworbenen Formen des Umgangs miteinander immer stärker hervor. Gegen geistliche und weltliche Herrschaft bildete sich unter den Anhängern der reformatorischen Bewegungen ein starkes Gemeinschafts- und Wir-Gefühl heraus, das seinen Ausdruck vielfach in brüderlicher Anrede fand, in „brüderlichen Vereinigungen", neuen Schwurgemeinschaften und unterschiedlichen Formen nachbarschaftlicher Hilfe. Wie stark diese Verhaltensmuster als neu und ungehörig empfunden wurden, zeigt eine Äußerung des bayrischen Kanzlers Leonhard von Eck: „Der Bauern brüderliche Liebe ist mir ganz zuwider. Ich habe mit meinen natürlichen und leiblichen Geschwistern nicht gern geteilt – geschweige denn mit Fremden und Bauern." Zur Ausbildung eines neuen Gemeinschaftsgefühls trugen auch die zahlreichen antiklerikalen Gesten und Aktionen bei: Die Heilige Schrift wurde als „Waffe" eingesetzt, Mönche zogen ihre Kutten aus, Priester legten ihre Talare ab und predigten, wie Karlstadt und zahlreiche Täufer klerikaler Herkunft, in bäuerlichem Gewand, Bilder wurden aus den Kirchen entfernt, Kruzifixe auf den Friedhöfen umgestürzt, kirchliche Riten wurden häufig in den Alltag zurückgeholt: Das Abendmahl wurde nicht am Altar empfangen, sondern in brüderlicher Runde um einen Tisch untereinander ausgeteilt, der Wein wurde nicht aus silbernen Kelchen, sondern aus hölzernen Bechern getrunken. In Waldshut wurde der Taufstein aus der Kirche gerissen, im Rhein versenkt, und das Taufwasser aus einem großen Milchzuber geschöpft, auch wurden Gottesdienste in Scheunen und Waldhöhlen gefeiert. Fahnen mit religiöser Symbolik wurden den Bauernhaufen vorangetragen. Das sind nur einige Beispiele, die sich durch andere, auch aus dem Alltagsleben stammende, mühelos vermehren ließen, wenn sich etwa Frauen aus Protest gegen die herrschaftlich-bürgerliche Eitelkeit die Haare abschneiden ließen und grobes Tuch anlegten, Männer statt eines Schwertes nur ein abgebrochenes Brotmesser im Gürtel trugen, um ihrer friedfertigen Gesinnung einen sichtbaren Ausdruck zu verleihen und mit kleinen Zeichen und Gesten anzudeuten, dass sie anders sein wollten als diejenigen, die dem „Antichrist" folgten. Diese Beispiele geben zu erkennen, dass sich in diesen Bewegungen tatsächlich ein schneller Übergang von der Priester- zu eine Laienkultur vollzog und eine „Welt der Brüderlichkeit" Gestalt anzunehmen begann.

Es gab tatsächlich zahlreiche Formen „symbolischer Integration", und ihre werbende sowie gemeinschaftsfestigende Kraft war stark. Ihre Verwurzelung in der Kritik an den Autoritäten ist unübersehbar, hier überwiegt die Kritik am Klerus, dort an dem Herrschaftsgebaren der weltlichen Obrigkeit, oft gleitet die Kritik an einer Autorität auch zum Angriff auf die andere über. Das auffälligste gemeinsame Kennzeichen der reformatorischen Bewegungen ist der ihnen zugrundeliegende Antiklerikalismus, der in den einzelnen Bewegungen unterschiedliche Ausdrucksformen findet, stärker oder schwächer wirkt, aber insgesamt wohl das Milieu bildet, das eine „hohe symbolische Integration" bewirkt, nicht nur das, sondern das Milieu, in dem auch alle anderen wesentlichen Komponenten sozialer Bewegung in Erscheinung treten, vielleicht sogar ihren Ursprung haben.

4. Unter „geringer Rollenspezifikation" ist zu verstehen, dass den Anhängern einer Bewegung eine breite Palette von Aktionsformen zur Verfügung steht und die Möglichkeit gegeben ist, von einer Bewegung zu anderen zu wechseln, sich hier stärker, dort weniger stark zu engagieren, weil „ohne oder außerhalb formeller Mitgliedschaft" wechselnde Partizipationsformen möglich sind. Das wird besonders deutlich in dem Aktionsfeld zwischen Stadt und Land. Der „gemeine Mann" engagiert sich einmal in städtischen Aktionen, das andere Mal in vergleichbaren Aktionen auf dem Lande. Typisch ist dieser Wechsel von einer in die andere Bewegung auch für die Schweiz, wo die Täufer sich aus den bäuerlichen Unruhen herauszulösen begannen, während sich anderswo, in Franken etwa, Bauernkriegsveteranen den Täufern anschlossen. Die personelle Fluktuation zwischen den Bewegungen ist kennzeichnend für die Reformationszeit. Zahlreiche Anhänger der Reformation schwankten zwischen Radikalität, Resignation und Abfall. Sie erfanden auch eine Vielfalt von Aktionsformen. Die Phantasie antiautoritärer Agitation ist schier unerschöpflich. Zu den Beispielen, die bereits im Zusammenhang mit der symbolischen Integration angeführt wurden, kommen zahlreiche Herausforderungen recht handgreiflicher und tumultuarischer Art: Predigtstörung, Klerikerbeschimpfung, Steinigung, Brandstiftung, Verunreinigung geweihter Gegenstände bzw. des Weihwassers, Schändung der Hostien, Zerstörung der Reliquien. Außerdem wurden Rathäuser besetzt und Burgen geschleift, Büttel mit Steinen beworfen und reformgesinnte Prädikanten von Bürgern und Bauern vor einer Festnahme oder Ausweisung geschützt. Nebenher spielten auch Krawalle an Kirchweihfesten und allerlei karnevaleske Umtriebe eine Rolle, die dazu eingesetzt wurden, den Gang der Reformation zu beschleunigen.

5. Damit ist auch schon genug zur Variabilität der Aktionsformen gesagt worden, hinzuzufügen bleibt noch die Feststellung, dass auch die Organisationsformen in den Bewegungen der Reformationszeit sehr variabel und der Grad ihrer Organisiertheit gering waren. In den Städten haben die reformatorischen Bewegungen oftmals bestehende genossenschaftliche Organisationsformen für sich nutzbar gemacht oder für ihre eigenen Zwecke fortentwickelt: z. B. Bürgerausschüsse gebildet oder Versammlungen in den Kirchspielen einberufen, auch Demonstrationszüge durchgeführt oder Aufläufe inszeniert, wie sie aus den spätmittelalterlichen Bürger- bzw. Zunftkämpfen bekannt waren. Mobilisierend und stabilisierend wirkten gelegentlich auch Konventikel, Bruderschaften und Verbündnisse. Diese Organisationsformen wurden genutzt, um die Forderung nach Reformation in die politischen Institutionen zu tragen. Innerhalb der bestehenden Organisationen der Zünfte bzw. Gemeinde war der Weg von der Bewegung zur Institution besonders kurz, so dass hier keine Notwendigkeit bestand, neue Organisationsfor-

men zu erfinden. Auf dem Lande sind neben den Gemeindeversammlungen und Regelungen der dörflichen Selbstverwaltung mehr oder weniger spontan „Vereinigungen" mit geschriebenen Ordnungen und paramilitärische „Haufen" entstanden, aus denen sich später auch politische Institutionen hätten entwickeln können. Ähnliches gilt für die „Bibellesekreise" und Konventikel im frühen Täufertum, die sich bald zu geordneten, ja disziplinierten Gemeinden gewandelt haben. Der lockere Zusammenhalt der Täufer in Ober- und Mitteldeutschland ist ein guter Beleg für das Vorhandensein loser Organisationsformen in der Frühzeit radikalreformatorischer Bewegungen, die separatistischen Gemeinden in der Schweiz und in den Niederlanden deuten dagegen die Entwicklung an, die manche Bewegungen in den Zustand allmählicher Erstarrung führte. So schnell Bewegungen entstanden, so schnell sind sie wieder zerfallen.

Die Bewegungen der Reformationszeit verfolgten das Ziel, die Christenheit zu erneuern. Sie wollten einen Wandel von Kirche und Gesellschaft herbeiführen. Das konnte sich auf Teilbereiche beziehen, so wie Luther die „reformatio" auf die Kirche einschränkte und die späteren Täufer sich auf eine Restitution der Urgemeinde aus der Apostelgeschichte zurückzogen. In den städtischen und bäuerlichen Bewegungen des „gemeinen Mannes" wurde dagegen eine allmähliche oder eine revolutionäre Veränderung der gesamten Gesellschaft angestrebt. Wandel konnte durch innovatorisch-progressive Umgestaltung der bestehenden Ordnung ins Auge gefasst werden oder dadurch, dass offenkundige Mängel behoben oder territorial-staatliche Entwicklungen rückgängig gemacht werden sollten (wie in der Reichsritterschaft oder einigen Gruppen unter den aufständischen Bauern). So erklärt sich das Nebeneinander verschiedener Zielvorstellungen in allen Bewegungen, die sich nur das eine Hauptziel gesteckt hatten, die Christenheit zu erneuern. Die Ziele einer Bewegung aber müssen nicht von vornherein klar bestimmt gewesen sein, sie haben sich auch in der Bewegung selbst, in interner Auseinandersetzung oder im Kampf gegen die herrschenden Autoritäten, erst allmählich bestimmter und eindeutiger herausgebildet, gelegentlich sogar verändert. Radikale Ziele verkümmerten zu gemäßigten, reformatorische verwandelten sich in revolutionäre. Luther hat die Reformziele der so genannten Wittenberger Bewegung, die sich während seines Wartburg-Aufenthaltes gebildet hatte, widerrufen, die aufständischen Bauern haben zaghaft begonnen und sind erst im weiteren Verlauf der Auseinandersetzung dazu übergegangen, militanten Strategien zu folgen. Die Täufer, die im Zusammenhang mit den bäuerlichen Erhebungen revolutionäre Töne angeschlagen hatten, mussten sich zurückziehen und allen gewaltsamen Aspirationen zur Veränderung der „Welt" absagen.

Die Heterogenität der Ziele, die allenthalben zu beobachten ist, muss erklärt werden. Sie lässt sich besser erklären, wenn man sie auf die Entstehungsursachen der Bewegung bezieht als auf die soziale Stellung ihrer Anhänger in der Gesellschaft. Hier folge ich noch einmal Joachim Raschke. Er hat eine Kombination strukturanalytischer, sozialpsychologischer und interaktionistischer Theorieansätze vorgeschlagen, um die komplizierte Ursachenfrage von Bewegungen klären zu können. Diese Kombination erweist sich auch für die frühe Reformationszeit als nützlich: Kirchliche, wirtschaftliche, politische und soziale Strukturen bzw. Institutionen werden brüchig und erzeugen Widersprüche (strukturanalytischer Ansatz); Unmut und Unzufriedenheit mit den Verhältnissen können sich in Bewegungen Ausdruck verschaffen (sozialpsychologischer Ansatz); in antiklerikaler Agitation und Verweigerungs- bzw. Widerstandsgesten werden Unzufriedenheit und Kritik auf kommunikative Weise „dramatisiert" und in Bewegung gesetzt (interaktionistischer Ansatz). In der Vielfältigkeit der Ursachen ist die Heterogenität der Ziele begründet. Man könnte auch noch einen traditions- bzw. rezeptionsgeschichtlichen Ansatz hinzufügen, der das Entstehen von Bewegungen zu erklären, mehr aber noch bei der Artikulation der Ziele eine Rolle zu spielen vermag. In der ganz konkreten Erfahrung mit kirchlichen und gesellschaftlichen Problemen empfiehlt es sich, die eine oder andere religiöse oder kulturelle Tradition zu beerben z.B. die *Devotio moderna*, Elemente der Hussitenbewegung, Anschauungen der spätmittelalterlichen Mystik, apokalyptisches Gedankengut, humanistische Bildungskonzepte, um das Unbehagen an der Gegenwart in Worte zu fassen, neue Handlungsziele zu formulieren und Bewegungen in Gang zu setzen. Wie auch immer, was für die neuzeitlichen Bewegungen von Joachim Raschke festgestellt wurde, gilt auch für die Bewegungen der Reformationszeit: „Das Unfertige, der Suchcharakter ist das Kennzeichen der meisten Bewegungen".

8. KAPITEL
Reichsstadt und Reformation
Viva vox evangelii, Macht und Gegenmacht

Zur Zeit der Reformation lebte der weitaus größte Teil der Bevölkerung auf dem Lande. Die Reformation selbst war aber vor allem ein „urban event" (Arthur G. Dickens), genauer gesagt, ein reichsstädtisches Ereignis, unter demographischem Gesichtspunkt sogar nur ein Minderheitenphänomen. Es gab ungefähr zwei- bis dreitausend Städte, davon hatten etwa fünfundsechzig die Reichsunmittelbarkeit erlangt, und von diesen waren fünfzig zur Reformation übergegangen, große und kleine, wirtschaftlich mächtige, kulturell bedeutsame Reichsstädte und solche, die Ackerbürgerstädten glichen. Auch von einigen Territorialstädten gingen reformatorische Impulse aus: von Wittenberg, Allstedt, Orlamünde beispielsweise. In der Regel aber griff die Reformation von der Reichsstadt auf die Territorien über und überschritt schließlich die Grenzen des Reiches. Ohne die Reichsstadt, mit ihrer wirtschaftlichen Kraft und ihrer kulturellen Ausstrahlung, wäre die Reformation nicht ein weltgeschichtliches Ereignis geworden. Umgekehrt trug auch die Reformation dazu bei, dass der schleichende Niedergang der Städte, der sich im Zeitalter des Absolutismus beschleunigte, noch eine Weile aufgehalten wurde.

1. Verschiedene Erklärungsmodelle

Reichsstadt und Reformation ist der Titel einer kleinen, einflussreichen Schrift, mit der Bernd Moeller die Forschung 1962 anregte, intensiver als bisher auf den engen Zusammenhang von Stadtverfassung und Reformation zu achten. Für den Erfolg der Reformation in den Städten, besonders den Reichsstädten, musste eine Erklärung gefunden werden. Moeller stellte fest, „daß die Einführung der Reformation fast überall in den Formen ablief, die die städtische Verfassung vorschrieb und weithin in der Gedankenwelt der Stadtgenossenschaft ihre Begründung fand". Der Bürger erfuhr die Stadt nicht nur als eine säkulare Lebensgemeinschaft, sondern auch als eine Gemeinschaft, in der ihm das Heil vermittelt wurde. Daran konnte Martin Luther anknüpfen. Besonders seine Losung vom „Priestertum aller Gläubigen" fiel auf fruchtbaren Boden: der Dualismus von Geistlichen und Laien, der dem Genossenschaftsverband der Bürger die letzte sakrale Weihe vorenthalten hatte, wurde beseitigt und die Arbeit der Laien zum Dienst für Gott und den Nächsten aufgewertet. So erhielt das genossenschaftliche Zusammengehörigkeitsgefühl eine tiefe religiöse Begründung und neue Festigkeit. Doch die Wirkung Luthers, bemerkte Moeller, war widersprüchlich. Die individualistisch orientierte Vorstellung von der Rechtfertigung des

Sünders vor Gott musste das bürgerliche Gemeinschaftsgefühl stören und die „alte Stadtgemeinde zersprengen". Den genossenschaftlichen Bedürfnissen der Stadtgesellschaft entsprach indessen in weit höherem Maße die Theologie der oberdeutschen Reformatoren, vor allem die Theologie Ulrich Zwinglis in Zürich und Martin Bucers in Straßburg. Die reformatorische Erkenntnis Luthers mit ihrem individualistischen Akzent haben beide aus dem Geist der Stadt heraus für die Stadt umgestaltet. Sie haben die Theologie Luthers für den Bürger korrigiert und vertieft; und so ist es nicht von ungefähr, dass sich die Reformation in den oberdeutschen Städten – signifikanterweise also dort, wo das wirtschaftliche und kulturelle Leben in höchster Blüte stand – auch unter besonders drängender Mitwirkung der Bürger zum Wohl der Gemeinschaft durchsetzte. Das gesamte Leben wurde vom christlichen Glauben her neu gestaltet und gelegentlich zu einem republikanisch-theokratischen Gemeinwesen emporgeführt. Entscheidend freilich ist die Tatsache, dass in der Stadt das Wort Gottes gepredigt und „ihm im Glauben Gehorsam geleistet wird". Es ist also nicht die Stadt, konzipiert als Heilsgemeinschaft, die von selbst zur Reformation gelangt, sondern die Korrespondenz von Stadtbewusstsein und Wort Gottes, die den Weg zur Reformation ebnet. Die Predigt ist die neue, beunruhigende und eine Reformation vorantreibende Innovation. So erklärt sich, warum Moeller später besondere Aufmerksamkeit den Predigtsummarien zuwandte, die in Flugschriften verbreitet wurden.

Steven E. Ozment untersuchte das Echo, das die reformatorische Botschaft in den volkstümlichen Flugschriften fand, und führte den großen Zulauf zur Reformation, den „appeal of Protestantism", weniger auf eine stadtgeschichtliche als vielmehr auf eine sozialpsychologische Wurzel zurück. Das Volk wollte vom psychischen und sozialen Druck der spätmittelalterlichen Religiosität entlastet werden, und Luther hat ihm diesen Druck genommen. Ozment wertete Luther wieder zum alles beherrschenden Reformator auf und geriet in die Nähe jener konservativen Kirchenhistoriker, die den Kampf eines mit Gott und dem Teufel ringenden Klosterbruders zum seelischen Erlebnis eines ganzen Volkes steigerten.

Bernd Moellers Erklärungsmodell folgt dem Leitbild einer auf Ausgleich und Harmonie bedachten städtischen Bürgermentalität und Ratspolitik: „Einerseits ist der Gedanke, der Stadtfrieden müsse erhalten werden, ein vorherrschendes Motiv sowohl in den Eingaben der Bürger als in den Reformationsordnungen der Räte; man ist aber der Überzeugung, daß dieser Frieden nur dann erhalten oder wiederhergestellt wird, wenn allein das Wort Gottes gepredigt wird." Thomas A. Brady kritisierte Moellers Erklärungsmodell „als eine überaus idealisierende, geradezu romantische Vorstellung von der städtischen Gesellschaft". Sein Beispiel ist Straßburg: eine wichtige Gewerbe-, Handels- und Finanzmetropole. Stärker sozialgeschichtlich orientierte Historiker entwickelten ihr Erklärungsmodell am Leitbild einer städtischen Gesellschaft, die von heftigen sozialen Spannungen und von Konflikten erschüttert wurde. Gemeinsam ist diesen Beiträgen, dass sie die Ursache für die Anziehungskraft der Reformation und für die Variationsbreite der reformatorischen Bewegungen in den sozialen Konfliktfeldern suchten. Es ging den kämpfenden Parteien zwar um die Erneuerung der Christenheit, sie waren aber am Ende des Mittelalters noch nicht in der Lage, religiöse Bedürfnisse von sozialen Interessen zu trennen.

Die Auseinandersetzung um „Stadt und Reformation" lässt sich auf eine vereinfachte Formel bringen: Moeller orientiert sich an einem gesellschaftlichen Harmoniemodell, die zuletzt erwähnten Historiker an einem Konfliktmodell. Gemeinsam ist allen, dass sie nicht zwischen einer Ratsreformation und einer Volksreformation unterscheiden, wie es früher üblich war, sondern die Interaktionen zwischen Obrigkeit und Bürgerschaft beachten. Werden Erklärungen nach dem Harmoniemodell gesucht, herrscht die Vorstellung vor, Rat und Bürgerschaft trügen unter dem Einfluss ein und derselben Mentalität zum Erfolg der Reformation gemeinsam bei. Selbst wenn Rat und Bürgerschaft im Streit miteinander liegen, kann die Ursache des Konflikts nie stärker sein als der gemeinsame Vorsatz, zu einem neuen Konsens in der Stadt finden zu müssen. Werden Erklärungen nach dem Konfliktmodell gesucht, wird das Interesse von Rat und Bürgern an städtischer Einmütigkeit in der unterschiedlichen sozialen und politischen Lage der Streitenden erforscht. Die Antriebskraft für die Auseinandersetzung um die Reformation erwächst nicht der Verantwortung für die innere Geschlossenheit der Stadt, sondern dem Bedürfnis, die eigene Position zu erhalten oder neuen Einfluß zu erringen. Die Reformation wird zur Machtfrage. Der Rat nutzt den Hinweis auf das allgemeine Wohl als Mittel der Disziplinierung und Herrschaftssicherung, die Bürgerschaft, in ihrer Interessenlage heterogen, um die Obrigkeit zu bedrängen und zu Veränderungen zu bewegen bzw. ihr mit Widerstand zu begegnen. In Zukunft empfiehlt es sich, mit beiden Modellen zu arbeiten. Jedes Modell kann die Einseitigkeit des andern korrigieren helfen. Das Streben nach Harmonie kann die Konflikte offenlegen, die in der Stadt herrschen, und die Austragung der Konflikte kann sich an Vorstellungen von einer harmonisch geordneten Zukunft orientieren.

Die bisherige Forschung hat gezeigt, dass die Reformation in vielen Städten auf ähnliche Weise durchgesetzt wurde. Je intensiver man sich aber einzelnen Stadtreformationen zuwendet, um so deutlicher tritt der jeweils individuelle Charakter dieser Reformationsabläufe zutage. Diese Abläufe sollen an drei reichsstädtischen Beispielen nachgezeichnet werden: an Nürnberg, einem Beispiel für eine lutherische Reformation, an Zürich, dem tonangebenden Zentrum der reformierten Reformation, und an Mühlhausen in Thüringen, das eine kurze Phase radikaler Reformation durchlief.

2. Nürnberg: „ein blühender Rosengarten"

Hans Sachs hat Nürnberg als einen „blühenden Rosengarten" besungen, den Gott sich selber bewahrt habe. Dem Meistersinger schien alles wohlgeordnet: „Einigkeit der Gemein und Rat, Ordnung der bürgerlichen Ständ, ein weis fürsichtig Regiment." Nürnberg war eine der bedeutendsten Handels- und Gewerbestädte, in günstiger Lage an sich kreuzenden Handelswegen, mit außenpolitischen Kontakten. Die Stadt beherbergte vorübergehend das Reichsregiment und richtete einige Reichstage aus. Der Rat, fast ausschließlich vom Patriziat gestellt, herrschte mit umsichtiger und fester Hand. Er allein ordnete das wirtschaftliche Leben in der Stadt und im vorgelagerten Territorium.

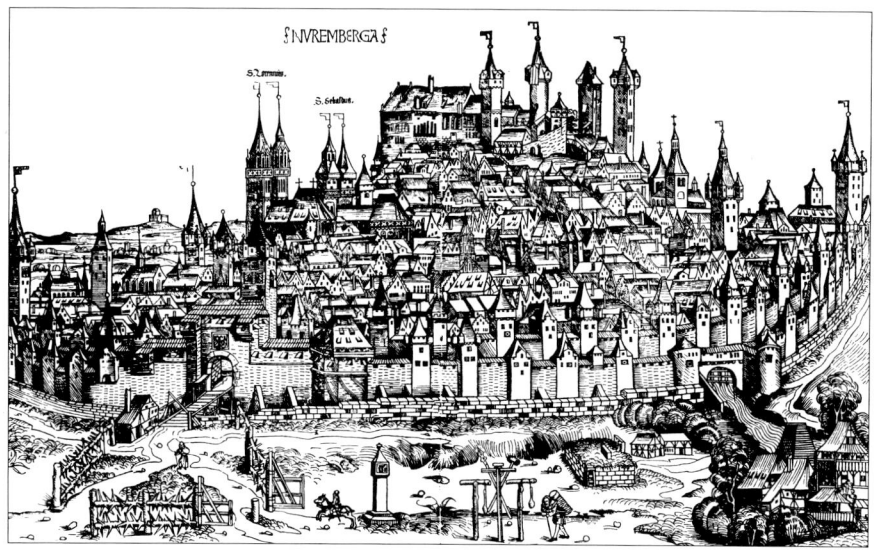

Abb. 29: Michael Wolgemut: Stadtansicht von Nürnberg aus Hartmann Schedels Weltchronik, Nürnberg 1483.

Alles entwickelte sich auf erfreuliche Weise; und so ist es eigentlich verwunderlich, dass die Reformation, die überall so viel Unruhe auslöste, in Nürnberg überhaupt Eingang fand, von einem konservativen Patriziat sogar schneller als anderswo unterstützt und schließlich in drei Phasen eingeführt wurde.

1. In dieser Stadt kam schon vor dem Thesenanschlag Martin Luthers ein Kreis von humanistischen Intellektuellen, von Juristen, Ratsschreibern, Patriziern, Theologen und Künstlern im Augustinerkloster zu gegenseitigem Gedankenaustausch zusammen. Auf dem Wege zu seinem Augsburger Verhör vor Cajetan hatte Luther 1518 in Nürnberg Station gemacht. Er muss den Humanistenkreis tief beeindruckt haben, denn bald nannte sich diese illustre Gesellschaft „sodalitas Martiniana". Die Sympathie für die Sache Luthers und der Wille zur Reformation drangen über die einflußreichsten Männer Nürnbergs in den Rat der Stadt ein und konnten politisch geschickt genutzt werden. Der Rat sah sich in seinem Be-

mühen bestärkt, für geistliche Zucht und Ordnung selber zu sorgen, Streit unter den Geistlichen zu schlichten, den Einfluss des Bamberger Bischofs zurückzudrängen und die hoch angesehenen Bürger Willibald Pirckheimer und Christoph Scheurl, die als Sympathisanten Luthers unter Ketzerverdacht geraten waren, in Schutz zu nehmen. Auf die breitere Öffentlichkeit begannen reformatorische Ideen verstärkt zu wirken, als der Rat freigewordene Propst- und Predigerstellen mit reformgesinnten Männern besetzte. Bald griff auch das Volk, von antiklerikaler Phantasie beflügelt, in das Reformationsgeschehen ein: mit Störungen der Gottesdienste, Beschimpfungen der Priester, Verspottung des Papstes während eines Fastnachtsumzugs, ersten Verweigerungen des „Zehnten" auf dem Lande. Wo antiklerikale Aktionen Ruhe und Ordnung störten, griff der Rat zwar ein, er vergaß dabei aber nie, gleichzeitig auch die Altgläubigen zur evangelischen Verkündigung des göttlichen Wortes zu ermahnen.

2. Der Rat hatte sich bemüht, Neuerungen auf legale Weise einzuführen: z.B. die Ernennung reformgesinnter Pröpste und Prediger oder die Neuordnung der Armenfürsorge. Als die ersten Wünsche laut wurden, das Abendmahl in beiderlei Gestalt zu feiern, verwies er allerdings auf die Zuständigkeit des Bischofs zu Bamberg. Trotz bischöflichen Verbots kam es 1523 und 1524 doch zu einer evangelischen Abendmahlsfeier. Damit wurde offen gegen die Jurisdiktionsgewalt des Bischofs verstoßen, erst recht mit den *Achtzehn Artikeln* (1524), die das gesamte Kirchenwesen neu ordnen sollten. Diese Artikel gingen auf eine Initiative der evangelischen Geistlichkeit zurück. Der Rat wies die Neuordnung zwar zurück, als diese Artikel aber mit Hilfe der Heiligen Schrift gerechtfertigt wurden, wandte er nichts mehr dagegen ein und warf sich zum „geistlichen Herrn" in der Stadt auf.

Zwei Gründe wird der Rat gehabt haben, sich auf die Seite der *Achtzehn Artikel* zu stellen. Einmal konnte er gegenüber dem Bischof darauf hinweisen, dass eine Zurücknahme dieser Artikel Empörung und Aufregung in der städtischen Bevölkerung erregen müsste. Und zum anderen hatte der Rat längst bemerkt, dass sich neben den evangelischen Geistlichen noch andere, radikalere Kräfte zu formieren begannen, Sympathie für Andreas Karlstadt, vor allem aber bäuerliche Aufsässigkeit und zwinglische Sakramentskritik. So wird verständlich, dass der Rat sich entschloss, mit den *Achtzehn Artikeln* einen mittleren Kurs zu steuern, um eine Gefahr für Ruhe und Ordnung in der Stadt abzuwenden. Wollte er den Frieden in der Stadt wahren, durfte er nicht mehr das „ungleiche predigen", die altgläubige und reformatorische Predigt zugleich zulassen. Er musste für eine „einhellige" Predigt sorgen. Anfang März 1525 ließ der Rat ein Religionsgespräch einberufen, in dem die Argumente für und wider die Einführung der Reformation vorgetragen und disputiert wurden. Dieses Gespräch fand in der Ratsstube statt – unter Ausschluss der Öffentlichkeit. Die Fenster wurden aber weit geöffnet, so dass das sich dicht hinzudrängende Volk miterleben konnte, wie der altgläubige Klerus in die Defensive geriet und aufgeben musste. Der Stadtschreiber eröffnete die Disputation so: „Nachdem aber der Bock so tief im Garten genistet hat, daß die Kinder auf den Gassen, zu geschweigen die Weiber schreien: Schrift! Schrift! wird für hoch notwendig, nützlich und gut bedacht, daß ihr in diesem eurem Colloquium Päpste, Concilia, Väter, Tradition, Heiligkeit, Status, Dekret, Gebrauch, alt Herkommen und allens, was nicht auf dem Wort Gottes gegründet ist, auf sich beruhen lasset und nur das reine Evangelium und die biblische Schrift gebrauchet, denn auf dem Markt wird keine andere Münze gang und gäbe sein." Damit war den Altgläubigen jegliche Argumentationsgrundlage entzogen. Die Lehrautorität des Papstes konnte nicht mehr ins Feld geführt werden.

3. Nach dem Religionsgespräch ging Nürnberg dazu über, die kirchlichen und kommunalen Verhältnisse endgültig neu zu ordnen. Doch das war ein Prozess, der komplizierter ablief, als zu erwarten gewesen wäre. Der Rat ging aus dem Religionsgespräch als unumschränkte Obrigkeit hervor. Weltliche und geistliche Befugnisse waren nun in einer Hand. Der Rat musste in dieser Situation aber um so aufmerksamer auf alle Bewegungen achten, die in der Stadt- und Landbevölkerung Nürnbergs erneut Unruhe und Aufruhr schürten.

Bereits zu Beginn des Religionsgesprächs „sammelt sich für das rathaus ain mercklich Volck, das ende zu sehen, warteten auf die munch, hetten die gern zurissen, schrien etlich, man solt inen die munch lassen, sie wessten recht mit inen zu disputirn". Zweierlei ist wichtig: *Einmal* sah der Rat sich unter dem Druck der Bevölkerung genötigt, nach dem Religionsgespräch die Auflösung der Klöster zu beschleunigen und die altgläubige Geistlichkeit, sofern sie in der Stadt bleiben wollte, in den Bürgerverband einzugliedern. Mit diesen Maßnahmen wollte der Rat nicht zuletzt dem drohenden Übergreifen der bäuerlichen Empörung auf Nürnberger Gebiet zuvorkommen: eine Rechnung, die aufging. *Zum anderen* setzte ein Differenzierungsprozess ein. Einige Bürger wandten sich angesichts der antiklerikalen Turbulenz von der Reformation ab, ausgerechnet Christoph Scheurl und Willibald Pirckheimer. Anderen ging die Reformation nicht weit genug. Doch diese radikaleren Kräfte wurden unter Kontrolle gehalten und hatten keine Chance, sich zu entfalten. Bald bildete sich ein Kreis der evangelischen Geistlichkeit als ein Beratungsgremium des Rates heraus, das die Politik der Stadt mit Vorschlägen und Gutachten begleitete. Die Theologen, allen voran Andreas Osiander, ließen dem Rat zwar die Aufsicht über die kirchlichen Angelegenheiten; sie gingen aber häufig über das hinaus, was der Rat für richtig hielt, behaupteten immer öfter ihre geistliche Selbständigkeit und gerieten nicht selten in Spannung zum Rat.

Dem Rat lag daran, die Kirchenreform zum Abschluss zu bringen. Die Theologen bemühten sich zwar, die Kirchenzucht stärker unter ihrem Einfluss auszuüben, aber darin musste der Rat den Versuch sehen, wieder „zwei Obrigkeiten" zu errichten. Mit entschiedener politischer Kraft setzte er seine Macht über das neue Kirchenwesen durch. Mit der nürnbergisch-brandenburgischen Kirchenordnung von 1533 war ein stadtherrliches Kirchenregiment errichtet worden.

Die Messe war abgeschafft, und der Gottesdienst wurde in evangelischer Gestalt gefeiert. Die Klöster, bis auf das von Caritas Pirckheimer geleitete Klarissenkloster vorerst, wurden aufgelöst und die Stiftungen einer strengen Kontrolle unterstellt. Der altgläubige Klerus mußte die Stadt verlassen. Die übrigen Geistlichen wurden in den Stand der Bürger eingegliedert und zur Steuer veranlagt. Das Schulwesen wurde ausgebaut und die Armenfürsorge neu geregelt. Das waren Neuerungen, die schon vor der Reformation angestrebt wurden, die aber erst jetzt verwirklicht werden konnten. Nürnberg ließ es „bei sehr konservativen Reformen" (Gottfried Seebaß) bewenden.

3. Zürich: Bürgerwelt und Gottesreich

Abb. 30: Zürich. Tafelgemälde von Hans Leu Vater und Sohn, 1. Hälfte des 16. Jhds. (Ausschnitt)

Nicht das einflussreiche Nürnberg prägte die Reformation in Süddeutschland, sondern Zürich. Obwohl diese Stadt sich, wie die Schweizer Eidgenossenschaft insgesamt, vom Deutschen Reich gelöst hatte, wurde sie zum Ort einer Reformation, die eine starke Wirkung auf die oberdeutschen Reichsstädte ausübte: auf Straßburg, Konstanz und Heilbronn, Ulm, Augsburg und Memmingen.

Der Reformator Zürichs wurde Ulrich Zwingli, der 1519 als Leutpriester ans Großmünster berufen worden war. *Geistig* wurde er vom Humanismus angeregt, sich für eine sittliche Reform der Christenheit einzusetzen. Erasmus von Rotterdam lehrte ihn, nach dem einfachen Sinn der Heiligen Schrift zu suchen und Jesus Christus als Vorbild für das geistige und sittliche Leben zu begreifen.

Der Reformationsprozess in Zürich durchlief ebenfalls drei Phasen: *Erstens* nötigten humanistisch-reformatorische Predigten und antiklerikale Aktionen die

Abb. 31: Ulrich Zwingli. Kupferstich von René Bovin, 2. Hälfte des 16. Jhds.

Obrigkeit, sich mit dem Problem einer Reform der Christenheit zu befassen; *zweitens* wurden Disputationen einberufen, die der Reformation zum Durchbruch verhalfen; und *drittens* wurden Anstrengungen unternommen, die Reformation institutionell auszubauen und geistlich-politisch im Rahmen der Eidgenossenschaft zu festigen.

1. Zwingli begann seinen Dienst mit einer regen Predigttätigkeit. Er griff den Ablaßhandel an, die Verehrung der Heiligen und Bilder, die Sittenlosigkeit der Mönche und Priester, die Anschauung vom Fegefeuer, die Praxis des Kirchenbanns und den Zehnten, sofern dieser mit göttlichem Recht begründet wurde. Eindeutige Worte fand er auch gegen den Söldnerhandel, in den Zürcher Honoratioren und der Rat verwickelt waren. Vor allem aber wandte er sich gegen die Autorität der scholastischen Theologen. Seine Predigten bewegten sich im Rahmen humanistischer Klerus- und Kirchenkritik. Um 1520 las er zwar die Schriften Martin Luthers, er verstand sie aber „humanistisch", mehr als Bestätigung seines eigenen Wirkens, weniger als Anregung, theologisch zu neuen Ufern aufzubrechen. Erst allmählich gelangte er durch ständige theologische Reflexion seines eigenen Vorgehens und der politischen Situation in Zürich zu einer Position, die über das humanistische Reformchristentum hinausführte. Entscheidend war das *sola scriptura*, das Zwingli in Zürich als Prinzip theologischer und praktischer Reformen geltend machte.

An den Predigten Zwinglis schieden sich die Geister in der Stadt: Die Altgläubigen wurden unruhig und bangten um den Bestand ihrer kirchlichen Ordnung; und die Anhänger Zwinglis suchten aufgebracht und voller Unruhe nach Wegen, die angeregten Reformen auch in die Tat umzusetzen. Ein Ereignis, das einen kirchenpolitischen Vorstoß provozierte, war das berüchtigte „Fastenbrechen" zu Beginn der vorösterlichen Fastenzeit 1522. Zwölf Freunde Zwinglis versammelten sich im Hause des Buchdruckers Christoph Froschauer, setzten sich zu Tisch und verzehrten zwei geräucherte Würste. Mit diesem antiklerikalen Ritual wollten die Fastenbrecher ein Zeichen kirchlicher Aufsässigkeit setzen, Unruhe in die Bevölkerung tragen und den Rat der Stadt zum Handeln bewegen. Auch Zwingli war unter den Gästen, die Würste aber rührte er nicht an. Um so überzeugender konnte er in einer Predigt für die Fastenbrecher und die Freiheit eines Christen gegenüber kirchlichen Geboten eintreten: „Wil tu gern fasten, thu es;

wil tu gern das fleisch nit essen, iß es nüt, laß aber mir daby den Christenmenschen fry." Da die Wogen der Erregung sich nicht legten, beauftragte der Rat eine Kommission, die aus Mitgliedern des Großmünsterkapitels und den Leutpriestern der Stadt bestand, die Fastenfrage in einem Gutachten zu klären. Die Kommission gab Zwingli Recht, gleichwohl empfahl sie, das Fastenbrechen weiterhin unter Strafe zu stellen, um öffentliches Ärgernis zu vermeiden. Der Bischof sandte eine Delegation nach Zürich, die alle Geistlichen visitierte und mit dem Rat verhandelte. Der Große Rat, der für Religionsfragen zuständig war und sich hinter Zwinglis Reformationspolitik gestellt hatte, bestand darauf, nur im Beisein der Leutpriester mit der bischöflichen Delegation zu verhandeln. So erhielt Zwingli Gelegenheit, seinen Angriff auf die kirchlichen Gebote zu wiederholen. Der Rat verfügte in einem Mandat die Bestrafung des Fastenbruchs und verlangte vom Bischof, eine schriftgemäße Entscheidung von einer Diözesansynode herbeizuführen, um für weitere Fälle gerüstet zu sein. „Der Entscheid des Rates deckte rechtlich die alte Ordnung, faktisch den evangelischen Vorstoß" (Bernd Moeller). Die Reformgesinnten hatten ihren ersten Erfolg errungen: *Erstens* wurde Zwingli vom Rat als führende geistliche Autorität anerkannt, *zweitens* wurde das Schriftprinzip zum Prüfstein im kirchenpolitischen Streit erhoben, und *drittens* konnte sich der Rat als oberste Instanz in den kirchlichen Angelegenheiten der Stadt gegenüber den Vertretern des Bischofs behaupten.

Die Mönche reagierten auf die Predigten des Leutpriesters mit aggressiver Polemik und wurden nun ihrerseits von Anhängern Zwinglis mit Hohn und Spott überschüttet, Laien drangen in Ordenskirchen ein, störten die Gottesdienste und unterbrachen die Predigt. Mit diesen antiklerikalen Aktionen sollte der Rat gezwungen werden, den altgläubigen Widerstand in den Klöstern zu brechen. Der Erfolg blieb jedoch aus. Es wurde verboten, die Gottesdienste zu stören. Erst als Zwingli selbst sich darüber hinwegsetzte und eine Predigt unterbrach, die der durchziehende Bettelmönch Franz Lambert von Avignon über die Fürbitte Marias und der Heiligen im Fraumünster hielt, ließ der Rat sich bewegen, die Mönche zu schriftgemäßer Predigt zu ermahnen. Die Taktik, die Altgläubigen auf eine solche Weise herauszufordern, dass dem Rat keine andere Wahl blieb, als die Reformation zu fördern, hatte sich bewährt. Die Dynamik des Konflikts wird zur Dynamik der Reformation.

2. Der Kleine Rat, in dem sich noch keine Mehrheit für Zwingli gefunden hatte, war offensichtlich an die Grenzen seiner Möglichkeiten gestoßen. Jetzt machte der Große Rat, in dem die Chancen für eine Reformation besser standen, von seiner politischen Kompetenz Gebrauch und zog die Schlichtung der religiösen Streitigkeiten an sich. Er bestellte alle Geistlichen seiner Herrschaft auf den 29. Januar 1523 aufs Rathaus, um diejenigen zu verhören, die sich gegenseitig der Ketzerei beschuldigten. Maßstab, an dem die Aussagen gemessen würden, sollte die Heilige Schrift sein. Eingeladen wurde auch der Bischof von Konstanz, jedoch nicht als Richter in Glaubensangelegenheiten, was eigentlich seines Amtes

gewesen wäre, sondern als Teilnehmer an einem Verfahren, das der Große Rat provokanterweise in eigener Machtvollkommenheit durchführte. Der Rat riskierte eine Machtprobe: die Macht des Bischofs gegen die Macht des Rates.

Zwingli hatte die strittigen Punkte seiner Predigten zu Disputationsthesen zusammengestellt und wurde gebeten, sie jetzt vorzutragen. Er erläuterte sie und forderte seine Gegner auf, ihn zu widerlegen. Doch niemand machte Anstalten, ihm die Schriftwidrigkeit seiner Lehre nachzuweisen. Auch die bischöfliche Delegation, die statt des Bischofs erschienen war, schwieg. Sie wollte auf diese Weise gegen die Rechtmäßigkeit dieses Verfahrens protestieren. Der Generalvikar des Bischofs ließ sich aber doch in einen Schlagabtausch über die Rechtmäßigkeit der kirchlichen Lehrtradition verwickeln, als ihm vorgeworfen worden war, einen reformgesinnten Prädikanten auf der Landschaft ohne Schriftgrund ins Gefängnis geworfen, mit seinem Schweigen aber dem Schriftprinzip Zwinglis zugestimmt zu haben. Da eine Disputation jedoch nicht zustande gekommen war, brach der Rat die Sitzung ab und stellte fest, dass Zwingli nicht überwunden worden sei und fortfahren dürfe zu predigen, auch alle anderen sollten von den Kanzeln verkündigen, „dann was sy mit dem heiligen evangelion und sust rechter göttlicher geschrift beweren mögen".

Bekanntgeworden ist diese Veranstaltung, die als ein Sieg der Reformation gefeiert wurde, unter dem Begriff der „Disputation". Doch genaugenommen war es überhaupt keine Disputation, jedenfalls nicht im herkömmlichen Sinne. Das Forum war nicht die Universität, der Ablauf nicht Argument und Gegenargument, Streit und Widerstreit und das Fazit kein akademisches Urteil. Der Rat wollte vielmehr in einer Gerichtsverhandlung klären, wer eigentlich die Ursache für Unruhe und Aufruhr in Zürich sei, und sich eine rechtliche Grundlage für sein politisches Handeln schaffen. Aus der Sicht Zwinglis sah das anders aus. Er hatte eine Disputation angestrebt, dann aber die tiefere geistliche Dimension der Versammlung auf dem Rathaus erkannt: Der Geist Gottes, so meinte er, habe über den widerstreitenden Meinungen zu Gericht gesessen – und der könne in Zürich nicht anders entscheiden als auf einem Generalkonzil. Er habe sich für die Reformation entschieden.

Der Große Rat war in einen Prozess hineingeraten, in dem das Schriftprinzip auch über ihn geistliche Macht gewann. Nicht Richter über die Auslegung der Heiligen Schrift wollte er sein, sondern Vollstrecker der Wahrheit, die der Heilige Geist in der „christlichen Versammlung" aufleuchten ließ. Die Obrigkeit war zu einem geistlichen Instrument im Heilsplan Gottes geworden und trug dazu bei, dass Kirche und Stadt über die spätmittelalterliche Bindung hinaus noch enger zusammenwuchsen: Bürgerwelt als Gottesreich.

Mit der so genannten Januardisputation begann der Durchbruch der Reformation, konkrete Neuerungen wurden aber noch nicht in Angriff genommen. Inzwischen war es auf der Landschaft unruhig geworden. Die Dorfgemeinden Zürichs versuchten, Lasten abzuschütteln, die ihrem Streben nach kommunaler Autonomie hinderlich waren. Der Rat ließ sich zwar zu manchen Zugeständnissen herbei, gab den Zehnten aber grundsätzlich nicht frei. Eine Atmosphäre, in der sich radikale reformatorische Einsichten mit wirtschaftlichen und sozialen Forderungen verbanden, war entstanden.

Zwingli musste auf zweierlei reagieren: auf den Vorwurf, der Weg der Reformation werde in Anarchie enden, und auf die Gefahr, die der gesellschaftlichen Ordnung von den radikalen Aktionen auf dem Lande drohte. In seiner Predigt *Von menschlicher und göttlicher Gerechtigkeit* (1523) wies er jeden Versuch zurück, die „göttliche Gerechtigkeit" schon in dieser Welt aufrichten, Zehnten, Abgaben und Zins, die nicht im göttlichen Recht gegründet seien, auf eigene Faust abschaffen zu wollen. Diese Gerechtigkeit ist göttliches Wesen, das niemand erreichen kann, wenngleich jeder unter der Forderung steht, das Reich Gottes und seine Gerechtigkeit zu suchen, Gott und den Nächsten zu lieben. Doch der gefallene Mensch, von Eigennutz beherrscht und von fleischlicher Begierde getrieben, ist nicht in der Lage, dieses Gebot zu erfüllen. Eine „zerbrochene Natur" kann Gott nicht von *ganzem* Herzen, von *ganzer* Seele und aus *allen* Kräften lieben und den Nächsten wie sich selbst. Das war nur einem möglich: Jesus Christus. Er hat „das gsatz erfüllt, daß er den willen sins himelschen vatters für uns onmächtigen erfült hat". Er ist Grund und Mittler des Heils, das dem Menschen im Wort der Heiligen Schrift eröffnet und zugeeignet wird. Dieses Wort wendet sich an den „inneren" Menschen. Die Annahme des Heils kann deshalb auch äußerlich nicht verordnet oder erzwungen werden. Damit hat Zwingli ein Argument gefunden, das sich sowohl gegen die Altgläubigen als auch gegen die Radikalen wenden ließ. Den einen hält er vor, dass die Aufgabe der Geistlichen allein in der Verkündung des göttlichen Wortes bestehe und nicht darin, obrigkeitliche Gewalt über die Gläubigen auszuüben. Den anderen schärft er ein, dass mit „göttlicher Gerechtigkeit" nicht regiert werden könne, da sich diese nicht ins Äußerliche hineinziehen lässt.

Nicht mit göttlicher, wohl aber mit „menschlicher Gerechtigkeit" muss diese Welt regiert werden. Sich selber überlassen, würden die Menschen zu unvernünftigen reißenden Tieren werden. Doch um diese zerstörerische Wirkung der Sünde in Schranken zu halten, wurde die Obrigkeit eingesetzt, die „arme grechtigkeit". Sie sorgt dafür, dass Menschen in Ruhe und Ordnung leben können. Sie schützt die Guten und straft die Bösen (Röm. 13,4). Zwingli lehrt, zwischen göttlicher und weltlicher Gerechtigkeit zu unterscheiden, überlässt die menschliche aber nicht ihren eigenen Gesetzen, nicht, wie Luther gelegentlich schrieb, heidnischer Vernunft. Die menschliche Gerechtigkeit muss sich vielmehr auf die göttliche ausrichten. Damit konnte Zwingli sogar das Recht auf Widerstand gegen eine Obrigkeit vertreten, die sich an Gott vergeht. In den äußeren Angelegenheiten der Kirche sollte die Obrigkeit entscheiden. Auf ihre Entscheidungen müssen die Untertanen warten. Zwingli ließ keinen Zweifel daran, dass nur das enge Einvernehmen zwischen evangelischer Predigt und politischem Handeln, zwischen geistlichem und weltlichem Amt, zu einem Gemeinwesen führt, in dem Ruhe und Frieden herrschen werden. Dieser Weg führte zu einer Form angedeuteter Theokratie: Gottesreich als Bürgerwelt.

Die radikalen Anhänger Zwinglis forderten nicht nur die Abschaffung des Zehnten, sondern auch eine rigorose Erneuerung des Gottesdienstes. Der Rat konnte die Gemüter nicht beschwichtigen. Bilder wurden gestürmt und Altäre zerstört. Alles sollte abgeschafft werden, was der Heiligen Schrift zuwiderlief. Auch Unmut über die Messe wurde laut. Um dieser Lage Herr zu werden, griff der Rat zu dem bewährten Mittel und berief eine neue Disputation zum Ende Oktober 1523 ein.

Über beide Artikel wurde evangelisch entschieden. Weder für die Bilder noch für die Messe gab es irgendeinen Schriftgrund. Und doch zögerte der Rat. Er behielt sich vor, mit der Abschaffung der Bilder und der Messe zu warten, bis die Prediger die breite Masse des Volkes von der Schriftwidrigkeit der Bilder und Messe überzeugt hätten.

Mit dieser Entscheidung waren die Radikalen aber nicht einverstanden. Sie deuteten auch diese Versammlung ganz im Sinne Zwinglis als ein konziliares Ereignis, in dem der Geist Gottes geurteilt habe, und sahen nicht ein, warum der Reformator „das urteil minen herren in ir hand gebind". Sie waren aufgebracht und warfen Zwingli vor, die Kirche an die weltliche Obrigkeit verraten zu haben. Zwingli hatte keinen Grund, an der guten Absicht und der dienenden Funktion des Rates zu zweifeln. Die Radikalen indessen fanden ihren Verdacht bestätigt. Wie in der Zehntfrage hatte die Obrigkeit auch jetzt ihre widergöttlichen Absichten offenbart. Der Machtkampf, der in Zürich um die Reformation geführt wurde, hatte eine neue Szene gefunden. Die Kluft zwischen Zwingli und seinen radikalen Anhängern wurde tiefer und ließ sich nicht mehr überbrücken, als einige dazu übergingen, die Taufe an kleinen Kindern zu verweigern und die Glaubenstaufe zu fordern. Auf der Disputation über die Taufe im Januar 1525 sprach Zwingli sich energisch gegen eine Preisgabe der Säuglingstaufe aus, und der Rat entschied, alle Eltern, die sich der Taufpflicht entziehen wollten, aus seinem Hoheitsgebiet zu weisen. Die Unterlegenen wandten sich enttäuscht ab und reagierten mit der ersten Glaubenstaufe. Die Radikalen wurden zu Täufern und schieden aus dem offiziellen Reformationsprozess aus.

3. Die Neugestaltung mußte vorsichtig vorgenommen werden, um die Überzeugungsarbeit unter den Altgläubigen nicht zu erschweren und die eidgenössischen Orte, die am alten Glauben festhielten, nicht zum Eingreifen zu veranlassen. Größere Schwierigkeiten aber waren nicht zu überwinden. Der Große Rat zog die Aufsicht über die schriftgemäße Predigt ganz an sich und verfügte im Sommer 1524, alle Bilder aus Kirchen und Kapellen zu entfernen. Einige Bräuche waren schon abgestorben, Wallfahrten und Prozessionen, Beichte und Fasten, andere wurden offiziell abgestellt. Die „Zünselwerke", wie Zwingli die kirchlichen Zeremonien nannte, verschwanden. Nüchternheit zog in die Gotteshäuser ein. Selbst die Kirchenmusik fiel der Reform zum Opfer. Die Messe wurde noch nicht gleich beseitigt, die Geistlichen waren aber nicht mehr verpflichtet, sie gegen ihr Gewissen zu lesen. Unsicherheit im Umgang mit der Messe machte sich

breit, radikale Anhänger Zwinglis gingen auch dazu über, das Abendmahl in privaten Häusern zu feiern. Schließlich legte Zwingli eine neue Abendmahlsliturgie vor und erreichte, dass der Rat die Messe offiziell ablöste, so knapp die Mehrheit war, die sich in seinen Reihen finden ließ. Am Gründonnerstag 1525 versammelten sich die Zürcher zum ersten reformierten Abendmahl in ihrer Stadt. Es war ein einfaches Mahl, das zur Erinnerung an die letzte Tischgemeinschaft Jesu mit seinen Jüngern gehalten wurde. Die Bürger saßen um einen Tisch, Brot und Wein wurden gereicht, nicht in prunkvollem Tafelsilber, sondern in hölzernen Schüsseln und Bechern. Brot und Wein hatte nur symbolische Bedeutung, die Vorstellung von der Realpräsenz in den Abendmahlselementen hatte Zwingli aufgegeben. Voraus ging diesem Gemeinschaftsmahl die Predigt. So fanden zwei wesentliche Züge der Zürcher Reformation im Abendmahlsgottesdienst einen sinnfälligen Ausdruck: Predigt und Gemeinschaft. Auch der Taufgottesdienst fand eine neue Gestalt. Er musste von den magischen Elementen des alten Rituals gereinigt und gegen täuferische Vorstellungen gesichert werden. Zusammengefasst wurden alle gottesdienstlichen Regelungen schließlich in der „Ordnung der christlichen Kirche zu Zürich", die zwischen 1525 und 1528 erlassen wurde.

Der Bettel wurde abgeschafft, das Armenwesen neu geregelt, das Schulwesen reformiert und das Ehegericht in ein Sittengericht, das Sozialkontrolle ausübte, umgewandelt. Die Reformation, die in Zürich heranwuchs, war in dieser Stadt auf günstige Bedingungen gestoßen. *Erstens* war der kommunale Zusammenhalt von Kirche und Stadt eine selbstverständliche Voraussetzung von Bürgersinn und Ratspolitik. *Zweitens* traf die kirchenkritische Predigt Zwinglis mit der Tendenz des Rates zusammen, den Einfluß der bischöflichen Kurie zurückzudrängen und selber die Kirchenhoheit im eigenen Territorium auszuüben. Und *drittens* bot sich dem Rat ausgerechnet in dem Schriftprinzip derjenigen, die mit kritischer Predigt und antiklerikaler Agitation Zwietracht säten, ein politisches Instrument an, das ihm die Möglichkeit verschaffte, Neutralität im Glaubensstreit zu wahren und trotzdem Eintracht und Frieden in der Stadt herbeizuführen. Stadtgemeinde und Kirchengemeinde waren in einem Maße zu einer Einheit zusammengewachsen, wie sie im spätmittelalterlichen Corpus Christianum noch nicht zu beobachten war. Die Bürgerwelt sollte sich dem Gottesreich nähern.

4. Mühlhausen: eine zerschlagene Reformation

Nürnberg und Zürich waren gestärkt aus den frühen Jahren der Reformation hervorgegangen, Mühlhausen in Thüringen hingegen verlor seine Reichsfreiheit. Als die ersten Boten der Reformation in der Stadt auftauchten, hatte Mühlhausen den Höhepunkt seiner wirtschaftlichen und politischen Entwicklung bereits überschritten. Die Handelsströme, die sich einst in dieser Reichsstadt am Rande des Südharzes kreuzten, hatten sich andere Wege gesucht. Nicht mehr Erfurt, sondern Leipzig zog die Waren an. Der Handel, der in dieser Region ohnehin nicht so ausgeprägt war wie im süddeutschen Raum oder im Gebiet der Hanse, ging zurück, und das Handwerk begann für mancherlei Krisen anfällig zu werden. Von überlokaler Bedeutung war im späten Mittelalter nur noch die Tuchproduktion. Mit ihrer weiten Stadtflur und einem ausgedehnten ländlichen Territorium von siebzehn Dörfern trug die Reichsstadt, die mit 7500 Einwohnern zu den größten Städten Mitteldeutschlands zählte, ansonsten den Charakter einer Ackerbürgerstadt, so imposant freilich die repräsentativen Bauten in der Stadt auch anmuteten.

Auch politisch ging es bergab. Die Reichsstadt war nicht mehr in der Lage, sich aus eigener Kraft gegen anrückende Feinde militärisch zu behaupten. Sie musste die sächsischen Fürsten und den Landgrafen von Hessen um Schutz bitten und dafür das Bündnis mit Erfurt und Nordhausen auflösen. Das reichsstädtische Selbstbewusstsein war empfindlich getroffen.

Die Spannungen zwischen Rat und Bürgerschaft nahmen zu. Nicht allen Zünften war es gelungen, die Ratsfähigkeit für ihre Mitglieder zu erlangen. In Mühlhausen regierte eine Ratsoligarchie, die sich nicht in die Karten schauen ließ und zu einer schweren wirtschaftlichen Belastung für die Einwohner wurde. Außerdem war der Besitz zwischen der Innenstadt und den politisch rechtlosen Vorstädten ungleich verteilt. Das war genug Zündstoff für gesellschaftlichen Konflikt.

Zu Spannungen kam es auch zwischen den Bürgern und dem Klerus. In zahlreichen Reichsstädten war das geistliche Regiment zurückgedrängt worden, in Mühlhausen war das nicht der Fall. Hier herrschte der Deutsche Ritterorden. Er

Abb. 32: Mühlhausen. Kupferstich nach Merian, 1645.

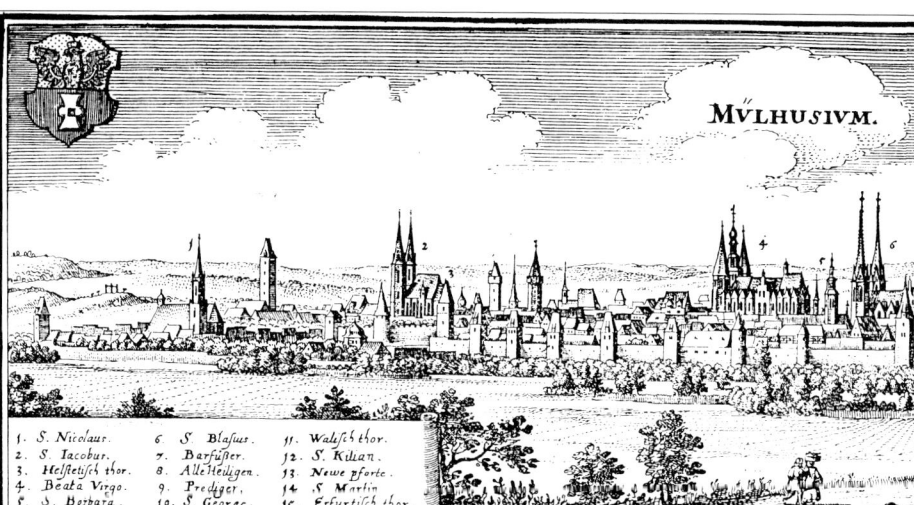

war tief verwickelt in die weltlichen Händel der Stadt. Daneben befanden sich drei Klöster, die teilweise, wie der Ritterorden, beträchtliches Grundeigentum in der Stadt und auf dem Lande angesammelt hatten. Darüber hinaus unterhielten Klöster aus der dörflichen Nachbarschaft einige Höfe in der Stadt, die nicht der Besteuerung unterlagen, so genannte Freihöfe. Gegen die schlechte geistliche Versorgung und die unzureichende Betreuung der Armen richteten sich die Klagen der Bürger. Sie stießen sich an dem liederlichen Lebenswandel des Klerus und der Steuerfreiheit, die dem Orden und den Klöstern gewährt wurde. Gelegentlich kam es zu Ausschreitungen gegen einzelne Geistliche.

Ähnlich wie in Nürnberg und Zürich läßt sich auch in Mühlhausen der Reformationsprozess in drei Phasen einteilen: *erstens* antiklerikale Agitation und Bürgerkampf; *zweitens* Entmachtung des Rates und Einführung der Reformation; und *drittens* Sicherung und plötzlicher Zusammenbruch der Reformation.

1. Der Sturm, der über Mühlhausen heraufziehen sollte, kündigte sich an, als entlaufene Mönche 1522/23 durch die Stadt zogen und das Volk gegen die Geistlichkeit aufwiegelten. Besonders viel Zulauf fand Heinrich Pfeiffer, ein ehemaliger Zisterziensermönch, der seine Kutte abgelegt und sich unter den „gemeinen Mann" gemischt hatte. Offensichtlich gelang es ihm, in kurzer Zeit eine proreformatorische Stimmung in der Stadt zu erzeugen, so dass Bürger „samptlich in einer grossen menge" den Rat im Ratshaus bedrängten. Es war für den Rat nicht leicht, sich zwischen dem Anspruch des Klerus und den Forderungen der Bürgerschaft nach reformgesinnten Predigern zu behaupten. Viele Bürger hatten sich

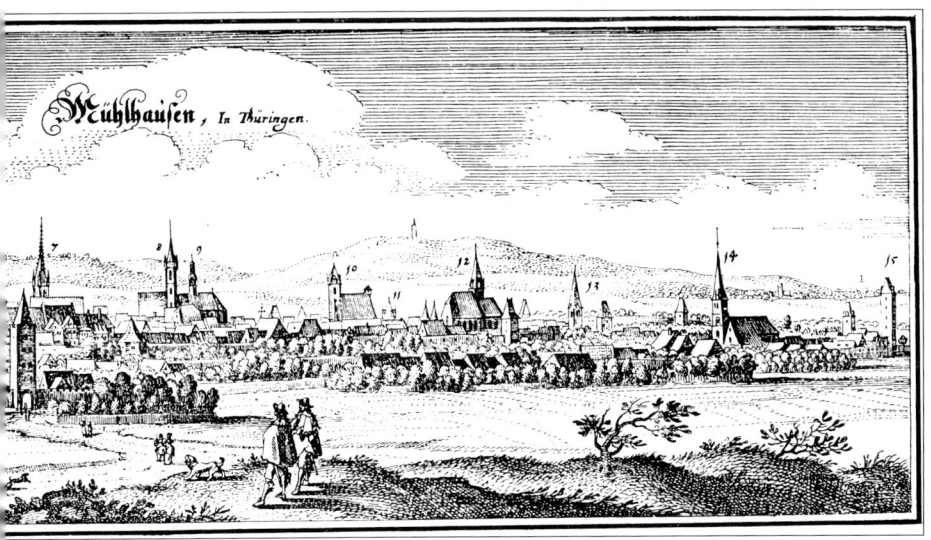

in der großen Marienkirche untereinander verschworen, die neuen Prediger und das Evangelium in der Stadt gegen kirchliche und obrigkeitliche Eingriffe zu verteidigen. Außerdem wählten sie einen vierzigköpfigen Bürgerausschuss und eine Vertretung von acht Bürgern, die „Achtmänner". Diese verlangten ein Mitsprache- und Kontrollrecht gegenüber dem Rat und stellten ihre Beschwerden in 54 *Artikeln* zusammen. Der Rat ging nur halbherzig darauf ein und versuchte, die Verhandlungen hinauszuzögern. Darauf reagierte die Bürgerschaft im Juli 1523 mit einem bewaffneten Aufstand und zwang den Rat zur Annahme ihrer Forderungen. Begleitet wurde dieser Aufstand, wie schon aus spätmittelalterlichen Zunftkämpfen bekannt, von einem Sturm auf die Klöster und Ordenshäuser. Der Proviant wurde geplündert und verteilt.

Die Forderungen der Aufständischen bewegten sich im Rahmen der geltenden Verfassung. Sie wollten der erweiterten Bürgerschaft ein Mitspracherecht sichern, die Härten der obrigkeitlichen Verwaltungs- und Rechtspraxis mildern, den Zinsfuß senken und die Reformation einführen. Der Rat war in seiner bedrängten Lage zu Zugeständnissen bereit. Es kam ihm durchaus gelegen, die Privilegien der Klöster einzuschränken, so schwer es ihm andererseits fiel, sich die Macht in der Stadt fortan mit den Achtmännern teilen zu müssen. In einem zweiten Zunftkampf, so könnte man diese Auseinandersetzung nennen, wurde erreicht, was im ersten auf der Strecke geblieben war: die politische Partizipation *aller* Zunfthandwerker. Der Rat begann nun zu taktieren. Ende August glaubte er, wieder Herr der Lage zu sein, ließ Heinrich Pfeiffer und einen abtrünnigen Benediktinermönch als Aufrührer ausweisen und dachte nicht mehr daran, die Reformation einzuführen. Doch unter der Oberfläche gärte es in der Bürgerschaft weiter. Im Dezember kehrte Pfeiffer zurück. In der Divi-Blasii-Kirche wurde der Ordenspriester von Frauen mit Messern bedroht und verjagt, zuvor hatte ihm ein Mönch den Kelch aus der Hand gerissen und den Umstehenden das Abendmahl in beiderlei Gestalt gereicht. Im Juni 1524 drangen schließlich einige Bürger in die Kirche des Predigerordens ein und inszenierten einen wüsten Bildersturm. Es war auch in Mühlhausen so, dass die antiklerikale Agitation den Gedanken an die Reformation wachhielt und ihre Einführung vorbereitete.

2. Im August 1524 tauchte Thomas Müntzer in Mühlhausen auf. Er musste aus Allstedt fliehen, wo er eine Reformation eigener Art eingeführt hatte und zum erbitterten Gegner des Wittenberger Reformators geworden war. Über Müntzer wird im Zusammenhang mit der „radikalen Reformation" ausführlicher zu berichten sein. Hier genügt es, seine Aktivitäten zu erwähnen, die für den Fortgang der Reformation in Mühlhausen bedeutsam waren. Er wurde von den Anhängern Pfeiffers freundlich begrüßt und fand schnell so viel Resonanz, dass er auch hier beschloss, wie zuvor in Allstedt, mit einer Reformation des Gottesdienstes zu beginnen und die Bürger auf den wahren Weg des Glaubens zu führen. Der Kampf gegen die altgläubige Geistlichkeit, der Ernst mystischer Frömmigkeit und der Eifer apokalyptischer Weltveränderung: diese Grundzüge seiner Predigt

vermochten die Bevölkerung dieser Stadt tiefer zu erregen und für die Ziele der Reformation stärker einzunehmen, als es bisher der Fall war. Er suchte nach einem Anlass, der über die Predigt hinaus auch kirchenpolitisch alles wieder in Bewegung bringen sollte.

Es wurde unruhig in der Stadt. Der Rat ließ einen Bürger ins Gefängnis werfen, nur weil er einen der beiden Bürgermeister beleidigt hatte. Die Einkerkerung löste Empörung unter den Bürgern aus. Die Achtmänner befreiten den Gefangenen, und die Bürgermeister flohen über Nacht, weil sie fürchteten, von der aufgebrachten Menge erschlagen zu werden. So kam ein Prozess in Gang, der auf eine grundlegende Veränderung der Verfassungsorgane drängte. Müntzer und Pfeiffer sammelten ihre Anhänger und gründeten den „Ewigen Bund", ein Schutz- und Kampfbündnis gegen die Gottlosen. Der Rat hatte in der Turbulenz dieser Vorgänge die Zünfte und Stadtviertel aufgefordert, sich zu dieser Ratskrise zu äußern. Das Ergebnis waren die *Elf Artikel*, die von drei Vorstädten, einem Stadtviertel und der Leineweberzunft vorgestellt wurden. Sie wollten den alten Rat absetzen und einen neuen wählen, „auf daß Gottes Gerechtigkeit und Billigkeit vorangehe und alle falsche Gewalt und Eigennutz zurückbleibe". Der Erfolg blieb vorerst jedoch aus.

Der Rat hatte Bauern aus der Umgebung zusammengezogen, um den Bürgern das Feld nicht kampflos zu überlassen. Als in dieser bedrohlichen Situation die Stadtviertel und Kirchspiele über das Verbleiben der Prediger befragt wurden, äußerten sie sich mehrheitlich negativ, so dass der Rat freie Hand hatte, Müntzer und Pfeiffer Ende September 1524 auszuweisen. Doch Pfeiffer kehrte schon im Dezember nach Mühlhausen zurück und konnte, nachdem seine Anhänger das Rathaus militärisch belagert und den Rat in die Knie gezwungen hatten, wieder predigen. Auch die Stimmung in den Dörfern schien umzuschlagen. Die Achtmänner nutzten diese Schwäche der Obrigkeit, um das Stadtrecht auf eine biblische Grundlage zu stellen, eine neue Gerichtsordnung zu erlassen und die Klöster, nachdem ein Klostersturm gewütet hatte, noch im Dezember 1524 aufzulösen. Der Deutsche Orden wurde vertrieben und die Reformation eingeführt.

3. Nach einem Aufenthalt in Nürnberg und im Aufstandsgebiet der Bauern am Oberrhein kehrte Müntzer im Februar 1525 nach Mühlhausen zurück. Er wurde jetzt mit offenen Armen empfangen und erhielt die Pfarrstelle an der Marienkirche. Einen Monat später verhandelten Müntzer und Pfeiffer, vielleicht auch die Achtmänner, mit dem alten Rat über die noch nicht verwirklichten Forderungen der *Elf Artikel*. Als diese Verhandlungen aber ergebnislos abgebrochen wurden, versammelten sich die Bürger in der Marienkirche und wählten den Rat mit überwältigender Mehrheit ab. Er trat zurück, und einen Tag später wurde ein neuer Rat gewählt und in sein Amt eingesetzt: der „ewige Rat". Doch dieser Rat spiegelte nicht die radikalen Tendenzen in der Anhängerschaft der beiden Prediger wider, zumal unter den sechzehn Personen, aus denen der neue Rat bestand, vier oder fünf schon dem alten angehört hatten. Der neue Rat repräsentierte die

Besitzenden im Kleinbürgertum und im mittleren Bürgertum. Die Vorstädter waren nicht vertreten, nicht die Bauern in den Dörfern und nicht die Armen in der Stadt, auch nicht die beiden tonangebenden Prediger. Allerdings hat sich auch für diese Schichten etwas geändert. Die Schwurgemeinschaft wurde erweitert, denn alle Einwohner der Stadt, nicht nur die mit Bürgerrecht ausgestatteten, mußten jetzt dem Rat den Gehorsamseid leisten. Darin könnte man einen ersten Schritt zu politischer Gleichheit sehen. Man könnte darin – historisch naheliegender – auch den Versuch erkennen, Stabilität durch Konformität wiederherzustellen.

Der „Ewige Rat" war nicht das Vollzugsorgan des „Ewigen Bundes" oder Befehlsempfänger der beiden Prediger. Er war das einzige Organ, das die Geschäfte der Obrigkeit mit Augenmaß für die politischen, sozialen und religiösen Machtinteressen in der Stadt wahrzunehmen vermochte. Dieser Rat war nicht das Produkt eines apokalyptischen Rausches, wie man oft meinte, er war vielmehr mit politischer Folgerichtigkeit aus sozialen Konflikten erwachsen, die sich mit der Reformationspolitik vermischt hatten. Dieser Rat war Produkt einer reformatorischen Mehrheit und Garant einer neuen Stabilität in der Stadt. Seine Aufgabe bestand im wesentlichen darin, die Reformation nach innen auszugestalten und nach außen zu sichern, das Kirchengut neu zu verteilen und Einsprüche gegen Zins- und Zehntverweigerungen abzuwehren, das hieß auch, der Predigt und Agitation Müntzers freien Lauf zu lassen. Die Dualität von politischer und geistlicher Führung blieb aber institutionell bestehen, eine Quelle, aus der bald neue Konflikte entstehen werden.

Thomas Müntzer schwebte eine Reformation vor, die über Mühlhausen hinausgriff – sowohl geographisch als auch theologisch. Er wollte die Herrschaft Gottes auf Erden errichten: „das volck wirdt frey werden und Got will allayn der herr daruber sein." Eine Theokratie hätte die Dualität von weltlicher Herrschaft und geistlicher Macht aufgelöst. In Mühlhausen selbst brauchte dieses Ziel nicht angestrebt zu werden, da der „Ewige Rat" sich einer solchen Reformation nicht in den Weg stellte. Ohne Verzug konnte Müntzer jetzt daran gehen, für die Übernahme dieser Herrschaft in größerem Maßstab zu wirken. Er mutmaßte, dass mit dem Aufstand der Bauern, der sich in Windeseile von Süden nach Norden bewegte, der endzeitliche Umsturz der widergöttlichen Verhältnisse begonnen habe, und wollte in diesen Kampf, der im April 1525 auch Thüringen erfasste, nicht unvorbereitet eintreten. Die Bauern des Mühlhauser Territoriums mussten weiter gewonnen werden.

Beides traf zusammen und riss Widerstände nieder: Die visionäre Predigt von einem Reich der Brüderlichkeit und Gerechtigkeit, in dem alles allen gehören werde, und die Wucht, mit der die revolutionäre Bewegung in Thüringen eingebrochen war. Zwischen April und Mai standen sechzigtausend Bauern und Bürger auf. In Mühlhausen wurde ein militärisches Aufgebot ausgehoben, das mit den beiden Predigern unter der Regenbogenfahne des „Ewigen Bundes" durch die Umgebung und das Eichsfeld zog, Klöster und Schlösser in Brand setzte und

Bundesgenossen sammelte. Müntzer wollte von Mühlhausen aus mit einem noch größeren Heer ins Mansfelder Gebiet vorstoßen, insgeheim plante er womöglich, auch seinen Erzfeind in Wittenberg zu verschrecken. Über diesen großen Zug kam es aber zu Meinungsverschiedenheiten in der Stadt. Während Pfeiffer dort blieb, zog Müntzer mit einem Haufen von dreihundert Mann nach Frankenhausen, wo sich die Aufständischen inzwischen zur Entscheidungsschlacht zusammengezogen hatten.

Müntzer war nicht der Urheber des Thüringer Aufstands, auch nicht der überragende Organisator und Stratege aller Haufen. Seine Worte strahlten aber Autorität aus und feuerten die Aufständischen an: „Gott der Allmächtige wolle jetzt die Welt reinigen und habe der Obrigkeit die Gewalt genommen und den Untertanen gegeben", berichtet ein Augenzeuge seiner Feldpredigten.

Die Bauern wurden vernichtend geschlagen, Müntzer und Pfeiffer aufgegriffen, hingerichtet, vor den Toren Mühlhausens auf Pfähle gespießt und zur Schau gestellt. Die Stadt geriet unter die harte Schutzherrschaft der Sieger, über fünfzig Bürger mussten ihr Leben lassen, andere büßten ihr Vermögen ein oder zahlten hohe Strafen, alle Einwohner wurden mit einer Buße von zehn Gulden belegt, beträchtliche Schadensersatzforderungen und ein Strafgeld von vierzigtausend Gulden kamen auf die Stadt zu. Empfindlich traf sie, dass ihr ländliches Herrschaftsgebiet vorübergehend verlorenging. Der alte Rat wurde wieder eingesetzt und die Reformation zerschlagen.

5. Affinität von Reichsstadt und Reformation

Die Reformation ist, wie diese Beispiele gezeigt haben, auf besonders wirkungsvolle Weise in die Reichsstadt eingedrungen und hat dieses Gemeinwesen von Grund auf verändert. Diese Erfolgsgeschichte geht auf die Affinität zwischen reichsstädtischer Verfassung, reformatorischer Predigt, politischem Umgang mit den Konflikten in der Stadt und reformerischen Bewegungen zurück, die dafür sorgten, dass die Konflikte nicht verdrängt oder erstickt, sondern ausgetragen wurden.

Klerus, Rat und Bürger sind in kürzester Zeit von der evangelischen Predigt erfasst worden und in wechselnde Beziehungen zueinander getreten, in denen sie anfingen, um die Macht in der Stadt zu ringen. Zunächst ging es um die Macht zwischen altgläubigem Klerus und Rat. Und dann ging es um die Macht zwischen dem Rat und denjenigen, die mit dem Erreichten noch nicht zufrieden waren und den Erneuerungsprozess vorantrieben. In beiden Fällen waren die Bemühungen um eine Erneuerung der Christenheit in einen Machtdiskurs eingetreten, in dessen Verlauf die Reformation allererst Gestalt annahm. Nirgends hat sie sich so durchgesetzt, wie sie theologisch oder visionär konzipiert wurde, sondern stets nur in der Konkretion, die von den Auseinandersetzungen um die Macht in der Stadt zugelassen wurde. So war die Reformation nicht das

Werk eines Reformators, auch nicht der weltlichen Obrigkeit, sondern das Produkt aller, die an den Machtdiskursen beteiligt waren: derjenigen, die Macht ausübten, auch nach und nach verloren, und derjenigen, die ihr Widerstand entgegensetzten. Auch sie waren mächtig. Dieser Machtdiskurs, wie Michel Foucault ihn in *Dispositive der Macht* (1978) verstand, war ebenso unausweichlich wie schöpferisch: „Der Grund dafür, dass die Macht herrscht, dass man sie akzeptiert, liegt ganz einfach darin, dass sie nicht nur als neinsagende Gewalt auf uns lastet, sondern in Wirklichkeit die Körper durchdringt, Dinge produziert, Lust verursacht, Wissen hervorbringt, Diskurse produziert, man muss sie als ein produktives Netz auffassen, das den ganzen sozialen Körper überzieht, und nicht so sehr als negative Instanz, deren Funktion in der Unterdrückung besteht." In einem solchen Machtdiskurs bewegten sich die Menschen des 16. Jahrhunderts auf ihrem Weg zum Heil.

Dieses Erklärungsmodell vereint die folgenden Merkmale, die den Zusammenhang von Reformation und Reichsstadt kennzeichnen.

1. Die Idee einer Reform der Christenheit war nicht neu, sondern traf auf ein intensives Verlangen der Bürger nach Beseitigung der kirchlichen und klerikalen Mißstände in der Stadt. Die Radikalität, mit der reformatorische Forderungen erhoben wurden und antiklerikale Umtriebe für Aufsehen sorgten, ließ die Hoffnung wachsen, dass die Erneuerung der Christenheit endlich zum Erfolg geführt werden könne.

2. Das neu entfachte Reformverlangen brachte zwar Unruhe in die Stadt, störte aber nicht die langfristig angelegte Politik der städtischen Obrigkeit, die danach strebte, Einfluss auf die geistliche Gerichtsbarkeit, die Besetzung der Pfarrstellen, die Besteuerung des Klerus und die Verwaltung der Klöster und Stifte zu erlangen, nach Möglichkeit sogar die kirchliche Oberhoheit ganz zu übernehmen. In allen Fällen konnten die reformatorischen Angriffe auf den Klerus, ebenso die Losung von der „Freiheit eines Christenmenschen" und vom „Priestertum aller Gläubigen" als Unterstützung der städtischen Politik verstanden und genutzt werden.

3. Reformatorische Ideen und Absichten hatten nur eine Chance, in einem autonomen Gemeinwesen verwirklicht zu werden, wenn es ihnen gelang, das städtische Machtzentrum zu erobern. Das konnte auf zweierlei Weise geschehen: einmal, indem sie von Beratern oder Mitgliedern des Rates ins Gespräch gebracht, oder zum anderen, indem sie im Anschluss an Predigt und Propaganda von der Bevölkerung so vehement vertreten wurden, dass der Rat sich gezwungen sah, eine Entscheidung für oder gegen die Reformation herbeizuführen, wollte er den Frieden in der Stadt nicht aufs Spiel setzen. Gewöhnlich vermischten sich beide Weisen miteinander. Die Chance für die Reformation lag darin, dass sie die Fähigkeit besaß, zum Politikum zu werden. Sie nahm im Ringen um die Macht in der Stadt schnell Gestalt an.

4. In allen Fällen entstand die Reformation aus dem Interaktionsgeflecht zwischen Kirche, Rat und Bürgerschaft, wobei die Kirche die politische Dominanz dem Rat und der Bürgerschaft überlassen hatte. Die Reformation wurde nicht einseitig von einer politischen Instanz oder einer gesellschaftlichen Gruppe eingeführt. Sie stellte sich vielmehr als Ergebnis einer Interaktion ein. Die Alternative „Ratsreformation" oder „Gemeindereformation" hat es nur selten gegeben, nicht einmal Nürnberg ist ein eindeutiges Beispiel für eine Ratsreformation. Sowohl Rat als auch Gemeinde bzw. Bürgerschaft waren am Durchsetzungsprozess der Reformation beteiligt. Das eine Mal lag die Führung mehr beim Rat, das andere Mal mehr bei der Gemeinde. Je nachdem, wo die Reformation zuerst Fuß fasste, entwickelte sie sich in einer ganz bestimmten Richtung: in Nürnberg, wo der Rat sie energisch in die Hand nahm, in der lutherischen Richtung; in Zürich, wo der Kleine Rat von der Mehrheit des Großen Rats und von Zwingli zur Reformation gedrängt wurde, in der kommunal-reformierten Richtung; und in Mühlhausen, wo das aufstrebende Zunfthandwerk den reformatorischen Antiklerikalismus zum Programm erhob, um sich gegen einen wenig aufgeschlossenen Rat durchzusetzen, in radikalreformatorischer Richtung.

5. Die reformatorische Botschaft ist nicht nur als Kampfmittel benutzt worden, um politischen und sozialen Interessen zum Sieg zu verhelfen. Die Stadtpolitik verfolgte auch aus rein religiösen Gründen das Ziel, die Erneuerung der Christenheit zu erreichen. Das eine Mal haben weltliche Belange im Vordergrund gestanden, das andere Mal geistliche. In den meisten Fällen haben sich aber beide miteinander vermischt. Resonanz fand das „rein und lauter" gepredigte Evangelium, weil ihm bestimmte gesellschaftliche Erfahrungen entgegenkamen oder weil es politischen und sozialen Interessen nützlich sein konnte. Die Religion war und blieb aber letztlich eine Dimension des „Unbedingten" (Paul Tillich) im Machtdiskurs der Stadt.

Der Reformation war Erfolg beschieden, solange sie sich im Rahmen des *Corpus Christianum* bewegte, der Verklammerung von geistlicher und weltlicher Macht. Sobald sie aber diesen Rahmen sprengte, in radikal-theokratischer oder später in täuferisch-separatistischer, antiobrigkeitlicher Absicht, musste sie scheitern. Überhaupt nicht zum Zuge kam die Reformation in jenen Reichsstädten, in denen die fünf angeführten Merkmale städtisch-reformatorischer Affinität nicht so entwickelt waren, dass eine Bewegung ausgelöst werden konnte, die es vermocht hätte, dem altgläubigen Einfluss auf Obrigkeit und Bürgerschaft den Boden zu entziehen. Ein solches Beispiel war zunächst Frankfurt am Main. Hier regten sich schon früh reformatorische Bemühungen, im Zuge des Bauernkrieges kam es sogar zu einer Bewegung, die dem Rat in *Sechsundvierzig Artikeln* religiöse und soziale Zugeständnisse abgerungen hat. Nach der Niederlage der Aufständischen und aus Furcht vor einem drohenden Einmarsch benachbarter Territorialherren wurden die Neuerungen wieder zurückgenommen. Auch als Ort der Kaiserwahl konnte Frankfurt sich einen Übergang zum neuen Glauben zunächst kaum leisten. Die Stadt blieb katholisch. Doch es gärte unter den Bürgern, und zunehmend drangen reformgesinnte Theologen und Prediger in die Messestadt ein. Offiziell eingeführt wurde die Reformation aber erst 1533.

Vollends zurückgedrängt wurden die reformatorischen Initiativen in Köln. Der Rat dieser größten Stadt Deutschlands mit blühendem Handel und Gewerbe war zwar bemüht, den Einfluss des Erzbischofs Hermann von Wied zu begrenzen und die Amtsführung des Klerus unter Kontrolle zu halten, er ließ aber keinen Zweifel daran aufkommen, Köln könne seinem Ruf als Bastion der Rechtgläubigkeit nicht gerecht werden. In der Stadt befanden sich mehr als neunzig Kirchen und Kapellen, zahlreiche Konvente und Klöster, Bruderschaften und Beginenhäuser. Köln war eine „heilige Stadt". Außerdem beherbergte sie als einzige Reichsstadt eine der ältesten Universitäten in ihren Mauern, die zudem als Hort der *via antiqua* und der Inquisition galt. Daran wollte der Rat nichts ändern, und er bemühte sich, alle reformerischen Aktivitäten im Keim zu ersticken. 1528 wurden sogar zwei Lutheranhänger auf dem Schaffot verbrannt, 1534 auch ein Täufer: eine deutliche Demonstration reformationsfeindlicher Politik.

Robert W. Scribner hat drei Gründe für das Scheitern der Reformation in dieser Reichsstadt angeführt. *Erstens* war der Rat gestärkt aus dem Zunftaufstand 1515 hervorgegangen und hat nicht nur das Bürgertum, sondern auch den Klerus, der schließlich zur Steuer veranlagt wurde, unter seine Kontrolle gebracht. So hatten Reformgesinnte keine Chance, erprobte Formen des Bürgerprotests zu reaktivieren und antiklerikale Stimmungen für ihren Kampf zu nutzen. Der Antiklerikalismus, der diesen Kampf andernorts begünstigte, hatte hier keinen Nährboden gefunden. *Zweitens* hatte der Rat einen Keil zwischen den Klerus in der Stadt und den Erzbischof getrieben, so dass die Abwehr der bischöflichen Einflussnahme auf die Stadtpolitik nur abgewehrt werden konnte, wenn der Rat sich das Einvernehmen mit dem Klerus und den altgläubigen Mitgliedern der Universität nicht durch reformationsfreundliches Verhalten verscherzte. Je mehr der Bischof durchblicken ließ, eventuell die Reformation in seinem Kurfürstentum einzuführen, um so deutlicher hielt der Rat am alten Glauben fest. *Drittens* musste der Rat Rücksicht auf die kaiserlichen Interessen und die Handelsverbindungen zum katholischen Westeuropa nehmen, auf den wirtschaftlichen Lebensnerv der Stadt.

Aus anderen Gründen wieder hatte sich die Reformation nicht in den Reichsstädten Esslingen, Speyer und Rottweil durchsetzen können. Hier spielte die politische Rücksicht auf kaiserliche Behörden eine Rolle. In Esslingen residierte das Reichsregiment, in Speyer das Reichskammergericht und in Rottweil das Hofgericht der Habsburger. Doch das waren nur wenige Reichsstädte, die überwiegende Mehrheit war in den zwanziger und dreißiger Jahren zur Reformation übergegangen.

9. KAPITEL

Der „gemeine Mann" in Aufruhr
Wittenberger Bewegung, „Bund Gottes" und Bauernkrieg

Das Spektrum reformatorischer Bewegungen war groß. Zu ihm gehörten die Wittenberger Bewegung genauso wie die Sickingenfehde, die evangelischen Bewegungen, die sich auf Luther und Zwingli beriefen, der „Bund Gottes", den Thomas Müntzer gegen die Gottlosen gründete, genauso wie der Bauernkrieg von 1525, schließlich die Bewegungen der Täufer in der Schweiz, in Mittel- und Oberdeutschland, in Tirol und Mähren, in den Niederlanden, Westfalen, am Niederrhein, an der Nord- und Ostsee genauso wie die Konventikel der Spiritualisten und die Aktivitäten der Antitrinitarier in der Schweiz, in Italien und Polen. Überall brachte sich reformatorische Radikalität zum Ausdruck – eine Radikalität, die in den Städten genauso ausbrach wie auf dem Lande, wenn auch mit unterschiedlichen Gesichtern.

1. Die Wittenberger Bewegung

Schon 1521/22 zeigte sich das radikale Gesicht der reformatorischen Absichten in der Wittenberger Bewegung, die als frühes Muster städtischer Reformationsbewegungen gilt. Andreas Bodenstein von Karlstadt, Professor an der Wittenberger Universität und Archidiakon an Allerheiligen, mobilisierte proreformatorische Kräfte in der Stadt, Studenten und Bürger, Frauen und Mädchen. Die Mönche im Augustinerkloster rebellierten und verließen den Orden, teilweise unter krawallartigem Tumult, altgläubige Priester wurden durch antiklerikale Agitation eingeschüchtert, so dass sie teilweise um ihr Leben bangten. Der Kurfürst setzte eine Kommission ein, um Ruhe und Ordnung in der Stadt wiederherzustellen. Diese Kommission wurde von Karlstadt dominiert, der alles tat, um die Entscheidung über die Einführung der Reformation dem kurfürstlichen Hof zu entwinden und dem Rat der Stadt Wittenberg im Einvernehmen mit der Bürgerschaft als Gemeindereformation zu übertragen. Ein Weihnachtsgottesdienst *sub utraque* heizte die Gemüter an und setzte ein Zeichen für den grundstürzenden Charakter dieser Reformbemühungen. Unruhe durch die so genannten Zwickauer Propheten, Beschluß einer *Löblichen Ordnung* der Stadt Wittenberg, Bildersturm, Ausweisung Karlstadts folgten. Luther kehrte in der Fastenzeit 1522 von der Wartburg zurück, und es gelang ihm, mit seinen Invocavitpredigten die radikaleren Neuerungen rückgängig zu machen und weitere Reformen zu vertagen, um die Schwachen im Glauben nicht in Gewissensnot zu bringen. Karlstadt hingegen wollte die Gewissen derjenigen, die sich bereits für Reformen entschieden hatten, nicht mit einer Verzögerung der ersten Reformschritte belasten. Hier ist schon alles beisammen, was eine soziale Bewegung konstituiert: Reformatorische Ideen, kollektiver Akteur (kommunal organisiert), antiklerikale Agitation (symbolische Integration), Einflussnahme auf die lokale Obrigkeit (Institutionsanpassung), neue Ordnung der Stadt (Institutionalisierung).

2. Der „Bund Gottes" gegen die Gottlosen

Zu einer Symbolfigur reformatorischer Radikalität wurde Thomas Müntzer. Er hatte zunächst mit den Reformern in Wittenberg in enger Beziehung gestanden und sich von ihnen anregen lassen, das Schrifttum der spätmittelalterlichen Mystik, vor allem die Predigten Johannes Taulers und die *Theologia Deutsch*, zu lesen. Martin Luther empfahl ihn 1520 als Prediger nach Zwickau, einer wirtschaftlich aufstrebenden Stadt am Rande Kursachsens. Hier nahm Müntzer für kurze Zeit eine Vertretung wahr, wechselte aber bald auf eine eigene Stelle über, wo er stärker als zuvor mit den sozialen Problemen der unteren Schichten konfrontiert wurde. Er legte sich auch heftig mit dem Orden der Franziskaner an und begann, die Bürgerschaft zu polarisieren. Der Rat, der ihm zunächst gewogen war, entzog ihm das Vertrauen. Der Unruhestifter wurde entlassen und wich 1521 nach Prag aus. Hier rief er eine Reformation aus, die sich mit aller Entschiedenheit gegen den römischen Klerus wandte, ein mystisch orientiertes Heilsverständnis propagierte und apokalyptische Erwartungen, die im Lande des Hans Hus virulent waren, schürte. In Böhmen erhoffte er sich die Übergabe der Herrschaft Christi an die Auserwählten und „danach überall". Auch in Prag scheiterte er. Ansatzweise hatte er hier schon zu einer eigenen reformatorischen Theologie gefunden, die ihn nach und nach in einen Gegensatz zu den Wittenbergern führte. Seine Absicht war, die lutherische Rechtfertigungslehre, deren moralische Fruchtlosigkeit er beklagte, „in ein besseres Wesen" zu führen.

Nach entbehrungsreichem Suchen („im Elend meines Vertreibens") fand er eine Pfarrstelle in Allstedt, einer kursächsischen Amtsstadt, die von altgläubigem Gebiet umgeben war. Er begann, die Gottesdienstliturgie zu verdeutschen, die Gemeindeglieder liturgisch in den eigenen Heilsprozeß zu führen und mit seiner Predigt, die auch Menschen aus den benachbarten Herrschaften anzog, die Bürger, den Rat der Stadt und sogar den kursächsischen Amtmann auf dem Schloß in seinen Bann zu ziehen. Hier gründete er den „Bund Gottes", der dem Evangelium „beistehen" und die Aufgabe wahrnehmen sollte, die Widerstände gegen die Einführung der Reformation in der Region zu brechen. Zu Spannungen zwischen Allstedt und dem Hof zu Weimar kam es, als Anhänger Müntzers die Mallerbacher Wallfahrtskapelle in Brand setzten und Müntzer sich weigerte, Asylsuchende an ihre altgläubigen Obrigkeiten auszuliefern. Vor einer durchreisenden Delegation des kurfürstlichen Hofes, die von Herzog Johann geleitet wurde, hielt er seine berühmte „Fürstenpredigt", eine Auslegung der Vision vom Untergang der Weltreiche, wie der Prophet Daniel sie beschrieb (Dan. 2). Er forderte die Fürsten auf, sich am Kampf gegen die Gottlosen zu beteiligen, sollten sie sich der „zukünftigen Reformation" jedoch verweigern, würde er sich den Bauern und Handwerkern zuwenden, die maßlos unter Pfaffen und Regenten litten: „Die Herren machen das selber, das ihnen der arme Mann feind wird." Schließlich sollte dem „gemeinen Volck" die Schwertgewalt übergeben werden. Die Fürsten verweigerten sich diesem Ansinnen und sorgten dafür, nachdem Luther in einem Sendschreiben an den Hof vor dem „aufrührerischen Geist zu Allstedt" gewarnt hatte, daß Müntzer die Amtsstadt fluchtartig verließ.

Bald tauchte er in der Reichsstadt Mühlhausen am Südharz auf, begann für seine Reformation zu wirken und fand in dem entlaufenen Zisterziensermönch Heinrich Pfeiffer einen streitbaren Gesinnungsgenossen. Im ersten Anlauf mißlang seine Agitation. Er wurde mit Pfeiffer aus der Stadt gewiesen. Nach einem Aufenthalt in Nürnberg, wo er seine *Schutzrede* gegen Luther zum Druck brachte, und im oberrheinischen Unruhegebiet der Bauern tauchte er wieder in der Reichsstadt auf und wurde schnell zum beherrschenden Reformator der Stadt. Der alte Rat wurde abgesetzt und ein „ewiger Rat" eingesetzt, nachdem schon vorher der „ewige Bund Gottes", ein „militärisches" Schutzbündnis, gegründet worden war. Müntzer hatte der Stadt eine demokratisch-theokratische Verfassung gegeben und versuchte, seinem Ansinnen eine apokalyptisch-universale Dimension zu verleihen. Dieser universalen Zuspitzung gegenüber verhielt sich der neue Rat zurückhaltend. Er wollte die Stadt vor außenpolitischem Schaden bewahren. Die auch nach Thüringen vorrückenden Bauernunruhen schienen dem Prediger das Weltgericht anzukündigen, so dass er sich den Bauernhaufen anschloss und die Aufständischen, die sich am Kyffhäuser gesammelt hatten, ermunterte, unter der Regenbogenfahne des „ewigen Bundes", dem Symbol göttlichen Friedens nach der Sintflut, in die Schlacht gegen die heranrückenden Heere der Fürsten zu ziehen. Der „gemeine Mann" versuchte nicht nur, seine Lasten abzuwälzen, er strebte auch nicht nur ein verbessertes Recht an, sondern eine aus den Tiefen des Evangeliums genährte Welt der Brüderlichkeit. Darin stimmte er mit Müntzer im großen und ganzen überein. Beide versuchten, diese Ziele gegen diejenigen zu erreichen, die ihnen den Zugang zu einer Reformation ihrer Lebenswelt verwehrten, gegen geistliche und weltliche Herren. Müntzer und den Bauern ging es um eine kommunale oder eine republikanisch-theokratische Gesellschaft, die nicht im Rahmen der alten Herrschafts- und Gesellschaftsordnung, sondern nur in einer revolutionären Überwindung dieser Ordnung zu erreichen war. Beide bemühten sich um eine revolutionär herbeigeführte „Gemeindereformation", die in der Vision von der Befreiung des „gemeinen Volkes" gipfelte. Doch dazu kam es nicht. Die Bauern erlitten eine empfindliche Niederlage. Müntzer und Heinrich Pfeiffer wurden nach „peinlichem Verhör" hingerichtet, Mühlhausen verlor seine Standschaft als Reichsstadt, die Bauern, die ohnehin schon einen hohen Blutzoll entrichtet hatten (von ungefähr siebentausend waren sechstausend Aufständische gefallen, während die Fürstenheere nur sechs Söldner verloren), wurden mit harten Strafen belegt.

Mit der revolutionären Bewegung des „gemeinen Mannes" trug Müntzer dazu bei, das mittelalterliche Widerstandsrecht gegen den Tyrannen zum Recht des Volkes auf religiöse und politische Selbstbestimmung auszuweiten, allerdings nicht des Volkes allgemein, sondern des „auserwählten" Volkes. Das schließt ein nationalistisches oder sozialistisches Volksverständnis, wie es in der Deutungsgeschichte begegnet, grundsätzlich aus – auch das Freiheitspathos der Französischen Revolution. Gleichwohl war mit Müntzer jemand auf der Schwelle zur Neuzeit erschienen, der religiöse Freiheit mit politischer und sozialer Freiheit – um den Preis vorübergehender Gewaltanwendung – zu verbinden suchte. Was Thomas Mann in seiner Rede über *Deutschland und die Deutschen* nach dem Zweiten Weltkrieg an dem Freiheitshelden aus Wittenberg vermißte, hätte er bei Thomas Müntzer finden können.

3. Der Bauernkrieg 1525

Leopold von Ranke nannte den deutschen Bauernkrieg von 1525 „das größte Naturereignis des deutschen Staates" und Karl Marx „die radikalste Tatsache der deutschen Geschichte". Dem einen erschien die Erhebung der Bauern unbegreiflich. Der andere sah in ihr den konsequenten Aufstand eines unterdrückten Volkes im Übergang vom Feudalismus zum Kapitalismus. Seither hat der Bauernkrieg eine kontroverse Deutung erfahren. Er ist nicht nur in die Spannungen zwischen Ost und West nach 1945 hineingeraten, er ist auch innerhalb der westlichen Historiographie unterschiedlich beurteilt worden. Während Peter Blickle den Bauernkrieg zu den „markantesten und spektakulärsten Ereignissen der deutschen Geschichte" im Zeitalter der Reformation zählt, ist der Bauernkrieg für Walter Hubatsch nur „eine Episode der ständischen Geschichte Deutschlands im 16. Jahrhundert". Auch der Zusammenhang zwischen Bauernkrieg und Reformation wird unterschiedlich gesehen. In der westlichen Geschichtsschreibung wird oft nur eine lose Verbindung angenommen, gelegentlich wird der Bauernkrieg sogar als eine „kritische Zäsur" (Walther Peter Fuchs) der Reformation beurteilt. Die marxistisch-leninistische Geschichtswissenschaft zieht dagegen Reformation und Bauernkrieg zu einem einzigen frühbürgerlich-revolutionären Prozess zusammen. Andere deuten an, dass der bäuerliche Aufstand die „Reformation auf dem Lande" gewesen sei.

Der Bauernkrieg war nicht plötzlich über die deutschen Territorien eingebrochen. Bauern waren schon im 13. und 14. Jahrhundert in der Schweiz, in Flandern, Frankreich und England aufgestanden, im 15. Jahrhundert in Böhmen, danach wurde der „Bundschuh" aufgerichtet (1460 im Hegau, 1493 im Elsaß, 1502 im Bistum Speyer, 1513 im Breisgau und 1517 am Oberrhein), und in Württemberg stand 1514 der „Arme Konrad" auf. Kurz vor der Reformation, schrieb Günther Franz in seinem *Deutschen Bauernkrieg* (1933/1982), „überschwemmte eine Unruhewelle sondergleichen ganz Deutschland von der ungarisch-türkischen Grenze bis zu den Vogesen, von der Schweiz bis nach Franken. Aufstand reihte sich an Aufstand." Am heftigsten waren die Erhebungen um 1525: in der Schweiz, am Oberrhein, im Elsaß, in der Pfalz, in Oberschwaben, im Allgäu, im Salzburger Land, in Franken, im Odenwald, auf dem Eichsfeld und in Thüringen, schließlich in Tirol und im Samland. Mit der Niederlage der Aufständischen war der Widerstand des „gemeinen Mannes" noch nicht endgültig gebrochen. Es kam zu weiteren Protesten und Erhebungen in Oberösterreich, Ungarn, Bayern, Frankreich, England und Rußland.

Abb. 33: Der gefesselte Bauer wiegt auf der Waage der Gerechtigkeit schwerer als der gepanzerte Ritter. Holzschnitt des Petrarca-Meisters, um 1520.

Die Ursachen für die ländlichen Unruhen zu bestimmen, ist aufgrund der zeitlichen und regionalen Differenziertheit der Aufstände nicht leicht. In den meisten Fällen trifft wohl mehreres aufeinander: wirtschaftliche Not und soziales Elend, Schwierigkeiten, gegenüber Grund-, Leib- und Gerichtsherren Recht zu erhalten und den gemeindlichen Bereich selbständig zu gestalten, nicht zuletzt Missstände in der Kirche und im Klerus. Und doch muß versucht werden, die verschiedenen Ursachen zu übergeordneten Erklärungen zusammenzufassen. Günther Franz sah die eigentliche Ursache für den bäuerlichen Kampf in dem Zusammenprall von territorialem Herrschafts- und gemeindlichem Genossenschaftsrecht. Die marxistisch-leninistische Forschung macht dafür eine gesamtgesellschaftliche Krise verantwortlich, die durch das Eindringen frühkapitalistischer Wirtschaftsweise in den traditionell feudalistischen Lebensbereich entstanden war und sich für die Bauern ruinös auswirkte. Reformation und Bauernkrieg waren der erste Schlag gegen den Feudalismus. David W. Sabean gab in seiner wirtschaftsgeschichtlichen Studie zu *Landbesitz und Gesellschaft am Vorabend des Bauernkriegs* (1972) als Ursache die wirtschaftlichen und sozialen Konflikte im Dorf an, die unter dem Druck des Bevölkerungswachstums entstanden waren. Die Bauern richteten sich gegen die Grundherren, die eine Erbteilung des bäuerlichen Besitzes ablehnten und sich weigerten, die Lasten zu tragen, die durch das Anwachsen der unteren Schichten entstanden. Die Probleme, die im Ravensburger Land zum Bauernkrieg führten, entwickelten sich zwar oft im Dorf, die Analyse des Bauernkriegs muß aber, stärker als bisher, auf weitere Herrschafts- und Agitationsbereiche ausgeweitet werden, ebenso auf unterschiedliche Wirtschaftsräume und Stadt-Land-Beziehungen.

Peter Blickle geht in seinem Buch über *Die Revolution von 1525* (1975/1993) von der wirtschaftlichen Situation aus, die für Grundherren und Hintersassen mit der Agrarkrise des 14. und 15. Jahrhunderts entstanden war und sich im Prozess landesherrlichen Territorialausbaus zu einer „Krise des Feudalismus" verschärfte. Bevölkerungswachstum und Marktkonjunktur (Preisanstieg) belasteten beide. Die Grundherren gaben den wirtschaftlichen Druck an die Hintersassen weiter, indem sie die Abgaben erhöhten, sich die Vererbbarkeit der Lehen im Todesfall neu vergüten ließen, die Realteilung des Besitzes untersagten und auf diese Weise die Höfe entweder stärker belasteten (mehr Personen als vorher mussten nun auf einem Hof ernährt werden) oder den wirtschaftlichen und sozialen Abstieg der Nachgeborenen in Kauf nahmen und für Konfliktstoff im Dorf sorgten. Je stärker die Bauern belastet wurden, um so weniger waren sie in der Lage, eigene Produkte in ausreichender Zahl auf den Markt zu bringen und vom Preisanstieg zu profitieren. Weiter beanspruchten die Grundherren die Allmende, den Holzschlag, Wild- und Fischfang für sich und reaktivierten die Leibeigenschaft. Je rigider die Rechte der Leibherren waren, um so größer war für sie der wirtschaftliche Nutzen: Forderungen aller Art konnten in dieser engen personalrechtlichen Bindung am wirkungsvollsten durchgesetzt werden. Mit diesem wirtschaftlichen Druck ging auch die Absicht der Grund- und Landesherren einher, die Selbstverwaltungsrechte der dörflichen Gemeinde einzuschränken. Blickle schreibt: „Der kumulative Effekt, den die wachsenden wirtschaftlichen Schwierigkeiten, die zunehmenden sozialen Spannungen und die verstärkten herrschaftlichen Abhängigkeiten bewirkten, hatte eine krisenhafte und konfliktgeladene Situation geschaffen, wie sie in dieser Form wohl keines der vergangenen Jahrhunderte gekannt hatte." So kam es zu einem Aufstand, der eine besondere Legitimation und Stoßkraft durch das von den Reformatoren proklamierte „göttliche Recht" erhielt. Das Selbstbewusstsein der Bauern und nicht herrschaftsfähiger Bürger wurde durch das reformatorische Gemeindeverständnis gestärkt. Wo allerdings kein Bevölkerungswachstum, sondern Bevölkerungsverlust und Wüstungen anzutreffen waren oder die Leibeigenschaft keine Rolle mehr spielte (z. B. in Thüringen und Franken), muss nach anderen Erklärungen gesucht werden. Für das südwestdeutsche Aufstandsgebiet, besonders für die Fürstabtei Kempten, führt diese Analyse aber zu einem Modell, in dem wirtschaftliche, politisch-rechtliche, soziale und religiöse Gründe so miteinander verbunden werden, dass sich der Befreiungskampf des „gemeinen Mannes" erklären lässt.

Kürzlich hat der britische Wirtschaftshistoriker Tom Scott die Rede von der „Feudalkrise", in der die Ursachen des Bauernkriegs gesucht wurden, einer Überprüfung unterzogen. Von einer solchen Krise, meint er, könne keine Rede sein, wohl aber von einer Veränderung des Wirtschaftens auf dem Lande. Er spricht von einer Kommerzialisierung der ländlichen Wirtschaft und den Konsequenzen, die Grundherren, Landesherren und Bauern daraus zogen. *Erstens* war es die Verpfändung bzw. der Verkauf von Grundherrschaften („mortgaging"), die zu Abgabenerhöhung und Rechtsminderung für die Bauern führten. *Zweitens* wuchs das Handwerk auf dem Lande an. Neben das traditionelle Handwerk, das schon immer im Dorf ansässig war, traten Woll- und Textilproduktion in großem Stil, vor allem die Herstellung von Barchent. Sie setzten sich auf dem Lande fest, bevor es zur Gründung von Handelsgesellschaften oder zur Einführung des frühkapitalistischen Verlagssystems kam. Das führte zu einer Differenzierung der ländlichen Wirtschaft und Gesellschaft, besonders zwischen besitzenden Bauern und Häuslern bzw. Tagelöhnern, ohne dass daraus entstehende soziale Spannungen später in den Beschwerden der Bauern eine Rolle gespielt hätten. Das verhinderte wohl auch grundsätzlich eine Solidarisierung des „gemeinem Mannes" in der Stadt mit Gewerbetreibenden bzw. am neuen Gewerbe interessierten Bauern auf dem Land. Die Stadt bemühte sich, ihre Gewerbeerzeugnisse gegen die billigeren, qualitativ schlechteren Produkte vom Land zu schützen. Wo es im Bauernkriegsgeschehen zu Solidarisierungen kam, waren sie oft erzwungen worden. So meldet Scott ernste Zweifel an Blickles These an, dass der „gemeine Mann" in Stadt *und* Land gemeinsam Träger der Revolution gewesen sei. *Drittens* entstand ein Markt auf dem Land, aus dem sowohl die Herren als auch die Bauern ihren Nutzen ziehen wollten. Der Ausbruch des Bauernkriegs wurde also nicht auf eine gesellschaftliche Krise („Feudalkrise") zurückgeführt, sondern „in economic terms" gesehen: als Ergebnis eines Wettstreits zwischen Herren und Bauern um die neuen Möglichkeiten, die sich innerhalb der feudalen Wirtschaftsweise boten, und in „political terms" als ein Kampf um Gemeinderechte und gegen die Neuverteilung des Gemeinbesitzes im Dorf.

Von der Antwort auf die Ursachenfrage hängt der Charakter ab, der dem Bauernkrieg zugeschrieben wird. War er eine Empörung, eine Revolte, eine Rebellion, ein Krieg oder eine Revolution? Scott sieht im Bauernkrieg eine Revolte bzw. Rebellion und keine Revolution. Das ist möglich, weil der soziale und reformatorisch-ideologische Wirkfaktor weniger stark betont wird als der ökonomisch-po-

9. Der „gemeine" Mann in Aufruhr

Abb. 34: Titelholzschnitt der *Zwölf Artikel* der Bauern. Zwickau, 1525.

litische. Der Hinweis auf die Quellenlage lässt immer noch beide Interpretationen zu, da weniger die Quellen als vielmehr ihre Gewichtung ausschlaggebend sind. Über Ursachen und Charakter des Bauernkriegs wird, gerade auch nach den produktiven Einwänden gegen das Konzept einer „Revolution des gemeinen Mannes", weiter zu streiten sein.

Die Forderungen der Bauern wurden in den *Zwölf Artikeln* zusammengestellt, deren Urheberschaft gewöhnlich Sebastian Lotzer und Christoph Schappeler, einem Kürschnergesellen und einem Prädikanten in Memmingen, zugesprochen wurde. Blickle hat die Herkunft dieser Artikel inzwischen jedoch mit bedenkenswerten, aber nicht unbestrittenen Argumenten aus dem Schwarzwälder Aufstandsgebiet wahrscheinlich gemacht. Aus dem Material vieler Beschwerden, die von der „kollektiven Vernunft des gemeinen Mannes" diktiert wurden und als oberrheinische Bundesordnung nach Oberschwaben gelangten, hätten Lotzer und Schappeler die *Zwölf Artikel* kompiliert und mit einer biblisch geprägten Präambel versehen. Diese These wurde von Gottfried Seebaß in dem Buch *Artikelbrief, Bundesordnung und Verfassungsentwurf* (1988) heftig bestritten. Blickle hat sie in der zweiten und dritten Auflage seines Bauernkriegsbuchs (1981/93) nicht wiederholt. Diese *Artikel* durchliefen in zahlreichen Auflagen, die an verschiedenen Orten gedruckt wurden, das gesamte Aufstandsgebiet wie ein Lauffeuer. Sie waren, wie Blickle schreibt, „Beschwerdeschrift, Reformprogramm und politisches Manifest zugleich" und wurden auf unterschiedliche Weise aufgenommen: als Basisforderungen in Oberschwaben und im Allgäu, regional und lokal modifiziert im Sundgau und im Elsaß. In Franken und Thüringen, in der Schweiz und in den Alpenländern waren sie zwar bekannt, übten aber keinen direkten Einfluss aus.

Grundforderungen sind z. B. die freie Wahl der Pfarrer durch die Gemeinden, die ausschließliche Verwendung des Zehnten für die Gemeinde, die Abschaffung der Leibeigenschaft, die kommunale Nutzung der Allmende, die Freigabe von Fischfang, Jagd und Holzschlag, die Einschränkung der Frondienste. Begründet wurden die Forderungen mit dem Evangelium, d.h. die herkömmliche Argumentation mit dem „alten Recht" wurde vom „göttlichen Recht" überboten. Gewöhnlich wurde in den *Zwölf Artikeln* ein gemäßigtes Programm der Bauern gesehen, das sich allein für die Wiederherstellung alter Rechte eingesetzt habe. Eine sorgfältige Analyse dieser Artikel aus ihrem Entstehungszusammenhang in den bäuerlichen Haufen, wie Blickle sie vorgenommen hat, fördert aber doch ihren radikalen, revolutionären Charakter zutage. Diese Artikel halten, ob im angestrebten Rahmen einer korporativ-bündischen oder einer landschaftlichen Verfassung, in jedem Fall eine grundlegende, d.h. revolutionäre Umgestaltung der Gesellschaft offen. Aus diesem Grund spricht Blickle auch von der „Revolution" des gemeinen Mannes.

Neben den Zwölf Artikeln entstanden der *Artikelbrief* der Schwarzwälder Bauern und die anonyme Flugschrift *An die Versammlung der Pawerschafft*, die in ihren Forderungen radikaler waren, Verfassungsentwürfe von Wendel Hipler und Friedrich Weigandt, auch die *Landesordnung* Michael Gaismairs in Tirol, die eine Neuordnung des staatlichen Aufbaus und der gesamten Gesellschaft anstrebten: eine „christliche, göttliche und gerechte Reformation" (Weigandt). Die Forderungen und Ziele des Bauernkriegs waren, wie bei Bewegungen üblich, heterogen. Doch gemeinsam war allen die Absicht, Not und Bedrückung durch einen Aufstand zu beseitigen, die Herrschaft geistlicher und weltlicher Grundherren zu brechen und ein kommunal-republikanisches, gelegentlich auch ein kommunal-theokratisches Gemeinwesen aufzubauen.

Die ersten Erhebungen begannen im Frühsommer 1524 am Hochrhein, in der Landgrafschaft Stühlingen, im Hegau und im Klettgau. Der Schwäbische Bund, der einst gegründet wurde, um Konflikte zwischen Obrigkeiten und Untertanen beizulegen, war alarmiert und ging gegen den Aufstand vor – zunächst noch mit mäßigem Erfolg. Der Charakter der Auseinandersetzung mit den Bauern begann sich allerdings zu verändern: mit dem Vorwurf des Landfriedensbruchs wurde nämlich aus der Empörung ein Krieg. Nicht die Bauern, sondern die Obrigkeiten machten sie dazu. Hinter den frühen bäuerlichen Artikeln, auch wenn sie nicht mit dem „göttlichen Recht", sondern noch mit dem „alten Herkommen" begründet wurden, könnte aber schon evangelische Gesinnung gestanden haben, denn in diese Region war reformatorische Propaganda bereits von der Schweiz her eingedrungen, und die Bauern wollten „dem Evangelio gewertig und der Gerechtigkeit beistendig" sein. Vom Oberrhein und Schwarzwald griff die bäuerliche Empörung zu Beginn des Jahres 1525 auf Oberschwaben über, auf das Allgäu, das Gebiet am Bodensee und die Gegend an der Donau um Baltringen und Biberach. Bald drangen die Unruhen auch ins Salzburger Land und in Tirol ein, auch in Franken und dann vor allem in Thüringen. In der Umgebung von Zürich und Schaffhausen standen die Bauern ebenso im Aufstand wie im Breisgau, im Elsaß, im Werratal, auf dem Eichsfeld und zuletzt im Samland.

Bemerkenswert ist, daß es auch in zahlreichen Städten zu ähnlichen Unruhen kam (Nürnberg, Frankfurt am Main, Mühlhausen am Südharz). Einige Städte (z. B. Waldshut am Hochrhein), Gruppen in den Städten und Bergknappen im

Mansfeldischen, im Erzgebirge und in Tirol schlossen sich dem bäuerlichen Kampf an. In vielen Gebieten haben sogar Bürger die Führung der Aufständischen übernommen.

Im März stimmten die Haufen der oberschwäbischen Aufstandsgebiete den *Zwölf Artikeln* in Memmingen zu und verbanden sich zur *Christlichen Vereinigung von Oberschwaben*. Hier wurde eine Synthese von bäuerlicher Forderung und reformatorischer Erneuerung gemeinsam vollzogen. Schließlich wurde diese Vereinigung, die sich eine eigene „Bundesordnung" gab, zum Zentrum der revolutionären Bewegung von 1525 und forderte den *Schwäbischen Bund* heraus, der von Georg Truchseß von Waldburg geführt wurde.

Die *Christliche Vereinigung* verstand sich als ein Bündnis zur Verteidigung und nicht zum Angriff. Sie schwankte zwischen Friedfertigkeit und Militanz. Da die Bauern sich auf das Evangelium beriefen, schreckten sie vor Gewaltanwendung zurück. Nächstenliebe und Brüderlichkeit vertrugen sich nicht mit Gewalt und Krieg. Die Aufständischen setzten vor allem und zuerst auf Verhandlungen, um ihre desolate Situation zu verbessern, nicht auf kriegerische Gewaltmittel. Über die biblische Rechtmäßigkeit ihrer Forderungen wollten sie sogar die bekannten Reformatoren in einem Schiedsgericht entscheiden lassen. Viel erreicht haben sie auf diesem Wege nicht. Das zeigte, um hier dem Ablauf der Kriegshandlungen vorzugreifen, der Vertrag von Weingarten im April 1525 besonders deutlich. Der *Schwäbische Bund* war noch nicht zu einer Schlacht aufgestellt, wollte keine Niederlage riskieren, nachdem er schon die Schlacht bei Leipheim gewonnen hatte, und setzte nun seinerseits auf Verhandlungen, im Grunde aber nur, um die Aufständischen hinzuhalten und sie zuerst in Württemberg, Franken und im Schwarzwald zu schlagen. In der Konfrontation mit den Fürstenheeren sahen sich die Bauernhaufen jedoch gezwungen, Klöster zu plündern und Burgen zu stürmen, um ihren Forderungen Nachdruck zu verleihen. Zu gewaltsamem Vorgehen kam es vor allem im Bistum Bamberg, auf dem Eichsfeld und im Elsass. Auch die Fürstabtei Kempten, eine Zwingburg der Leibherrschaft, wurde für kurze Zeit erobert. Hier und da konnten den Grundherren einige Zugeständnisse abgerungen, einige Städte und Adlige zum Eintritt in die

Abb. 35: Sebald Beham: Bauerntrommler und Bauernfähnrich (1544).

bäuerlichen Vereinigungen genötigt werden. Vorübergehende Erfolge errangen die Bauern im Maintal, im Bistum Bamberg, auch im Breisgau. Zu einem blutigen Racheakt kam es unter der Führung Jäcklin Rohrbachs bereits im April im württembergischen Weinsberg. Rohrbach wurde bald gefasst und auf dem Scheiterhaufen verbrannt. Überraschenderweise trennten sich die Aufständischen vom Anstifter dieser Bluttat, und die Adligen lenkten ein. Die kleineren Städte öffneten sich den Bauern, selbst die Reichsstadt Heilbronn verbrüderte sich unter den Tränen des Bürgermeisters mit ihnen. Die Erfolge währten jedoch nicht lange. Mitte Mai wurde das Bauernparlament, zu dem Vertreter aus Franken, dem Kraichgau und Schwaben entsandt worden waren, gewaltsam aufgelöst. Die Aufständischen wurden von den Truppen des Schwäbischen Bundes geschlagen, vorher schon Anfang April bei Leipheim, im Mai bei Böblingen in Württemberg, bei Frankenhausen in Thüringen und bei Zabern im Elsass und der Pfalz.

Mitte Juli kam es noch zur Schlacht an der Leubas, die das Ende des Allgäuer Haufens herbeiführte. Nach und nach wurden die Aufständischen in allen Gegenden des Aufruhrs bezwungen. Im Samland wurden die Bauern im September niedergeworfen. In Tirol, der Steiermark, Kärnten und im Salzburger Land wurde der Widerstand erst Mitte 1526 gebrochen, nachdem Michael Gaismair, der ehemalige Sekretär des Bischofs von Brixen, vergeblich versucht hatte, eine neue „Landesordnung" für Tirol durchzusetzen und ein frührepublikanisches Gemeinwesen zu errichten. Der Sturm, der von 1524 bis 1526 übers Land gefegt war, legte sich.

Abb. 36: Hans Holbein d. J.: Schlachtszene. Zeichnung, um 1530.

Schon bei Leipheim zeigte sich, dass der Kampf „mehr eine blutige Verfolgung als eine Schlacht" war (Günther Franz), besonders grausam war der Ausgang der Schlacht bei Frankenhausen am Kyffhäuser und die Schlacht bei Zabern. Das Blut soll durch die Gassen geflossen und die Leichen sollen zu hohen Haufen aufgetürmt worden sein. Bei Frankenhausen fielen ungefähr fünf- bis sechstausend, bei Zabern zehntausend Aufständische. Insgesamt waren wohl über einhunderttausend Aufständische umgekommen.

Die Folgen des Bauernkriegs wurden in der Forschung gewöhnlich einheitlich beurteilt. Die Bauern wurden zu Scharen niedergemetzelt, der Widerstand wurde radikal gebrochen, die Dörfer wurden mit hohen Abgaben bestraft, so dass die ländliche Bevölkerung für Jahrhunderte aus dem politischen Leben ausscheiden musste. Im Urteil über die Folgen leitete Blickle inzwischen eine Revision ein und zeigte, dass den Landesherren durchaus an einem leistungsfähigen und nicht geschwächten Bauernstand für den wirtschaftlichen Ausbau der Territorien lag. „Die Bauern und Bürger blieben in den Landtagen und Landschaften, in Tirol, Vorarlberg, Schwäbisch-Österreich, Vorderösterreich, Württemberg, Baden – alles Kerngebiete des Bauernkriegs – oder sie sicherten sich erst dauerhaft ihre Repräsentation wie in den kleinen Kloster- und Adelsherrschaften Kempten, Ochsenhausen, Trauchberg und anderswo." Den Bauern wurde außerdem der Rechtsweg eröffnet, um Konflikte mit ihren Herren von Fall zu Fall auf geordnete Weise lösen zu können. Versperrt wurde ihnen aber der Weg, sich miteinander abzusprechen, Bündnisse untereinander zu schließen und gemeinsam gegen ihre Herren vorzugehen. Jede Form der *coniuratio* wurde unter Strafe gestellt. Das kommunale Bewusstsein des „gemeinen Mannes", das in Schwurgemeinschaften wirklichkeitsgestaltende Kräfte entfaltet hatte, war nicht nur beschädigt, sondern auch für unabsehbare Zeit gebrochen worden. Dennoch ist der bäuerliche Widerstand nach dem Bauernkrieg nicht ganz erloschen. Das hat Winfried Schulze in *Bäuerlicher Widerstand und feudale Herrschaft in der frühen Neuzeit* (1980) und in dem von ihm herausgegebenen Sammelband *Europäische Bauernrevolten der frühen Neuzeit* (1982) auf eindrucksvolle Weise gezeigt. Widerstand wurde unter dem weitgefaßten Begriff bäuerlicher Widerstandsbewegungen zur „Normalität" (Marc Bloch) in der Frühen Neuzeit.

Seinen besonderen Charakter erhielt der Bauernkrieg durch die reformatorische Predigt und Propaganda. Sie hat die Bauern bestärkt, in ihrem Existenzkampf neue Kraft aus der Hoffnung auf eine grundlegende Erneuerung der Christenheit zu schöpfen. Zahlreiche Prädikanten, die mehr oder weniger radikal den neuen Glauben verbreiteten, schürten die antiklerikalen Ressentiments in der Bevölkerung und trugen dazu bei, dass die Bauern auf dem Land und der „gemeine Mann" in der Stadt ihre kommunalen Anliegen mit den Forderungen und Verheißungen der Reformatoren verbanden: hier mit den Losungen Luthers „Von der Freiheit eines Christenmenschen" und vom „Priestertum aller Gläubigen", dort mit Zwinglis Aufruf, die menschliche Gerechtigkeit auf die göttliche auszurichten und ein christliches Gemeinwesen unter dem Wort Gottes aufzu-

Abb. 37: Urs Graf: Richtstätte (1512).

bauen, und anderswo mit Müntzers harscher Kritik an der Habgier geistlicher und weltlicher Obrigkeiten und der Verheißung, dass die Gewalt dem „gemeinen Volk" gegeben werde. Besonders das antiklerikale Agitationsmuster von „Pfaffe" versus „Laie", „gut" versus „böse", „verdammt" versus „erwählt" hat den Aufstand beflügelt. Die Bauern weigerten sich, den Kirchenzehnten an geistliche und weltliche Obrigkeiten abzuführen. Sie wollten ihn selber verwalten, auch wollten sie ihre Geistlichen selber wählen: Nicht klerikale Hierarchie, wohl aber die Lebensgemeinschaft, die sich um das Wort Gottes bildet, sei wahre Kirche. So traf Kirche als hierarchisch strukturierte Institution auf Kirche als genossenschaftlich inspirierte Kommunikation.

Der Antiklerikalismus, den vor allem die geistlichen Grundherren auf sich zogen, ist geradezu die Form, in der die Reformation unter den Bauern Gestalt annahm, nicht nur die Brücke, die sie von spätmittelalterlicher Frömmigkeit zur Reformation führte. Nicht umsonst wollten sie ihre Forderungen, von ihren Predigern belehrt und unterstützt, mit dem „göttlichen Recht" begründen, das sie in der Heiligen Schrift fanden und das ganz anders war als das kanonische Recht des Klerus, auch anders als das herkömmliche Recht, das in den Grundherrschaften galt, ebenso anders als das „römische Recht", das die Landesherren sich als Herrschaftsrecht durchzusetzen bemühten. Das göttliche Recht war für die Bauern nicht nur ein Instrument zur Durchsetzung ihrer Ansprüche, sondern mehr noch das Gesetz für ein Leben, wie sie es nach dem Muster der biblischen Berichte führen wollten. Es stand nicht nur hinter der „Bundesordnung" in Oberschwaben, sondern auch hinter den Verfassungsentwürfen, die im Bauernlager beraten wurden. Es war schließlich das Rückgrat einer neuen „Landesordnung" für Tirol. Die Bauern übernahmen selber Verantwortung für die Erneuerung der Christenheit. Sie wollten dem Wort Gottes beistehen, Gerechtigkeit, Frieden und Liebe fördern. So stieß im Bauernkrieg nicht nur Recht auf Recht. Das göttliche Recht legitimierte auch nicht nur die Forderungen und verlieh dem bäuerlichen Aufbegehren nicht nur eine neue Qualität und besondere Durchschlagskraft über lokale und regionale Grenzen hinweg. Auf der Grundlage des „göttlichen Rechts" entstand vielmehr neue Gemeinschaft, die sich der grundherrlichen, die Bauern belastenden und bevormundenden Herrschaft widersetzte und Gemeinschaft im urchristlichen Sinne zu sein versuchte. So wiesen die *Zwölf Artikel* den Vorwurf der Empörung und des Aufruhrs in der Präambel zurück. Das „Evangelium zu hören und demgemäß zu leben", konnte nicht eine Ursache der „Empörung und des Ungehorsams" sein. Das Evangelium schafft, so meint die Präambel, gerade das Gegenteil von Zwietracht und Uneinigkeit in der Welt: „dieweil es eine Rede ist von Christo dem verheißenen Messias, dessen Wort und Leben nichts denn Friede, Geduld und Einigkeit lehret, also daß alle, die an diesen Christum glauben, lieblich, friedlich, geduldig und einig werden." Die Welt der Herrschenden stand in den Augen der Bauern in einem grundsätzlichen Widerspruch zur Welt der Brüderlichkeit, die sie anstrebten: „Hie ist weder knecht noch herr, wir seind allzumal ayner in Christo", wurde in der *Versammlung gemayner Pawerschafft* festgestellt und hinzugefügt, daß alle Glieder zu einem Leib unter dem Haupt Jesus Christus vereiniget seien. Das ist ein biblisches Bild, das in der Situation von 1525 antiklerikale und revolutionäre Brisanz entfaltete. Und in der Präambel zu den *Zwölf Artikeln* wurde nicht zufällig die Bauernschaft mit dem „Volk Gottes" identifiziert, das aus der Knechtschaft in Ägypten befreit wurde: Der „gemeine Mann" war das auserwählte Volk. Die Reformation des gemeinen Mannes war eine kommunale Reformation: eine „Gemeindereformation".

Für Martin Luther gehörte der Bauernaufstand nicht zum Urgestein der Reformation. Er war Teufelswerk, das erbarmungslos bekämpft werden musste: „drum, liebe Herren, erlöset hier, rettet hier, erbarmt euch der armen Leute, steche, schlage, würge hier, wer kann. Bleibst du drüber tot, wohl dir, seligeren Tod kannst du nimmer erlangen. Denn du stirbst im Gehorsam göttlichen Wortes und Befehls (...) und im Dienst der Liebe, deinen Nächsten zu retten aus der Hölle und des Teufels Banden." So steht es in dem Pamphlet *Wider die räuberischen und mörderischen Rotten der Bauern* (1525), das verhängnisvollerweise erst im Druck erschien, als die Bauern schon geschlagen waren und das Strafgericht über sie eingesetzt hatte. Die einen fühlten sich ermuntert, Rache zu nehmen, und die anderen fühlten sich von denjenigen verlassen, die sie als Schiedsrichter in ihrem Streit mit den Fürsten angerufen hatten. Luther hatte zwar das brutale Vorgehen der „Tyrannen" kritisiert, aber er blieb dabei: Nicht das Wüten der Herren, sondern der „Aufruhr ist eine Sinflut der Untugend". Luther hatte den Bauern vorgeworfen, sie wollten ihre eigenen Richter sein, hätten Geistliches und Weltliches miteinander vermischt und nicht zwischen Evangelium und Gesetz unterschieden. Doch die Bauern sahen das anders. Sie haben nicht als einzelne ihr Recht gesucht, sondern als Träger politischer Gewalt in der Gemeinde versucht, Recht und Ordnung durchzusetzen. Wie die Fürsten verstanden auch sie sich als Hüter der öffentlichen Ordnung – nur eben einer Ordnung, die sie im Einklang mit dem Willen Gottes wähnten. So vermochten sie nicht zwischen göttlichen und menschlichen Geboten zu trennen: „Ach Got diese Gebot mögent sich nicht vonainander schaiden, dann die Politica Gebotte siend auch divina, die den Gemainen Nutz trewlich fördern, ist nichts anders, dann die brüderliche Liebe trewlich zueerhalten, daz der Seligkeit höchste Verdienung aine ist" (*An die Versammlung gemayner Pawerschafft*). Gemeindereformation ist nicht Teufelswerk, sondern eine andere Reformation, aber eben doch Reformation.

Diese Gemeindereformation zielte zwar auf eine neue Gestalt eines kommunalen Gemeinwesens, vorerst war sie aber noch nichts anderes als eine reformatorische Bewegung – mit allen Merkmalen einer sozialen Bewegung (s. Kap. 7): mobilisierender kollektiver Akteur („gemeiner Mann"), gewisse Kontinuität (mit den Voraufständen über mehrere Jahrzehnte), hohe symbolische Integration (Antiklerikalismus, Bruderschaft), geringe Rollenspezifikation (Fluktuation: Bauern, Handwerker, Prädikanten, Schreiber), variable Organisations- und Aktionsformen (Haufen, Bündnisse, Bruderschaften; Verweigerungsgesten, Belagerung, Plünderung, Brandschatzung, Verhandlung, militärische Aktion), Herbeiführung oder Verhinderung eines sozialen Wandels (Veränderung traditioneller Ständeordnung, Abschaffung der Leibeigenschaft, Ausbau der Gemeindeautonomie, Rückkehr zur alten Verteilung des dörflichen Gemeinbesitzes). Gemeindereformation heißt aber nicht nur „reformatorische Bewegung", sondern auch „Revolution des gemeinen Mannes". Unter dem Begriff des „gemeinen Mannes" verbergen sich auch Frauen, die den Krieg der Männer aktiv unterstützten. Darauf hat auf besonders eindrucksvolle Weise Marion Kobelt-Groch in *Aufsässige Töchter Gottes. Frauen im Bauernkrieg und in den Täuferbewegungen* (1993) hingewiesen. Um Gmünd hatten sich ungefähr zweihundert Frauen einem Bauernheer angeschlossen, in Windsheim war es zu einem regelrechten „Weiberaufstand" gekommen, bei Heilbronn hatte die „Schwarze Hoffmännin" die Waffen der Bauern gesegnet. Frauen waren Mitwisserinnen, beteiligten sich an antiklerikaler Agitation, halfen Verfolgten und verteidigten ihre Höfe, während ihre Männer zu den Haufen zogen. Sie waren oft nicht weniger revolutionär eingestellt als die Männer. Um dem Revolutionsbegriff mehr Flexibilität zu verleihen und mit ihm ganz unterschiedliche Formen des Widerstands zu erfassen, auch das Unfertige und den Suchcharakter, wäre es vielleicht sinnvoll, ihn durch den Begriff der „revolutionären Bewegung" zu ersetzen: ein Kompromiss zwischen „Rebellion" (Scott) und „Revolution" (Blickle). In der revolutionären Bewegung suchten die Menschen des 16. Jahrhunderts einen Weg zum Heil.

10. KAPITEL
Die Bewegungen der Täufer
Beispiele reformatorischer Radikalität

Gewöhnlich wurden die Gruppierungen, die sich angeblich am Rande der offiziellen Reformation bildeten und die ihre Reformabsicht in der Verweigerung der Säuglingstaufe und in der Praxis der Glaubens- bzw. Erwachsenentaufe zum Ausdruck brachten, unter dem Begriff des „Täufertums" zusammengefasst. Die neuere Täuferforschung hat diese Vorstellung seit den siebziger Jahren des letzten Jahrhunderts revidiert: *Erstens* entstanden diese Gruppierungen nicht am Rande, sondern im Zentrum der allgemeinen Reformation, ja, oft sogar schon vor der offiziellen Einführung der Reformation; und *zweitens* war das Täufertum alles andere als eine homogene Gruppierung. Aus diesem Grunde ist es angemessener von den „Täufern" als vom „Täufertum" zu sprechen. *Drittens* wird das Täufertum nicht mehr als Konfessionstyp neben der lutherischen und reformierten Konfession gedeutet, sondern als Fortsetzung frühreformatorischer Bewegungsvielfalt.

1. Nonkonformität und Martyrium

„Einige hat man gereckt und gestreckt, so daß die Sonne durch sie hindurchscheinen konnte, einige sind an der Folter zerrissen und gestorben, einige sind zu Asche und Pulver als Ketzer verbrannt worden, einige an Säulen gebraten worden, einige mit glühenden Zangen gerissen, einige in Häusern eingesperrt und alle miteinander verbrannt worden, einige an Bäumen aufgehängt, einige mit dem Schwert hingerichtet, erwürgt und zerhauen worden. Vielen sind Knebel in den Mund gesteckt und die Zunge gebunden worden, damit sie nicht reden und sich verantworten konnten. So sind sie zu Tode geführt worden (...) Wie die Lämmer führte man sie oft haufenweise zur Schlachtbank und ermordete sie nach des Teufels Art und Natur."

Das ist ein Bericht, der in einer Chronik mährischer Täufer überliefert wurde. Er erinnert daran, wie gefährlich es war, sich für die Erneuerung der Christenheit an der Schwelle vom Mittelalter zur Neuzeit besonders eifrig einzusetzen. Nachdem die altgläubigen und evangelischen Reichsstände auf dem Zweiten Reichstag zu Speyer 1529 beschlossen hatten, gegen die „jetzt kürzlich newen aufgestanden irsal und sect des widertauffs" gemeinsam vorzugehen, wurde die Lage ausgesprochen ernst. Wer die Taufe an einem Menschen vollzog, der schon als Säugling getauft worden war, und wer sich noch einmal taufen ließ, sollte bestraft werden. Verführte Mitläufer konnten damit rechnen, noch einigermaßen glimpflich davonzukommen, sofern sie widerriefen und Reue zeigten; „fürprediger, hauptsächer, landläuffer und aufrührische aufwigler" dagegen sollten unerbittlich verfolgt werden – über alle Grenzen hinweg. Auf Wiedertaufe stand, wie schon im *Codex Iustinianum* verordnet, Tod in den Flammen. Dieses kaiserliche Gesetz aus dem 6. Jahrhundert wurde reaktiviert und vor allem in den habsburgischen Ländern, in Vorderösterreich und in den Niederlanden, erbarmungslos zur Anwendung gebracht.

Behutsamer gingen die Protestanten mit dem Ketzervorwurf um, denn sie standen selber unter Häresieverdacht und setzten alles daran, ihre Orthodoxie unter Beweis zu stellen. Sie sahen in den Wiedertäufern, deren Ursprung ihnen zur Last gelegt wurde, nicht eigentlich Ketzer als vielmehr Gotteslästerer und Aufrührer, die das öffentliche Leben störten und dem göttlichen Auftrag der Obrigkeiten zuwiderhandelten, die Welt in Ordnung zu halten. Auch in den evangelischen Territorien wurde die Todesstrafe an Unruhestiftern vollstreckt, allerdings nicht in dem Maße und nicht solange wie in den altgläubigen Herrschaften. Doch verfolgt und bestraft wurde auch hier. Abtrünnige, „Schwärmer" und „Enthusiasten" hatten keine Chance, ein ruhiges Leben zu führen. Ausgerechnet auf dem Reichstag, auf dem die evangelischen Stände mit ihrer *protestatio* vor Kaiser und Reich für sich in Anspruch nahmen, in Glaubensdingen einzig und allein ihrem Gewissen zu folgen, haben sie aber das Gewissen anderer nicht akzeptiert. Der Reichstag zu Speyer war zwar die Geburtsstunde des „Protestantismus", jedoch nicht der Toleranz und Religionsfreiheit. Er war darüber hinaus die Stunde, in der das große Sterben derjenigen eingeläutet wurde, die Ketzer und Aufrührer genannt wurden. Die Zahl derer, die zu Tode kamen, ist zwar oft übertrieben worden – nach neueren Schätzungen dürften es zwei- bis dreitausend Männer und Frauen gewesen sein -, aber das Elend, das über die Menschen gekommen war, die mit dem herkömmlichen Ritual der Säuglingstaufe gebrochen hatten, schrie zum Himmel.

Ketzer und Aufrührer wollten die Verfolgten nicht sein; sie wollten nur den Spuren Jesu Christi folgen, nicht in der Welt des kirchlichen Kultus, sondern in ihrer Alltäglichkeit. Sie vermieden die „antichristlichen Gebräuche" und suchten nach Formen einfacher Religiosität. Sie versammelten sich nicht in Kirchen und Kapellen, sondern in Privathäusern und Scheunen, im Wirtshaus und auf Dachböden, sie trafen sich in Waldhöhlen und in unwegsamem Gelände, um miteinander ihre Gottesdienste zu feiern, sich gegenseitig zu trösten und für den täglichen Kampf der Bewährung zu stärken. Sie verachteten güldenes Kultgerät, sie tranken den Wein vielmehr aus hölzernen Bechern und brachen das Brot am Küchentisch, wenn es sein musste, zum Gedächtnis an das letzte Mahl Jesu mit seinen Jüngern. Sie schöpften das Taufwasser aus einer Schüssel und gossen es mit einer „Gutzi", einer Schöpfkelle, über den Täufling. Es kam auch vor, dass sie im Fluß tauften, wie Jesus einst im Jordan getauft worden war. Sie schätzten nicht die Predigt, sondern lasen miteinander in der Heiligen Schrift und berieten miteinander, wie alles zu verstehen und anzuwenden sei. Sie baten Gott um Erleuchtung durch den Heiligen Geist, ermahnten einander und schieden wieder voneinander.

Das war ihr Gottesdienst: ein Kult im Untergrund. Sie verabscheuten theologische Gelehrsamkeit und legten Wert auf eine schlichte, gottgefällige Lebensführung. Sie wollten „anders" sein als diejenigen, die sich in „Babylon" eingerichtet hatten. Viele erwarteten das „neue Jerusalem" und zogen ihm entgegen. Sie hatten einen dornigen Weg vor sich, das wussten sie von Anfang an, und rechneten mit Anfechtung, Neid und Trübsal, ja, mit dem Martyrium in seiner schlimmsten Konsequenz. Pilgram Marpeck, der wegen seiner hochgestellten Position in Straßburg und Augsburg einigermaßen unangefochten leben konnte, bestärkte seine Anhänger auf ihrem Weg: „Welcher nicht auf sich nimmt (sagt Christus) sein Kreuz und folgt mir nach, der ist mein nicht würdig, ja Maulchristen, aber nicht Kreuzchristen wollen sie gern sein, es wird aber nicht helfen." Es gab viele, die den Verfolgungsdruck nicht aushielten und widerriefen, es gab aber ebenfalls viele, die ihren Herrn in Demut oder verbissenem Eifer nachfolgten. Der „Märtyrerspiegel" der niederländischen Taufgesinnten aus dem 17. Jahrhundert hat zahlreiche Berichte von einem standhaften, erschütternden Martyrium gesammelt, und Jan Luycken hat die Szenen des Elends und der Entrückung in Kupfer gestochen.

2. Die Schweizer Täufer

Oft wurden die Täufer so dargestellt, als seien sie einzig und allein darauf bedacht gewesen, die Gemeinde der Christen aus der Apostelgeschichte wiederherzustellen. Doch davon kann keine Rede sein. Neuere Forschungen haben gezeigt, daß diejenigen, die später „Täufer" genannt wurden, zunächst tief in die Auseinandersetzungen verwickelt waren, die zwischen dem „gemeinen Mann" und der Obrigkeit in Zürich um die kirchlichen Abgaben und die politische Autonomie der Landgemeinden ausgetragen wurden. Der Streit spitzte sich zu, als Ulrich Zwingli, der Reformator Zürichs, sich auf die Seite des Rates stellte, der dieses Streben nach Selbständigkeit nicht duldete. Die von Zwingli geweckte Hoffnung darauf, geistliche Erneuerung und politische Autonomie miteinander verbinden zu können, war für viele auf der Landschaft enttäuscht worden.

In dieser Situation entstand die Idee, nicht nur die Abgaben, sondern auch die Taufe an Säuglingen zu verweigern, um mit Reformen da anzusetzen, wo alles begann: beim „Eingangstor" zur Christenheit. Die Situation spitzte sich zu, und die Verweigerung der Säuglingstaufe ging im Januar 1525 recht konsequent in eine neue Praxis über. Unter Zittern und Zagen wurden in Zürich und Zollikon, einem Dorf vor den Toren der Stadt am Zürichsee, die ersten Erwachsenen getauft. In dieser Taufe wurde „Besserung des Lebens" gelobt – im Bereich privater genauso wie öffentlicher Moral. Die Obrigkeit musste darin einen Affront sehen, einen Angriff auf die Ordnung des christlichen Abendlandes. Wer die Taufe zum Bekenntnisakt machte, kündigte in ihren Augen den abendländischen Grundkonsens des Corpus Christianum auf und erklärte den großen Rest der Menschheit zu einer heidnischen Gesellschaft. Diese Taufe wurde zum Politikum. Die einen sahen in ihr das Wiederaufleben einer alten Ketzerei und die anderen das Fanal zum Aufruhr – Aufruhr, weil die Täufer sich dem bürgerlichen Initiationsritus, dem

Aufnahmeakt in das Corpus Christianum widersetzten. Wer sich taufen ließ, wusste, was ihm bevorstand: Verfolgung, Kerker und schlimmstenfalls Tod.

Geistliche und Handwerker, Gelehrte und Bauern waren unter den Täufern und sorgten für eine schnelle Verbreitung dieser nonkonformistischen Reformationsvariante. In einigen Gegenden hatte sie sogar vorübergehend eine Massenbewegung ausgelöst bzw. sich mit der aufständischen Bewegung der Bauern verbunden und, wie in Waldshut am Hochrhein unter der theologisch versiersten Führung Balthasar Hubmaiers, zu einer täuferischen Reformation des gesamten Gemeinwesens geführt, zu einer täuferischen Obrigkeitsreformation, wie sie den Zürcher Radikalen zunächst wohl auch vorgeschwebt hatte. Nach kurzer Zeit musste diese Reformationsvariante aber dem obrigkeitlichen Druck weichen, und die Täufer fanden sich in einer tiefen Krise wieder. Einige ihrer Anführer berieten sich 1527 in Schleitheim, inmitten des ehemaligen Aufstandsgebiets am Oberrhein, über einen Weg aus dieser Krise und legten ihre Meinungsverschiedenheiten, die es wohl gegeben hatte, in der „Brüderlichen Vereinigung" bei. Waren sie zuvor von einem aggressiven Willen zur Erneuerung beseelt, setzten sie jetzt auf ein Programm der Separation. Die Zeichen des reformerischen Angriffs, dazu zählte auch die Bekenntnistaufe, wandelten sich zu Zeichen der Absonderung. Die Taufe wurde zum Aufnahmeakt in eine abgesonderte Gemeinde, die Wahl des eigenen „Hirten" zum Ausdruck religiöser Selbstbestimmung, der Bann zu einem Instrument innergemeindlicher Disziplin, „Regel Christi" (Matth. 18) genannt, das Abendmahl zur Manifestation der gemeindlichen Geschlossenheit. Die Verweigerung des Eides und des Wehrdienstes ebenso wie die Aufforderung an die Gemeindeglieder, Streitigkeiten nicht vor Gericht auszutragen, gaben zu erkennen, dass die Absonderung von der „Welt" rigoros vollzogen wurde. Auf diese Weise haben die Täufer das anfängliche Streben nach Gemeindeautonomie einer Metamorphose unterzogen. Das Ergebnis war das Grundmodell einer Freikirche: frei von obrigkeitlichem Einfluß und gegründet auf den freien Entschluss der Gemeindemitglieder. So sehr sich die Ambitionen gewandelt haben, darf doch nicht vergessen werden, dass die Idee der Freikirche eine Wurzel im Autonomiestreben des „gemeinen Mannes", einen revolutionären Ursprung hatte. Das gilt auch für den in Leidensbereitschaft und Friedfertigkeit wurzelnden christlichen Pazifismus der Schweizer Täufer.

3. Die mittel- und oberdeutschen Täufer

Es gab jedoch nicht nur ein Täufertum schweizerischen Ursprungs. Andere Wege gingen ehemalige Sympathisanten Thomas Müntzers in Mitteldeutschland. Sie verknüpften Vorstellungen von den inneren Läuterungen des Menschen (Mystik) mit der großen Scheidung von Auserwählten und Verdammten am Ende der Tage (Apokalyptik) und trugen den bereits im Bauernkrieg erprobten, dort aber gescheiterten Vorsatz nach Franken, Oberdeutschland, Tirol und Mähren weiter, sich jeder geistlichen Bevormundung zu entziehen und jeder sozialen Unterdrückung zu widersetzen, allen voran der Buchführer Hans Hut. Sie erwarteten zwar das Ende der Welt in nächster Zeit, gaben aber die Losung aus, das im Bauernkrieg gezogene Schwert vorerst wieder in die Scheide zu stecken. Was manche als Hinwendung zum täuferischen Pazifismus deuten, war in Wahrheit nur aufgeschobene Revolution. Die Täufer warteten in ihrer Ohnmacht darauf, daß die Großen, die Mächtigen vom Stuhl gestoßen und die Kleinen, die Auserwählten, nachdem die Türken die letzte Schlacht geschlagen hätten, in die Herrschaft über die Erde eingesetzt würden, wie Müntzer sagte, „in saecula saeculorum".

Auch hier war die Taufe das Zeichen, das die Gleichgesinnten miteinander verband, sie trug aber einen anderen Charakter als in der Schweiz. Sie „versiegelte" die Auserwählten mit dem Zeichen des Kreuzes an der Stirn, um sie vor dem Zorn des Weltgerichts zu bewahren, während die Schweizer Brüder in der Taufe den selbstbestimmten Beitritt zu einer von der Welt abgesonderten Gemeinde sahen. Konsequenterweise sind in dem weiteren Verbreitungsgebiet dieser Täufer auch keine geschlossenen Gemeinden, sondern nur lose Sammlungen entstanden. Wohl werden die Menschen zur Absonderung von der „Welt" aufgerufen, gemeint war aber vor allem die leidvolle Reinigung des Herzens von jeder Anhänglichkeit an das Kreatürliche. Die Absonderung wurde zur Gelassenheit gegenüber den Angelegenheiten der „Welt" verinnerlicht und hatte keinerlei gemeindebildende Kraft entfaltet. Lange konnte sich dieses Täufertum nicht halten, es begann schon um 1530 wieder zu verfallen. Hier und da hielt es sich noch ein wenig länger in teilweise bizarren Gemeinschaften: der Sekte der Uttenreuter Träumer, der Sabbatarier in Schlesien bzw. Mähren und dem messianischen Königreich Augustin Baders bei Ulm.

Im mährischen Nikolsburg war es zu einer Täuferreformation gekommen, die von humanistisch gebildeten Klerikern, u. a. dem Weihbischof von Olmütz, und dem aus Waldshut zugewanderten Balthasar Hubmaier eingeführt wurde. Unter Zustimmung der lokalen Obrigkeit, der Grafen von Liechtenstein, wurde das gesamte Gemeinwesen einer täuferischen Erneuerung unterzogen. Diese humanistisch inspirierte Klerikerreformation war, wie Martin Rothkegel in seiner Prager Dissertation über *Die Nikolsburger Reformation 1526-1535. Vom Humanismus zum Sabbatarismus* (2000) gezeigt hat, eine täuferische Reformationsvariante sui generis.

Impulse dieses Täufertums, vermischt mit Anregungen aus dem Schweizer Täufertum, wie Werner O. Packull in seiner grundlegenden Darstellung der *Hutterite Beginnings. Communitarian Experiments during the Reformation* (1995) herausarbeitete, haben sich aber in der Gemeinschaft der Hutterer erhalten. Sie trugen den Namen des Tiroler Täufers Jakob Huter und fanden sich in Mähren, auch unter dem Eindruck schweizerischer Reformimpulse, nach leidvollen internen Auseinandersetzungen zu einem Gemeinwesen praktizierender Gütergemeinschaft zusammen. Latent war der Auftrag aus der Apostelgeschichte, alles miteinander zu teilen, überall im Täufertum wirksam, doch zur vollen praktischen Entfaltung ist er vor allem in Mähren gekommen. Das *omnia sunt communia* (alles gehört allen), das zunächst im Tausendjährigen Reich erwartet wurde, sollte bereits jetzt verwirklicht werden. Hab und Gut wurden brüderlich geteilt, ebenso Arbeit und die Versorgung mit geistlichen Gütern. Es entstanden die berühmten mährischen Bruderhöfe, eine straff organisierte kommunitäre Lebensgemeinschaft, die schnell anwuchs und mit den weitverstreuten „Haushaben" zur bedeutendsten, auch wirtschaftlich erfolgreichsten Form täuferischer Existenz wurden – mit eigenem Schulwesen und einer erstaunlichen Produktion handschriftlich verbreiteter Erbauungsliteratur. Das gütergemeinschaftliche Eigentumsverständnis kollidierte sowohl mit der feudalistischen Eigentumsordnung als auch mit der Ordnung, die sich in den frühkapitalistisch organisierten Unternehmungen andeutete. Bei den Hutterern bahnte sich ein dritter Weg kommunitären Wirtschaftens an, im Hinblick auf die Gesellschaft damals allerdings nur zaghaft und ohne allzu großes Aufsehen zu erregen. Das bruderschaftliche Leben wurde zwar gütergemeinschaftlich geregelt, nach außen hin, etwa im Verhältnis zu den adligen Grundherren, verhielten sich die Hutterer jedoch nach den Regeln der herkömmlichen Eigentumsordnung. Sie zahlten Abgaben, Steuern und Zinsen. Einige führten sogar, obwohl unter den Pazifisten (nicht den „Schwertlern", sondern den „Stäblern") strittig, eine Türkensteuer ab. Die Hutterer erlebten wechselvolle Zeiten, manchmal ging es ihnen gut, dann wieder wurden sie verjagt und zum Weiterziehen gezwungen, über die Walachei in die Ukraine und im 19. Jahrhundert schließlich nach Nordamerika.

4. Die niederdeutschen Täufer

Ganz anderer Art war schließlich das Täufertum, das sich im niederdeutschen Sprachgebiet nach 1530 verbreitete. Es ging auf den gelehrten Kürschner Melchior Hoffman aus Schwäbisch-Hall zurück, einen radikal-lutherischen Laienprädikanten, der Livland, Schweden, Schleswig-Holstein und Ostfriesland durchzogen und vor allem in Straßburg mit zahlreichen Täufern, Spiritualisten und Apokalyptikern in Berührung gekommen war. Hier fand er Argumente, die ihm halfen, die endgültige Abkehr von der offiziellen Reformation zu vollziehen und ein apokalyptisch-spiritualistisches Täufertum eigener Art zu begründen. Er bemühte sich, die Menschen innerlich zu läutern und durch die Taufe, den Bund zwischen Gott und Auserwählten, in die endzeitliche Gemeinde der Heiligen einzugliedern. Er sah große apokalyptische Auseinandersetzungen voraus und prophezeite die Wiederkunft Christi, die nach der Säuberung der Welt von den Gottlosen durch die Aufrichtung eines Friedensreiches vorbereitet werden sollte. Die Schlacht gegen Kaiser, Papst und Irrlehrer sollten die Reichsstädte führen, allen voran Straßburg. Die Täufer selber sollten nicht zu den Waffen greifen, sondern den „Kuß vom ewigen Frieden" in die Welt tragen und das geistliche Jerusalem aufbauen. Diese Ideen fanden Zuspruch in Ostfriesland und in den Niederlanden. Durch die vorreformatorische Sakramentskritik in weitem Maße der alten Kirche entfremdet und von wirtschaftlichen Krisen erschüttert, war die niederländische Bevölkerung für die Lehre

Hoffmans besonders empfänglich. Sie gab dem gegenwärtigen Leid einen positiven Sinn und weckte Hoffnung auf bessere Zeiten. So wurde das melchioritische Täufertum zur ersten reformatorischen Bewegung in den Niederlanden.

Abb. 38: Erwachsenentaufe. Zeichnung aus einer niederdeutschen Täufer-Handschrift, um 1600.

Abb. 39: Jan van Leiden predigt. Zeichnung aus einer niederdeutschen Täufer-Handschrift, um 1600.

Trotz heftiger Verfolgung wuchs diese Bewegung an, ihre anfängliche Friedfertigkeit schlug allerdings bald in apokalyptische Militanz um. In zahlreichen Gegenden wurde es unruhig, vor allem als sich herumgesprochen hatte, dass die Täufer 1534 in Münster nach einer Ratswahl auf legale Weise an die Macht gekommen waren und diese Stadt sich als der Ort empfahl, an dem das „neue Jerusalem" erwartet wurde. Viele brachen dorthin auf. Wer nicht abgefangen wurde, zog in die „gelobte" Stadt ein und fand dort Aufnahme – zwei- bis dreitausend Niederländer werden es gewesen sein. In wenigen Wochen veränderte sich diese Stadt. Wer nicht bereit war, sich der neuen Taufe zu unterziehen, hatte die Stadt zu verlassen; und sie war zunehmend unter Druck geraten, eine Herrschaftsform zu finden, die einer charismatisch-apokalyptischen Grundstimmung entsprach. Dieser Wandel vollzog sich unter Jan Matthys, der bei einem Ausfall aus der Stadt an der Belagerung durch reichsständische Truppen scheiterte und umkam. Die Krise, in die die täuferische Herrschaft geriet, wurde von Jan van Leiden aufgefangen. Unter ihm entstand ein täuferisches Königreich: mit Hofstaat, Polygamie und Gütergemeinschaft.

Nach außen hin erschien Münster als das Schreckgespenst einer Willkürherrschaft, die sich mit Terror und Gewalt durchgesetzt hatte: ein Prototyp faschistischer Gewaltherrschaft, wie es von Friedrich Reck-Malleczewen (der in Dachau umkam) und Friedrich Dürrenmatt auf je eigene Weise inszeniert wurde. Eher war es wohl der Versuch, eine kommunale, apokalyptische Herrschaft unter den verschärften Bedingungen militärischer Belagerung zu errichten. Wirklichkeitszwang und Illusion entwickelten eine eigentümliche politische Rationalität und hielten die Täufer in Atem. Im Juni 1535 fiel die Stadt durch Verrat, eine Niederlage, die das melchioritische Täufertum überall in eine schwere Krise stürzte. Die Bewegung zerfiel in verschiedene Gruppen: in militante, spiritualistische und pazifistische. Nach langen Auseinandersetzungen haben sich schließlich die Täufer durchgesetzt, die sich um Menno Simons, einem ehemaligen Priester aus Westfriesland, gesammelt hatten. Es war eine Bewegung entstanden, die besonders intensive antiklerikale Affekte mit moralischer Strenge, Kirchenzucht und Wehrlosigkeit verband, ein Täufertum, das in manchem den Schweizer Brüdern glich, aber doch Züge aufwies, die von einem anderen Geist zeugten. Die Menisten oder Mennoniten, wie sie bald genannt wurden, waren die einzigen, die sich am Leben halten konnten, nicht zuletzt, weil sie beschlossen hatten, „als die Stillen im Lande" ihren Frieden mit den Obrigkeiten zu schließen. Heute sind sie eine „weltweite Bruderschaft", besonders verbreitet in Nordamerika, und versuchen, als eine der „historischen Friedenskirchen" ihren Beitrag zur Ökumene zu leisten.

Die Täufer waren aus reformatorisch-antiklerikaler Radikalität erwachsen und blieben dieser Radikalität verpflichtet. Das setzte sie in Gegensatz zur ständischen Ordnung ihrer Zeit. Je nachdem, wie radikal sich ihr Ursprung zeigte, wurden sie als Revolutionäre verfolgt oder als Nonkonformisten ertragen. Sie wurden in den Untergrund gedrängt oder erhielten eine Chance, in obrigkeitlich geschützten Enklaven zu überleben und tolerantere Zeiten zu erreichen. Wer das Täufertum genauer betrachtet, wird darüber hinaus die polygenetischen Züge der einzelnen Bewegungen wahrnehmen und sich weigern, die Täufer pauschal als Ketzer zu verurteilen. Sie stehen in keinem genetischen Zusammenhang mit mittelalterlichen Ketzerbewegungen, sondern waren vom Geist der Reformation erfasste Menschen, die die Erfahrungen ihrer Zeit auf ihre Weise religiös verarbeitet haben. Dass es hier und da zu Exzessen und bizarren Vorstellungen kam, die Elemente dessen enthielten, was herkömmlicherweise als häretisch galt, steht außer Frage. Im Grunde aber sind die Täufer aus der epochalen Erfahrung hervorgegangen, die den Ketzervorwurf für alle Zeiten *ad absurdum* geführt hatte.

5. Heterogene Radikalität

1. Gewöhnlich ist die Reformation in der protestantischen Historiographie so dargestellt worden, dass die Frage nach ihrer Legitimität nicht gestellt wurde. Der Hinweis auf das wiederentdeckte Evangelium war Legitimation genug. Unter dem Gesichtspunkt sozialer Bewegungen stellt sich dieser Sachverhalt aber anders dar. Soziale Bewegungen formierten sich gegen geltende Ordnungen und herrschende Institutionen und versuchten, religiösen und sozialen Wandel gegen Normen und Gesetze herbeizuführen: Sie setzten sich über das Ketzerrecht hinweg, über das Kanonische Recht insgesamt, über das Wormser Edikt von 1521, über Reichsrecht also, und zahlreiche Mandate, die von Magistraten und Landesherren erlassen worden waren.

Wenn ein einzelner Gesetze übertritt und andere anregt, dasselbe zu tun, ist das gewöhnlich ein öffentliches Delikt, wenn jedoch Bewegungen sich gegen Recht und Ordnung mit dem Ziel formieren, grundlegende Veränderungen in der Kirche und im obrigkeitlichen Bereich herbeizuführen, nimmt dieses Aufbegehren schnell revolutionäre Züge an. Es greift die herrschenden Autoritäten an, die für Recht und Ordnung einzutreten haben, und stellt die Machtfrage auf völlig neue Weise, wenn auch nicht immer in ihrer ganzen Radikalität. Diese Bewegungen sind eine potentielle Bedrohung der geltenden Ordnung – und als solche wurden sie auch empfunden.

2. Die Radikalität bzw. der revolutionäre Ansatz ist also das charakteristische Merkmal der reformatorischen Bewegungen, so dass es nicht angebracht ist, wie oft geschehen, von der Entwicklung einer gemäßigten zu einer radikalen bzw. revolutionären Bewegung zu sprechen. Zwar bestimmt die militante Erhebung der Bauern das Bild vom radikalen Reformationsverlauf, aber genaugenommen ist die revolutionäre Radikalität schon mit dem Übergang der reformatorischen Idee in die Bewegung gegeben und bestimmt den Charakter der Reformation, sofern sie ihre entscheidenden Impulse „von unten" erhalten hat. Unter diesem Gesichtspunkt erweist sich die gemäßigte Reformation, wie Luther sie in Kritik an

der frühen rigorosen Reformationsagitation entwickelte, als Abmilderung der ursprünglichen Reformationsradikalität und nicht als der eigentliche Kern, als Maß und Norm der Reformation schlechthin. Die „lutherische Engführung" der Reformation mag im Hinblick auf die reformatorische Predigt in den Städten eine zutreffende Beschreibung sein, nicht aber im Hinblick auf die Gestalt, in der sie als historisch wirksame Bewegungsmacht bzw. Widerstandsbewegung auf den Plan trat. Andererseits ist unter dem Aspekt eines präziseren Bewegungsbegriffs auch die These von der revolutionären Zuspitzung oder Radikalisierung der Reformation problematisch, also die „Theorie der frühbürgerlichen Revolution". Zu beobachten ist vielmehr ein unausgeglichenes Gefälle von radikaler zu gemäßigter Bewegung, von erneut sich steigernder Radikalität zu schließlich erlöschender revolutionärer Dynamik oder gar nur ein ungeordnetes Nebeneinander verschiedener Bewegungen. Institution und Bewegung, Macht und Widerstand: in dieser Diskursbeziehung bleibt nichts beim Alten, wird schlechte Wirklichkeit überwunden, neue Wirklichkeit entsteht. Darin liegt Radikalität, die nicht nur der Bewegung zuzuschreiben ist, sondern allen, die an diesem Diskurs beteiligt sind: Reformation, die konkret Gestalt annimmt, ist radikale Reformation.

3. Peter Blickles Begriff der „Gemeindereformation" stimmt am ehesten mit dem Befund überein, wie er in Stadt und Land zu beobachten ist, und vermittelt zudem auch etwas von dem revolutionären bzw. radikalen Ansatz der Reformation, lässt aber auch Spielraum dafür, dass die Bewegung hier gemäßigter und dort radikaler, hier reformerischer und dort revolutionärer in Erscheinung treten konnte. In den frühen Jahren der Reformation hatte sich noch nicht ausgebildet, was dem neuzeitlichen Begriff der Revolution voll entsprochen hätte. In den visionären und agitatorischen Konsequenzen, die aus den Erfahrungen der Reformationszeit gezogen wurden, haben sich aber Züge revolutionären Handelns gezeigt, die neu waren und als Wetterleuchten der herannahenden bürgerlichen Revolutionen des 17. und 18. Jahrhunderts gedeutet werden können.

Doch nicht alle Bewegungen, die in den frühen Jahren der Reformationszeit auftraten, sind so tief in kommunalen und genossenschaftlichen Erfahrungen und Traditionen verwurzelt wie die „Gemeindereformation". Naheliegend ist es also, von einem mehr oder weniger gleichzeitigen Auftreten auch unterschiedlicher Bewegungen auszugehen, als sich allein auf die „Gemeindereformation", die „lutherische Engführung" oder die revolutionäre Zuspitzung zu konzentrieren. Allen Bewegungen liegt ein antiklerikal-reformatorischer Entstehungs- und Agitationsimpuls zugrunde, ansonsten aber handelt es sich um relativ selbständige Bewegungen mit unterschiedlichen Rahmenbedingungen, eigenem Gravitationszentrum und Profil. Manche Bewegungen gehen aus einer anderen hervor, z.B. das frühe Täufertum aus der frühzwinglianischen Reformation und der bäuerlichen Erhebung im Zürcher Herrschaftsgebiet bzw. aus den versprengten Veteranen des Bauernkriegs in Mitteldeutschland und Franken. Gleichwohl handelt es sich um je eigene Bewegungen. Dann gibt es Bewegungen, die in anderen aufgehen, z.B. die radikalreformatorische Bewegung, die sich um Thomas Müntzer in Allstedt und Mühlhausen sammelte und mit den aufständischen Bauern in Thüringen verschmolz. Auch kann man beobachten, wie eine radikale bäuerliche Bewegung sich teilt, in Tirol zum Beispiel, wo viele Anhänger in die radikale täuferische Bewegung strömen, andere den Weg ins gemäßigtere Luthertum finden. Schließlich überlappen sich auch Bewegungen: in Zwickau um 1520/21 humanistisch-reformerische, müntzerische und lutherische Bewegungen, die dort erst in Ansätzen hervortraten, oder städtische und bäuerliche beispielsweise, wie es in der Entstehungsgeschichte des Täufertums in der Schweiz etwa zu beobachten ist.

In diesen Bewegungsreichtum kann keine systematische Ordnung gebracht werden, deutlich ist nur, dass die vielfältigen Bemühungen um eine Erneuerung der Christenheit sich in Bewegungen niedergeschlagen haben, die die typischen Merkmale „sozialer Bewegungen" aufweisen und in ihrer Heterogenität das Erscheinungsbild der frühen Reformationsjahre prägen. Die Bewegungsheterogenität, die einen radikalen bzw. revolutionären Kern umschließt, ist die eigentliche „Logik" des reformatorischen Geschehens und legt den Schluss nahe, die Reformation nicht so sehr als Revolution anzusprechen, mit allen Attributen, der Eindeutigkeit und Stoßkraft einer Revolution, wie sie sich später ausbilden wird, sondern eher als einen Anlauf zu einer solchen Revolution, als Aufbruch und energiegeladene, gelegentlich hoffnungsvolle und gelegentlich auch verzweifelte Versuche, einen gesellschaftlichen Wandel durch Institutionsanpassung ebenso wie durch die Überwindung von herrschenden Institutionen zu erreichen. Diese Überlegungen führen dazu, die reformatorischen Bewegungen als revolutionäre Bewegungen einzuschätzen, die Bewegungsheterogenität allenfalls, wenn es so etwas gibt, als eine unfertige Revolution, als eine Revolution mit „Suchcharakter" zu begreifen.

4. Ein wichtiger Unterschied zwischen vormodernen und modernen Bewegungen ist sicherlich die Rolle, die Religion und Frömmigkeit in den Bewegungen der Reformationszeit spielten. So könnte man geneigt sein, hier eher von religiösen als von sozialen Bewegungen zu sprechen. Doch ganz abgesehen davon, dass in zahlreichen reformatorischen Bewegungen soziale Probleme zur Diskussion stehen und man von einer Mischform religiös-sozialer Bewegungen sprechen müsste, gibt es zwei Gründe, die reformatorischen Bewegungen als soziale Bewegungen zu identifizieren. Einmal ist auch bei religiösen Bewegungen nach der Definition Raschkes der „kollektive Akteur" der entscheidende Faktor, der es erlaubt, von sozialen Bewegungen zu sprechen. Und zum anderen: Stellt man sich das Verhältnis von Religiösem und Sozialem hinsichtlich inhaltlicher Forderungen additiv vor, hier der Bereich von Religion und Kirche, dort der Bereich des Politischen und Sozialen, dann müsste man religiöse Bewegungen mehr oder weniger von sozialen unterscheiden. Doch die Vorstellung von unterschiedlichen Bereichen oder Ebenen des Religiösen und Sozialen stellt im Hinblick auf die

Reformationszeit einen Anachronismus dar. Hier wird die neuzeitliche Differenzierung dieser Bereiche in Verhältnisse zurückprojiziert, in denen sich eine solche Trennung noch nicht durchgesetzt hatte. So scheint es sinnvoll zu sein, diese räumliche Vorstellung von einem Nebeneinander verschiedener Bereiche aufzugeben und statt dessen von verschiedenen Dimensionen zu sprechen. Im Sozialen bricht die Dimension des Religiösen auf, und im Religiösen ist die Dimension des Sozialen präsent; einmal überwiegt die religiöse, das andere Mal die soziale Dimension; in jeder Bewegung sind aber beide Dimensionen sowohl in der Entstehungs- als auch in der Entfaltungsproblematik von entscheidender Bedeutung.

5. Es ist bereits darauf hingewiesen worden, dass nur die reformatorischen Bemühungen mit dem Begriff „soziale Bewegung" belegt werden können, die außerhalb der institutionalisierten Herrschaft in Erscheinung getreten sind. Innerhalb der politischen Institutionen wurde die Reformation mit ihren Forderungen und Konsequenzen zwar beraten und politisch ins Kalkül gezogen, alles musste aber innerhalb der Grenzen politischer Legitimität gehalten werden. So bemühten sich zahlreiche Territorialherren und Räte in den Städten darum, die Reformation für ihre eigenen kirchenpolitischen Bemühungen nutzbar zu machen, die bisher darauf hinausgelaufen waren, die Hoheit über die geistliche Jurisdiktion in ihren Territorien und Städten zu erlangen. Der radikale Kern der reformatorischen Forderungen wurde entschärft. Für den Rat in den Städten war die Situation ungleich brisanter als für die Territorialherren. Um seinem Auftrag, den Frieden zu wahren, überhaupt gerecht werden zu können, musste er sich zunächst zurückhalten und beim Erstarken der reformatorischen Bewegung Neutralität zeigen. Sobald aber deutlich wurde, dass die Mehrheit der Bürger reformatorisch gesinnt war, konnte er auch den entscheidenden Schritt zur Einführung der Reformation tun. Seine Politik wurde reformatorisch, und sicherlich hat sich unter dem Eindruck der neuen Predigt auch der Glaube der Politiker verändert. So spielten Friedenswahrung und reformatorische Erneuerung Hand in Hand, und so konnte die Reformation eingeführt werden, ohne dass die Herrschaftselite ihrem politischen Auftrag untreu geworden wäre und sich eines revolutionären Bruchs schuldig gemacht hätte.

Für den weiteren Verlauf der Reformation hatte das Konsequenzen: die Bewegungen waren um ihren Elan gebracht worden, sie waren überflüssig geworden, sie wurden zurückgedrängt, niedergezwungen oder gar zerschlagen. So wandelte sich das Bild vom reformatorischen Aufbruch gegen Ende der zwanziger Jahre. Die Vielfalt und die Dynamik der Bewegungen gingen zurück. Nur noch vereinzelt brachen neue Bewegungen auf, vor allem im Täufertum, aber ohne durchschlagende Kraft und ohne Erfolg. Die Ordnungsmächte, eine Weile gelähmt, waren wieder erstarkt und in der Lage, aufbrechende Bewegungen zu zerstören oder unter Kontrolle zu halten. Im bäuerlichen Bereich kam es zwar später noch zu zahlreichen Aufständen, denen es im Vergleich zu früheren Jahren jedoch an Dichte, Zusammenhang und Willen zu grundlegendem gesellschaftlichem Wandel fehlte. Die Mächtigkeit der Bewegungen war damals offensichtlich ganz entscheidend an die Kraft gebunden, die die reformatorische Idee, die Berufung auf das Evangelium bzw. das göttliche Recht in ihrer Radikalität zu entfalten vermochte – in der Stadt genauso wie auf dem Lande. War diese Idee aber, wenn auch verändert, zum Bestandteil der Herrschaftsausübung selber geworden, mussten die dennoch aufbrechenden Bewegungen ohne den radikalen bzw. revolutionären Kern auskommen. Sie waren längst nicht mehr so effizient, stellten aber doch eine gefährliche Bedrohung für die Obrigkeiten dar und konnten Veränderungen zu ihren Gunsten im politischen Verhalten der Herrschaften erreichen. Eine Verrechtlichung des Verhältnisses von Grundherr und Hintersasse wurde von der Erschütterung durch den Bauernkrieg eingeleitet und griff zunehmend um sich.

Die Zeit der Bewegungen war vorüber, als die reformatorischen Impulse Eingang in die Institutionen gefunden hatten und dort im Sinne von Zucht und Ordnung weiterentwickelt, vielfach auch gegen ihren ursprünglichen Sinn gekehrt wurden. Es ist sicherlich zu gewagt, von einem „Jahrhundert des gemeinen Mannes" zu sprechen, wie es andererseits auch falsch wäre, sich den Blick für die Bedeutsamkeit sozialer Bewegungen in nachreformatorischen Zeiten verstellen zu lassen. Vom Aufbrechen sozialer Bewegungen bestimmt waren aber ganz sicher auf besonders intensive Weise die frühen Jahre der Reformation. Sie waren eine „bewegte" Epoche. Die reformatorische Idee hatte das Volk so tief ergriffen, dass sie eine breite Resonanz fand. Doch eine Chance, ihre im Übergang zur Tatsächlichkeit gründende Radikalität zum Zuge zu bringen und durchzuhalten, hatten sie nur so lange, wie sie die ihr adäquate Form historischer Verwirklichung in „sozialen Bewegungen" gefunden hatte. Dieser Grundzug sozialer Bewegungen verbietet es, die Täufer, Spiritualisten und Antitrinitarier als Randgruppen der Reformation auszugrenzen. „Die Reformation und ihre Außenseiter" – dieser Titel, unter dem Gottfried Seebaß seine gesammelten Aufsätze 1997 veröffentlicht hat, wird diesem Sachverhalt nicht gerecht, denn die Konjunktion verzeichnet die historische Rolle der „Außenseiter", so sorgfältig Seebaß auch mit ihnen umgeht, und schmälert den Charakter der Reformation. Die so genannten „Außenseiter" gehörten allesamt zum Urgestein der Reformation.

11. KAPITEL

Bekenntnis, Politik, Wirtschaft und Kultur

Auf dem Weg zum „cuius regio, eius religio" (1555)

Abb. 40: Albrecht Dürers Entwurf einer Gedächtnissäule für den Bauernkrieg (1525).

Mit der Niederlage des „gemeinen Mannes" 1525 flauten die reformatorischen Bewegungen ab – vor allem auf dem Lande. Dort war der Elan für die Reformation gebrochen. Allerdings war mit diesem Jahr nicht schon die Entscheidung über das Gelingen oder Mißsslingen der Reformation gefallen. Die harte Arbeit, reformatorische Einsichten in eine institutionalisierte Praxis umzusetzen, stand erst noch bevor. Außerdem waren die aufrührerischen Bewegungen längst nicht ganz erloschen. Antiklerikale Agitation erregte weiterhin die Gemüter, ebenso der Bildersturm und die Auflösung der Klöster, hier und da flackerten auch bäuerliche Unruhen wieder auf. Vor allem aber entstanden, im Sturm des Bauernkriegsgeschehens gezeugt, die Bewegungen der Täufer – in der Stadt und auf dem Lande, in der Regel mit der Tendenz, territoriale Grenzen zu überschreiten. Diese Bewegungen hielten die Erinnerung an die variantenreiche Radikalität des reformatorischen Aufbruchs wach und trieben, sofern sie sich von der Idee der Gütergemeinschaft leiten ließen, den Kommunalismus geradezu auf die Spitze. Diese Vorgänge hat James M. Stayer in *The German Peasants´ War and Anabaptist Community of Goods* (1991) genau untersucht. Trotzdem begann der Eifer für eine Reformation „von unten" zu erlöschen und den obrigkeitlichen Initiativen das Feld zu räumen. Fortan waren es die Herrschaftseliten, die über den weiteren Gang der Reformation allein entschieden, allerdings nicht ohne die maßgeblichen Reformatoren in Wittenberg und ihre Sympathisanten auf den Kanzeln zahlreicher Kirchen in Städten und Territorien.

1. Bekenntnisbildung

Martin Luther hatte schon früh begonnen, reformatorische Einsichten in der Bevölkerung zu verankern. Dazu diente ihm nicht nur das Medium der Flugschriften, die typisch für den reformatorischen Aufbruch waren und die Reformation, wie Johannes Burkhardt in seinem *Jahrhundert der Reformation. Deutsche Geschichte zwischen Medienrevolution und Institutionenbildung 1517 – 1617* (2002) ausführlich beschrieb, zu einem Medienereignis werden ließen. Luther verfasste auch Ordnungen für den Gottesdienst, den Schulunterricht und das Armenwesen. Er legte die Heilige Schrift nicht nur in Vorlesungen an der Wittenberger Universität aus, sondern auch in veröffentlichen Predigten und in so genannten Poststillen, die für Laien bestimmt waren. Er verfasste auch den *Kleinen* und den *Großen Katechismus* (1529) für die religiöse Unterweisung in Familien und Schulen. 1527 brachten Wittenberger Theologen den *Unterricht der Visitatoren* heraus, eine Anweisung zur Kontrolle von Lehre und Leben in den kirchlichen Gemeinden. Vor allem lag Luther daran, die Laien am liturgischen Ablauf der Gottesdienste und Kasualien zu beteiligen. 1524 gab er gemeinsam mit Johann Walther das *Geystliche gesangk Buchleyn* mit Chorälen für den Gemeindegesang heraus. Am bekanntesten ist das später entstandene trotzig-siegesbewusste Reformationslied *Ein feste Burg ist unser Gott* (1529): „Und wenn die Welt voll Teufel wär und wollt uns gar verschlingen, so fürchten wir uns nicht so sehr, es muß uns doch gelingen." 1526 folgte die *Deutsche Messe*, mit der das gottesdienstliche Reformwerk für das Gemeindevolk vollendet wurde: Schriftlesung, Predigt, Liturgie, Gemeindegesang wurden miteinander in deutscher Sprache verbunden. Zunächst sollte nur die bestehende Kirche gereinigt und erneuert werden, nach und nach entstand aber ein neues Kirchenwesen.

Die reformatorischen Einsichten begannen sich zu einem „System" zu verfestigen, allerdings setzten sie sich in ganz unterschiedlichen Varianten durch. Heinrich Lutz sprach in seinem Buch über *Das Ringen um deutsche Einheit und kirchliche Erneuerung* (1987) vom „Durcheinanderfluten lutherischer, zwinglianischer und täuferischer Impulse in den unruhigen Jahren nach dem Bauernkrieg". Das waren Impulse, die eine katholische Gegenwirkung hervorriefen. In dieser Situation kam alles darauf an, das jeweilige „System" zu verteidigen und auf Dauer zu stellen. Die Vertreter der lutherischen und zwinglischen Reformation, denen es gelungen war, sich den Schutz weltlicher Obrigkeiten zu sichern, beschritten den Weg, die Normativität ihrer kirchlichen Erneuerung auch rechtlich zur Geltung zu bringen. Die Form, die dafür gewählt wurde, war das Bekenntnis des Glaubens. Das Bekenntnis ist kein Dogma, das die Autorität der

Glaubenswahrheit in sich selber trägt. Damit unterscheidet es sich vom Dogmaverständnis der römisch-katholischen Kirche und der Lehrautorität, die der dogmatischen Tradition dort zuerkannt wurde. Das Bekenntnis ist auch keine individuelle Glaubensäußerung. Damit unterscheidet es sich wiederum von den Ausdrucksformen schwärmerischer Subjektivität. Das Bekenntnis ist vielmehr die einmütige Antwort der Kirche auf das Heilsangebot Gottes, das in der Botschaft der Heiligen Schrift zum Ausdruck gebracht wird. So gesehen ist das Bekenntnis nicht Norm des Glaubens. Norm ist die Schrift allein, ja, genaugenommen nicht einmal die Schrift, sondern das Evangelium in der Schrift. Die Heilige Schrift ist nicht norma normans, sondern nur norma normata. Norma normans ist das Evangelium. Mit dem Rückverweis auf das „sola scriptura" schreibt das Bekenntnis eigentlich nur fort, was im Aufbruch der Reformation einen unbändigen Erneuerungswillen freigesetzt hat. Zugleich reagiert es auch auf die leidvolle Erfahrung, dass das „sola scriptura"-Prinzip nicht eine eindeutige Schriftauslegung gewährleistet, auch wenn Luther von der sich selbst interpretierenden Schrift sprach, sondern einen Auslegungspluralismus begünstigt. Um die Eindeutigkeit der Schriftauslegung zu fördern, wird das Bekenntnis zum Evangelium in der Schrift abgelegt. Im Bekenntnis wird die Auslegung der Schrift, wie sie sich selber versteht, vollzogen. So formulierte Edmund Schlink in seiner einflussreichen *Theologie der lutherischen Bekenntnisschriften* (1947): „Bekenntnis ist Schriftauslegung und zwar Summa der heiligen Schrift, nämlich Bezeugung des Evangeliums". Auf diese Weise ist das Bekenntnis zweierlei: *einmal* der Hinweis auf die Quelle, aus der die Kirche lebt und in der sie ihre innere Einheit findet. So gesehen ist das Bekenntnis ein Dokument kirchlicher Einheit. Und *zum andern* ist das Bekenntnis ein Dokument, das abweichende Auslegungen der Heiligen Schrift ausgrenzt, ja, sogar verurteilt und verdammt. Feierlich wird beispielsweise dekretiert: „Damnant Anabaptistas, qui improbant baptismo pueros salvos fieri" („Derhalben werden die Wiedertäufer verworfen, welche lehren, daß die Kindertaufe nicht recht sei"). Verworfen wird nicht eine bestimmte Lehrmeinung, verworfen werden Menschen, die anders glauben. So wird aus dem Bekenntnis zum Evangelium ein Bekenntnis, das die Todesstrafe gegen Andersgläubige, Nonkonformisten oder Dissidenten theologisch rechtfertigt. Die Grenzen zwischen Andersgläubigen, Ketzern und Aufrührern sind fließend. Nach den Kriterien der Schriftgemäßheit des Glaubens wäre es nicht allzu schwer gewesen, auch den Papst und seinen Anhang zu „verdammen" und dem Tod anheimzugeben, hatte doch Luther im Papst mehr als einen Ketzer gesehen, nämlich den Antichrist. Der Papst wurde zwar auch verdammt, die Abweichler im reformatorischen Lager schienen jetzt aber den Gang der Reformation mehr zu gefährden als die Feinde der Reformation. Sie sollten vernichtet werden. Das Bekenntnis hatte Folgen für andere, aber auch, wie zahlreiche Artikel zur Gottesdienstform und christlichen Gebräuchen zeigen, für die Organisation der Kirche selbst. Das Bekenntnis wurde auf diese Weise zur Voraussetzung für die Kirchenordnung.

Auf dem Weg zum „cuius regio, eius religio" (1555)   **165**

Abb. 41: Lucas Cranach d. J.: Letztes Abendmahl der Protestanten und Höllenfahrt des Papstes. Holzschnitt, um 1540

Die doppelte Funktion des Bekenntnisses, sich *einerseits* durch den Ruf zur Mitte der Heiligen Schrift von der römischen Kirche abzusetzen und *andererseits* die Grenzen der Kirchenzugehörigkeit klar zu ziehen, um die Einheit der Kirche zu wahren, bringt es mit sich, daß das Bekenntnis zu einem Dokument der wahren Lehre wurde und dazu beitrug, den doktrinären Charakter lutherischer Religiosität herauszubilden. So ist es nicht verwunderlich, dass sich die Lehrentwicklung der evangelischen Kirchen über einen längeren Zeitraum in der Formulierung von Bekenntnissen vollzog. Zur Sprache kamen die trinitarischen Artikel des Apostolischen Glaubensbekenntnisses, Gott als Schöpfer, Erlöser und Heiliger Geist, erörtert wurden auch Erbsünde, Rechtfertigung des Sünders, freier Wille, gute Werke, Beichte, Sakramente, Messe, Kirche, Klostergelübde, bischöfliche Gewalt, weltliches Regiment, letzte Dinge. Zu den lutherischen Bekenntnisschriften zählen: die *Katechismen* Luthers (1529), das Bekenntnis der evangelischen Reichsstände auf dem Augsburger Reichstag 1530, die von Philipp Melanchthon verfaßte *Confessio Augustana*, weiter die Antwort auf die katholische *Confutatio* dieses Bekenntnisses, die *Apologie* (1530/31), die *Schmalkaldischen*

Artikel (1537), der von Melanchthon verfasste Traktat *De potestate et primatu Papae* (1537), die *Formula Concordiae* (1577) und das *Konkordienbuch* (1580). In diesem Buch wurden die Bekenntnisse zu einer imposanten Bekenntnissammlung vereinigt. Im Grunde waren die Bekenntnisse nach 1530 nur Weiterungen, Ergänzungen und Interpretationen der *Confessio Augustana*. Nirgendwo hat die Auseinandersetzung um die evangelische Lehre einen stärkeren Niederschlag gefunden als in den Bekenntnissen. Das war eine Auseinandersetzung, die nicht nur den weiteren Durchsetzungsprozess der Reformation begleitete und vorantrieb, sondern die je länger je mehr die Konfessionalisierung des kirchlichen, politischen und gesellschaftlichen Lebens in den deutschen Territorien und Reichsstädten in Gang setzte.

Besonders ausgeprägt war das Ringen um die Bekenntnisschriften im Luthertum – ein erbitterter Streit, der zwischen den Anhängern Philipp Melanchthons, den Philippisten, und denjenigen, die das „echte" Erbe Luthers allein zu bewahren meinten, den Gneseolutheranern. Ihr Anführer war der Magdeburger Theologe Matthias Flacius (Illyricus). Auf ihn geht übrigens die Einteilung der Geschichte in Jahrhunderte zurück. Beide Parteien fanden schließlich zu einem Konsens in der *Formula Concordiae*, ohne die Differenzen wirklich beilegen zu können. Die Streitigkeiten setzten sich in der lutherischen Orthodoxie fort und begründeten die notorische protestantische Streitkultur.

Bekenntnisschriften wurden ebenso in den reformierten Kirchen verfasst, die in der Schweiz, in Oberdeutschland, Frankreich, in den Niederlanden und Schottland entstanden waren: z. B. die *Confessio Tetrapolitana* (Straßburg, Konstanz, Memmingen und Lindau, ebenfalls auf dem Augsburger Reichstag 1530 vorgelegt), die *Confessio Helvetica* (1536), der *Heidelberger Katechismus* (1563) oder die *Confessio Scoticana* (1560).

Die Funktionen, die den Bekenntnisschriften zugewiesen wurden, waren offensichtlich so bedeutsam, dass ihre Formulierung nicht den Laien bzw. dem einfachen Volk überlassen wurde. Diese Bekenntnisse waren das Werk von Theologen und vertieften den Abstand zum reformatorischen Aufbruch, der ja nicht nur von Luther, sondern auch von den sozialen Bewegungen des „gemeinen Mannes" inszeniert worden war. Aus dem spontanen, vitalen Bekennen in Bewegung wurde das durchdachte, sorgfältig formulierte Bekenntnis der Kirche, die sich dem obrigkeitlichen Regiment unterstellt und den Landesherrn als *summus episcopus* anerkannt hatte. So wurden die Tendenzen zu einem obrigkeitlichen Kirchenregiment, das sich schon vor der Reformationszeit ankündigte, von der Bekenntnisbildung und einer „konfessionsbildenden Elite" (Johannes Burkhardt), von Pfarrern, Theologen und Hofbeamten gefördert. Es entwickelte sich das landesherrliche Kirchenregiment, das die Kirche viel stärker an die weltliche Obrigkeit band, als es im späten Mittelalter der Fall war. Hier entstand ein „System", das „mit elementaren Grundsätzen der Reformation" kollidierte, wie der lutherische Kirchenhistoriker Bernd Moeller in seiner Darstellung *Deutschland im Zeitalter der Reformation* (1977) bekannte, und bereits um 1535 in Erscheinung getreten war. Kirche und werdender Staat wuchsen ineinander – vor allem und zuerst im Luthertum, später auch im Reformiertentum und im Katholizismus. Aus einer religiösen Erneuerungsbewegung wurde eine kirchliche Institution, aus einer *Confessio* eine „Konfession", in der sich theologische und politische Anliegen mischten. Kirche und Obrigkeit fanden eine neue Gestalt. „Die Konfessionsbildung hat dem Staatsaufbau Schrittmacherdienste geleistet, ja die Konfessionskirchen wurden oft geradezu in den Staatsdienst übernommen. Aber der Staat gewann auch aus sich selbst heraus an Legitimation, Kompetenz und Organisation." So hat Johannes Burkhardt diesen Vorgang und sein Ergebnis in seinem *Reformationsjahrhundert* (2002) beschrieben. Im Grunde aber lässt sich zwischen einer sich herausbildenden Konfession und dem Entstehen eines neuzeitlichen Staates nicht trennen. Beide sind so ineinander verwickelt, dass der Akzent nicht auf der „Konfessionsbildung", wie Burkhardt noch einmal an Ernst Walter Zeeden anknüpft, sondern auf der „Konfessionalisierung" liegt (Heinz Schilling, Wolfgang Reinhard). „Konfessionalisierung" meint Kirche und Staat in einem Atemzug.

Auf den ersten Blick vermitteln die Bekenntnisschriften den Eindruck geschlossener, gegen andere klar abgegrenzter Kirchentümer, als ob sich alle Gläubigen der normativen Kraft reformatorischer Bekenntnisse gefügt hätten. Doch das war nicht der Fall. Auf dem Lande hat die Enttäuschung über den Ausgang des Bauernkriegs, der mit religiösem Eifer gekämpft worden war, über die folgenden Strafmaßnahmen und über den sich verstärkenden Prozess einer Disziplinierung der Untertanen beispielsweise zu religiöser Apathie des Kirchenvolkes oder zu verstohlener Renitenz beigetragen. Antiklerikale Affekte, die einst gegen die Priester der altgläubigen Kirche gehegt worden waren, fanden bald eine neue Zielscheibe in den Geistlichen, die den Untertanen vom landesherrlichen Kirchenregiment vorgesetzt wurden. Vergessen waren die frühreformatorischen Zusicherungen an die Gemeinden, ihre Pfarrer selber wählen zu dürfen. Die Pfarrer in der neuen Kirche hatten, wie Bernd Moeller meinte, „ein wenig die Stellung von Bezirksinspektoren dieses öffentlichen Kirchenwesens, was auch einschloß, dass sie nach wie vor für manche nicht unmittelbar kirchlichen und geistlichen Aufgaben zuständig waren". Die Kirche erhielt einen „beamtenhaften und bürokratischen Zug". Das evangelische Pfarrhaus entwickelte sich zum Vorbild reformatorischen Familienlebens und zur Quelle von Bildung, Gelehrsamkeit und deutscher Kultur bis tief ins 19. Jahrhundert hinein. Auf dem Lande war es zumeist ein sozialer Fremdkörper und löste gelegentlich starke Aversionen aus. Auf dem Dorf war die Gewohnheit altgläubiger Frömmigkeitspraxis oft noch stärker als die Wahrnehmung der feinen Unterschiede in theologischen Fragen, um die in Predigt und Bekenntnisbildung gerungen wurde. Es war den Laien nur schwer zu vermitteln, dass es hier um ihr Heil ging. So lebten Aberglauben und heidnische Volksbräuche fort. Der Prozess der Christianisierung, wie er mit dem ambitionierten Kommunalismus vorangetrieben worden war, begann schnell wieder zu verebben. Die Predigten verloren häufig ihren reformatorischen Schwung und wandelten sich zu belehrenden Monologen von barocker Langatmigkeit. Diese Situation hat Bernd Moeller in seiner oben erwähnten Darstellung auf den Punkt gebracht: „Gegenüber der mittelalterlich –katholischen Welt erschien die protestantische weniger irrational, unüberschaubar und mit elementaren Unsicherheiten belastet, aber sie hatte an Farbigkeit verloren, trug intellektualistische Züge, und eine gewisse Angestrengtheit war auch ihr nicht fremd." Gelegentlich konnte der theologische Streit die Geister noch erregen, oft aber legten sich Müdigkeit und Langeweile über den Protestantismus. Schließlich mussten in einigen Kirchen „Erwecker" eingestellt werden, die mit langen Stangen durch die Bankreihen gingen und die eingenickten Predigthörer wachrüttelten (s. Altenburger Kirchenordnung).

2. Politik: Die Reichsstände und der Kaiser

Die Bekenntnisschriften haben sich nicht darin erschöpft, dem reformatorischen Erbe eine jeweils zeitgemäße Gestalt in den Wechselfällen des 16. Jahrhunderts zu geben. Sie haben nicht nur dazu beigetragen, die Laien aus dem weiteren Reformationsprozess zu verdrängen, Lehre und Frömmigkeit unter Kontrolle zu halten und ein territoriales bzw. reichsstädtisch- obrigkeitliches Kirchenregiment aufzubauen. An den Bekenntnisschriften wurde auch gearbeitet, um politische Allianzen gegen den Kaiser und die katholischen Reichsstände herbeizuführen und militärische Bündnisse zu organisieren.

Diese Funktion der Bekenntnisschriften ist nicht gering zu veranschlagen, ja, ihre politische Instrumentalisierung ist in den meisten Fällen sogar der Anlaß für die Arbeit an den Bekenntnissen gewesen. So geht die Abfassung der *Confessio Augustana* und der *Schmalkaldischen Artikel* beispielsweise auf eine direkte Anordnung des kursächsischen Hofs zurück. Ebenso groß war vorher schon das politische Interesse an einer Vereinbarung zwischen Luther und Zwingli über die Differenzen in der Abendmahlsfrage. Beide wurden 1529 von Philipp von Hessen auf das Marburger Schloss geladen, um eine Einigung herbeizuführen und ein weitgespanntes evangelisches Bündnis vorzubereiten. Die Verhandlungen verliefen allerdings ergebnislos. Eine Abendmahlsgemeinschaft zwischen den streitenden Parteien war nicht möglich. Der Riss war so tief, dass die „Gegenlehr" schon in der *Confessio Augustana* verworfen wurde. Auch die Bemühungen Martin Bucers in Straßburg um einen Kompromiss in der Abendmahlsfrage hatten einen politischen Hintergrund. Die Maximen, die dem Interesse der weltlichen Obrigkeiten an einem einvernehmlichen Bekenntnis zugrunde lagen, orientierten sich am Gemeinschaftscharakter von Lehre und Abendmahl. Ging es in den frühen Jahren der Reformation um „einerlei" Predigt in einem politischen Gemeinwesen, geht es jetzt um ein einmütiges Lehrbekenntnis. Das Wort Gottes, die Lehre der Reformation und das Gemeinwohl rücken eng zusammen, ja, die reine Lehre ist das Wort Gottes. Das erklärt die Unerbittlichkeit, mit der um jeden Artikel des Glaubens im Prozess der Bekenntnisbildung gerungen wurde. Das erklärt auch den Verkündigungscharakter, den das Lehrbekenntnis annimmt, auch seinen Starrsinn und seine Dynamik.

In den zwanziger Jahren des 16. Jahrhunderts bestimmten die Fürsten die Politik im Reich und beherrschten die Entscheidungen auf den Reichstagen, wenn nicht immer die Entscheidungen selbst, so doch ihre Ausführung. Über Luther wurde zwar auf dem Reichstag zu Worms 1521 die Reichsacht verhängt und das Edikt erlassen, das den Druck und die Verbreitung seiner Schriften unter Strafe stellte. Luther wurde aber von seinem Kurfürsten in Schutzhaft genommen und auf der Wartburg versteckt. Das Edikt wurde in Kursachsen nicht veröffentlicht, ja, es wurde dem Kurfürsten nicht einmal zugestellt. Auch in anderen Territorien wurde es nur mäßig befolgt. Deshalb sah das Reichsregiment sich gezwungen, die Einhaltung des Edikts in Mandaten anzumahnen, gelegentlich auch mit militärischer Intervention zu drohen. 1524 schlossen sich Bayern, Österreich und einige Bistümer, u. a. Salzburg, Straßburg und Brixen, zum *Regensburger Konvent* zusammen und verpflichteten sich gegenseitig, das Wormser Edikt in ihren Territorien zur Geltung zu bringen. Dieser Konvent stellte ein erstes Bündnis gegen reformbereite Territorien dar. Für die Reformation begannen sich das Ordensland unter Albrecht von Brandenburg, Kursachsen, Hessen und Städte wie Nürnberg, Magdeburg Straßburg, Memmingen und Zürich zu formieren. Hier deutet sich ein Wandel an: weg von der Konsenspolitik auf den Reichstagen, hin zur Konfrontation der Bündnisse auf dem Schlachtfeld. „Das Beispiel sollte bald Schule machen", schrieb Heinrich Lutz in seinem erwähnten Buch, „das Prinzip konfessioneller Sonderbünde gewann für die deutsche Geschichte bis in den Dreißigjährigen Krieg fundamentale Bedeutung." Die Territorien und Reichsstädte, die mit den Reformkräften sympathisierten, setzten sich für die Einberufung eines General- oder Nationalkonzils ein, auf dem der Streit um eine Erneuerung der Chris

Abb. 42: Kurfürst Friedrich der Weise von Sachsen. Holzschnitt von Erhard Schoen, 1524.

tenheit beigelegt werden sollte. Doch weder der Papst noch der Kaiser waren bereit, dieser Forderung zu entsprechen. So stand das *Wormser Edikt* auf dem ersten Reichstag zu Speyer 1526 wieder auf der Tagesordnung. Aus Furcht vor einem erneuten Aufstand des „gemeinen Mannes" und mit einem letzten Versuch, die Konsenspolitik auf den Reichstagen zu retten, wurde dieses Edikt nicht erneuert. Zu ihm sollte sich vielmehr jeder nach eigenem Gewissen verhalten: „für sich also zu leben, zu regieren und zu halten, wie ein jeder solches gegen Gott und Kayserl. Majestät hoffet und vertraut zu verantworten". Damit waren vorerst die Schleusen für reformatorische Entwicklungen in den Territorien und Reichsstädten geöffnet. Jetzt konnte darangegangen werden, Kirchengüter zu säkularisieren, die geistliche Gerichtsbarkeit dem Landesherrn zu unterstellen, den Klerus zu visitieren bzw. auszuwechseln und die Verwaltung der Kirche bürokratisch neu zu regeln. Peter Blickle betont in *Reformation im Reich* (2. Aufl., 1992), dass zu diesem Reichsabschied nicht die Gewissensnot der evangelischen Stände geführt habe, sondern das Bemühen aller Fürsten, die Reformation nicht länger dem „gemeinen Mann" zu überlassen. Beide Seiten konnten sich darauf einigen, denn niemand brauchte Eigenes aufzugeben. Die katholischen Stände versagten den Laien weiterhin jede Mitwirkung an der Kirche, während die evangelischen Stände eine „Verstaatlichung" der Reformation anstrebten und fortfuhren, ein eigenes Kirchenregiment aufzubauen. Auf dem Zweiten Reichstag zu Speyer 1529 wurde erneut über das *Wormser Edikt* verhandelt. Beschlossen wurde *erstens*, die Forderungen des Edikts, wo es bisher befolgt worden war, bis zu einer endgültigen Regelung auf einem Konzil ohne Abstriche weiter zu erfüllen, *zweitens* weitere Neuerungen in den reformationsfreundlichen Territorien zu unterbinden, d. h. den Stand der Reformation einzufrieren, und *drittens* den Altgläubigen auch in den Territorien, die sich der Reformation zugewandt hatten, den Besuch der Messe weiterhin zu ermöglichen. Dagegen haben fünf Reichsfürsten und vierzehn Reichsstädte aus Gewissensgründen protestiert. Die *Protestation* war ein heftiger Einspruch gegen den Reichsabschied und ließ aus den evangelischen Reichsständen fortan „Protestanten" werden.

Die Berufung auf das Gewissen hinderte die evangelischen Stände jedoch nicht, die freie Religionsausübung den so genannten Wiedertäufern vorzuenthalten. Mit den Altgläubigen beschlossen die Evangelischen das berüchtigte Mandat, das die Wiedertaufe unter Rückgriff auf den *Codex Justinianum* aus dem 6. Jahrhundert mit der Todesstrafe ahndete. Die *Protestation* war also nicht, wie man oft meinte, ein Dokument der Gewissens- und Religionsfreiheit im neuzeitlichen Sinne. Wohl war sie ein wichtiger Anstoß für die evangelischen Reichsstände, nach Wegen zu suchen, sich politisch zusammenzuschließen, um den begonnenen Reformen zum Erfolg zu verhelfen. So dramatisch dieser Reichstag verlief, wollten beide Parteien doch etwas Ähnliches. Beide wollten die Situation, die zur Entscheidung drängte, noch offenhalten. Die Evangelischen setzten alles daran, das begonnene Reformwerk weiterzuentwickeln, und die Altgläubigen wollten, wie Peter Blickle schrieb, „daß eine Option für die alte Kirche noch eine Möglichkeit blieb".

Abb. 43: Philipp Melanchthon. Porträt von Albrecht Dürer, 1526.

Karl V. war nach seiner Wahl zum Kaiser zunächst militärisch in Oberitalien gebunden und mit der Abwehr der Türken beschäftigt. Erst nach dem Frieden mit Frankreich und Rom und mit dem Rückzug der Türken vor Wien konnte er sich um die Angelegenheiten im Reich kümmern und sich der Religionsfrage zuwenden. Er berief den Reichstag nach Augsburg (1530) ein und versuchte zunächst, zwischen den streitenden Parteien zu vermitteln. Die protestantischen Stände hatten eine Bekenntnisposition mit den Torgauer und Schwabacher Artikeln vorbereitet, und Philipp Melanchthon begann auf dem Weg nach Augsburg, daraus die sogenannte *Confessio Augustana* zu kompilieren. Nach internen Beratungen, Abänderungen und Ergänzungen wurde sie vom kursächsischen Kanzler Christian Beyer vor Kaiser und Reich verlesen. Die *Confessio Augustana* wird gewöhnlich als das Grundbekenntnis des Luthertums beschrieben. Dazu ist sie in der Tat im Laufe der Zeit geworden. Zunächst aber nahm dieses Bekenntnis, wie Gottfried Seebaß in „Apologie und Confessio" (1997) schreibt, „eine Sonderstellung unter der lutherischen, ja, unter den Bekenntnisschriften überhaupt ein". Es war kein „konfessionelles Dokument", sondern der Versuch, auf dem Augsburger Reichstag noch ein „Auseinanderbrechen der Kirche" zu verhindern. Es wurde das allen gemeinsame Grundbekenntnis der Kirche betont und erklärt, dass es den Evangelischen nur darum gegangen sei, die Missstände in der Kirche zu beseitigen, und dass der Streit mit Rom nur an diesem Punkt entbrannt sei. Doch der Kaiser ließ dieses Bekenntnis mit der *Confutatio* zurückweisen, die Evangelischen reagierten darauf mit der *Apologie*, deren Entgegennahme aber vom Kaiser verweigert wurde. Die Verhandlungen verhärteten sich, der Kaiser gab seine vermittelnde Haltung auf und setzte das *Wormser Edikt* wieder in Kraft. Der Augsburger Reichstag brachte nicht die erhoffte Einigung mit den evangelischen Reichsständen, sondern förderte die Glaubensspaltung.

Hart allerdings konnte der Kaiser nicht durchgreifen. Er sah sich vielmehr gezwungen, seine Aufmerksamkeit wieder Frankreich und der Türkengefahr zuzuwenden. Zur Abwehr der Türken brauchte er auch die finanzielle und militärische Hilfe der evangelischen Reichsstände. Außerdem wurde er mit einem Defensivbündnis der Protestanten konfrontiert, das schnell wuchs. 1531 hatten sich Kursachsen, Hessen, Braunschweig-Lüneburg, Anhalt, weitere Fürstentümer und einige Reichsstädte im Süden zum *Schmalkaldischen Bund* zusammengeschlossen. Im *Nürnberger Anstand* von 1532 wurde dem Kaiser die Bereitschaft abgerungen, die restriktiven Maßnahmen gegen die evangelischen Reichsstände zurückzunehmen, die Prozesse gegen einige Territorien wegen Landfriedensbruchs einzustellen, auch die evangelischen Reichsstände unter den Schutz des Landfriedens zu stellen und ihnen politische Toleranz entgegenzubringen. Was erreicht wurde, war ein vorübergehender Waffenstillstand zwischen den Bündnissen, die zu militärischen Bündnissen geworden waren. So gelang es, den *Schmalkaldischen Bund* auszuweiten und neben dem Herzogtum Sachsen, vor allem auch Herrschaften in Oberdeutschland hinzuzugewinnen. Dort waren die Bedingungen für einen Beitritt zu einem hauptsächlich vom Luthertum geprägten Bündnis besonders günstig, seit Zürich den zweiten Kappeler Krieg (1531) verloren und mit dem Tod Zwinglis das reformierte Zentrum zunächst seine Ausstrahlungskraft verloren hatte. Besonders bedeutsam war, dass der 1519 von Habsburg vertriebene Ulrich von Württemberg mit Hilfe des hessischen Landgrafen 1534 sein Herzogtum zurückgewann und sich auf die Seite der Reformation schlug. In Württemberg wurde zunächst ein Ausgleich zwischen Luthertum und Reformiertentum gesucht. Bald wurden aber die Weichen für eine lutherische „Engführung" der Reformation auch im Süden gestellt. Unübersehbar deutlich war die Reformation inzwischen zu einer politischen Angelegenheit der Fürsten geworden.

Trotz dieser Stärkung des Schmalkaldischen Bundes suchte der Kaiser eine militärische Machtprobe. Es blieb ihm kein anderer Ausweg, denn sein Versuch, ein Konzil einberufen zu lassen, war an Rom und den evangelischen Ständen gescheitert. Ohne Erfolg verliefen auch die Religionsgespräche, die 1540/41 in Hagenau, Worms und Regensburg geführt wurden. Die Lage für den Kaiser war günstig: Mit Frankreich war Frieden geschlossen worden, Rom hatte seine Unterstützung im Kampf gegen die Protestanten mit einem hohen Söldnerkontingent zugesagt, und Herzog Moritz von Sachsen wurde mit Aussicht auf die Kurwürde für den Kaiser gewonnen. 1546 wurde die Reichsacht an Kursachsen und Hessen vollstreckt, weil sie den Herzog von Braunschweig-Wolfenbüttel vertrieben und die Reformation in dem Herzogtum eingeführt hatten. Der Krieg brach aus. Die kaiserlichen Heere konnten nach anfänglichen Schwierigkeiten Siege in Oberdeutschland und bald bei Mühlberg an der Elbe über den Kurfürsten von Sachsen erringen. Johann Friedrich von Sachsen wurde gefangengesetzt und zum Tode verurteilt. Das Urteil gegen den Unbeugsamen wurde aber nicht vollstreckt, die Kurwürde jedoch ging mit der Wittenberger *Kapitulation* von 1547 tatsächlich an Moritz von Sachsen über. Auch Philipp von Hessen wurde gefangengesetzt, so dass die beiden führenden protestantischen Territorien ausgeschaltet waren. Der Sieg des Kaisers war aber nicht vollkommen. Die Reichsstände im Norden waren nicht bereit, sich ihm zu unterwerfen. Sie zogen in die Schlacht und fügten ihm bei Drakeburg an der Weser eine empfindliche Niederlage zu. Einige Städte, die sich ihm im Süden gefügt hatten, wurden zwar rekatholisiert. Es

Auf dem Weg zum „cuius regio, eius religio" (1555)

Abb. 44: Johann Friedrich der Großmütige, Kurfürst von Sachsen. Kupferstich nach einer Vorlage von Lucas Cranach d. J. (1609).

war dem Kaiser aber nicht gelungen, den Katholizismus reichsweit zu restituieren.

Um sein Ziel doch zu erreichen, wurde auf dem „geharnischten Reichstag" von Augsburg 1548 militärischer Druck auf die Reichsstände ausgeübt und das sogenannte Interim (eine kaiserliche „Zwischenreligion" bis zur endgültigen Lösung der Religionsfrage auf einem Konzil) beschlossen. Den Protestanten wurde der Laienkelch und die Priesterehe vorläufig zugestanden, in allen anderen Punkten der kirchlichen Praxis und Lehre sollten sie aber zur alten Kirche zurückkehren. Inzwischen war ein Konzil nach Trient (1545) einberufen worden. Die Konzilsverhandlungen kamen der kaiserlichen Politik, die einen Ausgleich mit den protestantischen Reichsständen anstrebte, nicht entgegen. Die Protestanten wurden verprellt, und schließlich wurde auch das Konzil in den Kirchenstaat nach Bologna verlegt und dem Einfluß des Kaisers entzogen. In dieser Situation hatte Karl V. nur noch eine Chance im Interim gesehen, die Wiederherstellung einer einheitlichen Christenheit in die eigenen Hände zu nehmen. Gleichzeitig versuchte er, seine Universalmonarchie auszubauen, also eine Art frühabsolutistischen Reichsstaat zu schaffen. Damit stieß er aber auf den Widerstand der deutschen Fürsten und machte sich sogar Moritz von Sachsen zu einem erbitterten Feind, der nun eine Fronde gegen ihn anführte. Hatte sich in den vierziger Jahren, dem „Jahrzehnt des Kaisers", zunächst das Verhältnis 'schwaches Reich – starke Fürstentümer' umgekehrt, wendete sich nun dieses Verhältnis wieder.

Auf dem Reichstag zu Augsburg 1555 ließ sich über die Religionsfrage nur noch in territorialstaatlicher Perspektive verhandeln. Beschlossen wurde, daß Reichsstände, die der *Confessio Augustana* beigetreten waren, nicht mehr mit Krieg überzogen werden durften und dass das „ius reformandi", wie es bald hieß, jedem Landesherrn allein zustand. Er sollte über die konfessionelle Zugehörigkeit seiner Untertanen entscheiden: „cuius regio, eius religio", so wurde die reichsrechtliche Formel später gefasst. Beschlossen wurde auch das sogenannte „reservatum ecclesiasticum" (geistlicher Vorbehalt), mit dem gesichert wurde, dass das Territorium beim Übertritt eines geistlichen Landesherrn zum Protestantismus katholisch blieb. Bei der Vielzahl der geistlichen Herrschaften im Reich war dieser Beschluss nicht unerheblich. Den evangelischen Reichsständen war er nach wie vor ein Dorn im Auge. Festgeschrieben wurde ebenfalls das Recht katholischer Minderheiten, in evangelischen Reichsstädten eigene Gottesdienste abhalten zu dürfen – beispielsweise in den so genannten paritätischen Reichsstädten Augsburg, Biberach, Ravensburg, Dinkelsbühl, Köln oder der Stadt Münster. Mit diesem „Religionsfrieden" hat sich die Religionsfrage vorläufig beruhigt. Das obrigkeitliche Kirchenregiment wurde reichsrechtlich verfügt, und das hatte Folgen für die weitere Entwicklung des Reichs. Heinz Schilling schrieb in *Aufbruch und Krise* (1988): „1555 einigten sich nun Stände und Krongewalt endgültig darauf, dass in Deutschland die Fürsten und ihre Territorien die Träger der neuzeitlichen Staatlichkeit sein sollten und dass das Reich ein vorstaatlicher politischer Verband bleiben würde. Die Fürsten erhielten das Recht, die im Mittelalter Schritt für Schritt erworbenen Hoheitsrechte und ihre daraus additiv zusammengefügte Landeshoheit fortzuentwickeln zur inneren Souveränität der Neuzeit". Das war ein entscheidender Schritt zu neuzeitlicher Staatlichkeit in

Deutschland. Die Reformation trug dazu bei, dass dieser Schritt möglich wurde, und die territorialstaatliche Entwicklung sorgte dafür, dass die Ausbildung reformatorischer Konfessionskirchen, zunächst nur lutherischer Provenienz, eine reichsrechtliche Grundlage erhielt.

3. Wirtschaft

Auf den Zusammenhang von Bevölkerungswachstum und Preisrevolution ist bereits in der *Einleitung* hingewiesen worden. Diese extreme Entwicklung hat das „lange" 16. Jahrhundert bestimmt und bildet den Rahmen für die Entwicklung in verschiedenen Sektoren: in der Landwirtschaft, im Gewerbe, im Handel, Bergbau und Kreditwesen.

Gesicherte Zahlen liegen für das 16. Jahrhundert nicht vor. Einige Demographiehistoriker schätzen, daß die Einwohnerzahl in Deutschland von 10 oder 12 Millionen auf 15 oder 17 Millionen im Laufe des Jahrhunderts angewachsen sei. Andere sind in jüngster Zeit vorsichtiger geworden und meinen, dass die Zahl sich nur von 10,5 auf 12,5 Millionen erhöht habe. So sei der Verlust nach dem Schwarzen Tod in der Mitte des 14. Jahrhunderts wieder ausgeglichen, aber nicht auf spektakuläre Weise überstiegen worden. Grundstürzende Veränderungen, folgert Franz Mathis in seiner enzyklopädischen Darstellung der deutschen Wirtschaft im 16. Jahrhundert, seien für den Wirtschaftsbereich deshalb nicht zu erwarten. Herkömmliche Wirtschaftsweisen wurden zwar stabilisiert und in manchen Sektoren fortentwickelt, nicht aber von Grund auf durch neue ersetzt.

Das kräftige Anwachsen der Bevölkerung hat zur sozialen Differenzierung auf dem Lande und zur Vergrößerung vieler Städte geführt. Nicht alle Dorfbewohner konnten sich mehr von der Arbeit auf dem Felde ernähren, viele suchten sich eine neue Einnahmequelle in gewerblicher Heimarbeit, die über das Verlagswesen zunehmend Eingang in die ländlichen Gegenden fand. Viele lebten sowohl vom Land als auch vom Gewerbe. Häusler und Tagelöhner waren ganz und gar unselbständig. Mehr als das Existenzminimum war in beiden Fällen nicht zu erwirtschaften. Die meisten Menschen lebten zwar, wie zu Beginn des Jahrhunderts, auf dem Lande, immer mehr drängten aber in die Städte, so dass in einigen Regionen, z. B. in Sachsen, eine deutliche Verschiebung der Einwohnerdichte zugunsten der Städte zu beobachten ist. Für diese Zeit gilt insgesamt, dass die Entwicklungen sich regional unterschiedlich gestaltet haben, in einigen Städten wuchs die Bevölkerung stark an, vor allem in den größeren, in den kleineren Städten veränderte sich nur wenig. Neue Städte entstanden in Bergbaugebieten. Sie erreichten ihre höchsten Bevölkerungszahlen, solange der Bergbau blühte. Waren die Bodenschätze erschöpft, ging auch die Einwohnerzahl dieser städtischen Siedlungen, die aus Dörfern erwachsen waren, zurück. Besonders gewachsen sind nur Hamburg (ca. 40 000) und Augsburg (ca. 40 000). Sie zogen mit Köln und Nürnberg gleich. Bis zu 20 000 Einwohner lebten in Aachen, Bremen,

Lübeck, Frankfurt am Main, Leipzig, München, Regensburg und Ulm. Diese Zahlen sind bei Mathis zu finden, der sie aus der neueren französischen Untersuchung von P. Bairoch, J. Batou und P. Chevre übernahm. Östlich der Elbe fiel der Bevölkerungszuwachs deutlich geringer aus.

Auf dem landwirtschaftlichen Sektor lastete der Druck, die wachsende Bevölkerung mit einer kaum zu erweiternden Anbaufläche ernähren zu müssen. Was zusätzlich genutzt werden konnte, waren vor allem die Wüstungen der letzten

Abb. 45: Bauern huldigen neu. Federzeichnung aus der Chronik des Abtes Jacob Murer von Weißenau (um 1525).

Jahrhunderte, hin und wieder sind auch erste Versuche zu beobachten, die traditionelle Dreifelderwirtschaft mit Sommersaat, Wintersaat und Brache zu verändern, indem die Brache teilweise der Nutzung durch neue Fruchtfolgen mit größerem Düngeeffekt zugeführt (vor allem in den Rheinlanden) oder indem die Dreifelderwirtschaft durch eine Vier- oder Fünffelderwirtschaft ergänzt wurde (Mecklenburg und Pommern). Neues Land oder Rodungsland stand im Westen kaum zur Verfügung. Von Getreidepreisen, die um die Jahrhundertmitte stark anstiegen, konnten nur relativ wohlhabende Bauern profitieren, denn nur sie waren in der Lage, Überschüsse für den Markt zu erwirtschaften. Die Bauern mit kleineren Wirtschaften, vor allem mit durch Realteilung immer kleiner werdenden Höfen, gingen leer aus. Sie mußten um ihre Existenz kämpfen. Der marktbedingte Zugewinn der wohlhabenderen Bauern reichte aber nicht aus, um die Landwirtschaft insgesamt auf ein höheres Produktivitäts- und Einkommensniveau zu heben. Im Westen blieb es bei der traditionellen Grundherrschaft mit bäuerlichen Parzellen, die ihre Größe nur in Regionen mit Anerbenrecht halten konnten (z. B. in Bayern, Schwaben, Westfalen, Niedersachsen), in Regionen mit Realteilung (am Ober- und Mittelrhein, in der Pfalz, in Franken und im Neckargebiet) jedoch nicht. Bevölkerungswachstum, Preissteigerung, mangelnde Innovationskraft, um Arbeitsformen zu verbessern, führten zu einer Verschlechterung der sozialen Lage in der ländlichen Bevölkerung.

Im Osten begann sich allerdings die Gutswirtschaft zu entwickeln. Den Gutsherren fielen die Ländereien der kleineren, mit minderem Recht ausgestatteten Bauern je länger je mehr zu. Ihre Felder wurden zu weiten Anbauflächen zusammengeschlossen. Das „Bauernlegen" hatte schon früh begonnen. Im Osten gab es außerdem noch neues Land, das für die Landwirtschaft gewonnen werden konnte. Auch die Güter konnten von der Getreidepreiserhöhung profitieren und öffneten sich für frühkapitalistische Methoden der Wirtschaftsführung. Mit dieser Entwicklung wurde der Grundstein für das spätere landwirtschaftlich starke Ostelbien gelegt.

Sehr viel hat sich in der Landwirtschaft während des 16. Jahrhunderts nicht geändert. Es fällt jedoch auf, dass über das Verlagswesen die gewerbliche Produktion (vor allem das Textilgewerbe und die Metallverarbeitung) immer mehr in die ländlichen Gebiete eindrang und eine „Mischökonomie" (Franz Mathis) entstand. Für die wachsende Bevölkerung war diese Mischökonomie die einzige Möglichkeit, unter schwierigen wirtschaftlichen und sozialen Bedingungen zu überleben – vor allem in Krisenzeiten. Um 1570 kühlte sich das Klima in Deutschland ab, so dass von einer „kleinen Eiszeit" gesprochen wurde. Die Temperaturen sanken im Winter drastisch, die Kälteperioden wurden länger, die Vegetationsgrenzen verschoben sich. Die Ernteerträge verringerten sich, und die Getreidepreise zogen kräftig an („Preisrevolution"). Für die immer noch – jetzt langsamer – wachsende Bevölkerung wurden die Nahrungsmittel knapp, zumal sich neue Nutzflächen kaum noch auf effiziente Weise erschließen ließen. Hungerjahre überzogen das Land, und die meisten Menschen mussten alle ihre Einkünfte aufwenden, um sich und ihre Familien zu ernähren, wenn sie nicht ganz und gar verarmten. Schnell wuchs sich die Nahrungskrise zu einer Krise des Handwerks und des Gewerbes aus, da deren Erzeugnisse nicht mehr in ausreichendem Maße gekauft wurden. Bald waren auch Handwerker und Gewerbetreibende den steigenden Nahrungsmittelpreisen hilflos ausgesetzt, und die Zahl der Arbeitslosen stieg an. So scheint es gerechtfertigt zu sein, von einer Wirtschaftskrise um 1600 zu sprechen.

Allerdings verarmten nicht alle, nur die Schere zwischen arm und reich begann sich immer weiter zu öffnen.

Die städtische Wirtschaft wurde zunächst vom traditionellen Handwerk bestimmt, das, zünftlerisch organisiert, den Grundbedarf der Bürger an Nahrungsmitteln, Kleidung, Behausung, Mobiliar und Gebrauchsgegenständen abdeckte, also nur für den Bedarf in der Stadt und nicht darüber hinaus produzierte. Allerdings stieß das Zunfthandwerk schon deutlich an seine Grenzen. Es konnte sich weder technologisch noch arbeitsorganisatorisch weiterentwickeln und musste die Belieferung regionaler und überregionaler Märkte, die sich immer schneller entwickelten, weitgehend dem effizienteren Verlagsgewerbe überlassen (s. Kap. 3). Das Zunfthandwerk geriet in eine Krise, zahlreiche Handwerker verarmten, Gesellen wurde der Aufstieg zum Meister erschwert und vielen Betrieben blieb keine andere Wahl, als ihre Selbständigkeit aufzugeben und für Verlagsherren zu arbeiten. Vor allem in den kleineren Städten konnte das Zunfthandwerk nicht mehr mit der Zeit gehen. So konventionell noch im Verlagsbetrieb gearbeitet wurde, Wachstumsraten wurden nur hier und nicht im Zunfthandwerk erwirtschaftet.

Abb. 46: Peter Flötner: Der zugrundegerichtete Handwerker. Holzschnitt, um 1535.

Das Textilgewerbe reussierte in Augsburg, Ulm, Köln und Aachen, um nur die wichtigsten Zentren der Barchent- und Wolltuchproduktion zu nennen. Die Metallverarbeitung hatte vor allem in Nürnberg, Ulm und Köln Fuß gefasst, aber auch in kleineren Orten des Rheinlands (Solingen und Iserlohn), Thüringens (Suhl) und Sachsens (Zwickau). In diesen Branchen hat es keine grundsätzlichen Neuerungen gegenüber vorangegangenen Zeiten gegeben, wohl eine Intensivierung, aber noch keinen qualitativen Sprung der Produktion.

Innovativ war dagegen der Bergbau. Silber und Kupfer wurden im Harz, in der

Gegend von Mansfeld und im Erzgebirge abgebaut, ebenfalls in Tirol, hier und da, vor allem in der Oberpfalz und in der Eifel auch Eisenerze. Im Montanwesen kam es zu bemerkenswerten Neuerungen: *Erstens* wurde im Bergbau in relativ kurzer Zeit ein Kapital akkumuliert, wie es in anderen Wirtschaftsbereichen so nicht möglich war. *Zweitens* stiegen große, kapitalkräftige Handelsgesellschaften, wie die Fugger, Welser, Hoechstetter, Tucher, Baumgartner und Fürer, noch intensiver als zu Beginn des Jahrhunderts in den Bergbau ein, erwarben sich als Kreditgeber von Kaiser und Landesfürsten weitere Schürfrechte, organisierten den Abbau und die Verhüttung der Metalle und Erze, ebenso die Vermarktung, und entwickelten sich teilweise zu Monopolgesellschaften. Diese Monopole wurden zwar durch eine Antimonopolgesetzgebung des Reichstags schon früh gezügelt, aufs Ganze gesehen aber vom Kaiser und den höheren Reichsständen protegiert. *Drittens* konnte der Bergbau auf technologische Erfindungen zurückgreifen, wie das Saigerverfahren zur Trennung von Silber und Kupfer oder Pumpen zur Entwässerung der tiefer geführten Schächte. Darüber informiert die zeitgenössische Darstellung zur Metallgewinnung aus der Feder des Gregorius Agricola *De Re Metallica Libri XII* (Basel 1556). Und *viertens* wurde im Bergbau, wie im Verlagswesen allgemein, die für den modernen Kapitalismus typische Trennung von Kapital und Lohnarbeit noch entschiedener vollzogen als vorher.

Im Bergbau war der moderne Zug wirtschaftlicher Entwicklung unübersehbar. Hier wurde nicht nur das größte Wirtschaftswachstum erreicht, sondern auch eine besonders enge Verbindung von Produktion und Handel hergestellt – ganz im Sinne herrschaftlichen Territorialausbaus.

So wichtig der Bergbau war, die Rohstoffressourcen waren begrenzt und wurden gegen Ende des 16. Jahrhunderts allmählich von Überseeimporten ersetzt – ein Handel, der seinen Namen allerdings kaum verdient, da es sich dabei eher um Ausbeutung als um Austausch handelte. Insgesamt muss gesagt werden, dass das für eine Modernisierung der Wirtschaft notwendige Kapital weniger in der Förderung und Verarbeitung von Rohstoffen als vielmehr im Handel auf wachsenden lokalen, regionalen und überregionalen Märkten erwirtschaftet wurde. Und diese Märkte, so Franz Mathis, verdankten ihre Entwicklung in erster Linie dem beachtlichen Anwachsen der Bevölkerung im 16. Jahrhundert. Auch das war eine Entwicklung, die schon vor der Reformationszeit begann (s. Kap. 3,3). Deutlicher als vorher hat sich auch die Verlagerung des Handels vom Mittelmeerraum an die nordwesteuropäische und atlantische Küste der iberischen Halbinsel bemerkbar gemacht: nach Antwerpen, Gent, Brügge, Amsterdam, bald auch nach Lissabon. Diese Verlagerung der Handelswege hat den Mittelmeerhandel jedoch nicht zum Erliegen gebracht. Wichtige Güter aus diesem Raum haben weiterhin ihren Weg in den Nordwesten gefunden, wie auch der Handel mit Osteuropa belebt wurde. Größere Handelszentren bildeten sich in Nürnberg, Augsburg, Straßburg, Köln, Danzig und Hamburg aus. Frankfurt und Leipzig wurden als die wichtigsten Messeplätze ausgebaut.

Es ist nicht einfach, sich ein Urteil über den Entwicklungsstand der Wirtschaft in der zweiten Hälfte des 16. Jahrhunderts zu bilden. Hat sie sich gegenüber der Zeit vor der Reformation von Grund auf verändert, wie Max Weber beispielsweise annahm, oder ist das Begonnene nur, wie Franz Mathis meint, fortgeschrieben worden? Ein Maßstab, an dem der Modernisierungsgrad der Wirtschaft gemessen wurde, war die Antwort auf die Frage, ob mit der Reformation der moderne Kapitalismus zum Durchbruch gelangt sei.

An dieser Stelle muss kurz auf die berühmte These Max Webers eingegangen werden, in der eine Wahlverwandtschaft zwischen *Protestantischer Ethik und Geist des Kapitalismus* (1905) behauptet wird. Sicherlich hat die Reformation dazu beigetragen, eine Veränderung in der Gesinnung der Menschen zu erzeugen, die sich auf die alltäglichen Verrichtungen bezieht, vor allem auf das Berufsleben und das Erwerbsstreben. Die Reformatoren haben die Ethik menschlicher Vervollkommnung, die in der römisch-katholischen Kirche durch außerweltliche, auf das Heil im Jenseits ausgerichtete Askese vor allem vom Ordensklerus erreicht werden sollte, durch die Auffassung von der Gnadenwahl ersetzt, die eine innerweltliche Askese als Bewährung des Gnadenstandes im Alltag nach sich zog: im Beruf, der fortan nicht mehr als Fluch nach der Vertreibung aus dem Paradies verstanden wurde, sondern als Gottesdienst in aller Alltäglichkeit. Alles kam nun darauf an, ein Leben zur Ehre Gottes zu führen, dem Nächsten zu dienen, wie Luther betonte, aber auch, mehr an Johannes Calvin orientiert, die Güter dieser Welt zur Ehre Gottes zu vermehren. Um sich des göttlichen Ratschlusses der Erwählung oder der Verdammnis sicher zu werden, suchte der Mensch – so mehr im Calvinismus als bei Calvin selbst – nach den *vestigia praedestinationis* in seinem Erwerbsleben. Im Erfolg oder Misserfolg musste sich zeigen, ob er von Gott erwählt oder verdammt worden sei. Im Streben nach Heilssicherheit, nicht nach dem Heil, bildete sich eine auf Luxus und Genuss verzichtende, asketische Lebensführung aus, deren Sparsamkeit und rastlose Arbeit mit Gewinn belohnt wurde. Dieser Gewinn wurde wieder in den Wirtschaftskreislauf investiert und führte schließlich zu einer imponierenden Akkumulation von Kapital.

Diese These ist immer noch im Gespräch. Sie verbindet Wirtschaft mit Gesinnung und läßt den modernen Kapitalismus zu einem kulturgeschichtlichen Phänomen werden. Anders sieht das Friedrich-Wilhelm Henning in seinem *Handbuch der Wirtschafts- und Sozialgeschichte Deutschlands* (1991). Für ihn ist Sparsamkeit nur ein Hilfsmittel zur Steigerung des Kapitals, vor allem in der Aufbauphase eines Unternehmens, nicht aber der Motor wirtschaftlichen Erfolgs: „Nicht die Askese war entscheidend, sondern das innovative Verhalten und das Geschäftsgebaren." Und nach einer empirischen Bestandsaufnahme formuliert Franz Mathis zur These Max Webers: „für das 16. Jahrhundert jedenfalls ist sie ohne Bedeutung". Das schließt nicht aus, dass diese These zur Analyse der wirtschaftlichen Entwicklung in den folgenden Jahrhunderten, in einigen Wirtschaftssektoren oder Regionen nützlich sein könnte. Weber hat seine These am Typ des Unternehmers entwickelt, aber die sich hier ausbildende Mentalität auch auf die Arbeiter übertragen, die der Unternehmer beschäftigte: „Die Macht der religiösen Askese stellte ihm (dem Unternehmer) überdies nüchterne, gewissenhafte, ungemein arbeitsfähige und an der Arbeit als gottgewolltem Lebenszweck klebende Arbeiter zur Verfügung. Sie gab ihm dazu die beruhigende Versicherung, dass die ungleiche Verteilung der Güter dieser Welt ganz spezielles Werk von Gottes Vorsehung sei, der mit diesen Unterschieden ebenso wie mit der nur partikulären Gnade seine geheimen, uns unbekannten Ziele verfolge." Sicherlich hat die Reformation dazu beigetragen, eine Disposition für eine Wirtschaftsgesinnung zu schaffen, die eine Entwicklung zum modernen Kapitalismus begünstigte, auch wenn die Reformatoren sich oft gegen frühkapitalistische Praktiken wandten (Zins, Wucher, Fürkauf, berufliche Mobilität). Doch die konkreten Effekte dieser Gesinnung ließen im 16. Jahrhundert, besonders wohl unter den Lohnarbeitern, noch auf sich warten.

4. Kultur

Das kulturelle Leben, das vor allem in den Reichsstädten blühte, begann sich unter dem Einfluss von Buchdruck, Humanismus und Reformation zu verändern. Die neuen Medien, Flugschrift und Flugblatt, boten sich geradezu an, neue Ideen unters Volk zu bringen, Information, Propaganda, Polemik und religiöser Unterweisung eine weitreichende Resonanz zu verschaffen. So gelang es humanistischen und reformatorischen Anschauungen, schnell neue Multiplikatoren für sich zu gewinnen: bildende Künstler, Schriftsteller, Gelehrte, Buchhändler, die über Land zogen, Studenten, auch Handwerker, Bauern und fahrendes Volk. Das neue Medium intensivierte Kommunikation und inszenierte Agitation. Neu waren nicht nur die Inhalte kulturellen Schaffens, neu waren auch die Formen, die Wege der Verbreitung und die Art der Aufnahme, die diese Inhalte fanden. So war die Klerikerkultur im Zuge der „Medienrevolution", wie Johannes Burkhardt die Wirkung des Buchdrucks einschätzte, einer Laienkultur gewichen.

Die Reformation hat einen besonders starken Einfluss auf die bildende Kunst, auf Schule und Universität ausgeübt, allerdings nicht allein, sondern zumeist eng verknüpft mit Renaissance und Humanismus.

1. *Bildende Kunst.* Die bilderfeindliche Propaganda, die vor allem mit Karlstadts Flugschrift *Von Abtuung der Bilder* (1522) weite Verbreitung fand, und zahlreiche Bilderstürme in den frühen zwanziger Jahren verunsicherten manchen Künstler, der in der Tradition der klerikalen Kultur und ihrer reichhaltigen Emblematik verwurzelt war und von Aufträgen für die Kirche lebte. Diese Künstler wurden oft aus der Bahn geworfen und um ihren Verdienst gebracht. Die Aufträge für Tafel- und Altarbilder, für Kirchengerät und Skulpturen, für Kruzifixe und Epitaphien gingen schlagartig zurück oder blieben ganz aus. Viele Werkstätten mussten schließen, und ihre Mitarbeiter sahen sich gezwungen, im benach-

barten Handwerk unterzukommen. Oft blieb ihnen auch nichts anderes übrig, als die Obrigkeiten um Aufträge oder finanzielle Unterstützung zu bitten. Allerdings war auch das Handwerk, vor allem das für die Kirche arbeitende Gewerbe, in eine Krise geraten: Glockengießer, Goldschläger und Goldschmiede, Maler, Holzschnitzer, Glasmaler, Kerzenzieher, Paramentenmacher, Fischer und Hauspersonal („Pfaffenweiber"). Sie führten, wie auf einem Holzschnitt Sebald Behams zu sehen ist, Klage gegen Luther, der sie brotlos gemacht habe. So war es für bildende Künstler und Bildhauer besonders schwer, ihr Auskommen zu finden. Einige hatten sich zwar schon seit längerem nebenher auch dem Holzschnitt, der Porträt- und Landschaftsmalerei zugewandt, doch lukrativer als diese „säkulare" wäre immer noch die kirchliche Kunst gewesen. Wo diese Aufträge ausblieben, versiegte nicht nur die Quelle der Einnahmen, sondern auch der künstlerischen Kreativität, so dass Carl C. Christensen in *Art and the Reformation in Germany* (1979) von einem Niedergang der bildenden Kunst im Zeitalter der Reformation sprach.

Nur wenigen Künstlern, wie Albrecht Dürer, Lucas Cranach d. Ä. und Hans Holbein d. J., war es gelungen, sich in dieser angefochtenen Zeit zu behaupten. Dürer begrüßte die Reformation und unterstützte die Reformpolitik des Nürnberger Rates, auf die lutherische Geistlichkeit reagierte er aber kritisch und klagte über die sittliche Fruchtlosigkeit des evangelischen Glaubens. Gottfried Seebaß hat in seiner Untersuchung über *Dürers Stellung in der reformatorischen Bewegung* (1971) darauf aufmerksam gemacht, dass die Frage nach der konfessionellen Zugehörigkeit des Malers falsch gestellt sei, denn noch war die Reformation im Fluss, noch widersprachen sich nicht Zustimmung und Abwehr, künstlerisches Schaffen für die altgläubige Kirche oder für einen reformgesinnten Magistrat. Zahlreiche Bilder waren so konzipiert, dass sie gegenüber den spektakulären religiösen Auseinandersetzungen indifferent waren, wie die Porträts und Landschaftsaquarelle, andere wiederum atmeten den Geist der Reformation, z.B. die Darstellung der *Vier Apostel* (1526), die der Künstler dem Rat seiner Stadt für die Ausgestaltung der Ratsstube schenkte. Die *Vier Apostel* sind nicht Objekte der Verehrung oder Anbetung, sondern Zeugen, die auf die Gültigkeit der göttlichen Worte im profanen Raum hinweisen: „eine ganz laikale Äußerung", heißt es in Karl Arndts und Bernd Moellers kirchen- und kunsthistorischer Untersuchung (2003), „die der Gemeinschaft der Bürger dienen und ihr für die Gestaltung des Lebens in der Welt Hilfe bieten wollte". Dieses Werk ist ein Stück Laienkultur, ein Beispiel dafür, dass die Malerei, die religiöse Inhalte vermittelt, nicht der Klerikerkultur verhaftet bleiben muss, sondern, angeregt von reformatorischen Einsichten, Wege gefunden hat, religiöse Themen auf eigene Weise darzustellen. Dürer fühlte sich weder der römischen Kirche noch der reformatorischen Botschaft in einem strengen, fremdbestimmten Sinne verpflichtet. Verpflichtet fühlte er sich dem Wort Gottes, das Luther wiederentdeckt hatte. Wie der Reformator unter Hinweis auf ein Prophetenwort von der Unvergänglichkeit dieses Wortes (Jes. 40,8) sprach, hat Dürer seine *Vier Apostel* mit

Auf dem Weg zum „cuius regio, eius religio" (1555)   183

Abb. 47: Albrecht Dürer: Vier Apostel (1526).

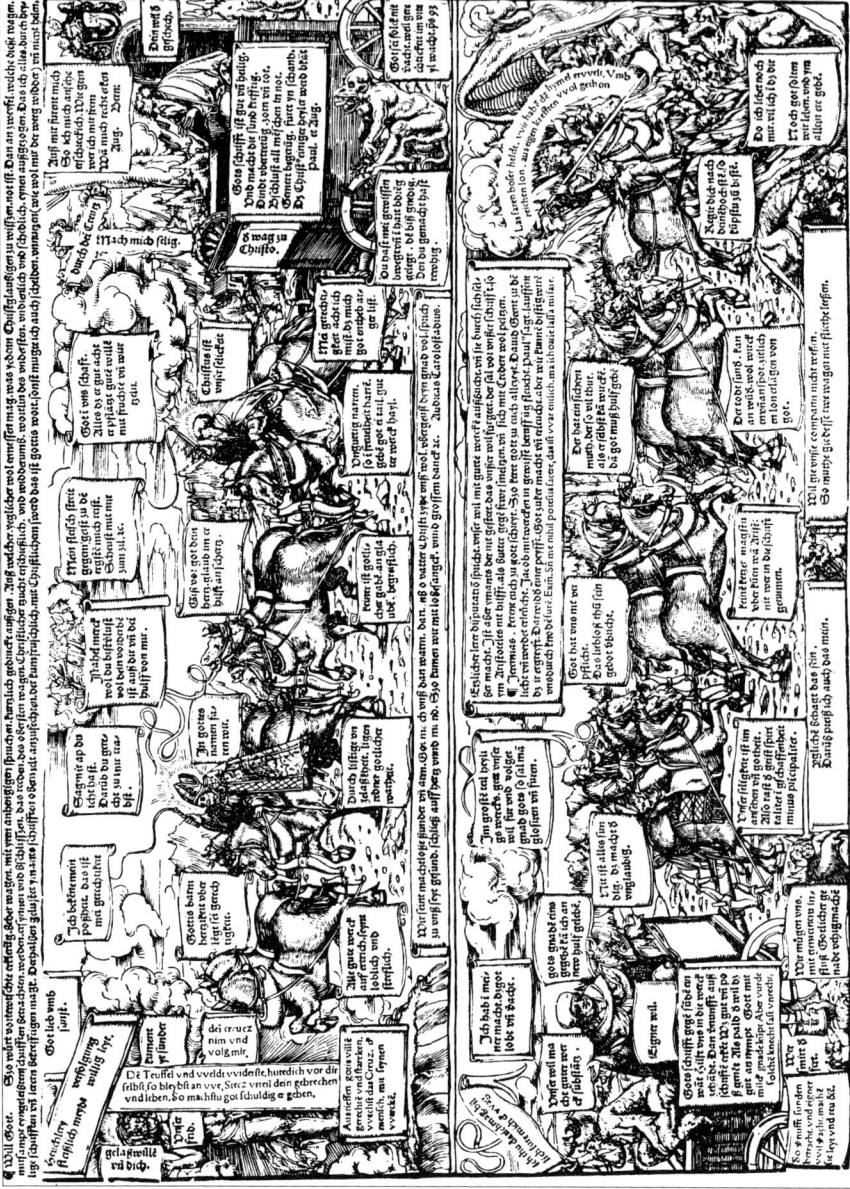

Abb. 48: Himmelwagen und Höllenwagen. Holzschnitt von Lucas Cranach d. Ä. mit Texten von Andreas Bodenstein, gen. Karlstadt, 1519.

"unvergänglichen Farben gemalt". Aus diesem Bildwerk spricht ein gestandenes, letztlich auch von Luther unabhängiges evangelisches Selbstbewusstsein, das mit dem künstlerischen Selbstverständnis übereinstimmt und den Rat der Stadt ermuntert, in der eingeschlagenen Reformationspolitik fortzufahren. Wort und Bild sind eine enge Symbiose eingegangen.

Besonders desolat war die Situation für die bildende Kunst in den schweizerisch-oberdeutschen Reformationsstädten. Hans Holbein d. J. beispielsweise sah in Basel, wo er als Illustrator der Heiligen Schrift reussierte, bald keine Möglichkeit mehr, sich künstlerisch zu verwirklichen. Er hatte sich einem erasmischen Reformverständnis angenähert, konnte aber eine radikalere reformatorische Propaganda und Agitation nicht mittragen. Ein Zeugnis davon legt sein Holzschnitt vom *Hercules Germanicus* ab (1523). Er befürwortete nicht das drastische Vorgehen Luthers gegen die philosophischen und theologischen Autoritäten der römischen Kirche, wie es auf den ersten Blick aussieht, sondern warnte in einem Anflug von Ironie vor dieser Radikalität. Holbein zog 1526 mit einem Empfehlungsschreiben des Erasmus über Antwerpen nach London an den Hof Heinrichs VIII. (1532) und führte dort seine Porträtkunst zu höchster Blüte.

Einen anderen Weg schlug Lucas Cranach d. Ä. in Wittenberg ein. Von Anfang an schloss er sich der Reformation an und stellte sich in den Dienst reformatorischer Propaganda und Unterweisung. Bereits mit dem *Himmel- und Höllenwagen* (1519) erarbeitete er mit Andreas Karlstadt ein bildnerisches Reformationsprogramm, danach auch mit Luther und mit Melanchthon. Am berühmtesten wurden seine Holzschnitte zum *Passional Christi und Antichristi* (1521). Neben zahllosen Holzschnitten, mit denen Flugschriften und Bibelübersetzungen Luthers illustriert wurden, trat er auch mit der bildnerischen Neugestaltung der Altäre in Schneeberg (1539) und Wittenberg (1547) hervor. Besonders einflussreich wurden seine Bilder zum Thema *Gesetz und Gnade* (1529). Hier ist mit Händen zu greifen, wie stark die Theologie Luthers die Konzeption seiner Bilder bestimmte. Diese Tradition des reformatorischen Bildprogramms führte sein Sohn Lucas Cranach d. J. fort und brachte beispielsweise den Reformationskonflikt mit der römischen Kirche in der frühreformatorischen Manier von Bild und Gegenbild zur Darstellung: *Unterscheid zwischen der waren Religion Christi/ vnd falschen abgöttischen lehr des Antichrists in den fürnemsten stücken*. Bekannt wurden auch seine reformatorischen Altarbilder von Weimar (1555), Kemberg (1565) und Dessau (1565).

Einen engen Anschluss an die reformatorische Propaganda suchten auch die Nürnberger Maler Sebald und Barthel Beham, Georg Pencz und Hans Greiffenberger, um nur diese zu nennen. Sie waren vor allem in der Flugblattillustration präsent und heizten mit ihren Holzschnitten die antiklerikale Auseinandersetzung ihrer Tage an. Auf ihre Arbeiten trifft der Begriff der Agitationskunst zu, den Horst Bredekamp in seiner Untersuchung zur *Kunst als Medium sozialer Konflikte. Bilderkämpfe von der Spätantike bis zur Hussitenrevolution* (1975) erläutert hat: hauptsächlich eine Kombination von Bild und Wort. Diese Künstler

Abb. 49: Lucas Cranach d. Ä. : Flügelaltar in der Stadtkirche zu Wittenberg. Mittelbild und Predella (1547).

Auf dem Weg zum „cuius regio, eius religio" (1555)

Abb. 50: Lucas Cranach d. J. : Allegorie der Erlösung, Altarbild, Weimar 1555.

Abb. 51: Lucas Cranach d. J.: *Unterscheid zwischen der waren Religion Christi und falschen Abgöttischen Lehr des Antichrists in den fürnemsten stücken* (ca. 1545).

hatten sich so intensiv in die reformatorischen Auseinandersetzungen eingemischt, Greiffenberger war sogar schriftstellerisch tätig, dass sie schon früh mit dem Nürnberger Rat in Konflikt gerieten und ihnen als den „drei gottlosen Malern" der Prozess gemacht wurde. Sie mussten die Stadt verlassen. Die stärkste Wirkung ging zweifellos von Sebald Beham aus, reichlich dokumentiert in der Darstellung Herbert Zschelletzschkys *Die „drei gottlosen Maler" von Nürnberg* (1975). So eng sich die Gebrüder Beham auch der Reformation angeschlossen hatten, konnten sie auch Arbeiten allgemein religiösen Inhalts schaffen und später sogar wieder in den Dienst katholischer Auftraggeber treten. Sebald Beham arbeitete für Kardinal Albrecht von Brandenburg und Barthel Beham für die Herzöge von Bayern. Auf die Seite der Reformation waren auch noch andere Künstler getreten: z.B. Erhard Schoen, Urs Graf, Jörg Ratgeb, Hans Burgkmair. Bedenkt man, wie intensiv die Mitwirkung dieser Künstler am Erfolg der reformatorischen Propaganda in der Bevölkerung war, wird es ein wenig problematisch sein, von einem Niedergang der Kunst im Zeitalter der Reformation zu sprechen, auf jeden Fall war die Agitationskunst zu erstaunlicher Reife gelangt, gemessen an der Kreativität und dem hohen künstlerischen Niveau des späten Mittelalters aber mag ein solches Urteil doch gerechtfertigt sein.

2. *Schulen.* Einen besonderen Einfluss übten die Reformatoren auf das Schulwesen aus. Standen die Schulen im späten Mittelalter noch weitgehend unter klerikaler Aufsicht, Kloster- und Domschulen, selbst Stadtschulen hier und da, lag Luther nun viel daran, Erziehung und Ausbildung in den Dienst des wiederentdeckten Evangeliums zu stellen. In den niederen und höheren Schulen sollte, wie in der *Adelsschrift* (1520) ausgeführt wurde, „die furnehmst vnd gemeynist lection sein/ die heylig schrifft/ vnnd den iungen knaben das Evangelij. Vnd wolt got/ ein yglich stadt/ het auch ein maydschulen/ darynnen des tags die meydlin ein stund das Euangelium horetenn/ es were zu deutsch odder latinisch." Die Lateinschulen, die inzwischen schon unter humanistischen Einfluss geraten waren, sollten, reformatorisch ausgerichtet, auf den Besuch der Universitäten vorbereiten, auf denen Lehrer, Pfarrer und Verwaltungsbeamte (Juristen) ausgebildet werden. Schulen und Universitäten wurden nach demselben Leitbild konzipiert. Sie sollten dazu beitragen, die Erneuerung der Christenheit zu fördern und in Reichsstädten und Territorien zu festigen. Man hat deshalb zu Recht von einem „funktionalistischen" Bildungsprogramm gesprochen.

Zunächst rechnete Luther mit der Einsicht der Eltern, ihre Kinder freiwillig in die Schulen zu schicken. Bald jedoch setzte er sich bei Magistraten und Höfen dafür ein, einen obligatorischen Schulunterricht im Elementarbereich (Lesen, Schreiben, Glaubensunterweisung) zu organisieren. „Wenn Schulen zunehmen, so stehets wol, und die Kirche bleibt rechtschaffen", soll er später in einer Tischrede gesagt haben, „junge Schüler und Studenten sind der Kirchen Samen und Quellen". Und noch einmal unterstrich er ganz deutlich: „Um der Kirche willen muß man christliche Schulen haben und erhalten; denn Gott erhält die Kirch durch Schulen, Schulen erhalten die Kirch."

Für den Ausbau des protestantischen Schulwesens haben sich vor allem Philipp Melanchthon und Johannes Bugenhagen eingesetzt. Auf sie gehen die meisten Schulordnungen zurück, die an vielen Orten mit den Kirchenordnungen entstanden. Zunächst strebte Melanchthon die Gründung einer *schola privata* an, die ihm dann als Grundmuster für die Lateinschule diente, von der er bereits in seinem *Unterricht der Visitatoren an die Pfarrherren im Kurfürstentum Sachsen* (1528) sprach. Gelehrt wurde vor allem die lateinische Sprache, vermittelt wurden auch Grundkenntnisse in Griechisch und Hebräisch. Mathematik, Geographie und Naturwissenschaften waren noch keine Unterrichtsfächer. Erreicht werden sollte mit den Lateinschulen eine geistliche und weltliche Elitebildung mit humanistischen Akzenten, die allerdings auf den Geist der Reformation ausgerichtet wurden. In weiten Gebieten wurde die schon im späten Mittelalter gegründete und humanistisch erneuerte Lateinschule Johannes Sturms in Straßburg zum Modell zahlreicher Neugründungen in der Reformationszeit. So wurde ein Bildungsnetz aufgebaut, das noch nicht überall gut funktionierte, aber doch die Voraussetzung für den akademischen Nachwuchs in den protestantischen Gebieten bildete.

Ein solches Bildungsnetz strebten in der zweiten Hälfte des 16. Jahrhunderts auch die Jesuiten an, die sich mit besonderer Energie des Schulwesens annahmen und von dem sie sich, mit altgläubigen Inhalten gefüllt, Rekatholisierungseffekte versprachen.

Wie wichtig das Schulwesen für die Erneuerung der Christenheit genommen wurde, zeigen schließlich auch die Experimente der Hutterischen Brüder in Mähren, die auf ihren Haushaben Kleine und Große Schulen einrichteten. In diesen gütergemeinschaftlich verfassten Gemeinden wurde die Erziehung von Anfang an in die Hände der Gemeinschaft gelegt, nicht nur die schulische Grundausbildung in Lesen, Rechnen und Schreiben, sondern auch schon die Erziehung im Vorschulbereich, der so genannten Kleinen Schule. Im Grunde waren das Kindergärten avant la lettre. Auch hier sind in der zweiten Jahrhunderthälfte zahlreiche Schulordnungen entstanden, die das Erziehungswesen regelten und immer wieder erneuerten. Am bekanntesten sind wohl die *Rede an die Schulmeister* und die *Schulordnung* Peter Walpots (1568), der mit den Missständen, die in den eigenen Gemeinden eingerissen waren, streng ins Gericht ging und den Schulmeistern ein stärkeres Engagement für die Kinder abforderte. Bodo Hildebrand beschreibt die Empfehlungen Walpots in der Untersuchung zur *Erziehung zur Gemeinschaft. Geschichte und Gegenwart des Erziehungswesens der Hutterer* (1993) so: Die Schulmeister sollen „ständig bei den Kindern sein. Abends sollen sie mit ihnen schlafen gehen und morgens mit ihnen aufstehen, und sie sollen die Kinder so liebvoll behandeln, als wären sie ihre eigenen." Die Kinder sollten zu körperlicher Hygiene und zur Gesundheitsvorsorge angeleitet werden, ihre Tagesabläufe wurden geregelt, die Zeiten des Lernens und der Rekreation, und die Aufgaben der Erzieher (Schulmeister) bzw. Erzieherinnen (Schulmütter) genau beschrieben. Auch wurde ihnen eingeschärft, nachsichtig und geduldig mit den Kindern umzugehen, „das kepfel nit auf ein mal sich vnder sten zu brechen, damit nit schaden daraus volge". Fortschrittlich sind nicht nur die zahlreichen Regelungen einer vita communis, einer Art Internats- oder Ganztagsschule, sondern auch die Einführung der Schulpflicht für alle Kinder in den hutterischen Gemeinden. Damit übertrafen die Hutterer die allgemeinen Schulordnungen ihrer Zeit bei weitem. Allerdings beschränkten sie sich auf den Elementarunterricht. Jede Form höherer Bildung schien ihnen für den Glauben abträglich zu sein. Das Erziehungsziel war, die Kinder in Stand zu setzen, die Heilige Schrift und die Erbauungsbücher der eigenen Glaubensgemeinschaft zu lesen. „Durch die Fähigkeit zu lesen und das eigene Bibelstudium wurde die christliche Lehre Gemeineigentum und verlor den Charakter einer Geheimwissenschaft, die im Besitz der römischen Priesterkaste zu jahrhundertelangem Missbrauch geführt hatte" (Bodo Hildebrand). Das war, grob skizziert, die Art der hutterischen Täufer, ihre Kinder zur religiösen Mündigkeit, zur Gelassenheit und zur Gemeinschaft zu erziehen – eine recht modern anmutende Bildungsvariante im 16. Jahrhundert, auf die der tschechische Reformpädagoge Joh. Amos Comenius später gelegentlich aufmerksam machen sollte.

3. *Universitäten*. Humanismus und Reformation waren dabei, auch die Universitäten zu verändern. Zunächst lässt sich feststellen, dass es dem Humanismus nicht leicht gemacht wurde, in den Lehrbetrieb der Universitäten einzudringen, und dass das Universitätsstudium mit dem Aufbruch der Reformation seine Anziehungskraft einbüßte. Die Zahl der immatrikulierten Studenten ging drastisch zurück, erholte sich aber später wieder. Besonders Wittenberg zog bald Studenten von weither an. Zunächst aber war die Situation desolat. Offensichtlich hatte die *Causa Lutheri*, von der überall zu hören war, die Studierwilligen verunsichert. „Seitdem das Evangelium seinen Weg durch die Welt angetreten hat", erinnerte sich Justus Jonas später, „sind viele Universitäten so gut wie ausgestorben, als ob das Studium jetzt, wo die wahre Methode, Theologie zu lehren und zu lernen, am Tag ist, ein Verbrechen und Schimpf wäre." Das wiederentdeckte Evangelium hatte wie ein reinigendes Gewitter gewirkt und den komplizierten scholastischen Lehrbetrieb lahmgelegt. Der Ansatz zur Erneuerung der Christenheit ist in seiner wirksamsten Form zwar im Schoß der Universität entstanden, er hat sie aber weit hinter sich gelassen. Außerdem schwand die Hoffnung auf einen sozialen Aufstieg als Kleriker – für viele ein Motiv zum Studium – und eine sichere Versorgung durch die Erlangung von Pfründen schnell dahin. Es gab zwar Hochschullehrer, die ihrer Universität den Rücken kehrten, wie Joachim Vadian (Wien) und Andreas Bodenstein von Karlstadt (Wittenberg), Luther aber ließ sich nicht beirren und behauptete seinen Platz im akademischen Lehrbetrieb. Er setzte sich für eine bessere Universität ein. Eine solche schien ihm für den erfolgreichen Fortgang der Reformation unentbehrlich zu sein. In seiner *Predigt, dass man Kinder zur Schule halten solle* (1530) sagte er: „Und kehre dich nichts dran,

dass jetzt der allgemeine Geizwanst die Wissenschaft so sehr verachtet und sagt: Ha, wenn mein Sohn deutsch schreiben, lesen und rechnen kann, so kann er genug; ich will ihn zum Kaufmann (in die Lehre tun). Sie sollen in Kürze so kirre werden, dass sie einen Gelehrten gern zehn Ellen tief aus der Erde mit den Fingern grüben." Und dann folgt die Begründung, an der Luther alles liegt: „Denn der Kaufmann soll mir nicht lange Kaufmann sein, wo die Predigt und die Rechte hinfallen, das weiß ich fürwahr. Wir Theologen und Juristen müssen bleiben, oder sie sollen allesamt mit uns untergehen (...). Wo die Theologen aufhören, da hört Gottes Wort auf und bleiben nichts als Heiden, ja nichts als Teufel; wo die Juristen aufhören, da hört das Recht samt dem Frieden auf und bleibt nichts als Raub, Mord, Frevel und Gewalt, ja nichts als wilde Tiere." Das ist ein frühes Zeugnis für die gesellschaftliche Relevanz von Theologie und Jurisprudenz, wie sie an den Universitäten gelehrt werden sollen. Ohne sie wird selbst der Kaufmann bitteren Schaden erleiden: „Was aber der Kaufmann erwerben und gewinnen wird, wo der Frieden aufhört, das will ich ihm alsdann sein Kassenbuch sagen lassen, und wie nütze ihm alsdann all sein Gut sein wird, wo die Predigt dahinfällt, das soll ihm sein Gewissen recht zeigen." Luther hat in einer humanistisch-reformatorisch erneuerten Universität eine wichtige Stütze für den Erfolg der Reformation gesehen.

Zu den wichtigen Änderungen zählt die Aufwertung der *Artes liberales* zur Fakultät, so dass die Fächer des bisherigen Grundstudiums (Grammatik, Rhetorik, Dialektik und Arithmetik, Geometrie, Astronomie, Musik) mit einigen Weiterungen (Poetik, Geographie und Geschichte) zu einer eigenen Fakultät neben Theologie, Jura und Medizin traten. Das war eine Entwicklung, die sich schon im 15. Jahrhundert anbahnte und in der Reformationszeit fortsetzte. So konnten allmählich grundlagenschaffende Wissensgebiete aus eigenem Recht entstehen. Die zunehmende Bedeutung der Artistenfakultät lässt sich an der Wittenberger Fakultät beispielsweise durch die Erhöhung des Lehrpersonals belegen. Melanchthon sah in seiner neuen Studienordnung für diese Fakultät zehn oder elf ordentliche Professorenstellen vor, während Theologie mit vier, Jura mit vier oder fünf und Medizin mit zwei Stellen ausgestattet wurden.

Verändert hatte sich auch die Einstellung der Studenten zum Lehrstoff. Sie waren jetzt nicht mehr an einen Magister gebunden, der sie durchs Grundstudium führte, sie konnten sich die Professoren vielmehr selber wählen und den Lehrstoff auf eigene Weise einteilen. Diese Veränderungen korrespondierten mit der Befreiung von klerikaler Bevormundung, wie sie die reformatorische Losung vom „Priestertum aller Gläubigen" mit sich brachte. Verändert hatten sich auch die Inhalte des Wissens, denen die Studenten zugeführt wurden. Es war nicht mehr der scholastisch aufbereitete Wissenskanon, der mit komplizierten Methoden zugänglich gemacht, sondern der Wissensschatz der Antike, der aktualisiert wurde. Alte Lehrtexte wurden ausgewechselt, die lateinische Sprache wurde in gereinigter Form gelehrt. Geändert hatte sich auch der Sinn, der mit dem Studium verbunden wurde. Im Sinne des Humanismus sollte es dazu dienen, die geistig-geistliche Persönlichkeit des Menschen zu entfalten, und im Sinne der Reformation sollten Theologen und Juristen, gute Kirchen- und Staatsdiener ausgebildet werden. Die Universität hatte also wissenschaftlich kontrolliertes Anwendungswissen zur Verfügung zu stellen und auf optimale Weise zu vermitteln. Um diesem Ziel zu dienen, kam es im Verlauf des 16. Jahrhunderts nicht nur zur Reform der Universitäten, sondern auch zur Gründung neuer Universitäten (z.b. Marburg, Jena, Helmstedt, Königsberg, Gießen, Rinteln). Zu den fünfzig bisherigen kamen ungefähr zwanzig neue Universitäten oder Akademien hinzu, darunter auch katholische wie Dillingen und Graz.

Reformiert wurden auch die höheren Fakultäten. Die Theologen sollten sich verpflichten, die Lehre in allen Teildisziplinen auf die Heilige Schrift zu gründen, und die Juristen wurden angehalten, das kanonische Recht aus dem Lehrkanon zu streichen. Weniger Interesse zeigte Luther an der medizinischen Fakultät, um so intensiver bemühte sich stattdessen Melanchthon darum, die bereits mit der *Parva Hippokratis tabula* 1519 begonnenen Reformen Peter Burckhards fortzuführen, die scholastische Medizinliteratur zu verdrängen und das *Corpus hippocraticum* sowie die Schriften Galens in das Studium an der Wittenberger Universität einzuführen. Mit seinem einflussreichen *Commentarius de anima* (1540) bot er neben den Ausführungen zur Seele auch „eine umfangreiche Zusammenfassung des zeitgenössischen anatomischen und physiologischen Wissens" (Jürgen Helms). Noch herrschte das Textstudium in der Medizin vor, nur dass sich der Textkanon unter humanistischem Einfluss geändert hatte. Mit dem bahnbrechenden Werk *De humani corporis fabrica* des AndreasVesalius, dem Leibarzt Kaiser Karls V., kündigte sich auf der Grundlage anatomischer Sektionen ein empirisch orientiertes Medizinstudium an. Das berühmte Theatrum anatomicum in Leiden wurde erst zu Beginn des 17. Jahrhunderts eröffnet. Auch Vesalius diente der Körper im Grunde noch als Text, mit dessen Hilfe er die Texte der Antike hier und da korrigieren konnte, um immer näher an die ursprüngliche Quelle des Wissens über die Natur des Menschen zu gelangen. Die alten Autoritäten waren ihm nicht weniger wichtig als die neuen Beobachtungen am geöffneten Leichnam. Noch bewegten sich die Ansätze empirischer Forschung im Rahmen traditioneller Naturphilosophie. Das gilt auch für die empirisch gewonnenen Einsichten des Paracelsus, die einer Mischung aus naturwissenschaftlicher Beobachtung und alchimistischer Praxis entsprungen waren und in einer naturphilosophischen bzw. theosophischen Spekulation gipfelten.

Ähnliches gilt auch für die Astronomie. Einerseits hatte Nikolaus Kopernikus mit der Veröffentlichung seines Werkes *De Revolutionibus orbis coelestium* (1453) das ptolemäische Weltbild aus den Angeln gehoben und davon gesprochen, dass sich die Erde um die Sonne bewegt. Andererseits blieb die Astronomie noch eine ganze Weile eine Mischung aus astronomischer Berechnung und astrologischer Spekulation, ja, die Astrologie, die die rätselhaften Wirkungen der Gestirne auf die Menschen ergründen wollte, war das Reservoir wissenschaftlicher Neugier und astronomischer Erkenntnis. „Der Narr wird noch die ganze

Auf dem Weg zum „cuius regio, eius religio" (1555)

Abb. 52: Andreas Vesalius: *Über den menschlichen Körper* (1543), Titelblatt.

Astronomie auf den Kopf stellen", hatte Luther den Frauenberger Domherrn Kopernikus bei Tische kritisiert, in der Tat hatte Kopernikus das geozentrische Weltbild auf den Kopf gestellt, doch diese Einsicht setzte sich nicht in der Reformationszeit, sondern erst nach langwierigen Auseinandersetzungen wesentlich später durch. Der Weg zu empirischer Naturerkenntnis und naturwissenschaftlicher Theorie, mit Vesalius und Kopernikus übrigens von zwei Katholiken eröffnet, zeichnete sich zwar am Horizont des Reformationszeitalters ab, begangen wurde er aber noch nicht, zumindest nicht als alternativloser, streng wissenschaftlicher Zugang zur Natur. Dieser Weg wurde erst beschritten, als die Glaubensdominanz, die das funktionalistische Wissenschaftsverständnis der Reformatoren begründete, nachließ und die Naturphilosophie, die eine Analogie zwischen Makrokosmos und Mikrokosmos hergestellt hatte, ihre Überzeugungskraft verlor.

So stark die Glaubensdominanz in der Reformationszeit war, lag in ihr aber schon die Tendenz zur Befreiung des Wissens aus dieser Dominanz begründet. Luther hatte die Geltungsbereiche von Glauben und Wissen so unterschieden, dass sich beide nicht ins Gehege kamen und sich selbständig entfalten konnten. Mit seinem Rechtfertigungsverständnis, das die Welt nicht mehr als ein zu überwindendes Hindernis auf dem Weg zum Heil wahrnahm und ihr jede numinose Kraft absprach, das Verhältnis des Menschen zu Gott in irgendeiner Weise zu bestimmen, hatte Luther Vernunft und Wissen in die Säkularität entlassen. Die Welt konnte fortan als Welt wahrgenommen werden. Sie war nichts anderes mehr als nur Welt. So konnte sich das Wissen, das sich aus der Erforschung der Welt nährte und vermehrte, im Laufe der Zeit tatsächlich zu autonomem Wissen entwickeln. Doch das sollte noch dauern. Vorerst waren es nur zarte Regungen in diese Richtung, immer auch noch Verschränkungen des Wissens mit Forderungen des Glaubens, mit Naturphilosophie, auch mit Magie und Aberglauben, die den Charakter des Wissens ausmachten. Zweifellos aber war der Protestantismus bereits in der zweiten Hälfte des 16. Jahrhunderts, wie der Religionssoziologe Peter L. Berger in seinem Buch *Zur Dialektik von Religion und Gesellschaft* (1973) schrieb, „ein historisch entscheidendes Präludium der Säkularisierung".

12. KAPITEL
Späte Anläufe zur Reform
Katholische Erneuerung und Zweite Reformation

Die „Reformation" war das beherrschende Thema des 16. Jahrhunderts. Dass sich auch in der römisch-katholischen Kirche ein Prozess der Erneuerung vollzog, ist weniger beachtet worden. Die römische Kirche wurde oft in ihrem desolaten, reformbedürftigen Zustand geschildert, nicht aber als eine Kirche, die über zwei Jahrhunderte hinweg eine „katholische Reformation" durchlief. Darauf hat Hubert Jedin in seinem Buch *Katholische Reformation oder Gegenreformation?* (1946) hingewiesen. Ein Bemühen um Erneuerung setzte, wie er meinte, nicht erst mit der „Gegenreformation" in der zweiten Hälfte des 16. Jahrhunderts ein, sondern schon mit dem Ruf nach einer Reform der Kirche *in capite et in membris* (an Haupt und Gliedern), der im Zuge der konziliaren Bewegung des 15. Jahrhunderts immer wieder laut wurde. Mit diesem Hinweis wollte Jedin die „Gegenreformation" von dem Makel befreien, als habe die römische Kirche nur auf die Reformation der Abtrünnigen reagiert und sich auf dem Konzil zu Trient (1545 bis 1563), das die „Gegenreformation" einleitete, nicht aus der Kraft ihrer eigenen Tradition erneuert. Jedin wollte den Begriff der „Gegenreformation" nicht durch „katholische Reformation" ersetzen, sondern ihn nur ins rechte Licht rücken. Unter katholischer Reformation bzw. katholischer Reform verstand er „die Selbstbesinnung der Kirche auf das katholische Lebensideal durch innere Erneuerung" und unter Gegenreformation die „Selbstbehauptung der Kirche im Kampf gegen den Protestantismus". So hat er die evangelische Reformation aus dem historischen Prozeß gedrängt, indem er eine kontinuierliche Entwicklung von katholischer Reform zur Gegenreformation konstruierte. Die Gegenreformation wurde auf diese Weise zur letzten Etappe eines katholischen Reformprozesses. Fraglich ist jedoch, ob die recht disparaten Reformansätze des 15. und 16. Jahrhunderts wirklich die Stringenz aufweisen, die den Begriff einer „katholischen Reformation" rechtfertigen.

Auch Heinrich Lutz hat in seinem Buch über *Das Ringen um deutsche Einheit und kirchliche Erneuerung* (1983/87) die übliche Engführung historischer Darstellungen auf die evangelische Reformation in Deutschland erweitert und die katholischen Bemühungen um eine Erneuerung der Christenheit, die in Italien, Spanien und Frankreich allerdings stärker waren als in Deutschland, in seine Deutung der Zeit von 1490 bis 1648 einbezogen: „Und auch das Ringen um kirchliche Erneuerung, das seit Luthers Auftreten 1517 so stürmische Formen annahm, war schon in den vorreformatorischen Reformansätzen, im Humanismus und in dem deutschen Antikurialismus dieser drei Jahrzehnte am Werk" (zwischen 1490 und 1520). In eine ähnliche Richtung weist schließlich der Versuch Wolfgang Reinhards. Er hat die lutherische, reformierte und katholische Konfessionalisierung zu einem „konfessionellen Zeitalter" zusammengezogen – einem Epochenbegriff, der überzeugender sei als das „Zeitalter der Gegenreformation", das im Gegensatz zur erruptiv-vitalen Reformationszeit immer noch mit dem Odium der Rückständigkeit behaftet sei. Auch die katholische Kirche habe zur Entwicklung der „werdenden modernen Staatsgewalt" beigetragen.

1. Erneuerungsimpulse – mehr nicht

Auf den Reformkonzilen des 15. Jahrhunderts wurde nicht nur um eine Reform der Kirche *in capite et in membris* gerungen, sondern auch darum, wer die höchste Autorität in der Kirche für sich behaupten dürfe: das Konzil oder der Papst. Beschlossen wurden Reformen, die Missstände unter den „Gliedern" beseitigen sollten, jedoch nicht Reformen der Kurie und des Papsttums. Die strittigen Fragen, die Hoffnungen auf eine Erneuerung der Christenheit geweckt hatten, wurden letztlich zugunsten päpstlicher und kurialer Autorität entschieden. Von durchgreifenden, die gesamte Kirche erfassenden Reformen konnte nicht mehr die Rede sein, allenfalls von partikularen Korrekturen. Doch das untergrub den Anspruch der Kirche, „katholisch", d.h. allumfassend zu sein.

Nicht alle Aufforderungen zur Reform der Christenheit waren repräsentativ für die Kirche, ja, im Fall Girolamo Savonarolas in Florenz beispielsweise waren sie sogar subversiv. Das ging an die Wurzeln der Kirche, war radikal und, gemessen an der offiziellen Lehre, häretisch. Deshalb ist der reformbesessene Mönch auf der Piazza Signoria auch gehenkt und verbrannt worden. Auch die Kritik am Klerus, die im Volk nicht verstummte, hat kaum den Eindruck eines reformerischen Gesamtwillens der Kirche vermittelt: eher den Eindruck von einer existentiellen Sorge der Laien um ihr Heil. Weitere Zeichen einer Reform waren die Bemühungen in den Klöstern, die Ordensregeln strikt zu beachten, ebenso eine an monastischem Leben orientierte Frömmigkeit der Laien, die sich vermehrt zu Bruderschaften zusammenschlossen. Im Norden war es die *Devotio moderna*, die sich teilweise mit der Frömmigkeitspraxis aus dem Geist des Humanismus oder der spätmittelalterlichen Mystik verband (z. B. die „Brüder vom gemeinsamen Leben"). Bußprediger, die zur Umkehr aufriefen, zogen umher; gelesen wurden *De imitatione Christi* (1441) des Thomas a Kempis, das *Enchiridion militis Christi* (1502) des Erasmus von Rotterdam, das *Narrenschiff* (1494) des Sebastian Brant. Mit dem Ruf nach einer Erneuerung der Christenheit verbanden sich unterschiedliche Absichten und Ziele: Der Klerus wurde an seine vernachlässigten Amtspflichten erinnert, an moralische Integrität und solide theologische Bildung. Unter Laien und Klerikern wurde für religiöse Innerlichkeit und einfaches Leben in der Nachfolge Christi geworben. Mönche und Nonnen wurden ermahnt, ihre Gelübde zu halten, Bischöfe aufgefordert, intensiver als bisher ihren seelsorgerlichen Pflichten nachzukommen und ihre politischen und fiskalischen Ambitionen zurückzustellen. Immer wieder flammte auch Kritik am Papst und den finanziellen Praktiken der Kurie, in der Gravaminabewegung auf den Reichstagen und der Romschelte Ulrich von Huttens beispielsweise, auf. Gelegentlich wurde nicht nur eine Reform der Kirche erwartet, nicht nur eine *reformatio* von Praktiken und Gebräuchen, die sich von ihren apostolischen Ursprüngen entfernt hatten, sondern auch eine *renovatio* von Grund auf, eine Erneuerung von Kirche und Gesellschaft. Reformforderungen bezogen sich darüber hinaus auf unterschiedliche Bereiche: auf das Zusammenleben in Bruderschaften (besonders in Italien), auf gemeinsame Bibellektüre in Konventikeln, auf episkopale Verwaltung der Diözesen (besonders in Spanien), auf monastisches Leben, auf Priesterausbildung, Hospiz- und Armenwesen. Diese Bemühungen um eine Erneuerung der Christenheit waren eindrucksvoll, doch in sich disparat, oft nur Stimmen einzelner und nicht Bewegungen vieler, heftig umstritten, ohne inneren Zusammenhang und gebündelte Stoßkraft. Reformeuphorie hier und Krisenbewusstsein oder Abwehr von Reformzumutung dort: Daraus lässt sich keine Vorstellung von „katholischer Reform" oder „katholischer Reformation" an der Schwelle zum 16. Jahrhundert bilden.

Doch Ansätze dazu waren vorhanden. So kann das V. Laterankonzil (1512 – 1517) als eine letzte Anstrengung am „Vorabend der Reformation" gedeutet werden, Reformen unter päpstliche Kontrolle zu stellen. Aber die Reformeuphorie, die sich besonders an die Wiederaufnahme des von Papst Julius II. begonnene Konzil durch Leo X. knüpfte, wurde enttäuscht. Von den hochfahrenden Reformplänen, die auch die Kurie und die Inquisitionspraxis einschlossen, wurde kaum Durchgreifendes verwirklicht. Die Vorrangstellung des Konzils gegenüber dem Papst, wie sie auf den Konzilen von Konstanz (1414) und Basel (1431) beschlossen worden war, wurde widerrufen. Die Aufwertung der Bischöfe gegenüber der Kurie wurde nicht erreicht, der Streit zwischen dem Ordens- und dem Weltklerus um die Seelsorgebezirke wurde nicht wirklich beigelegt; und die Kontrolle über die Predigt, die oft in apokalyptische und astrologische Prophetie ausuferte, war nicht effektiv. Im Zeichen der Reform wurde die angestrebte Geschlossenheit der Kirche nicht erreicht.

Aus dem V. Laterankonzil ging die Kirche geschwächt hervor. Für eine Auseinandersetzung mit den Reformvorstellungen, die von Wittenberg und Zürich ausgingen, war sie nicht gerüstet. Was sie aufbot, waren die traditionellen Mittel der Diplomatie, der Inquisition und des Banns. Als das nicht verfing, griffen Theologen wie Johannes Eck, Thomas Murner und Johannes Cochlaeus zu apologetischen und satirisch-polemischen Mitteln – mit zweifelhaftem Erfolg. Die Flugschrift als neues Massenkommunikationsmittel stand eher den Reformatoren als den Altgläubigen zur Verfügung. Wirkungsvoller war die Politik des Kaisers auf den Reichstagen. Aber auch er konnte das Anschwellen reformatorischer Bewegungen nicht verhindern. Nach der *Protestation* evangelischer Reichsstände auf dem Zweiten Reichstag zu Speyer (1529) und der evangelischen *Confessio* auf dem Augsburger Reichstag (1530) erschöpften sich die Möglichkeiten des Kaisers immer mehr, den Siegeszug reformatorischer Veränderungen in Territorien und Reichsstädten aufzuhalten. Ein Reformkonzept Roms konnte der evangelischen Reformation nicht entgegengehalten werden.

Vor der Einberufung eines allgemeinen Konzils, das ein Auseinanderbrechen der Kirche hätte verhindern können, schreckte das Papsttum zurück. Noch war die Erinnerung an den Konziliarismus der Reformkonzile lebendig, die Kurie wollte die wiedererlangte Macht des Papstes nicht aufs Spiel setzen und den Kräften, die sich um die Reformation und die protestantischen Reichsstände scharten, keine Gelegenheit bieten, den Ausgang eines Konzils zugunsten der Reformation zu entscheiden.

Dennoch bemühte sich Rom weiterhin um Reformen. Einige Bischöfe gingen in Oberitalien mit gutem Beispiel voran, das Kardinalskollegium wurde erneuert und öffnete sich reformwilligen Mitgliedern. 1537 wurde ein Kommissionsbericht unter dem Titel *Consilium de emendanda Ecclesia* veröffentlicht, in dem vorgeschlagen wurde, die fiskalischen und politischen Strukturen der Kurie grundsätzlich zu ändern, das wildwuchernde Pfründenwesen neu zu regeln, Seelsorge und Predigt zu verbessern. Der Erfolg blieb jedoch aus.

Weitere Impulse zur Reform der Kirche gingen von einigen Orden aus, die vor der Jahrhundertmitte gegründet wurden. Zu beobachten ist, wie Ronnie Po-chia Hsia in seinem Buch über die *Gegenreformation* (1998) schrieb, „eine erneuerte Leidenschaft zur Gründung von Orden". Ignatius von Loyola hat 1534 die „Gesellschaft Jesu" (Jesuiten) ins Leben gerufen, und die Kapuzinermönche haben sich schon vorher von den observanten Franziskanern getrennt und einen eigenen Orden gegründet (1526). Sie verschrieben sich einem einfachen Leben, lebten vom Bettel und kümmerten sich um Kranke, Arme und Gestrandete. Neben diesen bedeutenden Ordensgründungen entstanden kleinere Orden in Italien und Frankreich: die Theatiner (Weltkleriker, 1524), Barnabiten, Somasker und Lazaristen. Bedeutsam ist auch die Gesellschaft der Ursulinen, die 1535 in Brescia gegründet wurde. Diese Orden bewegten sich noch in den herkömmlichen Bahnen monastischen Lebens. Neue Wege beschritten allerdings die Jesuiten. Sie unterzogen sich strengen Exerzitien, waren straff organisiert („Soldaten Jesu") und konzentrierten sich auf Lehre, Predigt, Seelsorge und Mission. Die größte Wirkung entfalteten sie mit der Errichtung zahlreicher Kollegien zur Ausbildung des Priesternachwuchses und mit ihrem Engagement im Erziehungswesen. Von ihnen gingen schließlich besondere Initiativen zur Bekämpfung des Protestantismus aus. Alles in allem: „Das jesuitische Projekt repräsentierte das militante, maskulinisierte Gesicht der katholischen Erneuerung und bildete die Kehrseite zu der Geschlechtsidentität, die von weiblichen Religiosen erwartet wurde" (R. P. Hsia). Die Jesuiten konnten sich schnell über ganz Europa verbreiten und fanden auch Eingang in die römische Kurie, in Universitäten und Beratungsdienste an den Höfen der Könige und Fürsten. Sie wurden zu einem wichtigen Motor der Gegenreformation. Doch in Deutschland hat sich ihr Einfluss – bis auf erste An-

Katholische Erneuerung und Zweite Reformation 201

Abb. 53: Kunst der Gegenreformation: Peter Paul Rubens: *Die Wunder des Heiligen Ignatius von Loyola* (um 1617).

12. Späte Anläufe zur Reform

Abb. 54: Antijesuitische Propaganda der Protestanten: Die Jesuiten werden als Kriegshetzer dargestellt, die verderblichen Einfluß auf die deutschen Fürstenhäuser ausüben (Radierung, 1620).

sätze in Bayern und die Gründung der Universitäten Dillingen (1564) und Graz (1585) – erst im 17. Jahrhundert geltend gemacht. Vorerst verlor die katholische Kirche immer noch an Boden und nahm Zuflucht zu den traditionellen Mitteln der Ketzerbekämpfung und der politischen Auseinandersetzung. Allmählich aber spitzte sich die Situation zu, so dass die römische Kurie sich schließlich bereit erklärte, auf dem Religionsgespräch zu Regensburg (1541) nach einer Übereinkunft mit den Protestanten zu suchen. Daran war besonders dem Kaiser gelegen. Er wollte das Reich vor einem Auseinanderbrechen bewahren und die ursprüngliche Einheit wiederherstellen. Die Gespräche scheiterten weniger am Verständnis der Rechtfertigungslehre, wohl aber an der Sakramentslehre und an der Auffassung von der Lehrautorität des Papstes. Streit entstand auch unter den Altgläubigen selbst. Kardinal Gasparo Contarini, der die päpstliche Delegation anführte, fiel in Ungnade, weil er sich in der Rechtfertigungslehre zu bereitwillig der protestantischen Position angenähert hatte, und der strengere Flügel der Altgläubigen, der eine Offensive gegen die Protestanten plante, hatte sich durchgesetzt.

2. Konzil und Gegenreformation

Auf Betreiben des Kaisers berief Papst Paul III. im Jahr 1545 ein allgemeines Konzil nach Trient. Zweierlei war zunächst umstritten: einmal der Ort dieser Versammlung und zum andern die Tagesordnung. Der Kaiser wünschte sich das Konzil an einem Ort im Reich und der Papst an einem Ort in seinem oberitalienischen Einflussbereich. Nach zähen Verhandlungen fiel die Entscheidung auf Trient. Diese Stadt wurde von einem Bischof regiert. Die Bevölkerung war italienisch, die Stadt gehörte aber als Hochstift zum Heiligen römischen Reich deutscher Nation. Sie lag an der Grenze des Reichs und konnte vom nahegelegenen Innsbruck, dem vorübergehenden Sitz des Kaisers, schnell erreicht werden. So war es dem Kaiser möglich, das Konzilsgeschehen durch Kuriere, die Nachrichten, Berichte und Anweisungen hin- und hertrugen, unmittelbar zu beeinflussen. Ihm war vor allem daran gelegen, den Anstoß, den die römische Kirche allgemein erregte, durch Reformen zu beseitigen, die Protestanten an den Beratungen zu beteiligen und die kirchliche Einheit wiederherzustellen. Doch der Papst bestand darauf, zuerst die theologischen Positionen der katholischen Kirche zu klären und die Protestanten, die sich schon weit von der römischen Kirche entfernt hatten, endgültig auszuschließen. Diese Unstimmigkeit wurde pragmatisch gelöst: Dogmatische und reformerische Fragen wurden nebeneinander beraten und entschieden.

Die Beratungen waren nicht einfach. Politische, nationale, theologische und kirchliche Interessen stießen aufeinander, gingen zeitlich begrenzte und wechselnde Allianzen miteinander ein und mischten sich in einem Diskurs, der über einen langen Zeitraum (von 1545 bis 1563) um die Erneuerung der Christenheit geführt wurde. Nicht nur in den frühen Jahren der Reformation wurde in einem Machtdiskurs über Reformen entschieden, sondern ebenfalls auf dem Konzil: Kaiser gegen Papst, Kurialisten gegen Episkopalisten, Reformer gegen Konservative.

Allerdings war die Ordnung des Diskurses hier so angelegt, dass die Protestanten, die den Reformdiskurs einst erst so richtig in Gang gesetzt hatten, nicht mehr ernsthaft am konziliaren Ringen um die Wahrheit der christlichen Botschaft beteiligt wurden. Auch ohne die Protestanten waren die Stimmen vielfältig und kontrovers, so dass der Ausgang des Konzils zunächst noch offen war. Der Kaiser war sich nicht sicher, ob eine Wiedervereinigung von Katholiken und Protestanten gelingen, und der Papst wusste nicht, ob er gestärkt oder geschwächt aus dem Konzil hervorgehen würde. Geprägt wurde die Atmosphäre des Konzils auch davon, dass Karl V. im Laufe des Konzils starb und sein Bruder Ferdinand I. den Thron bestieg, auch dass das Konzil in schneller Folge fünf Päpste erlebte und schließlich seine Beratungen unter dem Besorgnis erregenden Eindruck von Augsburger Interim, Schmalkaldischem Krieg, Augsburger Reichstag und päpstlich-französischem Krieg gegen Habsburg (Spanien) unter Papst Paul IV. (1556/57) geführt wurden.

Die Beratungen des Konzils erfolgten in drei Perioden: von 1545 bis 1548, von 1551 bis 1552 und von 1561 bis 1563. In der ersten Periode wurde über das

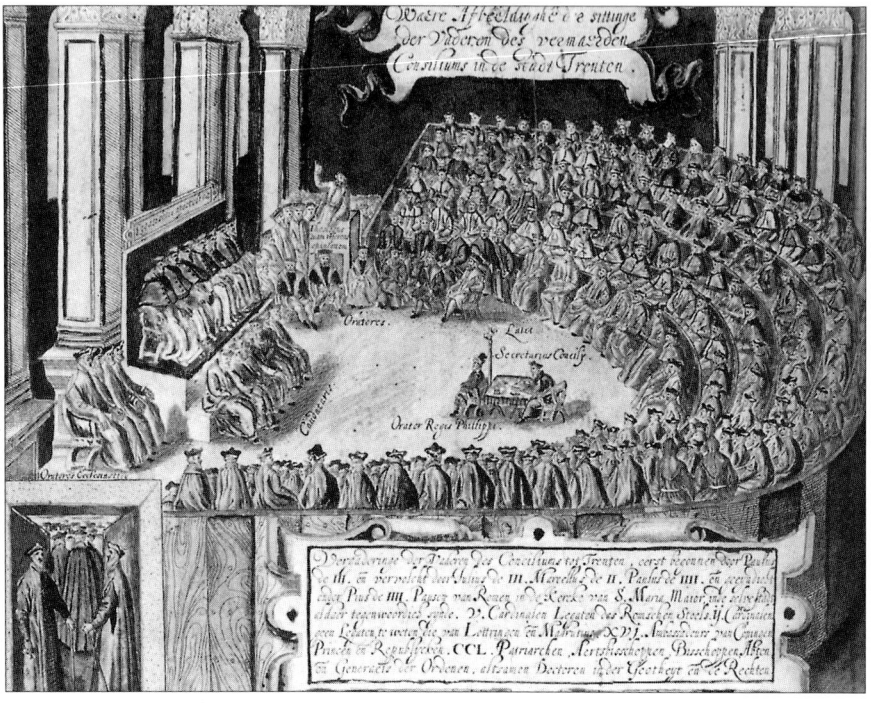

Abb. 55: Sitzung des Konzils von Trient in der Kirche S. Maria Maggiore während der letzten Sessionsperiode. Zeichnung in Matthias Burglehners *Der tirolische Adler*.

Schriftverständnis, die Lehre von der Erbsünde, die Rechtfertigungs- und die Sakramentslehre beraten und eine Antwort auf die Herausforderung durch das reformatorische *sola scriptura* und das *sola fide* gesucht. Beraten wurde auch über die Residenzpflicht der Bischöfe in ihrer Diözese, um die Seelsorge zu verbessern. Inzwischen hatten die Protestanten auf dem Zweiten Regensburger Religionsgespräch (1546) ein Konzil unter päpstlicher Suprematie abgelehnt und den Kaiser herausgefordert, gegen den Schmalkaldischen Bund militärisch vorzugehen – ein Kampf, der 1547 zur Niederlage der Protestanten bei Mühlberg an der Elbe führte. Jetzt war auch der Kaiser an einem abgrenzenden Rechtfertigungsdekret interessiert und ermunterte die von Kriegsangst verschreckten Konzilsväter zur Weiterarbeit. In einem Lehrsatz, der dem beschlossenen Dekret hinzugefügt wurde, heißt es: „Wer behauptet, dass der sündige Mensch durch den Glauben allein gerechtfertigt werde, und darunter versteht, dass nichts anderes als Mitwirkung zur Erlangung der Rechtfertigungsgnade erfordert werde, und dass es in keiner Weise notwendig sei, sich durch die eigene Willenstätigkeit zuzurüsten und zu bereiten, der sei ausgeschlossen." Hier wurde ein effektives, den Menschen durch die eingeflossene Gnade (gratia infusa) und seine eigenen Bemühungen veränderndes, also ein synergistisches Rechtfertigungsverständnis gelehrt.

Größere Schwierigkeiten als das Rechtfertigungsdekret bereitete den Konzilsvätern und Theologen das Dekret über die Reform der bischöflichen Seelsorge am Ort. Die Reformer traten für die Residenzpflicht der Bischöfe in ihren Diözesen ein und verlangten die Abschaffung der vom Papst gewährten Dispens für die Abwesenheit vom Amtssitz. Begründet wurde diese Forderung mit „göttlichem Recht". Eine solche Begründung aber hätte die geistliche Unabhängigkeit des Episkopats gegenüber dem Papst bedeutet – eine Forderung, die vom Papst und der Kurie abgelehnt wurde. Sie wollten nur eine Reform der „Glieder", jedoch nicht des „Hauptes" durch das Konzil zulassen. Das „Haupt" sollte sich, den Entscheidungen des Konzils entzogen, aus eigenem Recht erneuern. Hier kamen die Beratungen noch nicht zur Ruhe. Wie stark die Furcht der Kurie war, das Konzil könne sich über den Papst stellen, zeigt das Bemühen, das Konzil nach dem Sieg des Kaisers über die Protestanten bei Mühlberg von Trient nach Bologna zu verlegen. Auf diese Weise wollte Rom sich dem Einfluss des Kaisers entziehen und jedes Risiko vermeiden, der Kaiser könne den Widerstand der Protestanten brechen und sie bewegen, sich doch noch am Konzil zu beteiligen.

Auf Drängen des Kaisers wurde das Konzil jedoch zur zweiten Sitzungsperiode nach Trient zurückgerufen (1551 bis 1552). Es erschien zwar eine kleine protestantische Delegation, doch ihre Forderungen, die Suprematie des Papstes über das Konzil aufzugeben und alle bisherigen Entscheidungen einer Revision zu unterziehen, wurden zurückgewiesen. Die Kluft zwischen Protestanten und Katholiken war bereits so tief, dass sie sich nicht mehr überbrücken ließ. Das Konzil wurde unterbrochen. Nach dem Tod der reformwilligen Päpste Julius III. und Marcellus II. und dem Ausbruch eines erneuten Krieges der protestantischen Reichsstände unter der Führung des Kurfürsten Moritz von Sachsen gegen den Kaiser verschlechterten sich die Aussichten auf eine Einigung mit den Protestanten unter Papst Paul IV. weiter, und der Kaiser sah sich gezwungen, dem inzwischen in Augsburg ausgehandelten Religionsfrieden (1555) zuzustimmen. Die rigorose Abwehr des Protestantismus, die mit der Bestätigung der Transsubstantiationslehre, der Stärkung der Inquisition und der Erstellung eines Index verbotener Bücher erreicht werden sollte, hat das Gegenteil bewirkt: Die lutherische Konfession wurde reichsrechtlich anerkannt.

Als zur dritten Sitzungsperiode des Konzils nach Trient (1561 bis 1563) eingeladen wurde, hatte sich die Situation verändert. Frankreich und Spanien meldeten eigene Machtansprüche an, die lutherischen Reichsstände waren reichsrechtlich geschützt und die calvinistische Variante des Protestantismus begann, sich in Frankreich (Hugenotten), Deutschland und den Niederlanden zu entfalten. So spiegelte sich die politische Situation Europas in den letzten, übrigens gut besuchten Beratungen des Konzils wider.

In einem weiteren europäischen Kontext kamen teilweise die alten Beratungsthemen wieder zur Sprache, vor allem die Residenzpflicht der Bischöfe und

Priester. Es bildeten sich immer schärfer zwei Parteiungen heraus: die Kurialisten und die Episkopalisten. Die Spannungen, die hier entstanden, stürzten das Konzil in eine schwere Krise. Ein Ausweg wurde in einem Kompromiss gesucht. Es wurde beteuert, dass mit dem Argument des „göttlichen Rechts", das die Residenzpflicht der Bischöfe begründete, nicht Zweifel am Primat des Papstes geschürt, sondern nur die geistliche Autorität der Bischöfe in ihren Diözesen gefestigt würden. Im Grunde wurde dieses Problem aber nicht wirklich gelöst. Es flackerte bei jeder Gelegenheit wieder auf. Beraten wurde auch über die Reform des Pfarrklerus, um die Seelsorge wirkungsvoller zu gestalten, bestätigt wurde die herkömmliche Lehre von der Eucharistie und der Opfercharakter der Messe, neben allerlei kleineren Aspekten des kirchlichen Lebens auch das Sakrament der Ehe und der Weihe.

Das Konzil von Trient war ein langer, streitbarer Diskurs, in dem nicht in erster Linie die Geschlossenheit des Katholizismus vor Augen geführt, sondern in dem um eine Klärung der Probleme gerungen wurde, die sich der römischen Kirche mit der Reformation in Deutschland stellten. Zweifellos ist die Lehre der Kirche genauer als bisher definiert worden. Hier und da sind auch Reformansätze sichtbar geworden, vieles blieb aber ungeklärt (z.B. die päpstliche Machtstellung), war weiterhin umstritten oder hat sich nur mühsam durchgesetzt. Besonders zögerlich und spät geschah das in Deutschland. Wohl kam es zu einer Erneuerung des Bischofsdienstes in den Diözesen. Regelmäßige Visitationen wurden durchgeführt und die Ausbildung der Priester verbessert. Ein Beitrag zu einer durchgreifenden „katholischen Reformation" war das aber nicht, schon gar nicht eine Reform, die das Haupt der Kirche eingeschlossen hätte. Einerseits hatte sich das Papsttum den Erneuerungsbemühungen des Konzils entzogen, andererseits behielt es sich vor, die Dekrete des Konzils allein zu interpretieren. Gemessen an dem reformatorischen Aufbruch in Wittenberg, Zürich und Genf fehlte den katholischen Reformbemühungen die reformatorische Radikalität und Vitalität, die alle Schichten des Volkes erfasst hatten. Oft wurden nur Missstände beseitigt. Die Kirche hatte jedoch keine Kraft, sich von Grund auf zu erneuern. Das Konzil war Katalysator und Triebkraft der „Gegenreformation", die *Professio fidei tridentinae* (1564), in der Papst Paul IV. nach seiner Bestätigung der Konzilsdekrete den dogmatischen Gehalt der Konzilsentscheidungen als für seine Kirche verbindlich zusammenfasste, war das Bekenntnis einer Kirche, die nicht mehr „katholisch", d. h. allumfassend war. Was im konziliaren Diskurs entstand, war eine Konfessionskirche – mit einer Führung, die aus dem Konzil gestärkt hervorging und die sich nach und nach „monarchisch-absolutistisch" entwickelte. Die *Professio fidei* gilt als das „katholische Gegenstück" zu den Bekenntnisschriften im Protestantismus und führte „zu einer größeren Einheitlichkeit der katholischen Kirche, als sie die Kirche des Mittelalters jemals gekannt hätte", so äußerte sich Harm Klueting in seiner Darstellung *Das konfessionelle Zeitalter* (1989). Ihr folgten der *Römische Katechismus* (1566), das *Römische Brevier* (1568) und das *Missale Romanum* (1570). Auf diese Weise fügte sich die Kirche des Tridentinums in den allgemeinen Trend zur Konfessionalisierung in Deutschland ein.

Die Initiative zur „Gegenreformation" ging nach dem Konzil in die Hände weltlicher Obrigkeiten über, die in einigen Gegenden nicht nur mit administrativen, sondern auch mit militärischen Mitteln (z.b. Köln, Konstanz, Aachen, Salzburger Land, Innerösterreich, Niederösterreich) eine Rekatholisierung der Territorien und Reichsstädte betrieben.

Die Rekatholisierung war kein gleichförmiger Prozess. Das hat Heinrich Richard Schmidt in seiner enzyklopädischen Darstellung der *Konfessionalisierung im 16. Jahrhundert* (1992) an österreichischen Beispielen kurz beschrieben. In Innerösterreich kam es über einen längeren Zeitraum hin zu einer obrigkeitlich gelenkten, militärisch gestützten, fast vollständigen Rückführung der Bevölkerung zum Katholizismus. In Niederösterreich gelang es, die evangelischen Gemeinden auf Adelskreise zu beschränken und die Bevölkerung an die altgläubige Landesherrschaft zurückzubinden. In Tirol wiederum ging die Rekatholisierung von den Bischöfen in Brixen und Trient, nicht von der Landesherrschaft aus. Hier wurde das spätmittelalterliche, weltliche Kirchenregiment sogar aufgelöst und die Kirche in ihrem eigenen Recht wieder zum Zuge gebracht. Auch die Rekatholisierung der geistlichen Herrschaften, besonders Köln und Münster, vollzog sich auf zwanghafte und gelegentlich gewaltsame Weise. Hier verlief der Prozess oft schleppender als in weltlichen Territorien. Rekatholisiert wurden auch einige Reichsstädte. Arno Herzig erwähnt in seiner Abhandlung, die den Titel *Der Zwang zum wahren Glauben. Rekatholisierung vom 16. bis zum 18. Jahrhundert* (2000) trägt, Konstanz, Donauwörth, Aachen und beschreibt auch sonst die komplizierten Vorgänge der Rekatholisierung, wie sie unter verschiedenen politischen und kirchlichen Bedingungen durchgeführt wurde. Unter Berufung auf den Augsburger Religionsfrieden (1555) wurde viel Druck auf die Bevölkerung ausgeübt und ein Zustand geschaffen, der alles andere als friedlich war – weder nach innen, noch nach außen. Es lag Spannung, schließlich auch Krieg in der Luft.

2. Zweite Reformation – ein Idealtypus

Der Augsburger Religionsfrieden von 1555 hatte nicht zu einer Befriedung der sich herausbildenden Konfessionen geführt, sondern, wie sich bereits andeutete, zu einer Polarisierung konfessionalisierter Territorien und Reichsstädte. Entscheidende Impulse gingen dabei von der „Gegenreformation" und vom Calvinismus aus, der außerhalb der Grenzen des Reiches auf den Plan getreten und starken Verfolgungen, wie in der Bartholomäusnacht (1572), ausgesetzt war. Im deutschen Protestantismus wuchs die Furcht vor einem theologisch belebten und politisch aggressiven Katholizismus. Alle Bemühungen waren nun darauf gerichtet, die „letzten Reste katholischer Elemente aus Lehre und Leben der protestantischen Kirchen" zu beseitigen, die Reformation zu vollenden und „damit für den neuerstarkten Katholizismus unangreifbar zu machen – so Heinz Schilling in einem einflussreichen Aufsatz über „Die „Zweite Reformation" als Kategorie der Geschichtswissenschaft" in dem von ihm herausgegebenen Symposionsband *Die reformierte Konfessionalisierung in Deutschland – Das Problem der „Zweiten Reformation"* (1986). So haben sich in den sechziger und siebziger Jahren des 16. Jahrhunderts die Auseinandersetzungen um ein geschlossenes Bekenntniswerk in den lutherischen Kirchen verstärkt und schließlich zum *Konkordienbuch* (1580) geführt. Eine ähnliche Tendenz zeichnete sich in reformierten Kirchen ab, die sich unter dem Eindruck der Reformation in Genf und reformierter Exulanten aus Frankreich und den Niederlanden in deutschen Territorien und Städten zu bilden begannen. Das besondere Merkmal der meisten reformierten Kirchen auf deutschem Boden war, dass sie von den Territorien oder städtischen Obrigkeiten geschaffen wurden, die sich zuvor noch zum Luthertum bekannt hatten: in Nassau-Dillenburg (1557), in der Kurpfalz (1561), in Wesel (1564), in Grafschaften der Wetterau (1567/77), in Bremen (1581), in Kursachsen (1587/88), im Herzogtum Zweibrücken (1588), in Emden (1589), in Colmar (1589), in der Grafschaft Lippe (1601), in Bentheim (1602), in Herzogtümern Schlesiens (1609), in Anhalt (1596). In Brandenburg wandte sich Kurfürst Johann Sigismund mit seinem *Reformationswerk* 1613 dem calvinistischen Bekenntnis zu, er verfolgte allerdings nicht die Absicht, dieses Bekenntnis gegen die lutherische Bevölkerung landesweit durchzusetzen.

Im Zentrum der Theologie Johannes Calvins, der mit seiner *Institutio christianae religionis* (1536) die weitere Entwicklung des Reformiertentums prägte, standen die „Ehre Gottes" (gloria Dei) und das „Reich Gottes" – Vorstellungen von der Herrschaft Gottes, die in der Lehre von der Vorherbestimmung des Menschen zum Guten oder zum Bösen, zum Erwählten oder Verdammten ihren besonderen Ausdruck fand. Auch das ist ein Beitrag zur Metapher von der „zertrennten Welt".

Mit dieser Prädestinationslehre wollte Calvin die Menschen nicht dazu bewegen, sich in ihr Schicksal zu ergeben. Er wollte vielmehr einzig und allein die Souveränität Gottes gegenüber den Menschen herausstellen. Das war nichts anderes als eine radikalisierte Form der lutherischen Rechtfertigungslehre. Mit der Prädestinationslehre sollte sichergestellt werden, dass Gott sich das Heil, nach dem der Mensch verlangt, nicht abkaufen lässt. Der Mensch kann für sein Heil überhaupt nichts tun. Dafür hat Gott schon alles in Kreuz und Auferstehung Jesu Christi selbst getan. Über das Heil ist bereits entschieden, bevor der Mensch danach fragt. Doch das sollte nicht die religiöse Aktivität des Menschen lähmen, ganz im Gegenteil: Der Mensch ist aufgerufen, alles, was er tut, zur „Ehre Gottes" zu tun und in dem Bemühen nicht nachzulassen, an der Herstellung des göttlichen Reichs zu arbeiten. Auch wenn dieses Reich unter den Bedingungen irdischer Existenz nicht zu verwirklichen sei, sollte jeder Gläubige doch mit allen Kräften danach streben, es herbeizuführen. Stärker als im Luthertum wurde auf diese Weise die ethische Konsequenz betont, die aus dem neuen Glaubensverständnis zu ziehen sei, auch die Rolle, die der weltlichen Obrigkeit bei der Schaffung des göttlichen Reiches zukomme. Ihr wurde zwar keine kirchenleitende Funktion übertragen, wie das trotz der so genannten Zwei-Reiche-Lehre im Luthertum geschah, sie wurde aber darauf verpflichtet, sich allen Kräften zu widersetzen, die sich der Schaffung des göttlichen Reiches in den Weg stellten und die Konformität des Bekenntnisses im eigenen Herrschaftsbereich beeinträchtigten. Das ausgewogene Verhältnis zwischen presbyterial-synodaler Kirchenleitung und obrigkeitlicher Sorge für die Kirche, in dem Calvin die Freiheit der Kirche gegenüber dem Staat begründet sah, verschob sich schließlich im Konzept des Heidelberger Mediziners Thomas Erastus zu Gunsten einer landesfürstlichen Kirchenherrschaft und wurde von einigen protestantischen Landesherren aufgegriffen, die in ihm eine besondere Chance sahen, die innerlutherischen Streitigkeiten zu überwinden und ihre Territorien in einer politisch bedrohten Lage nach innen und außen zu festigen.

Der Wechsel von der lutherischen zur reformierten Konfession wurde vor allem von Heinz Schilling mit dem Begriff der „zweiten Reformation" beschrieben – ein Begriff, der Folgendes meint: 1. Der reformierten Reformation muss eine lutherische Reformation vorausgegangen sein. 2. Die zweite Reformation vollendet die erste. Zielte die erste auf eine Erneuerung der „Lehre", so die zweite auf eine Erneuerung des „Lebens". 3. Die zweite Reformation liegt vor allem im Interesse der Obrigkeiten und wurde von ihnen offiziell eingeführt, um das Staatswesen nach innen und außen zu festigen. 4. Die zweite Reformation ist reformierte Konfessionalisierung, wie sie in einigen deutschen Territorien und Reichsstädten zu einem fundamentalen Wandel geführt hat – nicht immer auf ein und dieselbe Weise, auch nicht ohne auf Widerstand zu stoßen, sondern je nach politischen und dynastischen Gegebenheiten auf durchaus verschiedene Weise. Sie stellt nach Schilling die prägnanteste Form der Konfessionalisierung in Deutschland dar.

Der Begriff der zweiten Reformation ist auf Kritik gestoßen. Bemängelt wurde vor allem, dass mit ihm das Selbstverständnis der reformierten Kirchen in das historische Urteil übernommen und die lutherische Reformation als defizitäre Erneuerung abgewertet worden sei. Nach einer lebendigen Diskussion, die in dem erwähnten Symposionsband dokumentiert ist, bestand Schilling nicht mehr auf dem Begriff, wohl aber hielt er an der gemeinten Sache fest: der „Konfessionalisierung des Reformiertentums" als politisch und kirchlich geprägter gesellschaftlicher Fundamentalvorgang auf dem Wege zu einer Modernisierung des Staatswesens. Wenn mit dem Begriff der „zweiten Reformation" nicht die Wertung der Reformierten übernommen wird, eine gegenüber dem Luthertum bessere Reformation darzustellen, sondern nur die Absicht verfolgt wird, das reformierte Spezifikum der Konfessionalisierung zum Ausdruck zu bringen, ist es aus forschungsstrategischen Gründen doch angebracht, diesen Begriff weiterhin zu verwenden.

Der zweiten Reformation lag ein theologisches Konzept zu Grunde, das sich deutlich vom lutherischen Kommunalisierungsmodell unterschied, auch von den frühreformatorischen Impulsen, die einst von Zürich ausgingen und in den oberdeutschen Raum, zeitweise auch nach Westfalen und Ostfriesland hineinwirkten, ebenso vom Luthertum melanchthonischer Prägung, das sich dem reformierten Abendmahlsverständnis, einem humanistisch geprägten Menschenbild und Heilsverständnis (Mithilfe des menschlichen Willens beim Empfang der Gnade, Anflug von Synergismus) und dem *tertius usus legis* (Notwendigkeit guter Werke im Stand der Glaubensbewährung) angenähert hatten (Philippisten). Die frühreformatorischen Impulse verstärkten den kommunalistischen Zug reformatorischer Bewegungen, die reformierten Impulse der späteren Zeit – bis auf die freikirchlich verfassten Exulantengemeinden – unterstützten dagegen die Bemühungen der Landesherren, ihre Territorien zu moderner Staatlichkeit zu führen. Es war nicht mehr der Kommunalismus, sondern der Etatismus, mit dem sich die Ausdrucksformen reformierter Religiosität verbanden, sofern sie den weiteren „Gang der Kultur" (Leopold v. Ranke) bestimmten. Und im Hinblick auf das Luthertum war es nicht die Lehre, die sich am Heilsindividualismus orientierte, sondern das Leben, das mit Ordnung und Institution, Kirchenzucht, Sozialdisziplinierung und Rationalität des Kultus umschrieben wird. Magisch-sakramentale Reste des altgläubigen Rituals, der Liturgie und Frömmigkeitspraxis wurden getilgt, Bilder und Altäre wurden aus den Kirchen entfernt, auch was sich davon noch in den lutherischen Kirchen erhalten hatte, wurde beseitigt. Das Abendmahl, das symbolisch aufgefasst wurde, anders als im Katholizismus und im Luthertum, wurde am Tisch und nicht am Altar gefeiert, es wurden nicht Oblaten gereicht, es wurde, wie im biblischen Bericht, das Brot gebrochen. Alles wurde entsakralisiert und veralltäglicht. Sicherlich haben manche dieser Kritikpunkte auch im Luthertum eine Rolle gespielt, mit dem Akzent, der auf die praktische Bewährung bzw. die Aufweisbarkeit des Glaubens in den Werken gelegt wurde (*syllogismus practicus*), rückte die Weltgestaltung ins Zentrum theologischer und kirchlicher Aufmerksamkeit.

Das theologische Anliegen, die Welt neu zu gestalten, verband sich mit dem Anliegen der Obrigkeiten, ihre Territorien auf die Höhe der Zeit zu führen. Die Landesherren größerer Territorien, z. B. der Kurpfalz oder Brandenburgs, ebenso kleinerer Grafschaften, in der Wetterau, in Westfalen, am Niederrhein oder in Schlesien, entschlossen sich nicht nur aus opportunistischen Gründen für das reformierte Bekenntnis, sondern aus religiöser Überzeugung. Nur so erklärt sich das Risiko, das sie eingingen, sich einer Konfessionsform zuzuwenden, die reichsrechtlich nicht geschützt war. Religiöse Überzeugung, theologisches Konzept und politische Erwägung verbanden sich, wie Heinz Schilling meint, zur Konfessionalisierung der Gemeinwesen im Sinne einer „zweiten Reformation".

Nicht immer vollzog sich der Prozess dieser Reformation reibungslos. Der Wille des Herrschers und derjenigen, die ihn unterstützten (Räte, Gelehrte, Beamte, Geistliche), ließ sich oft nicht gleich oder überhaupt nicht in der lutherischen Geistlichkeit und Bevölkerung durchsetzen. Tief in volkskultureller Frömmigkeit oder im lutherischen Bekenntnis und Gottesdienst verwurzelt, verhielten sie sich renitent. Der „gemeine Mann" sperrte sich gegen den Konfessionswechsel ebenso wie zahlreiche lutherische Pfarrer, die eher eine Ausweisung riskierten, als sich dem Bekenntnis der Herrschaftselite zu beugen. Anders als im Katholizismus und im Reformiertentum hatte sich im Luthertum ein Konfessionsbewusstsein, wie Heinrich Richard Schmidt in *Konfessionalisierung im 16. Jahrhundert* (1992) meinte, offensichtlich schon früher ausgebildet. Nur so vermag sich der teils heftige Widerstand gegen Rekatholisierung und Zweite Reformation zu erklären.

In Kursachsen ließ sich das calvinistische Bekenntnis, nach einer Vorbereitungsphase von Philippismus und Kryptocalvinismus, nur für kurze Zeit unter Kurfürst Christian I. (1586 – 1591) durchhalten. Um so heftiger verlief der Relutheranisierungsprozess in diesem Stammland der Reformation. Die Calvinisten jedoch, die sich in der Diaspora wiederfanden, wurden, wie Heinz Schilling in *Aufbruch und Krise* (1988) schrieb, „zur Hefe der zweiten Reformation in Deutschland". In Brandenburg verzichtete das Herrscherhaus, das zum Calvinismus übergetreten war, darauf, dieses Bekenntnis in der Bevölkerung durchzusetzen – ob aus Furcht vor den Widerständen oder aus einem Anflug von Toleranz, bleibt ungeklärt. Das calvinistische Bekenntnis galt bei Hofe und in der Beamtenschaft – kaum darüber hinaus. Wo sich reformierte Gemeinden bildeten, wurden sie vom Herrscherhaus gefördert. Auf breiterer Front durchsetzen konnten sie sich aber nicht.

Wie schwierig es war, das reformierte Bekenntnis in der Bevölkerung zu verankern, hat Volker Press auf eindrucksvolle Weise in dem erwähnten Symposionsband gezeigt. In der Rheinpfalz knüpfte Friedrich III. (1559 – 1576) an die Tradition des Philippismus an, auch an die bisherige Neigung des Hofes, sich „durchaus passiv gegen evangelische wie altkirchliche Tendenzen" zu verhalten und einen eigenen Weg in einer komplizierten außenpolitischen Lage zwischen dem Reich, dem Satellitensystem benachbarter Herrschaften und westeuropäischen Ländern zu suchen. Um diesen Weg durchzuhalten, legte sich ihm das reformierte Bekenntnis nahe – 1563 wurde mit dem *Heidelberger Katechismus* sogar ein eigenes Bekenntnis veröffentlicht, das im Laufe der Zeit einen weitausgreifenden Einfluss ausübte. Unterstützt wurde der Kurfürst von reformierten Gelehrten am Hof und an der Universität in Heidelberg, die sich nach und nach zu hohem Ansehen in west- und osteuropäischen Ländern entwickelte. Darüber schrieb Eike Wolgast in seiner Abhandlung *Reformierte Konfession und Politik im 16. Jahrhundert* (1998): „Heidelberg war möglicherweise, wie Erich Truntz 1931 meinte, „der Mittelpunkt des deutschen Späthumanismus", aber es war um 1600 kein Zentrum geistig-kultureller Innovation oder doch nur in bescheidenem Ausmaß." Für die lutherischen Territorien stellte der Konfessionswechsel in der Pfalz eine Herausforderung dar. Sie sahen darin eine Schwächung der evangelischen Stände im Reich. Herzog Christoph von Württemberg versuchte zwar, seinen kurpfälzischen Vetter umzustimmen, aber das Maulbronner Religionsgespräch scheiterte, und der Kurfürst sah sich auf dem Augsburger Reichstag von 1566 gezwungen, den Vorwurf zu entkräften, er sei vom lutherischen Bekenntnis abgewichen. Er beharrte vielmehr darauf, fest auf dem Boden der Confessio Augustana zu stehen. Doch es war weniger seine Überzeugungskraft als vielmehr die Furcht der evangelischen Reichsstände vor den Katholiken, die ihn vor einem Entzug des Friedensschutzes bewahrte. Nach dem Tod Friedrichs bekannte sich Ludwig VI. (1576 – 1583) zum Luthertum und widerrief die Entscheidungen seines Vaters. Zahlreiche Pfarrer mussten ins Exil gehen. Fortgesetzt wurde die reformierte Konfessionspolitik wieder unter seinem Bruder Johann Casimir (1583 – 1592), der die Regentschaft für dessen Sohn Friedrich IV. übernommen hatte, dann Friedrich IV. (1592 –16610) selbst und Friedrich V., der 1618 schließlich zum König von Böhmen gewählt wurde. Die politischen Auseinandersetzungen und Rücksichtnahmen aber waren nicht unerheblich. Die reformierte Konfessionalisierung erwies sich als ein schwieriger Prozess, der sich nach Volker Press kaum mit dem Begriff einer „zweiten Reformation" fassen lässt. Eher eignete sich dieser Begriff seltsamerweise für eine noch schwierigere reformierte Konfessionalisierungspolitik in der Oberpfalz. Hier gelang es nicht, den Widerstand des Luthertums endgültig zu brechen. Doch die Konsequenzen, die aus dem reformierten Bekenntnis gezogen wurden, waren ein „Import" und kommen der Definition der „zweiten Reformation" näher, während in der Rheinpfalz ein urwüchsiges Reformiertentum aus den religiösen und außenpolitischen Traditionen des Kurfürstentums entstanden war.

Das Konzept der zweiten Reformation, meinte Volker Press, sei nützlich als „heuristisches Prinzip" für die Forschung und führe tief in die „allgemeinen Entwicklungstendenzen des kulturellen Landesstaates", die Kurpfalz aber, die als Prototyp für die zweite Reformation gilt, entzöge sich diesem Modell „weithin". Offensichtlich ist es mehr als problematisch, die Erkenntnisse, die Heinz Schilling am Beispiel der Grafschaft Lippe gewonnen hat, zu verallgemeinern. So legt sich folgendes Argument nahe: Der Begriff der „zweiten Reformation" ist kein „Realtypus" reformierter Konfessionalisierung. Allenfalls kann er als „Idealtypus" gelten, der sich eignet, die „ganze Menge politischer, militärischer, administrativer und kirchlicher, intellektueller und konfessioneller Impulse" (V. Press) aufzuspüren, die in lutherischen, katholischen und reformierten Territorien um 1600 auf ähnliche Weise freigesetzt wurden. Vielleicht wäre man aber auch gut beraten, diesen Begriff aufzugeben und den Begriff der „Reformation" den Erneuerungsbemühungen in der ersten Hälfte des 16. Jahrhunderts vorzubehalten. Es war ja nicht die genuine Reformationsgestalt der Genfer Erneuerung, die ihren Einzug in deutsche Territorien, vor allem kleinere Grafschaften hielt, sondern eine konfessionalistische Verarbeitung der ursprünglichen Reformation.

Die eben erwähnten Impulse erwuchsen einem Interaktionsgeflecht, in dem die einen herrschten und die anderen beherrscht, in dem die einen regierten und die anderen „regierbar" gemacht wurden, sich aber zunehmend weigerten, „dermaßen regiert zu werden" (Michel Foucault). Doch genaugenommen war es nicht ein Machtdiskurs zwischen zwei Machtzentren, sondern ein Machtgeflecht miteinander verbundener, divergierender, gegen einander agierender Pflichten, Interessen, Absichten und Einsichten in Notwendigkeiten – ein Machtgeflecht, in dem sich eine besondere Streitkultur ausbildete.

Sicherlich ist es richtig, die zweite Hälfte des 16. Jahrhunderts als das „Zeitalter der Konfessionalisierung" zu beschreiben. Es darf jedoch nicht der Eindruck verwischt werden, dass Trennungen und Antagonismen stärker waren als das „Ringen um deutsche Einheit" in den Bemühungen um „kirchliche Erneuerung" (Heinrich Lutz). „Zertrennte Welt" ist auch die Metapher für *diese* Zeit.

13. KAPITEL
Zucht und Ordnung
Konfessionalisierung, Volkskultur, Sozialdisziplinierung

Der Aufbruch der Reformation war seit langem ein wichtiger Schwerpunkt der Frühneuzeitforschung – und ist es noch. Wie es weiterging, interessierte vor allem die Theologiegeschichte, die sich mit den nachreformatorischen Streitigkeiten um das rechte Verständnis der lutherischen Rechtfertigungslehre beschäftigte, auch mit der genauen Zuordnung von Glaube und Werk, mit der Bedeutung der kirchlichen Zeremonien und mit der Abendmahlslehre. Vorher war Aufbruch und Bewegung, Kampf, Wagnis und Experiment, jetzt Veralltäglichung anfänglicher Euphorie und Sicherung der Reformation: Bekenntnisbildung, Streit um die *vera doctrina*, Neuordnung der Kirche und Aufbau eines konfessionalistisch geprägten Kirchenregiments.

Konnte man zunächst annehmen, Luther habe sich deutlich ausgedrückt und seine Gefolgsleute hätten sich auf ihn eingeschworen, ist jetzt eine theologische Irritation in den lutherischen Kirchen zu beobachten, ganz abgesehen von den Auseinandersetzungen mit den Kirchen, die reformierten Ursprungs waren. Im Grunde waren die Punkte, die zwischen Luther und Karlstadt, Müntzer, den Täufern und den Spiritualisten einst strittig waren, jetzt auch, nachdem die Radikalen zum Schweigen gebracht worden waren, in den eigenen Kirchen umstritten, vor allem die Frage nach den „Früchten des Glaubens" und dem richtigen Verständnis des Abendmahls. Offensichtlich führte die angebliche „lutherische Engführung" der frühen Jahre nicht tief genug, und nicht alles war im Eifer des Gefechts zwischen den Reformatoren und den Radikalen gründlich genug ausgetragen worden – ein Tatbestand, der dem radikalen Protest wenigstens nachträglich eine gewisse Berechtigung verleiht. Der mühsame Prozess um die Bekenntnisbildung, die Glaubensnormen und den Lehrmaßstab der neuen Kirchen war der Versuch, einen Konsens über die wesentlichen Lehrstücke der Reformation zu erreichen. Er war auch die Grundlage für die Konfessionalisierung, die in den dreißiger Jahren des 16. Jahrhunderts allmählich in Gang kam.

Die *Confessio Augustana*, das große, heute noch verbindliche Bekenntnis der lutherischen Kirchen, wollte nicht ab- oder ausgrenzen, sondern ein „Auseinanderbrechen der Kirche in verschiedene Konfessionen" (Georg Kretschmar) verhindern. Die weitere Bekenntnisbildung wirkte allerdings in eine andere Richtung. Sie ist Ausdruck des Bemühens, die Grenzen der jeweiligen Konfession zu verteidigen, und ging einher mit dem Streit zwischen den Anhängern Philipp Melanchthons, den Philippisten, und den Gneseolutheranern um die *vera doctri-*

na des Bekenntnisses, ein Streit, der zunehmend zwischen den Universitäten Wittenberg und Jena ausgetragen wurde und nicht nur die theologischen Fakultäten, sondern Vertreter aller wissenschaftlicher Disziplinen erfasst hatte. Dieser Streit trennte die Geister und erschwerte die Absicht, der Reformation eine eindeutige Gestalt zu verleihen.

Trotzdem nahm die von der Reformation erfasste Kirche nach und nach eine Gestalt an, die sich von der bisherigen Kirche deutlich unterschied. Besonders deutlich zeigt sich das am Gottesdienst und an der Stellung des Pfarrers in der Gemeinde. Der Gottesdienst veränderte sich von einem Sakraments- zu einem Wortgottesdienst. Nicht mehr der Altar, sondern die Kanzel steht im Mittelpunkt des gottesdienstlichen Geschehens. In den reformierten Gemeinden wurde der Altar sogar durch einen Tisch ersetzt, an dem die Gläubigen sich zum Gedächtnis an das Herrenmahl einst versammelten. Deutlicher als bisher wurde das Gestühl auf die Kanzel ausgerichtet. Vor allem in den reformierten Gemeinden wurden Bilder und Zierrat aus den Kirchen entfernt. Aus den meisten Kirchen verschwanden Seitenaltäre, Beichtstühle, Weihwasserbecken, Opfer- und Gedächtniskerzen. In den evangelischen Gotteshäusern sah es anders aus als in den katholischen, es roch auch anders, nachdem das Verströmen von Weihrauch abgeschafft worden war.

Verändert hatten sich auch Liturgie und Predigt. Die Messe mit ihrem Wandlungsritual der Abendmahlselemente war nicht mehr das Herzstück der Liturgie. An ihre Stelle traten die Predigt und das Gemeindelied. Die Predigt war nicht mehr die kurze Ermahnung der Gläubigen, sondern Verkündigung des Evangeliums, oft auch Belehrung über theologische Fragen. Mit dem Singen frommer, vor allem reformatorischer Lieder wurde die Gemeinde stärker als bisher am Gottesdienst beteiligt und emotional zusammengeführt. Ein neues Gemeindebewusstsein entstand. Die Zugehörigkeit zu der einen oder anderen Konfessionskirche ließ sich am Gesangbuch erkennen. Gottesdienstliche Veränderungen, die sich bereits im Aufbruch der Reformation andeuteten, nahmen immer festere Formen an und trugen dazu bei, dass sich in den Gemeindegliedern eine konfessionelle Identität entwickelte.

Verändert hatte sich auch das kirchliche „Dienstpersonal" – nicht mehr Messpriester, Messdiener, Diakone, Subdiakone, Beichtväter, Seelsorger, Weltgeistliche und Ordensleute, in der Regel auch nicht Bischöfe. Dieses differenzierte Dienstleistungsangebot der Kirche verschwand im Protestantismus. Alles konzentrierte sich auf den Pfarrer, der vor allem Prediger war. Er war der Amtsträger, der die Gemeinde führte. Ein wenig anders war es in den reformierten Gemeinden. Dort wurden die Gemeinden vom Presbyterium geleitet. Die Pfarrer sorgten für den Gottesdienst. Im Gegensatz zur katholischen Kirche war der evangelische Gottesdienst die Veranstaltung eines einzigen Geistlichen, der nur noch vom Organisten begleitet wurde. Küster und Almosenpfleger hatten keine liturgische Funktion. Der Pfarrer übernahm auch die Kasualien (Taufe, Eheschließung und Beerdigung), ebenso den Konfirmandenunterricht (Katechumenat). Er stellte auch die Verbindung zwischen den Gemeinden und der obrigkeitlichen Kirchenbehörde (Konsistorium) her, die aus Juristen und Theologen bestand, ebenso zu den Amtleuten, die für die Sittenzucht zuständig waren. Die Pfarrer waren Amtsträger, aber nicht mehr Würdenträger wie die Priester und unterschieden sich von den Laien nicht mehr durch ihre Zugehörigkeit zu einem geistlichen „Stand" im Sinne der mittelalterlichen Ständepyramide, sondern nur durch die Beauftragung mit einem Amt. Das rückte sie nahe an die Gemeinden heran, doch nicht so, wie nach der reformatorischen Losung vom „Priestertum aller Gläubigen" zu erwarten gewesen wäre. Die Pfarrer wurden nicht von den Gemeinden gewählt, sie wurden ihnen vielmehr vom Landesherrn oder dem städtischen Magistrat „vorgesetzt" und wurden von den Gemeindegliedern als Vertreter der Obrigkeit angesehen, die von der Stadt aufs Land geschickt worden waren. Heinrich Richard Schmidt schreibt in *Konfessionalisierung im 16. Jahrhundert* (1992): „Die in einer agrarischen Welt vorherrschenden kulturellen Werte waren dem evangelischen Pfarrer zunächst fremd. Er bekämpfte die bäuerliche Sexualität, Vulgarität und Lebensfreude, um Disziplin, Moral, Frömmigkeit, Gehorsam und Nüchternheit zu pflanzen und wurde so zum wirkungsvollen Advokaten der staatlichen Interessen." Die Gemeinden entwickelten sich zu Pastorenkirchen.

Mehr als theologische Neuerungen und reformatorische Losungen haben wohl die Veränderungen der Kirchenordnung, wie sie hier angedeutet wurden, die Frömmigkeit und das religiöse Selbstverständnis der Menschen verändert, ihr Bewusstsein, einer ganz bestimmten Konfession anzugehören. Was für die Veränderung von mentaler Haltung gilt, trifft auch für die Ausprägung konfessioneller Identität zu: Hier lässt sich nur ein schleppender Wandel feststellen. Neues verdrängte Altes, Altes sperrte sich gegen Neues. Gelegentlich kehrte auch das Verdrängte wieder und rächte sich an den noch so überzeugenden theologischen Einsichten, die im Eifer des reformatorischen Aufbruchs verdrängt wurden: zum Beispiel hatte Luther seinen Zeitgenossen die Verehrung der Heiligen ausgeredet, bald wurde er aber selber als Heiliger verehrt, der magische Kräfte zu entfalten vermochte. Diese Verehrung konnte die im Volksglauben tief verwurzelte Vorstellung, magischen Kräften ausgeliefert zu sein, legitimieren. Konfessionelle Ordnung und konfessionelle Identität bildeten sich in einem langen, widersprüchlichen und oft auch leidvollen Prozess aus. Es dauerte eine Weile, bis von einer ausgeprägten Konfessionalität gesprochen werden konnte, und nicht immer sind die konfessionellen Grenzen in der Bevölkerung so sichtbar geworden, wie die zahlreichen Kirchenordnungen (z.B. die Braunschweigische Kirchenordnung Johannes Bugenhagens von 1528, die Brandenburg-nürnbergische Kirchenordnung von 1533, die Württembergische Kirchenordnung von 1536, 1553 und 1559) sie zogen.

Die Allgemeinhistoriker interessierte die Nachgeschichte der frühen Reformation noch unter anderen Gesichtspunkten. Wichtig waren zunächst die Auseinandersetzungen zwischen dem Kaiser und den Reichsständen, die Reichstagspolitik und die Geschichte der militärischen Bündnisse. Besondere Aufmerksamkeit wurde auch der Ausweitung der Reformation zu einem Ereignis entgegengebracht, das die Grenzen Deutschlands schnell überschritt. Dass die Reformation aber das staatliche und gesellschaftliche Leben durch und durch veränderte, kommt erst jetzt immer deutlicher in Sicht – und zwar unter dem Schlagwort der „Konfessionalisierung".

1. Konfessionalisierung

Unter dieses Schlagwort fällt nicht nur die theologisch artikulierte Bekenntnisbildung. Darunter fällt auch die politische Absicht, die Territorien im Reich *konfessionell* zu organisieren, d. h. das Bemühen der Territorialherren, den neuen Bekenntnisstand politisch und institutionell zu sichern oder den alten Glauben zu verteidigen. In den reformatorischen Territorien waren die Landesherren nicht mehr Schirmherren der Kirche, wie der Kaiser Schirmherr der Christenheit war, der Papst aber über Glaube und Lehre wachte, sondern sie waren Kirchenherren geworden. Die Kirche war in ein subordiniertes Verhältnis zur Obrigkeit geraten. Die Reformation brachte also nicht mehr, sondern weniger Freiheit für die Kirche. Besonders deutlich spricht sich das in der berühmten Formel des Augsburger Religionsfriedens von 1555 aus: „cuius regio eius religio". Der Landesherr bestimmte über die Religionsform seiner Untertanen. Sein Bekenntnis wurde zum Bekenntnis seiner Untertanen. In einer Zeit, in der Kirche und Staat voneinander getrennt sind, hätte das die Wirkungsmöglichkeiten der Kirche in Mitleidenschaft gezogen. Aber in einer Zeit, in der die Religion immer noch das „vinculum societatis" war, bedeutete diese Subordination der Kirche jedoch nicht den Verlust ihres Einflusses – im Gegenteil: Der politische Wille des Landesherrn realisierte sich in der konfessionellen Entscheidung und umgekehrt; und das hatte eine bemerkenswerte Konsequenz: Auf diese Weise konnte die Kirche einen vorher kaum geahnten Einfluss ausüben. Mehr als im späten Mittelalter wuchsen jetzt Kirchen-, Politik- und Sozialgeschichte zu einer religiös-politischen, allerdings konfessionell fragmentierten Kultur zusammen.

„Konfessionalisierung" ist also mehr als ein Begriff, der nur die Bekenntnisbildung und das Entstehen konfessionsspezifischer Kirchen erfasst. Das waren die Aspekte, die Ernst Walter Zeeden in die Diskussion einbrachte. Er sprach von „Konfessionsbildung" und nicht von „Konfessionalisierung" (z. B. in *Die Entstehung der Konfessionen. Grundlagen und Formen der Konfessionsbildung im Zeitalter der Glaubenskämpfe*, 1965). Dieser Begriff umfaßt auch den Prozess, in dem die Territorien sich zu frühmodernen Staaten entwickelten. Konfessionalisierung ist ein kirchlich-politischer Begriff, und so konnte er zu einem Epochenbegriff werden: „Das Zeitalter der Konfessionalisierung" oder „Das konfessionelle Zeitalter". Das „konfessionelle Zeitalter" hat Harm Klueting seine Darstellung der europäischen Geschichte von 1525–1648 genannt – der europäischen Geschichte heißt, dass die Konfessionalisierung unabhängig vom neuen oder alten Bekenntnisstand für die meisten Staaten in Europa charakteristisch ist, also auch für die katholisch gebliebenen oder die rekatholisierten Territorien. Darauf hatte besonders Wolfgang Reinhard in seinen Untersuchungen zur katholischen Konfessionalisierung hingewiesen.

Konfessionalisierung ist ein Strukturmerkmal im inneren Ausbau der Territorien und Staaten genauso wie nach außen in ihrem Verhältnis der Staaten zueinander. In einem Aufsatz über *Die Konfessionalisierung von Kirche, Staat und Gesellschaft* (1995) hat Heinz Schilling, der schon früher auf die starke Komponente der Religion in der modernen Staatswerdung hingewiesen hatte, Konfessionalisierung in einem weiter gespannten Sinn beschrieben: als „einen gesellschaftlich fundamentalen Wandlungsvorgang, der kirchlich-religiöse und mentalitätsmäßig-kulturelle Veränderungen ebenso einschließt wie staatlich-politische und soziale." „Konfessionalisierung" ist trotz seiner religiös-kirchlichen Herkunft letztlich kein kirchengeschichtlicher, sondern ein sozialgeschichtlicher Grundbegriff und erfasst einen gesamtgesellschaftlichen, von Religion und Kirche gelenkten, Wandlungsprozess, der sich dem neuzeitlichen Europa tief eingeprägt hat. Schilling hatte die Bedeutung der Konfessionalisierung zunächst unter einem etatistischen Gesichtspunkt betrachtet, mit der Formel vom „gesellschaftlich fundamentalen Wandlungsvorgang" – Gerhard Oestreich sprach in seinem berühmten Aufsatz über *Strukturprobleme des europäischen Absolutismus* (1969) von Sozialdisziplinierung als einem „gesellschaftlichen Fundamentalvorgang" – hat er den Begriff der Konfessionalisierung dann aber sozialgeschichtlich ausgeweitet. Damit fällt ein Teil der Kritik dahin, die an seinem religiös-politisch orientierten Begriff von Konfessionalisierung geübt worden war. Betont werden nun auch Impulse zur Konfessionalisierung, die der gesellschaftlichen Sphäre entsprangen. Der regulative Akzent, der auf dem Staatsbezug der Konfessionalisierung liegt, jedoch bestehen.

Die Bezeichnung „das konfessionelle Zeitalter" geht auf Ernst Troeltsch zurück. In seiner Abhandlung über *Die Bedeutung des Protestantismus für die Entstehung der modernen Welt* (1906) ist die Reformation ein entscheidender Einschnitt zwischen Mittelalter und Neuzeit, aber noch nicht die Zäsur, mit der die Moderne begann. Zwischen Mittelalter und Moderne, die mit der Aufklärung des 17. Jahrhunderts einsetzte, liegt der so genannte Altprotestantismus, den Troeltsch vom Neuprotestantismus unterschied. Im Altprotestantismus ist, so meinte er, die kirchliche „Zwangskultur" des Mittelalters noch nicht überwunden. Die Zeit, die nicht mehr Mittelalter und noch nicht Neuzeit ist, nannte er „das konfessionelle Zeitalter der europäischen Geschichte". Das war ein Zeitalter, das den Prozess der Modernisierung eher behinderte als förderte, ein negativ eingeschätzter Abschnitt historischer Entwicklung. Schilling dagegen begreift Konfessionalität, wie sie sich mit staatlichen Entwicklungsinteressen verband, als ein Element, das die Modernisierung beförderte, d. h. den Wandel vom Mittelalter zur Neuzeit vorantrieb. Stärker als die Reformationszeit verdichteten sich seiner Meinung nach die Jahrzehnte um 1600 zur „Vorsattelzeit der Moderne".

Worin bestand ihre modernisierende Energie? Entscheidend ist für Schilling offensichtlich die Herausbildung eines Wir-Bewußtseins in den einzelnen Partikularterritorien, das aufgrund religiöser Normativität, in der immer ein universalistischer Anspruch zum Ausdruck kommt, zu „totaler" Konkurrenz gegenüber dem Wir-Bewußtsein in anderen Territorien oder Staaten tritt. Die Ausschließlichkeit konfessioneller Identität im Inneren und die Festigung eigener Staatlichkeit haben nun auch Konsequenzen für das Verhältnis der Territorien und Staaten nach außen. So kann Schilling die Religionskriege, die im 16. und 17. Jahrhundert ausgetragen wurden, als von Konfessionalisierung geprägte Kriege begreifen, die schließlich mit dem *Westfälischen Frieden* von 1648 das moderne, auf die normative Kraft des Religiösen verzichtende Staatensystem Europas hervorgebracht haben. Hier führte eine Entwicklung, die im späten Mittelalter begann, in eine neue Zeit: zur „neuzeitlichen Rationalität und Modernisierung", wie Schilling in *Aufbruch und Krise* 1988 schrieb.

An drei Stellen ist dieses Konfessionalisierungskonzept vor allem kritisiert worden. 1. In seiner *Einführung in die neuere Geschichte* (1987) bestritt Winfried Schulze die Dominanz des Religiösen bzw. Konfessionellen und meinte, dass die Religion bzw. Konfession lediglich ein Wirkfaktor unter anderen in einem gesamtgesellschaftlichen System und nicht mit der Steuerungsqualität ausgestattet gewesen sei. Der Weg in die Moderne führte also über mehrere, sich originär zueinander verhaltende Entwicklungsstränge. Nach dem stärker sozialgeschichtlich konzipierten Konfessionalisierungsverständnis ist es leichter, auch säkularisierende Tendenzen in Anschlag zu bringen, als es nach einem etatistisch ausgerichteten Konzept möglich wäre. Die säkularisierenden Tendenzen setzten bereits im späten Mittelalter ein und wurden durch die Reformation verstärkt, durch die Konfessionalisierungstendenzen dann aber eher behindert als gefördert. Man könnte sogar sagen, dass diese Tendenzen sich geradezu gegen die Konfessionalisierung der Territorien durchgesetzt und nicht die Konfessionalisierung, sondern diese Tendenzen den Weg in die Moderne gebahnt hätten. 2. ist zu beobachten, dass sich die Reichsstände zu gemeinsamem Vorgehen über die Konfessionen hinweg verabredeten, wenn es galt, sich gegen die Feinde des Reiches zu rüsten oder das Machtstreben der Habsburger in Grenzen zu halten. In solchen Fällen wurde das konfessionell-religiöse Proprium den politischen Interessen geopfert, zumindest aber als gesamtgesellschaftlicher Ausdruck relativiert. 3. ist der Widerstand, der dem Konfessionswechsel in der Bevölkerung entgegengebracht wurde, nicht zu unterschätzen, eine Widersetzlichkeit an der sich, wie das Beispiel Württembergs um 1534 zeigt, oft auch die Geistlichkeit beteiligte. So mag die Konfessionalisierung zwar in der Sicht der Obrigkeiten ein gesellschaftsbestimmendes Phänomen gewesen sein, in der Erfahrung der Untertanen jedoch längst nicht eine alles beherrschende und durchdringende Bedeutung gehabt haben. Die zahlreichen Visitationen sind doch ein Indiz dafür, wie weit obrigkeitliche Verordnungen und die Realität der Untertanen auseinander klafften. 4. Das Nebeneinander verschiedener Konfessionskirchen und sektiererisch-separatistischer Gruppen hat in manchen Territorien (u. a. in Ostfriesland und Hessen) zur Indifferenz der Untertanen gegenüber einer bestimmten konfessionellen Zugehörigkeit geführt. Das Heil wurde nicht von einer Konfession erwartet. Und 5. setzte die Kritik noch an einem anderen Punkt ein. Heinrich Richard Schmidt hat darauf hingewiesen, daß Schilling das Konfessionalisierungskonzept offensichtlich „von oben her" entwarf, während ein sozialgeschichtlicher Begriff von Konfessionalisierung ebenso den konfessionellen Durchdringungsprozess „von unten her" zu berücksichtigen habe. Er plädiert für Konfessionalisierung als „Geschichte der Gläubigen". Diese Kritik ist geäußert worden, bevor Schilling sein Konzept auch auf mentalitäts- oder religionsgeschichtliche Aspekte ausgeweitet und eine Selbstkorrektur angekündigt hat: die Selbstregulierungsmechanismen in den Gemeinden, frei von obrigkeitlichen Maßnahmen, stärker zu berücksichtigen. Dabei handelt es sich bei Schilling im Augenblick noch mehr um ein Postulat als um einen durchgearbeiteten Gegenstandsbereich. Mit seiner Untersuchung über die Ehegerichte im Berner Herrschaftsgebiet, die den Titel *Religion und Dorf* (1995) trägt, hat Schmidt einen respektablen Anfang gemacht. Er fordert „das Ende des Etatismus in der Konfessionalisierungsforschung", der dadurch zustande gekommen sei, daß Konfessionalisierung als obrigkeitlich verordnete Sozialdisziplinierung verstanden wurde. Schmidt macht die „Gemeinde zum Zentrum der Betrachtung" oder, wie er im Anschluß an Anthony Giddens sagt, die „lokal eingebettete Gesellschaft". Es ist sicherlich angebracht, dem etatistischen Konfessionalisierungskonzept ein kommunalistisches entgegenzustellen, aber nicht als Alternative, sondern als Ergänzung. Beide Konzepte sind wirksam. Einmal dominiert das eine und ein anderes Mal das andere. Oft wirkt auch das eine auf das andere und umgekehrt. Gelegentlich zeigt sich auch, daß mit dem Konfessionalisierungskonzept nicht immer alle relevanten Tendenzen der nachreformatorischen Zeit erfasst werden können. Die „Konfessionalisierung" ist sicherlich eine bedeutsame geschichtswissenschaftliche Kategorie, um die Verarbeitung der Reformation im Zuge des frühneuzeitlichen Staatsbildungsprozesses zu erfassen. Sie ist aber noch nicht der unzweideutige Ausdruck der historischen Realität um 1600. Hier ist das letzte Wort noch nicht gesprochen.

2. Volkskultur und Alltagsleben

Das Konfessionalisierungsproblem hat die Aufmerksamkeit bereits auf das Spannungsverhältnis zwischen der Herrschaftselite und den unteren Schichten der Bevölkerung gelenkt. In Spannung zueinander stehen auch kulturelle Elite und einfaches Volk. Dazu haben sich in den letzten Jahren vor allem Robert Muchembled, Peter Burke, Carlo Ginzburg, Piero Camporesi und Natalie Zemon Davis geäußert. Sie sind nicht die einzigen, aber doch die wichtigsten Vertreter der Volkskulturforschung, die mit ausgearbeiteten Konzepten an die Öffentlichkeit traten. In Deutschland haben volkskulturelle bzw. volksreligiöse

Aspekte vor allem Norbert Schindler, Richard van Dülmen und Peter Dinzelbacher untersucht. Darüber hinaus hat niemand den Zusammenhang von Volkskultur und Reformation so intensiv und einfallsreich zur Darstellung gebracht wie der früh verstorbene Robert W. Scribner. Seine Aufsätze wurden in *Popular Culture and Popular Movements in Reformation Germany* (1984) und in *Religion und Kultur in Deutschland 1400 – 1800* (2002) zusammengetragen. Unvergeßlich ist seine Abhandlung über *Reformation, Carnival and the World Turned Upside-Down* (dt. 1984).

Die Volkskulturforschung geht von einem weiten Begriff der Kultur aus, wie Norbert Schindler in seiner Einleitung zum von ihm und Richard van Dülmen herausgegebenen Sammelband *Volkskultur* (1984) schreibt: „aus dem Ideenhimmel des bürgerlichen Bildungskults heruntergeholt, umfaßt Kultur heute zunehmend wieder das Profane, Triviale, das was sich täglich unter den Leuten abspielt. Der Alltag ist in unser Kulturverständnis zurückgekehrt." Dieser Begriff schließt also jede Betätigung der Menschen ein, sich mit ihrer Umwelt auseinanderzusetzen, sie sich anzueignen, sie kreativ zu formen und sich in ihrer eigenen Welt zu orientieren. Die Volkskultur weist eine Rationalität auf, die sich von der Ratio unterscheidet, die in der Kultur der Eliten am Werk ist. Da der Volksbegriff in der Volkskulturforschung noch ungeklärt ist, empfiehlt es sich, auch von einem weiten Begriff des Volkes auszugehen und mit der Heterogenität der Bevölkerung zu rechnen, die in der einen oder anderen Weise Träger von volkskulturellen Bräuchen und Praktiken war. So können sich auch Angehörige der Elite unter bestimmten Gesichtspunkten volkskulturell orientieren. Epidemien werden beispielsweise „oben" und „unten" in der Regel nicht auf unhygienische Verhältnisse zurückgeführt, sondern auf den bösen Zauber mancher Hexe oder das lasterhafte, blasphemische Leben der Leute. Solche „Kausalanalyse" entbehrte nicht einer allseits akzeptierten Logik. Auf der einen Seite beginnt sich der Geist der Aufklärung durchzusetzen und auf der anderen Seite herrschen Magie, Astrologie, Alchemie, manche Wahnvorstellung und Beschwörung dämonischer Geister. Neben theologisch kontrollierter, gereinigter Religiosität treiben immer noch Aberglaube und schwärmerische Häresie ihr Wesen.

Die Kultur der Eliten war Schriftkultur, doch nur ein kleiner Teil der Bevölkerung konnte lesen und schreiben. In den Städten mit der höchsten Alphabetisierungsrate waren es ca. 10%. Die Kultur des Volkes war mündliche Kultur („oral culture"). Sie war auch Kultur einfacher Bilder, Kultur der Gesten und Rituale, der Gerüchte und Sprichwörter, improvisierter Schwänke und tölpelhafter Tänze, Kultur des Karnevals und der Kirchweihfeste: viel Lärm und Grobianismus, Brutalität und Hang zu Exkrementen und zur Fäkalsprache. Auf letzteres hat Piero Camporesi in seinem Buch über *Bauern, Priester, Possenreißer* (1991, dt. 1994) hingewiesen und es als residuale Ausdrucksform versunkener Fruchtbarkeitsriten interpretiert. Ernährung und Entleerung, Zeugung und Geburt liegen für einfache Leute eng beieinander. Fäkalsprache und sexuell anzügliche Witzeleien erregen hier keinen Anstoß, sie gehören zu normaler Kommunikation.

13. Zucht und Ordnung

Die einfachen Leute sprechen eine andere Sprache, sozial gewendet, beschließt Camporesi sein Buch mit einem Zitat aus dem berühmten *Dialogus Salomonis et Marcolphi* (Ende des 15. Jahrhunderts):

„Non equaliter cantant saturatus et ieinus"
(Mitnichten singen gleich,
wer satt und wer an Hunger reich.)

Das Verhältnis zwischen Elitekultur und Volkskultur ist häufig diskutiert worden und wird auf verschiedene Weise bestimmt:

1. Es wird davon ausgegangen, daß im Bewusstsein der Elite eine Vorstellung von Kultur besteht, die nicht ihre Kultur ist, eben die Kultur des Volkes, die ihrer Kultur nicht das Wasser reichen kann, nichts desto weniger offensichtlich aber auf eine diffuse, nicht immer einsehbare Weise das Leben der einfachen Leute bestimmt. Diese Leute essen anders, sie trinken anders, sie feiern anders, sie lieben anders – und trotzdem kommen sie miteinander zurecht. In dieser Beobachtung wurzelt die Rede von der „anderen Zivilisation" (Schindler/van Dülmen) – auch hier „zertrennte Welt". Aus den Spuren, den diese andere Zivilisation hinterlassen hat, mehr als Spuren sind nicht überliefert, wird die Kultur des Volkes rekonstruiert. So vermutet Carlo Ginzburg eine Welt der Hexen, der Benandanti, die den soziologischen Zusammenhang einer „Sekte" aufweisen und auf eine langwährende kulturelle Tradition zurückblicken. Eine andere Kultur, die einst umfassende Ordnungs- und Orientierungsmacht war, wird von Feministinnen als Welt des Matriarchats aus spärlichen Indizien zusammengesetzt.

2. Manches deutet auch darauf hin, daß im Volk eine Ahnung vorhanden war, die eigene Kultur stünde im Gegensatz zur Kultur der Herrschaftselite: ein Reservoir von Eigensinn, Selbstbehauptung und Widerstand, von revolutionärem Aufbegehren und verläßlicher Solidarität. Edward P. Thompson hat die Protestrituale der englischen Arbeiter im 18. und 19. Jahrhundert beschrieben, wie sie über lange Zeiträume hinweg in der Lebenswelt der arbeitenden Bevölkerung erlernt wurden und ihre Effizienz im Kampf ums Überleben gegen den entstehenden Kapitalismus besser zu erklären vermögen als die marxistische Klassenanalyse, die im Menschen ein „Ensemble der gesellschaftlichen Verhältnisse" sah und auf diese Weise an die von den Inhabern der Produktionsmittel geübten Ausbeutungspraktiken negativ fixiert war. Der volkskulturelle Aspekt des Arbeiterprotests unterstreicht die Autonomie, die der Protestierende sich auch im Elend bewahrt hat. Er handelt nicht, um eine Solidargemeinschaft zu schaffen, sondern schöpfte bereits aus den ideellen und materiellen Ressourcen einer schon bestehenden Gemeinschaft, in der eine eigene Protestkultur entwickelt worden war. Analoge Aspekte konnten für das Protestverhalten des „gemeinen Mannes" in den Aufständen und sozialen Bewegungen des 16. Jahrhunderts herausgearbeitet werden.

3. Beide Konzepte von Volkskultur sind dichotome Modelle: voneinander getrennte Kulturen, die jede für sich ein hohes Maß an innerer Kohärenz aufweist. Der Erfahrungshintergrund für solche dichotomischen Modelle sind die Kontraste in der Streitkultur des 15. Jahrhunderts, die allenthalben wahrgenommen wurden und in den Quellen einen deutlichen Niederschlag fanden. Doch alles vermögen diese dichotomen oder binären Modelle nicht zu erklären. Plausibler ist vielleicht ein anderes Modell: nicht Elitekultur versus Volkskultur, sondern die gegenseitige Durchdringung beider Kulturen. Vieles sackt von oben nach unten durch, für die Frühe Neuzeit besonders bestimmte volksnahe bzw. laikale Aspekte christlicher Religiosität. Man spricht geradezu von einem Christianisierungsprozess, der mit den sozialen revolutionären Aufständen und Empörungen einhergegangen sei, d. h. das Verständnis des christlichen Glaubens, das bisher vom Klerus verwaltet wurde, begann sich einen Weg in die Vorstellungswelt des Volkes zu bahnen und hat sich in manchem gegen den Klerus gewandt (Antiklerikalismus). Peter Blickle und Johannes Kunisch überschrieben einen Sammelband mit *Kommunalisierung und Christianisierung* (1989).

Kultur vermittelt sich nicht nur von oben nach unten. Sie steigt auch von unten nach oben auf. So wurde der Rohraffe, eine Gliederpuppe, in die ein Mönch hineinschlüpfte und im Straßburger Münster gegenüber dem Chorraum die Liturgie auf belustigende Weise nachäffte und kommentierte, als eine Einrichtung im kirchlichen Ritual zu einer bestimmten Zeit akzeptiert – in der Pfingstwoche, als der Bischof in die Stadt eingezogen war und das Hochamt zelebrierte. Welch ein Schauspiel, wenn die Gläubigen wie auf ein Kommando dem Bischof und Altar den Rücken kehrten und sich dem Rohraffen zuwandten. Hier gelangte ein volksnaher „Schwank" in die Liturgie des offiziellen Gottesdienstes, der vom Bischof, einem Vertreter der Elitekultur, geleitet wurde. Zu denken ist ebenfalls an Elemente des Volksgesangs, derber Bauernwitze, die Eingang in die Literatur fanden, auch in die Predigten, die sich ganz besonders um das Volk bemühten. Beispiele hierfür hat Piero Camporesi in seinem anregenden Buch über *Bauern, Priester, Possenreißer* (1994) zusammengetragen. „Der Priester ging mit beidem um, mit der kirchlichen Kultur und der Volksweisheit, er war schlauer Vermittler und ausgefuchster Makler geistlicher und weltlicher Dinge. Er spielte die Rolle des Magiers und des Exorzisten mit der gleichen unbefangenen Gewandtheit, die ihn zu gelegener Stunde dazu brachte, die finsteren Nächte des zur Ruhe gegangenen Dorfes mit Tänzen, Musiken, Liedern und Mummenschanz zu beleben."

Als das Pendant zum Priester galt der Possenreisser. Der Priester, der sich auf dessen „Lachnummern" einließ, erwies sich als Vermittler beider Kulturen. Also nicht die Elitekultur hier und die Volkskultur dort ist das Objekt der Analyse, sondern die Mischform beider Kulturen, wie sie in konkreten Situationen in Erscheinung tritt. Es wird nicht das Verborgene im Volk gesucht, eine komplexe andere Welt, untersucht wird die Mischform beider Kulturen, wie sie im Miteinander der Menschen präsent wird. So weisen neuerdings Alexander Jendorff und Frank Jung in einem programmatischen Aufsatz über *Soziokulturelle Bezieh-*

ungsgeflechte in den europäischen Gesellschaftsformationen zwischen dem 15. und 17. Jahrhundert (1997) darauf hin, dass mit einer „polykulturellen Partizipation" der Menschen zu rechnen sei. Die Menschen leben nicht ausschließlich in der einen oder in der anderen Kultur, sondern in der einen partizipieren sie auch an der anderen und umgekehrt. Ein Beispiel, das mir einfällt, ist Philipp Melanchthon in Wittenberg. Er galt als progressiver, tief in humanistischer und theologischer Bildung verankerter Hochschullehrer, Diplomat und Politiker. Er gehörte zur aufgeklärten Avantgarde seiner Tage. Und doch weigerte er sich, zu Verhandlungen auf einen Reichstag zu reisen, wenn die Sterne ungünstig für ihn standen, oder wenn er im Traum von einem „schönen Mägdlein" heimgesucht worden war, das sein Schlafgemach betrat und sich zu ihm legte. Solche Anfechtung im Traum konnte nichts Gutes bedeuten. Also blieb er daheim: bei Frau und Kind, bei seinen Büchern und Studenten. Ein anderes Beispiel für „polykulturelle Partizipation" sind bestimmte Formen antiklerikaler Agitation. Die Priester wurden mit theologischen Argumenten verhöhnt und verspottet, sie wurden auch tätlich angegriffen und mit Kot beworfen. Steine genügten nicht, es mußten Exkremente sein. In Württemberg wird von einer Frau berichtet, die ins Weihwasserbecken uriniert habe, um diesen klerikalen Kultgegenstand zu entweihen und auf diese Weise ihren Abscheu gegen den Kult in den Kirchen zum Ausdruck zu bringen. Auf einem Flugblatt erscheint eine Sau im Bild, mit der Tiara des Papstes gekrönt, sie läuft durch die Schiffe des Petersdoms zu Rom und hinterläßt Haufen übelstinkender Exkremente, als ob man sagen wollte: hier ist nicht alles so heilig und rein, wie es den Anschein hat, hier stinkt es, zu dieser Kirche will man nicht gehören. Diese Beispiele antiklerikaler Propaganda und Agitation zeigen, daß Elemente der Volkskultur, wie Camporesi schrieb, genutzt wurden, um die kultische Welt der klerikalen Elite zu entwerten. Sieht man den Umgang mit Exkrementen auf dem Hintergrund einer subversiven Fruchtbarkeitsreligiosität, wird verständlich, dass die einfachen Leute sich dieser Mittel bedienten, um die Kirche zu reinigen. Die Exkremente wurden paradoxerweise eingesetzt, um die Unreinheit der Priester bloßzustellen und jedermann von der Frucht- und Nutzlosigkeit des klerikalen Kults zu überzeugen. E contrario drücken sie auch die Sehnsucht des Volkes nach einer Welt von Sauberkeit und Reinheit aus, wie sie in der Heiligen Schrift beschworen wird. Nicht zufällig wollten niederländische Täufer eine Gemeinde „ohne Flecken und Runzel" aufbauen. „Rein" und „Reinheit" wurden zu einer volkstheologischen Vokabel, die den Inbegriff täuferischer, puristischer Religiosität zum Ausdruck brachte. Was Luther mit Worten klar und deutlich aussprach, nämlich, daß der geistliche Stand ganz und gar „unnütz" geworden sei, haben einfache Laien zur Darstellung gebracht, indem sie Elemente eines schon früh vom Klerus verdrängten Kults reaktivierten und so etwas wie einen Gegenkult inszenierten – allerdings nicht, um das kirchliche Ritual zu ersetzen, sondern nur zu reinigen und zu erneuern. Das Volk partizipierte an beidem: an kirchlicher und volkstümlicher Kultur. Das Modell „polykultureller Partizipation" nimmt Einsichten Camporesis auf, wendet sich insgesamt jedoch gegen sein Konzept, da diese grundsätzlich immer noch von der Dichotomie beider Kulturen ausgehen. Es ist keine feststellbare Dichotomie, die in der Erfahrung der Menschen mehr oder weniger deutlich Gestalt annimmt und sie innerlich zerreißt, sondern eine Partizipation an mehreren kulturellen „Sphären" zugleich, die in den Menschen zum Einklang gebracht sind. Diese polykulturelle Partizipation darf nicht von den Historikern nachträglich einer an makrohistorischen Entwicklungen orientierten Bewertung unterzogen werden, auch wenn die sozialdisziplinierenden Maßnahmen der Elite zu Gunsten einer Herrschaftskultur dominieren mögen, wie hier am Beispiel der Gegenreformation gezeigt wurde. Diese Theorie polykultureller Partizipation vermag in der Tat den Variantenreichtum und die Heterogenität der „Sphären", in denen die Menschen in der Frühen Neuzeit lebten, angemessener zu erfassen, als das mit dichotomen Modellen möglich ist. Da diese Theorie in manchem noch recht postulativ ist, muss sie sich erst noch in weiteren Untersuchungen bewähren.

Welche Rolle volkskulturelle Elemente, im Untergrund wohl auch nur fragmentarisch vorhanden, für die Reformation spielten, hat Robert W. Scribner vor allem am Karneval untersucht. Die Autoritäten konnten verlacht und verhöhnt werden, Herrscher wurden abgesetzt und neue inthronisiert, Bischof Benno von Meissen führte als Strohpuppe eine Prozession an, die zu einem Scheiterhaufen führte, auf dem er als Ketzer verbrannt wurde. Die geltende Ordnung war für kurze Zeit außer Rand und Band, ja, geradezu in ihr Gegenteil verkehrt worden: „The world turned upside down". Das Glücks- oder Schicksalsrad drehte sich: Was oben war, fiel herunter, und was unten war, stieg auf. In einer Zeit, in der biblische Losungen unters Volk getragen wurden, wonach die Großen erniedrigt und die Kleinen erhöht werden (von der *Reformatio Sigismundi* zu Luther und Müntzer), begannen sich solche Umkehrformeln mit den Darstellungsmustern des Karnevals zu verbinden und die Karnevalszeit über Aschermittwoch hinaus zu verlängern, so daß die Welt der Narren zu einer Bedrohung für die Herrschaftselite wurde, die für Recht und Ordnung zu sorgen hatte. Die sozialpsychologisch notwendige Entlastung, der früher der Karneval und ähnliche Ausnahmezeiten dienten, verwandelte sich in greifbar nahe Utopien, nicht in Träume ohne Realisierungschance, sondern in Aufforderungen zu Agitation und revolutionärem Handeln.

Umgekehrt konnten volkskulturelle Elemente auch von kirchlichen Vertretern der Elitekultur aktiviert werden. Auf verhängnisvolle Weise war das bei der Entstehung des Hexenwahns und seiner Verfolgung der Fall: also zwischen dem 15. und 18. Jahrhundert. In der Bevölkerung war der Umgang mit Zauberern und Hexen bzw. Hexern gang und gäbe. Sie gehörten zur Normalität. Die römische Kirche aber sah im Hexenwesen einen teuflischen Kult und bekämpfte ihn, indem Zauberei und Hexerei für inexistent erklärt wurden. Hexerei sei eine Wahnvorstellung – mehr nicht. Erst im späten Mittelalter fühlte sich der Klerus gedrängt, radikaler gegen einen offensichtlich unausrottbaren Aberglauben vorzugehen und die Hexerei analog zur Ketzerei inquisitorisch zu verfolgen. Um das jedoch auch effektiv tun zu können, musste genauer beschrieben werden, wer eine Hexe und was Hexerei sei. Das geschah im *Hexenhammer* 1487. Was vorher alltäglich und normal in der Bevölkerung war, wurde jetzt herausgestellt, stigmatisiert und kriminalisiert, so dass es nicht ganz falsch wäre zu sagen, der Klerus habe die Vorstellung von der Hexe selbst geschaffen, von der Hexe, wie er sie dann beschuldigte, verfolgte, folterte, ertränkte und verbrannte. Dem Imaginären wurde empirische Evidenz verliehen. Das erst machte die Hexen gefährlich und legitimierte ihre Verfolgung. Daran hat sich auch Martin Luther beteiligt. „Zauberei, Hexenwesen und andere okkulte Praktiken traten lediglich am Rande in Luthers Gesichtskreis", schreibt Martin Brecht im dritten Band seiner Luther-Biographie (1987): „Sie wurden selbstverständlich abgelehnt, jedoch dann kaum kritisch hinterfragt. Dies war schon wegen Luthers konkreter Vorstellung vom Wirken des Teufels unmöglich. Darum war er für die Bestrafung von Hexen. Dem Unwesen der Hexenverfolgung hat er sich mithin nicht entgegengestellt." Zu Hexenverfolgungen kam es in katholischen wie in protestantischen Territorien und in Reichsstädten.

„Der Alltag ist in unser Kulturverständnis zurückgekehrt", schrieb Norbert Schindler. Er meinte damit den volkskulturell bestimmten Alltag. Das gilt auch für den Alltag allgemein, der sich in der Regel nicht nach elite- und volkskulturellen Elementen unterscheiden läßt. Eindrucksvoll ist die fünfbändige Geschichte des Alltags des deutschen Volkes (1600-1945), die Jürgen Kuczinski herausgegeben hat (1980-1982), auch die von Richard van Dülmen herausgegebenen Bände zu *Kultur und Alltag in der Frühen Neuzeit* (1992/94). Die Aufmerksamkeit wird jetzt mehr als früher auf die alltäglichen Verrichtungen der Menschen gelenkt: Wie sie wohnten, wie sie aßen, wie sie arbeiteten, wie sie sich vergnügten und um ihre Toten trauerten. Auch der religiöse Kultus war in den Alltag zurückgekehrt, wie sich besonders im Täufertum zeigte. Solche „Lebensformen" sind in letzter Zeit für das späte Mittelalter von Otto Borst und für die Frühe Neuzeit von Paul Münch dargestellt worden, Formen, die das Zusammenleben der Menschen über lange Zeit hinweg bestimmten und sich selten plötzlich änderten, Mentalitätsstrukturen, die ebenso untersucht werden müssen wie die Strukturen der Produktion, der Konjunktur bzw. des Marktes und sozialer Stratifikation – die weichen also genauso wie die harten Strukturen – Strukturen, die im alltäglichen Erfahrungsbereich der Menschen geschaffen und reproduziert wurden. Auf dem Hintergrund solcher resistenten Mentalitätsstrukturen wird der gesamtgesellschaftliche Umbruch, den die Reformation bedeutete, allererst in seiner ganzen Tiefe sichtbar, ebenso Notwendigkeit wie Grenzen der Sozialdisziplinierung im frühmodernen Staatswesen zwischen Reformation und Dreißigjährigem Krieg. Wurde die diffuse, unkoordinierte, oft chaotisch-ungestaltete, aber dennoch Zuflucht, Schutz und Sicherheit gewährende Welt des Alltags „gleichgeschaltet", war nicht nur die Voraussetzung für einen folgsamen, dem absolutistischen Monarchen gefügigen Untertanenverband geschaffen. Zugleich war, wie Paul Münch in den *Lebensformen in der Frühen Neuzeit* (1996) schrieb, die Voraussetzung für die Überwindung des Absolutismus in die Wege geleitet worden: „Nur eine zuvor weitgehend disziplinierte Gesellschaft gleicher Untertanen war so stark, daß sie die feudalen Mächte stürzen konnte – in Deutschland allerdings mit einiger Verzögerung und mit allen Risiken, die mit der Dialektik des Fortschritts verbunden sind."

3. Sozialdisziplinierung

Mit dem Begriff der „Sozialdisziplinierung" hat Gerhard Oestreich in seinem bereits erwähnten Aufsatz über *Strukturprobleme des europäischen Absolutismus* (1969) den gesellschaftlichen Vorgang fassen wollen, der für das Zeitalter des Absolutismus charakteristisch ist: eine Kontrolle der Bevölkerung auf allen Gebieten des Lebens, um sie den Erfordernissen eines Staatswesens anzupassen, das vom Hof des Monarchen auf zentralistische Weise – von oben nach unten – durchstrukturiert wurde. „Im Absolutismus werden zunächst das stehende Heer und das 'sitzende Heer' des Beamtenapparats einer strengen Disziplin unterworfen, die sie zu besseren und gehorsameren Organen des Staates macht." So beschreibt Heinrich Richard Schmidt den ersten Schritt der Sozialdisziplinierung. Er schreibt weiter: „In einem zweiten Schritt weitet sich diese anfängliche „Staatsdisziplinierung" zu einem gesellschaftlichen Fundamentalvorgang, der die gesamte Bevölkerung erfaßt und über Schule, Kirche und staatliche Aufsicht (Nieder- und Sittengerichte) seinem Erziehungsziel Disziplin unterwirft." Ziel war es also, einen gleichgeschalteten, möglichst homogenen Untertanenverband zu schaffen, und das heißt auch, die zarten freiheitlichen Regungen des „gemeinen Mannes" zwischen dem 15. und 16. Jahrhundert wieder zurückzudrängen.

Unter Sozialdisziplinierung wurde also das obrigkeitliche Bemühen verstanden, die Ordnung der Gemeinwesen, wie sie auf dem Wege in den frühneuzeitlichen Staat waren, vor innerer Zerrüttung zu bewahren, in den Kategorien damals: vor einem Verfall der Sitten. Dieses Bemühen setzte bereits im späten Mittelalter ein. Kleiderordnungen wurden erlassen, um die Standesunterschiede in der Bevölkerung zu festigen. Die Feier-, Fest- und Trinkgewohnheiten wurden reglementiert und überwacht. Exzesse sollten vermieden werden. Das öffentliche Leben wurde in Polizeiordnungen geregelt. Mit der Reformation boten sich bald die geistlichen Amtsträger an, für das Wohlverhalten der Untertanen zu sorgen – bis in die intimen Bereiche von vorehelichem Sexualverhalten, Ehe und Familie hinein. „Der Geistliche wurde zum Agenten des Staates, einer Verkörperung bürgerlicher Werte und ein Verwalter der ‚wahren' Religion, der lutherische Pastor stand an der Front des konfessionellen Territorialstaats" (so Bernd Moeller in seiner Gesamtdarstellung *Deutschland im Zeitalter der Reformation*, 2. Aufl., 1981). Für die Zeit, bevor sich Konfessionalisierung mit Sozialdisziplinierung verband, legte sich der Begriff der Sozialregulierung nahe. Mit zunehmender Konfessionalisierung wurde die Initiative zur Selbstregulierung geschwächt.

Wo sie versagte, wurde zum Mittel der Disziplinierung gegriffen. Der tiefere Grund, die Bevölkerung zu disziplinieren, aber lag nicht im defizitären Verhalten der Untertanen, sondern im Selbstbewusstsein der Herrschenden und im Aufbauwillen des frühmodernen Staates. Auch umgekehrt gilt: Mit Hilfe sozialdisziplinierender Maßnahmen wird die Konfessionalisierung des Gemeinwesens vorangetrieben und vervollkommnet.

Oestreich hat den Begriff der Sozialdisziplinierung aus etatistischer Sicht konzipiert, im Hinblick auf seine Durchschlagskraft in alle Lebensbereiche hinein ist er jedoch von Winfried Schulze in seinem Aufsatz über *Gerhard Oestreichs Begriff „Sozialdisziplinierung in der Frühen Neuzeit"* (1987) zu einer „sozialgeschichtlich gewendeten Variante des Absolutismusbegriffs" abgeändert worden. Die Sozialdisziplinierung richtete sich nicht nur gegen die Neigungen der Leute zu unmoralischem Verhalten, sondern auch und vor allem gegen die Moral und die Kultur des Volkes, gegen die schwer greifbare, nirgendwo kaum noch kohärente Volkskultur. Besonders spektakulär wurde gegen Magie, Zauberei und Hexenwahn vorgegangen. Die massenhafte Verfolgung der Hexen fiel nicht ins Mittelalter, sondern in die Frühe Neuzeit, sie war nicht nur in katholischen Gebieten ein Akt angeblicher Säuberung von Aberglauben, sondern auch in protestantischen. Hexenwahn wurde freilich von rabiaten Hexenverfolgern erzeugt und ist genauso wenig ein Zeichen von moderner Rationalität wie die Hexerei selbst.

Einer rigiden Disziplinierung unterlagen auch die Beziehungen von Mann und Frau, das voreheliche und das eheliche Leben. Die reformatorische Auffassung von Sexualität und Ehe hatte das Geschlechtsleben von klerikaler Reglementierung befreit und einem natürlichen, im biblischen Schöpfungsbericht verankerten oder einem antiklerikalen Asketismus das Wort geredet. Die Priesterehe wurde durchgesetzt, und die Bordelle wurden abgeschafft, paradoxerweise hat das die Menschen aber nicht entlastet oder sie in aller Freiheit gewähren lassen, sondern dazu geführt, dass der Intimbereich der Ehe in Zeiten zunehmender Disziplinierung der Untertanen besonders scharf überwacht wurde. Ehe- und Sittengerichte wurden reformiert oder Konsistorien eingerichtet, um für Zucht und Ordnung zu sorgen. Offensichtlich waren die sexuellen Verhaltensweisen der Menschen auch so tief in volkskulturellen Bräuchen und Gewohnheiten verwurzelt, dass ihnen nur schlecht beizukommen war und sie deshalb obrigkeitlichen Argwohn auf sich zogen.

Mit dem frühreformatorischen Angriff auf die Werkgerechtigkeit geriet auch das Zölibat des Klerus ins Visier der Kritik. Luther sah in der klerikal verordneten Ehelosigkeit das widernatürliche Werk des Teufels und im Geschlechtstrieb, wie Heiko A. Oberman in seiner anregenden Biographie *Luther. Mensch zwischen Gott und Teufel* (1982) meinte, „Gottes vitale Präsenz". Luther meinte allerdings nicht den sich frei auslebenden, sondern den in der Ehe gebundenen Geschlechtstrieb. Er argumentierte in antiklerikalem Umkehrschluss: Der „Orden" der Mönche und Nonnen hat „kcyn guttis wort fur sich", heißt es in seinem Traktat *Vom ehelichen Leben* (1522), wohl aber der „Orden" der Ehe. Auf diese

Weise wurde die Ehe zu einem Bestandteil des Laienstandes, d. h. ein weltliches Geschäft. Allerdings können nur diejenigen, die „festiglich glewben", den Sinn dieses Geschäfts richtig erkennen, nämlich „das gott die ehe selbs eyngesetzt, man und weyb tzusamen geben, kinder tzeugen und wartten, verordenet hat". Mit diesem schöpfungstheologischen Argument wurde die Ehe aufgewertet, außerdem erhielt sie ihren theologischen Ort in der neuen Rechtfertigungslehre. Sie war nicht eigentlich ein Werk der Menschen, sondern ein „Werk Gottes". Einerseits wurde sie zu einer Grundzelle der Gesellschaft und andererseits zu einem Stand, der unter dem rituellen Segen der Kirche eingesetzt wird. Die Ehe ist nicht mehr ein Sakrament, das die Eheleute einander außerhalb der kirchlichen Liturgie spenden, wohl aber wird sie kirchlich eingesegnet und der Disziplin der Kirche unterstellt.

Da mit den ehelichen Pflichten die Absicht verbunden ist, Kinder zu zeugen und großzuziehen, rückt die Familie ins Zentrum protestantischer Sozialethik, wie Lyndal Roper ihr Buch zu Ehe und Familie in der Reformationszeit nannte, „The Holy Household" (1989). In diesem Haushalt lebten Mann und Frau allerdings nicht „egalitär" bzw. gleichberechtigt zusammen. Die Frau sollte dem Mann vielmehr untertan und gehorsam sein. „Die weiber seyen vnterthan yhren mennern als dem HERRN denn der man ist des weibes heubt", heißt es in Luthers *Traubüchlein* (1529), „gleich wie auch Christus das heubt ist der gemeine, vnd er ist seines leibes heiland. Aber wie nu die gemeine Christo ist vnterthan, also auch die weiber yhren mennern ynn allen dingen." Wie die Gemeinde und die Stadt im Zuge des reformatorischen Aufbruchs religiös überhöht wurden, wurde auch die Ehe, das „weltliche Geschäft", sakralisiert. Katharina v. Bora, die Frau Luthers, wurde zum „Inbegriff domestizierter Weiblichkeit" (Heide Wunder) und die Familie „zum Bollwerk einer hierarchischen weltlichen Ordnung" (L. Roper). Unter diesem Gesichtspunkt hat die lutherische Reformation, in der die Gleichheit aller Christen vor Gott propagiert wurde, nicht zur gesellschaftlichen Emanzipation der Frau geführt. Der Handlungs- und Entfaltungsspielraum der Frau wurde auf den „Haushalt" konzentriert und eingeschränkt, demgegenüber waren die Spielräume der Frau im Katholizismus größer. Vor dem Hintergrund einer traditionellen Denunziation der Sinnlichkeit und humanistischer Weiberfeindlichkeit brachte die Reformation zwar eine enorme Aufwertung der Frau mit sich, so war sie tatsächlich der „Gefährte" des Mannes. Gesellschaftlich aber hatte das reformatorische Ehe- und Familienverständnis zu einer Verhärtung patriarchalischer Sozialisationsformen geführt.

Anders sah es in den radikalreformatorischen Bewegungen aus, in denen das antiklerikale Streitmuster vorübergehend zu religiöser Gleichstellung von Mann und Frau führte und wo Ehe und Familie noch nicht als hierarchischer Unterordnungsverband für die Frau verstanden wurde. Ganz im Gegenteil, die Frau konnte, wenn ihr Ehemann nicht den neuen, z.B. den täuferischen Glauben angenommen hatte, ihren Mann verlassen und mit einem „gläubigen" Partner, eine neue, eine „geistliche" Ehe eingehen. Sie konnte sich auch mit ihrer Bereitschaft zur Nachfolge Christi im Martyrium Achtung unter Gleichgesinnten verschaffen und kraft eigener geistlicher Autorität missionieren, predigen und mit Visionen und Prophezeiungen auf sich aufmerksam machen. Das hat Marion Kobelt-Groch in ihrem Buch über *Aufsässige Töchter Gottes* (1993) genau untersucht. Darauf kann hier nur hingewiesen werden. Führte der antiklerikale Umkehrschluss bei Luther zu einem „weltlichen", so in radikalreformatorischen Bewegungen zu einem „geistlichen" Eheverständnis, das in unterschiedlichen Formen ausgebildet wurde, asketischen und ausschweifenden, bis hin zum polygamen Eheverständnis im Täuferreich zu Münster, aber auch in der so genannten Uttenreuther Träumersekte in Franken. Im Grunde waren die Radikalen überall dem Verdacht auf Bigamie und Polygamie ausgesetzt. So waren es nicht nur die oft in volkskulturellen Usancen wurzelnden vorehelichen Praktiken und Verhütungsmethoden, auch nicht nur die Missstände, wie Schlagen, Inzest, böswilliges Verlassen des Partners und Ehebruch, die im „Heiligen Haushalt" eingerissen waren, die Ehe und Familie zum Objekt der Sozialdisziplinierung werden ließen, sondern auch die undurchschaubaren Eheverhältnisse, die Auflösungserscheinungen der Familie oder die angeblichen sexuellen Ausschweifungen im radikalreformatorischen Untergrund. Hier ist der volkskulturelle Aspekt der Sozialdisziplinierung mit Händen zu greifen.

Der massive Angriff auf die Volkskultur konnte den Schluß nahelegen, dass die Reformation das Bewusstsein der Laien doch nicht so intensiv erfasst, ja, dass die Christianisierung überhaupt noch nicht bis in die unteren Schichten der Bevölkerung durchgeschlagen sei. Zu diesem Ergebnis kam Robert W. Scribner in dem Aufsatz *Magic and the Formation of Protestant Popular Culture* (2001). Aufschlussreich ist auch der Beitrag Hans-Christoph Rublacks zu *Luthertum und Aberglaube* (1997), der von den Erfahrungen eines Dorfpfarrers berichtet und zu dem lapidaren Ergebnis kommt: „Trotz zweihundertjähriger lutherischer Kommunikation bestanden fränkische Dorfbewohner zu Beginn des 18. Jahrhunderts auf der Tradition magischer Praxis." Was tief in der Volkskultur verankert war, ließ sich nur mühsam ausrotten, allenfalls verändern, doch auch dann nicht immer zu Gunsten der *vera doctrina*: „Adaptiert wurde die protestantische Begründung von der Kraft der Predigt, in eignsinniger Umdeutung, um sich der traditionalen heiligen Formeln als guter Worte magisch bedienen zu können." Umdeutung ist oft erfolgreicher als Disziplinierung.

In *Kommunalismus und Christianisierung* (1989) hatte Peter Blickle den Kommunalismus als Vehikel der Christianisierung gedeutet. Jetzt wird die Reaktion auf den Kommunalismus, freilich diesen nicht allein, zu einem Vehikel, den christlichen Glauben auf dem Land unters Volk zu bringen und von oben durchzusetzen. Der Weg in die Moderne, die den Siegeszug der Säkularisierung markiert, führt über die Verchristlichung der Vorstellungs- und Lebenswelt aller Untertanen.

Betont werden in der gegenwärtigen Diskussion um die Sozialdisziplinierung noch andere Gesichtspunkte. *Zunächst* ist die Intensität, mit der Obrigkeiten ihre Untertanen disziplinierten, ein Indiz dafür, dass die Untertanen sich nicht gefallen ließen, „dermaßen regiert zu werden", um den Ausdruck Foucaults zu wiederholen, und mit Widerstand antworteten: mit Akten der Verweigerung, mit Aktivierung volkskultureller Verhaltensmuster, um Konflikte zu ertragen und zu regeln, mit der Flucht in Nischen, wo sie sich boten, um unbehelligt zu bleiben. Solcher Widerstand ist unbestritten. Er war jedoch nicht so stark, dass er die disziplinierenden Maßnahmen der Herrschaftseliten insgesamt außer Kraft gesetzt hätte. Außerdem wird es sinnvoll sein, den Vorschlag Heinrich Richard Schmidts in seiner enzyklopädischen Darstellung zur *Konfessionalisierung im 16. Jahrhundert* (1992) aufzugreifen und eine „selektive Akzeptanz" obrigkeitlicher Maßnahmen im „Volk" anzunehmen. Sozialdisziplinierung lässt sich auch nicht als „Metaerzählung", wie gelegentlich versucht wurde, mit Hilfe theoretischer und methodologischer Erwägungen aus der Welt schaffen. *Sodann,* wo der Geist des Widerstands erloschen oder noch überhaupt nicht erwacht war, sind Formen des Verhaltens zu beobachten, die mit dem Begriff der „Selbstgleichschaltung" bezeichnet werden können. Norbert Elias sprach in seinem *Prozess der Zivilisation* (6. Aufl. 1979) nicht von Fremdzwang, dem die Untertanen ausgesetzt waren, sondern vom Selbstzwang, den sie sich auferlegten, um sich als willfährige Bürger des Staates zu empfehlen.

Schließlich wird noch ein Problem diskutiert: Sind die Normen, die gesellschaftlich zum Zuge kamen, allein obrigkeitlichen Ursprungs, oder sind es Normen, die der „gemeine Mann" in und für die Gemeinde „erfindet" und durchsetzt, konkret, sind es Normen kommunaler Religiosität, die im Kirchenzuchtverfahren (Chor- bzw. Ehegericht, Zulassung zum Abendmahl etc.) beispielsweise zur Anwendung kommen, also nicht obrigkeitlich verordnet, sondern kommunaler oder gemeindlich presbyterialer Autonomie erwachsen sind (von unten)? Über die Autonomie presbyterialen Handelns in obrigkeitsunabhängigen Gemeinden hat Heinz Schilling geschrieben. Wichtig ist vor allem seine Untersuchung zu den reformierten Gemeinden in Emden und Groningen. Es ist sicherlich so, dass auch Normen in den Sozialdisziplinierungsprozess der Frühen Neuzeit eindrangen, die

Abb. 56: Allegorien auf die Folgen der Ausschweifungen in Wein, Weib und Spiel. Holzschnitt in der Weise des Hans Baldung genannt Grien ca. 1500.

freier, obrigkeitlich nicht reglementierter Aneignung biblischer Werte entsprungen waren. Doch war das nicht durchweg und nicht einmal hauptsächlich so. Der Sozialdisziplinierungsprozess allgemein blieb obrigkeitlich dominiert, und genaugenommen folgten auch presbyteriale Urteile häufig elitären Vorstellungen und nicht den Einstellungen des Volkes. Das gilt auch, wie Schilling behauptete, für die Ehegerichte auf der Berner Landschaft, die Heinrich Richard Schmidt in *Dorf und Religion* (1995) untersucht hat. Die Kontroverse zwischen beiden ist noch nicht entschieden. Vielleicht liegt die Wahrheit in der Mitte. Auch in den kommunalistisch verfassten Landgemeinden könnten die gewählten Vertreter durchaus eine Mittelstellung zwischen kommunalen Interessen und stadtobrigkeitlichen Erwartungen eingenommen haben. Hier könnte es sich um einen Sozialisierungsprozess eigener Art gehandelt haben.

Der Prozess der Sozialdisziplinierung ist komplex. Obrigkeitliche Initiativen, konfessionalistische Konsequenzen, die aus dem reformatorischen Aufbruch und aus den gegenreformatorischen Maßnahmen gezogen wurden, der Wille zu Selbstbehauptung und Widerstand, der sich aus kommunalistischen oder volkskulturellen Traditionen speiste, flossen ineinander und trugen dazu bei, dass die einen sich ihre auf reformatorischen Ideen gründende Welt schufen und andere sich dieser Welt widersetzten: beides auf jeweils mannigfaltige Weise. So oder so führten sie – von ihren Erfahrungen, Visionen, Absichten und Anstrengungen vermittelt – eine neue Zeit herauf: für Staat, Gesellschaft, Wirtschaft, Kultur und Religion. Diese Zeit war nicht das Ergebnis einer geglückten Sozialdisziplinierung, wie die Herrschaftseliten sie angestrebt hatten. Sie erwuchs vielmehr aus dem Diskurs von unterschiedlichen Disziplinmodellen, Verweigerung, Widerstand und partieller Akzeptanz obrigkeitlichen Ordnungswillens. Durchgesetzt hat sich eine Sozialdisziplinierung in ihrer umstrittenen Gestalt – wie sie einer „zertrennten Welt" entsprach.

14. KAPITEL

„Das freye Römisch Reich wird jetzt zur Barbarey"

Dreißigjähriger Krieg und westfälischer Frieden

Der Dreißigjährige Krieg hat sich in das Gemüt der Deutschen tief eingeprägt: Not, Elend und großes Leid, verwüstete Dörfer, niedergebrannte Häuser, geschändete Frauen, erschlagene Männer, umherirrende Kinder, Hungerjahre und Pestilenz, zerstörte Felder, Betriebe und Handelswege. Die Sitten waren verwahrlost, wurde lauthals geklagt, und die Kultur war ruiniert. Alles war aus den Fugen geraten, ein massenhaftes Sterben, wo die marodierenden Söldnerheere durchgezogen waren, in der einen Region mehr, in der anderen weniger. Die „Verlustrate liegt dichter an 40 als an 15 Prozent", fasst Georg Schmidt die kontrovers geführte Diskussion um die Höhe der Kriegsopfer in seiner kurzen Darstellung des *Dreißigjährigen Krieges* (1995) zusammen. Die Erfahrungen eines langen Krieges und die „Hoffnung besserer Zeiten" bestimmten den Alltag der Menschen und haben in Flugschriften, Augenzeugenberichten, Chroniken, Kirchenliedern und literarischen Schilderungen fortgewirkt – so sehr, dass dieser Krieg, wie Volker Press in *Kriege und Krisen* (1991) meinte, „bis zu den Schrecken des 20. Jahrhunderts das Trauma der deutschen Geschichte blieb".

Schon im Krieg selbst schrieb Johannes Michael Moscherosch die *Gesichte Philanders von Sittewalt* (1640), in denen er über das Wüten der Söldner berichtete, und bald danach erschienen von Christoph von Grimmelshausen die Abenteuer des *Simplicissimus* (1668/69), in denen die Greuel des Krieges in einzelnen Szenen dargestellt wurden. Weltberühmt wurde die *Wallenstein*-Trilogie Friedrich Schillers (1797-1800). Die Erinnerung an diesen Krieg hielten im 19. und 20. Jahrhundert viele wach: Annette v. Droste-Hülshoff mit der Versdichtung *Schlacht am Loener Bruch* (1838), Adalbert Stifter mit *Hochwald* (1842), Gustav Freytag mit den *Bildern aus der Vergangenheit* (1859-62), Franz Grillparzer mit der Vorgeschichte des Dreißigjährigen Krieges im *Bruderzwist im Hause Habsburg* (1872), Arnold Strindberg mit seinem Drama *Gustav Adolf* (1900) und Hermann Löns mit dem vielgelesenen *Wehrwolf* (1910). Es folgten Ricarda Huch mit dem dreibändigen *Großen Krieg in Deutschland* (1912-14), Alfred Döblin mit seinem *Wallenstein* (1920), den Hermann Pongs eine „Orgie des makro-chaotischen Stils" nannte, Gertrud von Le Fort mit der *Magdeburgischen Hochzeit* (1937) und Bert Brecht mit *Mutter Courage* (1939). In neuerer Zeit hat vor allem

Günter Grass an diesen Krieg erinnert, als er die Gruppe 47 zu einem *Treffen in Telgte* (1979) im vorletzten Jahr des Dreißigjährigen Krieges zusammenrief. Meisterhaft ist schließlich die eher literarische als geschichtswissenschaftliche Biographie *Wallensteins*, die Golo Mann 1971 veröffentlichte. So zog sich der Dreißigjährige Krieg durch das kulturelle Leben Deutschlands und hat sich im Bewusstsein der Deutschen als grausam bewegte und hochdramatische Zeit festgesetzt.

1. Probleme der Forschung

Über den Dreißigjährigen Krieg und den Westfälischen Frieden ist auch in der Geschichtswissenschaft viel geschrieben worden: über die Ursachen und den Verlauf, über die Folgen in Politik, Wirtschaft, Gesellschaft und Kultur, besonders intensiv in neuerer Zeit auch über seinen Charakter und historischen Ort. War dieser Krieg der Abschluss einer langen Entwicklung oder der Anfang eines Weges, der zu neuen Ufern führte? Hat er die Tendenzen zu moderner Staatlichkeit behindert oder gefördert? War er ein Religionskrieg, der den Reichsfrieden von Augsburg 1555 zerstörte, oder ein Krieg, der sich aus dem noch unfertigen Charakter des frühmodernen Staates erklärt? War er das Ergebnis deutscher Konflikte oder eine Auseinandersetzung um die politische Vorherrschaft in Europa, also gar kein deutscher, sondern ein europäischer Krieg, der auf deutschem Boden geführt wurde?

Bereits diese Fragen zeigen, wie komplex das Kriegsgeschehen war und wie kompliziert die Geschichte seiner Erforschung ist. Darüber informiert die erwähnte Darstellung Georg Schmidts in gebotener Kürze: von den Anfängen mit Friedrich Schillers *Geschichte des Dreißigjährigen Krieges* (1791) über die Gesamtdarstellungen von Moritz Ritter (1899-1908), Cecily Veronica Wedgwood (dt. 1997, 2. Aufl. 1982, Neuausg. 1990) zur revisionistischen Darstellung Sigfrid H. Steinbergs (1967), dem kulturgeschichtlichen Beitrag Herbert Langers (1978), der bevölkerungs- und agrargeschichtlich orientierten Abhandlung von Günther Franz (1940, 4. Aufl.1979), der staatspolitisch akzentuierten Darstellung Johannes Burkhardts (1992), zu Ronald Asch (1997), Günter Barudio (1995), Gerhard Schormann (1995) und zum kirchengeschichtlichen, den Dreißigjährigen Krieg und den Westfälischen Frieden insgesamt deutenden Beitrag Thomas Kaufmanns (1998), um nur diese zu nennen. Schließlich sind die zahlreichen Handbuchdarstellungen und Abschnitte in thematisch weiter gespannten Darstellungen zu erwähnen, in letzter Zeit vor allem die Beiträge, die zum 350jährigen Jubiläum des Westfälischen Friedens erschienen, das 1998 mit Ausstellungen in Osnabrück und Münster gefeiert wurde. Eine umfangreichere Analyse der einschlägigen Forschungen hat kürzlich Michael Maurer vorgelegt: *Kirche, Staat und Gesellschaft im 17. und 18. Jahrhundert* (1999).

Die Erforschung des Dreißigjährigen Krieges und des Westfälischen Friedens ist intensiv betrieben worden: einmal unter dem Gesichtspunkt der Konfessionskonflikte, die in den Krieg führten, und dann unter dem Gesichtspunkt der Territorien und Staaten, die sich gezwungen sahen, ihre Macht zu sichern und kriegerische Auseinandersetzungen im Herzen Europas zu riskieren. Beide Male wurde der Krieg aus der Sicht des 16. Jahrhunderts gesehen; einmal als Religionskrieg und das andere Mal als Staatenkrieg.

Aus der Sicht des Westfälischen Friedens 1648 konnte der Krieg als ein Geschehen gedeutet werden, in dem die Symbiose von Kirche und Staat ihre Plausibilität verlor und sich die Schleusen zu einer politischen Regelung der territorial- und nationalstaatlichen Machtverhältnisse in Deutschland bzw. Europa öffneten, ohne auf Kirche und Konfession weiterhin Rücksicht nehmen zu müssen. So war es das Vertragswerk des Westfälischen Friedens, das die Pluralität der Konfessionen begründete und reichsrechtlich sicherte: der katholischen, lutherischen und reformierten Konfessionen, die kleineren religiösen Gemeinschaften fielen nicht unter diese Regelung. Sie wurden weiterhin als Nonkonformisten verfolgt oder von Landesherren und Magistraten geduldet.

Unter dem Gesichtspunkt des Friedensschlusses wurde der Krieg, wie die Konfessionalisierung des vorangegangenen Jahrhunderts, als Impuls zur Modernisierung von Staat und Gesellschaft gedeutet. In den Erklärungsmodellen, die Heinz Schilling in *Aufbruch und Krise* (1998) und vorher schon Johannes Burkhardt in der bereits erwähnten, ausgesprochen anregenden Darstellung vorlegten, spielen beide Sichtweisen eine Rolle, auch wenn beide die Akzente etwas anders setzten. Schilling betonte den Krisencharakter der Territorien, der sich mit dem konfessionellen Ausschließlichkeitsanspruch und Konfrontationskurs verband. Burkhardt dagegen meint, dass sich Konfessionsbildung und Staatswerdung in ihrem noch unfertigen Zustand gegenseitig stützten und kriegerische Aggressivität im Wesen eines sich erst noch herausbildenden Staates läge. Für beide aber gilt, dass der frühneuzeitliche Staat „als Konfessionsstaat" angetreten sei und sich Religionskrieg mit Staatenkrieg verschränkt hätten.

Ein anderes Interpretationsmodell hat kürzlich der Kirchenhistoriker Thomas Kaufmann zur Diskussion gestellt. Auf seinen Begriff der „lutherischen Konfessionskultur" ist bereits im Konfessionalisierungsabschnitt (Kap. 13) eingegangen worden. Hier muss nur nachgetragen werden, dass dieses Konzept die Pluralität der Konfessionen keine auf die Kirchen von außen zukommende staatspolitische Initiative war, sondern dass das Luthertum bereits eine Kultur pluraler Richtungen ausgebildet hatte, die sich unter dem Eindruck der Kriegsereignisse nur dynamisiert hatten und nach dem Friedensschluss verstärken konnten. So erklärt Kaufmann das Nebeneinander von Orthodoxie und Pietismus, von apokalyptisch verdüsterter Stimmung und bürokratisch erstarrter Kirchlichkeit. Vor allem aber gelingt es ihm, das gewöhnlich als sklerotisch und unmodern gezeichnete Bild der Orthodoxie aufzuhellen und die Impulse herauszustellen, die von ihr in die Richtung moderner Konfessionalität wirkten. Im Luthertum, so schreibt Kaufmann, habe sich eine Spannung von sachgemäßer Glaubensauslegung und Zeitgemäßheit erhalten und den Weg in die Neuzeit gewiesen. „Gerade darin war es – modern." Es handelt sich also nicht um eine die Kirchen instrumentalisierende staatspolitische Entwicklung zur Moderne, sondern um einen Modernisierungsimpuls aus dem Schoß lutherischer Konfessionskultur selbst. Auf diese Weise behauptet Kaufmann ein gewisses Maß an Unabhängigkeit der Kirche gegenüber dem Staat und der von ihm bestimmten gesellschaftlichen Sphäre. Und so gelingt es ihm auch zu erklären, warum der Westfälische Frieden, so wichtig er für die Kirchen war, nicht das Ende der Konfessionen einleitete, sondern den weiteren Reifeprozess der Konfessionskultur in Deutschland geradezu förderte. Die Spaltung der Konfessionen blieb erhalten und war, wie Thomas Nipperdeys *Religion im Umbruch* (1988) zitiert wurde, „eine der fundamentalen alltäglichen und vitalen Grundtatsachen des deutschen Lebens" über das 19. Jahrhundert hinaus. Diese Erklärungen vermögen die allgemeinhistorischen Darstellungen kritisch zu begleiten. Sie gehen allerdings der Frage aus dem Weg, welchen Anteil die Herausbildung der Konfessionskultur an dem Ausbruch dieses grausamen Krieges hatte, der als schwere Last auf der deutschen Geschichte liegt.

Zu den erwähnten Forschungsproblemen gesellen sich noch andere hinzu. Umstritten ist die Antwort auf die Frage, ob es sich überhaupt um einen einzigen Krieg handelt, der die deutschen Territorien und Reichsstädte erschütterte, oder nicht doch um mehrere Kriege zwischen 1618 und 1648, die sich in ein langes Zeitalter der Bellizität (Johannes Burkhardt) einordneten. Umstritten ist auch, ob die Folgen des Krieges so gravierend waren, wie gewöhnlich dargestellt wurde, oder ob die Annahme hoher Verluste in der Bevölkerung und wirtschaftlicher Depression nicht maßlos übertrieben sei, wie Sigfrid H. Steinberg gegen die bisherigen Forschungen, vor allem gegen die Ergebnisse von Günther Franz, einwandte. „Im Jahre 1648", meint Steinberg, „war Deutschland weder besser noch schlechter dran als im Jahre 1609; es war lediglich anders, als es ein halbes Jahrhundert zuvor gewesen war." Auch diese Meinung ist sicherlich überzogen und hat kaum Anerkennung gefunden. Sie hat aber die Forschung angeregt, sich zunehmend regionalgeschichtlichen Untersuchungen zuzuwenden, um ein differenzierteres Bild von den Auswirkungen des Krieges zu erarbeiten. Noch ist dieser Forschungsprozess nicht abgeschlossen.

Dass ein Zusammenhang zwischen Konfession, Staatswerdung und Dreißigjährigem Krieg besteht, wird kaum bestritten. Das Problem ist nur, wie dieser Zusammenhang unter wechselnden Perspektiven zu beschreiben sei.

2. Krise vor dem Krieg

Das 17. Jahrhundert ist oft als ein Jahrhundert der Krise dargestellt worden. Eingeleitet wurde die geschichtswissenschaftliche Diskussion um die „Große Krise" mit dem anregenden Aufsatz Eric J. Hobsbawms über *The Overall Crisis of European Economy in the Seventeenth Century* (1954), der die marxistische Theorie von der gesamtgesellschaftlichen Übergangskrise zwischen Feudalismus und Kapitalismus aufgreift und für seine Interpretation nutzbar macht. Fortgeführt und thematisch auf die Spannungen zwischen höfischer Zentralgewalt und territorialen Ständen ausgeweitet, wurde diese Diskussion 1956 von Hugh R. Trevor-Roper in *The Crisis of the Seventeenth Century. Religion, the Reformation and Social Change* und 1967 in dem Sammelband *Crisis in Europe 1560-1660*, den Trevor Aston 1967 herausgab. Daran schloss sich eine lebendige, noch unabgeschlossene Auseinandersetzung an, in die sich auch französische und nordamerikanische Historiker eingeschaltet haben. So ist viel Licht in ein dunkles, von Aufständen, Revolten und Revolutionen geschütteltes europäisches Jahrhundert vor dem Aufbruch in eine „neue Zeit" gebracht worden. Gut zusammengefasst hat diese Forschungsdiskussion kürzlich Günter Vogler im Handbuch der Geschichte Europas (Bd. 5): *Europas Aufbruch in die Neuzeit 1500 – 1650* (2003).

Für die Deutung des Dreißigjährigen Krieges wurden die Ergebnisse dieser Diskussion jedoch nicht übernommen. Offensichtlich ließen sich die Kriegsverhältnisse in den deutschen Territorien nicht so einfach mit dem Krisenbegriff erfassen, der an den revolutionären Verhältnissen in anderen Ländern Europas gebildet wurde, aber nicht die besonderen Verhältnisse zwischen Reich und Territorium im Auge hatte. Gleichwohl wurde auch in Darstellungen des Dreißigjährigen Krieges gelegentlich umgangssprachlich von Krisenerscheinungen geredet: in aller Breite, von apokalyptischer Stimmung, Hexenverfolgungen, ökonomischen und staatlichen Krisen bei Heinz Schilling in *Aufbruch und Krise* (1988) oder in verfassungsrechtlicher und politischer Sicht bei Volker Press in *Kriege und Krisen* (1991), der den großen Krieg zwar mit der „Krise des Reiches" in Verbindung bringt, aber auf ein präzise geschliffenes Erklärungsmodell verzichtet. Im Sachregister zum dritten Band des *Handbuchs zur Europäischen Geschichte* (1971) taucht der Begriff der „Krise" dagegen nicht auf, auch Gerhard Schormann und Johannes Burkhardt kommen in ihren Deutungen des Krieges ohne diesen Begriff aus.

Es ist hier nicht möglich, ein Krisenmodell auszuarbeiten, das die Kritik erschöpfend berücksichtigt, die Rudolf Vierhaus einst an einem unzureichenden Umgang der Historiker mit dem Krisenbegriff geübt hat (*Zum Problem historischer Krisen*, 1978). Hinzuweisen ist aber, bevor einige Leitlinien zum Gebrauch dieses Begriffes skizziert werden, auf einen grundsätzlichen Gedanken, den Vierhaus äußert: „Krise sagt mehr und ist konturierter als die Metaphern Aufstieg und Niedergang, Zerfall und Auflösung, ist präziser und inhaltlich gefüllter als „sozialer Wandel", weiter gespannt als „Revolution", weniger dramatisch als „Katastrophe"" – das aber nur, wenn ein naives Krisenverständnis einem sozialwissenschaftlich informierten Modell weicht.

1. Krise ist, wie der Idealtypus Max Webers, kein „realhistorisches" Phänomen, sondern ein methodologisches Konstrukt, das dazu dient, Struktur und Sinn in den unartikulierten Fluss des vergangnen Geschehens zu bringen, um es zu verstehen und zu erklären. So nimmt es nicht Wunder, wenn einige Darstellungen von der Krise sprechen, die zum Dreißigjährigen Krieg geführt hat, und andere

nicht. Wer sich für den Krisencharakter entscheidet, wird seine Erfahrungen mit Krisenerscheinungen seiner eigenen Zeit und mit Wertungen, die er mit ihnen verbindet, in das Konstrukt übernehmen und auf diese Weise Vergangenes zur Sprache bringen. Andere Erfahrungen führen dazu, dass keinerlei Krisenerscheinungen im historischen Stoff wahrgenommen werden. Es wird vielleicht von Schwierigkeiten und Konflikten gesprochen, nicht aber von Krisen, die mehrere Lebensbereiche zugleich in Mitleidenschaft ziehen und sich wie Mehltau über die gesellschaftlichen Verhältnisse legen. Wessen Darstellung ist nun richtig und wessen falsch? Diese Frage entscheidet sich nicht an der Verwendung oder Ablehnung des Krisenbegriffs. In beiden Fällen vermag der Weg, der zum großen Krieg geführt hat, in sich plausibel dargestellt zu werden. In dieser kurzen Darstellung erhält der Krisenbegriff eine Chance.

2. In den Darstellungen des 17. Jahrhunderts wird der Krisenbegriff entweder auf die Zeit vor dem Ausbruch des großen Krieges oder auf den Krieg selbst angewandt, oft auch auf beide zugleich. Krise kann also die Inkubationszeit bzw. das Ursachenfeld des Krieges meinen *und* den Krieg in den Erschütterungen, die er mit sich gebracht hat. Dieser unentschiedene Gebrauch des Begriffs belastet jede Analyse des Dreißigjährigen Krieges und lässt „Krise" oft genug zu einer Beschreibung von Stimmung, Unbehagen, Hilflosigkeit oder Zerstörung verkommen. Abgesehen davon: Ist Krieg tatsächlich nur eine Krise oder ist er nicht vielmehr ein Geschehen, das die Chancen, die noch in einer Krise stecken, alles zum Besseren zu wenden, vollends vernichtet? Der Krieg selbst ist nicht mehr Krise, sondern das Resultat der Krise: der gewaltsame Ausdruck dessen, dass die Blockierung der Absichten und das Bedürfnis, die eigene Macht zu sichern, nicht mehr in der Weise wie bisher gelangen und kein anderer Ausweg mehr für die so entstandenen Spannungen gefunden wurde, als sich in einem Krieg zu entladen.

3. Krise ist ein Begriff, der einen Übergang von einem problematischen, verfahrenen zu einem besseren oder schlechteren Zustand bezeichnet. Eine Krise kann sich in dramatischen Ereignissen auflösen, wie in Revolution oder Krieg, sie kann auch auf unspektakuläre Weise verebben oder zu allmählichen Veränderungen führen. Nach Revolution oder Krieg können sich Krisen sogleich wieder bilden. Mit dem Erreichen eines eindeutigen Zustands (in Krise steckt immer etwas Uneindeutiges oder Ambivalentes) ist die Krise erloschen, und Neues beginnt. Um aussagekräftig zu sein, darf mit dem Krisenbegriff nicht ein zu langer Zeitabschnitt ins Auge gefasst werden: „permanente Krisen gibt es nicht", hat Karl Marx geschrieben. Je länger die Krise dauert, um so ungenauer wird das historische Urteil über sie ausfallen. Grundsätzlich gilt, dass Aufbruch und Krise in überschaubaren Abständen auf einander folgen oder sogar nebeneinander existieren. Werden die Abstände zu groß, treten zuviel Überlagerungen und Beschleunigungen auf, so bleibt die „Logik" der Krise nicht mehr erkennbar. Es gibt freilich, wie Rudolf Vierhaus im *Lexikon Geschichtswissenschaft* (2002) andeutete,

auch langwierige Veränderungsprozesse, die krisenhaften Charakter tragen. Sie aber in einem präzisen Sinne eine Krise zu nennen, dürfte aus den bereits genannten Gründen problematisch sein.

4. Krisen gehen an Menschen nicht spurlos vorüber. Sie lösen Unsicherheit und Ängste aus. Sie lähmen das Handeln, gelegentlich beflügeln sie es auch. Auf jeden Fall prägen sie sich tief in das Bewusstsein ein. So wirken die Menschen auch auf die Krisen ein, beschleunigen sie oder halten sie auf. Sie suchen nach Auswegen oder ergeben sich in ihr Schicksal. Eindeutig sind die Reaktionen nicht. Die einen können in einer Krise aktiviert werden und die anderen verhalten sich passiv. Hinweise auf ein ausgeprägtes Krisenbewusstsein, das beide Reaktionsweisen in sich schließt, waren Endzeitstimmung und Weltangst, Ketzer-, Hexen- und Judenverfolgung, Kometenfurcht und Todesahnung. Sicherlich muss das Krisenbewusstsein, in höchstem Maße subjektiv gefärbt, nicht unbedingt ein Indiz für eine umfassende Krise sein. Allzu oft verstellen Einbildung, unbegründete Sorgen und Überreaktionen den Blick für die „objektive" Situation; und doch ist das allgemeine Krisenbewusstsein nicht zu unterschätzen. Es nistet sich im Bewusstsein der Menschen nicht ohne Grund ein, wie es ja vorher schon daran beteiligt war, die „objektive" Situation herzustellen und weiterhin zu gestalten, auch wenn Krisen oft eher aus unbeabsichtigten als beabsichtigten Folgen menschlichen Verhaltens entstehen. Solche Verwicklungen machen eine Analyse der „objektiven" Krisensituation nicht eben leicht. Es ist leichter, diese Situation zu beschreiben als sie zu erklären.

5. Unter dem Gesichtspunkt einer zeitlich begrenzten Krise ist es sinnvoll, die Krise auf die unmittelbare Vorgeschichte einer Revolution einzuschränken, wie es in der marxistischen Geschichtsschreibung geschieht, die Revolution selbst aber nicht mehr als Krise zu verstehen, sondern als ein Geschehen sui generis. Wenn Vierhaus beispielsweise Krisen als beschleunigte Prozesse beschreibt, schließt sein Krisenbegriff aber die Revolution ein, denn nirgendwo manifestiert sich die Beschleunigung der Zeit so deutlich wie in der Revolution. Krise kann aber auch bedeuten, dass die Zeit zu stocken beginnt, das politische und gesellschaftliche Leben lahm legt und nichts mehr läuft wie bisher. So wird die Krise zur Stagnation, die für die Krise signifikanter zu sein scheint als Beschleunigung. Es wäre zu überlegen, ob diese Einsicht nicht teilweise auch auf die lange Vorkriegsgeschichte im 17. Jahrhundert übertragen werden könnte, freilich mit einem gravierenden Unterschied: in der Revolution werden alte Verhältnisse zerstört und neue aufgebaut, im Krieg wird nur zerstört. Der Aufbau erfolgt später.

6. Krisen können in verschiedenen gesellschaftlichen Bereichen auftreten. Es gibt kulturelle, religiöse, politische, soziale und wirtschaftliche Krisen. Oft treten sie isoliert voneinander auf. So kann hier eine Krise zu beobachten sein und dort ein Aufschwung. Gelegentlich zieht auch eine Krise eine andere nach sich. Dann

wird darauf zu achten sein, ob es bedeutsamere und weniger bedeutsame Krisenbereiche gibt, oder ob es sogar eine „gesamtgesellschaftliche", eine alle Bereiche umfassende Krise gegeben hat. Darauf hat besonders die marxistische Geschichtsschreibung ihr Augenmerk gelenkt. Im frühen 17. Jahrhundert war es höchstwahrscheinlich nicht der gesellschaftliche, sondern der obrigkeitliche, politische Bereich, der von einer Krise erfasst worden war, z.b. die Spannungen zwischen den Territorialherren und dem Kaiser oder zwischen den Landständen und den Landesherren. Volker Press sprach von einer „Krise des Reichs".

7. Krisen werden von Vierhaus als Prozesse beschrieben, „die durch Störungen des vorherigen Funktionierens politisch-sozialer Systeme entstehen und dadurch gekennzeichnet sind, dass die systemspezifischen Steuerungskapazitäten nicht mehr ausreichen, sie zu überwinden, bzw. nicht mehr zur Anwendung gebracht werden." Diese Beschreibung eignet sich vorzüglich, um die Krise zu erfassen, die zum Dreißigjährigen Krieg geführt hat. Es waren die Reglungen des Augsburger Friedens (1555), die von den Initiativen gestört wurden, die von den gegenreformatorischen Aktivitäten und der protestantischen bzw. reformierten Bündnispolitik ausgingen. Diese Regelungen waren zerbrechlich. Beide Seiten dachten nicht daran, die friedensstiftende Absicht des Reichsgesetzes zu respektieren und den mühsam ausgehandelten Kompromiss zu pflegen. Die Katholiken nutzten den in Augsburg beschlossenen „geistlichen Vorbehalt", um den Machtzugewinn der Protestanten einzudämmen und wieder Boden zu gewinnen; und die Protestanten setzten alles daran, die vom Reichsgesetz geschützten katholischen Minderheiten in evangelischen Territorien und Reichsstädten in ihrem Entfaltungsspielraum weiter einzuschränken. Schließlich war die Reichsverfassung, die das Zusammenspiel der politischen Mächte in schwieriger, konfessionszerstrittener Zeit regelte, nicht nur gestört, sondern geradezu gelähmt. Die einen konnten nicht mehr, was sie wollten, und die anderen konnten noch nicht, was sie wollten (frei nach Lenins Definition einer gesamtgesellschaftlichen Krise). Darin kam das entscheidende Kriterium für eine umfassende Krise zum Ausdruck: Blockade bzw. Stagnation. Niemandem konnte mehr etwas gelingen. Sobald die eine oder die andere Seite versuchte, diesen Zustand zu überwinden, steuerte sie auf einen militärischen Konflikt zu. So war der Augsburger Friede zwar für den Augenblick eine willkommene Kompromisslösung der territorialkonfessionellen Konfliktsituation, à la longue aber wurde er, zumal sich die Auslegungsbedürftigkeit des Reichsgesetzes als Instrument im Kampf um territorialstaatliche Selbstbehauptung geradezu anbot, nicht nur zur Ursache einer großen Krise, sondern auch als deren Folge zur Ursache unausweichlicher kriegerischer Auseinandersetzungen. In diesem Aspekt der Blockade bzw. Stagnation verbanden sich alle aufgeführten Krisenmerkmale.

Es waren vor allem drei Ereigniskomplexe, die zu einer Zuspitzung der Krise geführt haben. Zunächst war es der Konfessionsstreit in der Reichsstadt Donauwörth. Dort hatte der evangelische Rat der katholischen Minderheit, die sich um das Heilig-Kreuz Kloster scharte, 1605 untersagt, eine reichsrechtlich zulässige Prozession zu veranstalten. Der Reichshofrat, der angerufen wurde, stellte sich auf die Seite des Klosters. Der Rat der Stadt aber setzte sich darüber hinweg und löste im darauffolgenden Jahr die Prozession mit Gewalt auf. Daraufhin verhängte der Kaiser die Reichsacht über die Stadt und beauftragte den bayrischen Herzog, dem die evangelisch regierte Reichsstadt ohnehin ein Dorn im Auge war, mit der Exekution der Acht. Der Auftrag wurde exekutiert und die Stadt unter Anwendung militärischer Mittel rekatholisiert. So wurde das Reichsrecht auf eklatante Weise gebrochen. Erstens wurde es vom evangelischen Rat verletzt, zweitens wäre nicht der katholische Herzog von Bayern, sondern der evangelische Herzog von Württemberg für die Exekution der Reichsacht zuständig gewesen, da Donauwörth im Schwäbischen Reichskreis lag. Und drittens verstieß die Rekatholisierung gegen den Augsburger Frieden. Um sich gegen die rekatholisierenden Maßnahmen im Reich zu rüsten, reagierten die Protestanten 1608 mit der Gründung der Union, einem militärischen Bündnis unter Führung des pfälzischen Kurfürsten. Kursachsen blieb diesem Bündnis allerdings fern, um die Loyalität gegenüber dem Kaiser nicht aufs Spiel zu setzen. Die Gegenseite reagierte 1609, nachdem die evangelischen Stände den Regensburger Reichstag im Juni 1608 gesprengt hatten, mit der Gründung der katholischen Liga, die vom bayrischen Herzog Maximilian I. angeführt wurde. Maximilian war ein Anhänger der katholischen Kirche, nicht aber unbedingt auch ein treu ergebener Gefolgsmann des Habsburger Hofes. Auf beiden Seiten waren die politischen Verhältnisse alles andere als eindeutig; und der Reichstag war nicht in der Lage, seinen Verfassungsauftrag zu erfüllen und für politischen Ausgleich der Machtinteressen zu sorgen – ein offensichtliches Zeichen für die Krise im Reich, die in den Gegenbündnissen ihren signifikantesten Ausdruck gefunden hatte.

Zugespitzt hatte sich die Krise sodann mit dem Ausbruch des Erbfolgestreits am Niederrhein. Die Herzogtümer Jülich, Kleve und Berg, ebenso die Grafschaften Mark und Ravensberg waren zu einem wichtigen Territorium im Nordwesten des Reichs zusammengewachsen und in die politischen Spannungen zwischen der spanischen Krone, dem kaiserlichen Hof, dem französischen König, den niederländischen Generalstaaten, den Grafschaften Ostfriesland und Pfalz-Neuburg, Kurköln und Kurbrandenburg hineingeraten, bevor der Erbfall überhaupt schon eingetreten war. Als der geistig umnachtete Herzog Wilhelm, dessen Regierungsgeschäfte ein Beirat übernommen hatte, 1609 starb, entbrannte ein heftiger dynastisch-konfessioneller Streit um die Nachfolge und die Konfessionszugehörigkeit des Herzogtums. Spanien und Habsburg wollten das Territorium für den Katholizismus erhalten, dem es mehr aus politisch taktischen als aus überzeugt religiösen Gründen noch zugehörte. Die Niederlande, Brandenburg und Pfalz-Neuburg versuchten, es für die protestantische Sache zu gewinnen. Auch hier schien bei der Blockade der Interessen die militärische Konfrontation die ultima ratio gewesen zu sein. Brandenburgische und Pfälzer Truppen marschierten am Niederrhein ein und schufen die Grundlage für eine gemeinsame Regierung bis zu einer endgültigen Regelung der Erbansprüche. Der Kaiser gab seine neutrale Vermittlerrolle indes auf und nötigte die Truppen, sich aus den besetzten Gebieten zurückzuziehen. Er stieß jedoch auf den Widerstand der Protestanten, die gerade dabei waren, sich um militärische Unterstützung bei der *Union*, Frankreich, den Niederlanden und England zu bemühen. Die Kunde von dem Attentat auf Heinrich IV. in Paris beendete allerdings die Kriegspläne und führte zu einer überraschenden Lösung. Der brandenburgische Kurfürst Johann Sigismund trat zum Calvinismus über, um sich die Unterstützung der calvinistischen Niederlande zu sichern, und der Pfalzgraf wandte sich dem katholischen Glauben zu. Auf diese Weise konnte er mit der Unterstützung durch Spanien und die *Liga* rechnen. Wieder drohte ein Krieg, der aber gerade noch verhindert werden konnte, als sich die Erbanwärter im Vertrag von Xanten 1614 auf eine Teilung des Territoriums einigten. Die Herzogtümer Jülich und Berg fielen an den Pfälzer, das Herzogtum Kleve und die Grafschaften Mark und Ravensberg an den Brandenburger. Ein Ausweg aus einer Krise des Reichs und des Kaisers, der als Vermittler versagt hatte, war das allerdings nicht. Ein Krieg lag weiterhin in der Luft.

Schließlich hatte der „Bruderzwist im Hause Habsburg" schon vorher eine schwere Krise der habsburgischen Dynastie heraufbeschworen, die sich bald zu einer Krise zwischen dem Landesherrn und den Ständen in den Erblanden entwickelte. Kaiser Rudolf II. war zwar ein entschiedener Befürworter der Rekatholisierung, politisch jedoch war er eher desinteressiert und ließ die Geschäfte schleifen. Außerdem war er kinderlos geblieben, so dass das Haus Habsburg Gefahr lief, die Kaiserkrone zu verlieren. Erzherzog Matthias, der Bruder des Kaisers, bedrängte das Oberhaupt, ihn vorzeitig zum König wählen zu lassen, um die Krone für Habsburg zu sichern. Rudolf lehnte dieses Ansinnen jedoch ab. Schließlich musste er dem Verlangen der Erzherzöge nachgeben und Matthias beauftragen, die problematischen Verhältnisse in Ungarn nach dem Aufstand der protestantischen Stände unter Stephan Boczkay zu regeln, der sich mit dem türkischen Sultan verbündet hatte und die Front gegen die Türken aufzuweichen drohte. Es gelang Matthias 1606, sich mit den ungarischen Ständen ins Einvernehmen zu setzen, allerdings nicht ohne politische und konfessionelle Konzessionen an die protestantischen Stände machen zu müssen. Es gelang ihm auch, einen zwanzigjährigen Waffenstillstand mit den Türken abzuschließen. Der Kaiser war jedoch nicht bereit, die Verhandlungsergebnisse mit den Ständen zu akzeptieren, und streute Sand in das Getriebe dieser Friedensbemühungen. Um seine Politik abzusichern, verabredete Matthias daraufhin eine *Konföderation* mit den ungarischen, mährischen, schlesischen und österreichischen Ständen in Pressburg (1608). Der Kaiser witterte darin eine Gefahr für sich und annulierte diese Vereinbarung. Das brachte wiederum seinen Bruder in Harnisch. Er sammelte seine Truppen und zog gegen den Kaiser. Zu einer militärischen Konfrontation kam es allerdings nicht, da es dem Kaiser gelungen war, nun seinerseits die böhmischen Stände gegen weitreichende Zugeständnisse, vor allem die freie Religionsausübung, im *Majestätsbrief* (1609) hinter sich zu bringen und gegen seinen Bruder aufzubieten. So war im letzten Augenblick noch ein Machtgleichgewicht bzw. eine militärische Blockade entstanden, die eine weitere Eskalation des Bruderzwists zu einem Bruderkrieg vermeiden konnte. Der politische Spielraum zwischen beiden blieb jedoch eng. Im Mai 1611 dankte Rudolf II. als König von Böhmen zugunsten seines Bruders ab. Fortan war der Kaiser im Grunde zum Gefangenen seines Bruders in Prag geworden. Die Krise war noch nicht überwunden.

3. Ausbruch und Verlauf des Krieges

Der Konfliktstoff, der zum Krieg führte, lag nicht im Bruderzwist, sondern im Verhältnis des Königs bzw. des Kaisers zu den Landständen, die in den Habsburger Erblanden noch wesentlich stärker waren als anderswo im Reich und den Bruderzwist nutzten, ihre Eigenständigkeit gegenüber der Krone zu festigen. Nachdem Matthias im Jahre 1612 die Nachfolge seines Bruders in Wien angetreten hatte, wurde Ferdinand II., der steiermärkische Erzherzog aus einer habsburgischen Nebenlinie, 1617 vom böhmischen Landtag als künftiger König akzeptiert und 1618 als König von Ungarn gekrönt. Ihm wurde zugetraut, die spätere Kaiserwahl (1619) für das Haus Habsburg entscheiden zu können. Beide versuchten nun, die traditionelle (protestantische) Opposition der böhmischen Landstände gegen den Hof endgültig zu brechen und rekatholisierende Maßnahmen in die Wege zu leiten. Die Stände sahen darin einen Bruch des *Majestätsbriefes* und fühlten sich zum Widerstand legitimiert. Als zwei evangelische Kirchen, die auf ehemals geistlichem Gebiet errichtet worden waren, zerstört wurden, erschien eine Ständedelegation auf dem Hradschin zu Prag und stürzte nach turbulentem Wortgefecht die beiden Statthalter des Kaisers, ebenso ihren Sekretär, kurzerhand aus dem Fenster. Dass sie unversehrt auf einen Misthaufen am Burggraben fielen und entkamen, sorgte für allgemeines Gelächter auf der einen Seite, auf der anderen sah man darin die rettende Tat der Mutter Gottes, die sich der katholischen Sache auf wundersame Weise angenommen habe. Das war der Beginn eines Krieges, dessen Ausmaß und Dauer damals noch nicht abzusehen waren. Die Stände übernahmen die Regierungsgewalt, fanden sich zu einem neuen Landtag zusammen, setzten eine Direktorialregierung ein, an der auch Vertreter der Städte beteiligt wurden, im August 1619 setzten sie Ferdinand ab und kamen schließlich nach Beratungen mit potentiellen Verbündeten außerhalb Böhmens überein, Kurfürst Friedrich V. von der Pfalz, der mit den englischen, niederländischen und schwedischen Königshäusern verwandt war, auf einem Generallandtag ebenfalls noch am 27. August 1619 zu ihrem König zu wählen und Böhmen endgültig aus dem Herrschaftsverband Habsburgs zu lösen. Ein Calvinist hatte den katholischen König der Böhmen abgelöst, der einen Tag später in Frankfurt einstimmig zum Kaiser gewählt wurde. Pikanterweise war auch Friedrich V. als pfälzischer Kurfürst an dieser Wahl beteiligt. Diese prekäre Konstellation beendete nicht, sondern machte weitere militärische Auseinandersetzungen unausweichlich. Zwei relativ starke Heere standen sich bald vor Prag gegenüber. Im November 1620 wurden die böhmischen Truppen, zumal die erhoffte Unterstützung Englands, der Niederlande, Dänemarks und Frankreichs ausgeblieben war, am Weißen Berge von den Truppen des Kaisers und der katholischen *Liga*, die vom bayrischen Herzog angeführt wurde, vernichtend geschlagen. Der König floh in die Niederlande und hatte unterwegs noch versucht, neue Kräfte zu mobilisieren – ohne Erfolg. Erfolgreich war dagegen Kursachsen, das sich auf die Seite Habsburgs geschlagen hatte. Sächsische Truppen rückten in Schlesien ein und erklärten die beiden Territorien der Lausitz zum Pfandbesitz ihres Kurfürsten. Noch größer war der Erfolg Ferdinands selbst. Die böhmischen Stände wurden hart bestraft, ihre Besitztümer wurden eingezogen und neu verteilt; und schließlich wurde eine Rekatholisierung in Böhmen und Mähren mit besonderer Härte durchgeführt, ja mehr noch: „Ferdinand II. hatte in Böhmen und Mähren", schreibt Georg Schmidt, „die Territorialstaatsbildung der mächtigsten Reichsfürsten noch übertroffen." Das Staatsgründungsexperiment, wie Johannes Burkhardt das Aufbegehren der böhmischen Landstände gegen die Krone in seinem Buch über den *Dreißigjährigen Krieg* (1992) deutete, war gescheitert.

Friedrich V. hatte nicht nur die böhmische Krone nach einer kurzen Regentschaft („Winterkönig") verloren, sondern riskierte auch den Verlust der Kurpfalz. Als er sich weigerte, sich dem Kaiser zu unterwerfen, wurde die Reichsacht über das Kurfürstentum verhängt und ihre militärische Exekution eingeleitet. Die Truppen der *Liga* rückten in das rechtsrheinische Gebiet ein, und die spanischen Truppen besetzten Gebiete links des Rheins. Mit einer Unterstützung durch die *Union* war seit dem Vertrag von Ulm 1620, in dem ein Waffenstillstand zwischen *Union* und *Liga* beschlossen worden war, nicht mehr zu rechnen. Sie löste sich im April 1621 aus Furcht vor politischen und militärischen Komplikationen auf. Nur die kleineren Heere Ernsts von Mansfeld, der schon vor der Schlacht am Weißen Berge in die militärischen Aktionen der böhmischen Stände gegen Habsburg verwickelt war, Markgraf Georg Friedrichs von Baden-Durlach und Herzog Christians von Braunschweig kamen der Pfalz zur Hilfe. Sie konnten aber nichts mehr ausrichten. Sie wurden geschlagen oder zerstreut. Im September 1622 fiel Heidelberg, die Hochburg des deutschen Calvinismus, in die Hände der Altgläubigen, und die Kurwürde wurde, wie vom Kaiser vorher versprochen, gegen die berechtigten reichsrechtlichen Bedenken zahlreicher Fürsten während des Regensburger Disputationstages 1623 auf den bayrischen Herzog übertragen. So endete die erste Phase des großen Krieges, die in der Forschung gewöhnlich der „böhmisch-pfälzische Krieg" (1618 – 1623) genannt wird.

Ein Frieden war nicht in Sicht, im Gegenteil: Das Kriegsgeschehen griff auf den Norden über, wo sich König Christian IV. von Dänemark, der zugleich Herzog von Holstein war, 1625 erfolgreich um den Vorsitz des niedersächsischen Reichskreises und um Verbündete gegen Habsburg bemüht hatte. Er wollte Friedrich V. wieder zu seiner Kurwürde verhelfen und verlorenes Terrain für die

Protestanten zurückgewinnen. Rückendeckung erhielt er von dem *Haager Konzert*, zu dem sich die niederländischen Generalstaaten, England, Dänemark und Friedrich V. Ende 1625 zusammengefunden hatten. Da jedes Land aber seine eigenen antihabsburgischen bzw. antispanischen Interessen verfolgte, war die Unterstützung nicht sonderlich stark. Christian IV. führte das ihm bewilligte Heer gegen den Beschluss des Reichskreises, es nur im Verteidigungsfall zum Einsatz zu bringen, nach Westfalen und besetzte Verden, Nienburg und Hameln. Im Juli rückten die Truppen der *Liga* vor, Gefahr aber drohte dem Dänen vor allem vom kaiserlichen Heer, das der böhmische Adlige Albrecht von Wallenstein mit erheblichen finanziellen Mitteln aufgestellt und in den Norden geführt hatte. Wallenstein war zum katholischen Glauben übergetreten und hatte sich nach der Schlacht am Weißen Berge in den Besitz konfiszierter Ländereien von immensem Ausmaß gebracht, die bald zum Herzogtum Friedland im Nordosten Böhmens vereinigt wurden. Hier schuf er die Basis für ein schnell wachsendes, gut versorgtes Heer, das er dem Kaiser, nicht ganz selbstlos, andiente. Seine Truppen schritten von Sieg zu Sieg, sie folgten den an der Dessauer Brücke im April 1526 geschlagenen Söldnern Ernsts von Mansfeld, die bald in schnellem Marsch nach Ungarn ausfielen, rieben sie auf und halfen, dort eine für Habsburg gefährliche Situation zu bereinigen. Auf dem Rückweg schlugen sie die dänischen Truppen bei Lutter am Barenberge. Schließlich drangen sie über Brandenburg und Mecklenburg tief in den Ostseeraum vor. Sie vereinigten sich mit den Truppen Tillys, besetzten Holstein und Jütland und zwangen den dänischen König zur Aufgabe. Im Frieden von Lübeck 1629 wurden zwar die eroberten Gebiete an Dänemark zurückgegeben, womit sich Wallenstein gegen die Berater des Kaisers bei Hofe durchgesetzt hatte, Christian IV. musste aber auf die geistlichen Territorien in Norddeutschland und auf jede weitere Beteiligung an kriegerischen Auseinandersetzungen mit Habsburg verzichten.

Wallenstein stand auf dem Höhepunkt seiner Macht, als der Kaiser ihm die Herzogtümer Mecklenburg-Schwerin und Mecklenburg-Güstrow übereignete, über deren Herzöge wegen ihrer Solidarisierung mit der dänischen Krone die Reichsacht verhängt worden war. Außerdem erhob der Kaiser ihn in den Stand eines Reichsfürsten. Auf diese Weise konnte der Kaiser die verauslagten Kriegsschulden bei seinem Feldherrn begleichen und sich für die Stärkung seiner Macht im Reich kenntlich erweisen. Wie stark er sich wähnte, zeigt das *Restitutionsedikt*, das er 1629, ohne die Reichsstände zu konsultieren und die Bedenken Wallensteins zu beachten, auf ziemlich autokratische Manier erließ. Mit diesem Edikt sollten die Protestanten gezwungen werden, die nach 1552 säkularisierten Kirchengüter zurückzugeben und die geistlichen Fürstentümer zu restituieren: „In den Erzbistümern Bremen und Magdeburg sowie in sieben weiteren norddeutschen Bistümern mußte der katholische Glaube eingeführt, in ganz Deutschland mehr als ein halbes Tausend Klöster der katholischen Kirche zurückgegeben werden" (Georg Schmidt). Der Kaiser hatte sich auf das Augsburger Reichsgesetz von 1550 berufen, doch die Protestanten bestritten die Rechtmäßigkeit seiner

Gesetzesauslegung. Auch die katholischen Fürsten äußerten Bedenken. Ihnen war der neuerliche Machtanspruch des Kaisers suspekt, sowohl die Art und Weise, wie das Restitutionsedikt erlassen worden war, als auch die Eigenmächtigkeit, mit der Ferdinand II. seinen Feldherrn mit der Würde eines Reichsfürsten ausgestattet hatte. Sie fürchteten um ihr politisches Mitbestimmungsrecht im Reich und beargwöhnten die Konzentration militärischer Macht in den Händen eines Emporkömmlings. An dieser Stelle brach der alte, immer noch schwelende Konflikt zwischen dem Kaiser und den Reichsständen wieder auf und führte bald zur deutlichen Schwächung des Kaisers, der sich inzwischen auf seinem Feldzug gegen Mantua finanziell verausgabt hatte, um dort die Erbfolge zugunsten Spaniens zu regeln und die französischen Ansprüche abzuwehren. Er musste die Reichsstände um finanzielle Unterstützung bitten, um sein Heer aufzurüsten, denn seine Truppen reichten nicht mehr aus, um gegen die Einverleibung des Elsass durch Frankreich vorzugehen, den spanischen Truppen, die in den Niederlanden Rückschläge erlitten hatten, zu Hilfe zu kommen und den Ostseeraum gegen eine drohende Invasion der Schweden zu schützen, nachdem ein von Frankreich vermittelter Waffenstillstand zwischen Schweden und Polen in Altmark 1629 geschlossen worden war. Auf dem Fürstentag, den der Kurfürst zu Mainz 1630 nach Regensburg einberufen hatte, weigerten sich die Fürsten, der Bitte des Kaisers zu entsprechen, seinen Sohn zum römischen König zu wählen. Außerdem nötigten sie den Kaiser, sich von seinem Feldherrn zu trennen. Wallenstein wurde noch während des Fürstentags im August 1630 entlassen und zog sich auf seine Güter in Böhmen zurück, zumal politische Meinungsverschiedenheiten zunehmend das Verhältnis zwischen dem Kaiser und seinem Feldherrn zu trüben begannen. So endete die zweite Phase des großen Krieges: der niedersächsisch-dänische Krieg (1624 – 1629/30).

Auf dem Höhepunkt kaiserlicher Machtentfaltung, die im *Restitutionsedikt* gipfelte, hatte sich bereits ein Umschwung zu Ungunsten Habsburgs vorbereitet. Schon im Juli 1630 war nämlich eine schwedische Armee auf der Insel Usedom gelandet. Der „Löwe aus Mitternacht" hatte zum Sprung angesetzt und bedrohte das Reich. Einige mögen wohl auf den "Glaubenshelden" gewartet haben, der den Protestanten zu Hilfe kommen würde, doch das Motiv, das den schwedischen König trieb, sich militärisch im Reich zu engagieren, war ein anderes. Er wollte die Ausbreitung Habsburgs im Ostseeraum verhindern und die maritimen Handelswege für das sich wirtschaftlich modernisierende Schweden sichern. Zahlreiche Reichsfürsten traten auf seine Seite, so die Herzöge Pommerns und Mecklenburgs, der Landgraf von Hessen-Kassel, dann vor allem auch die Kurfürsten von Brandenburg und Sachsen. Beide Kurfürsten sahen sich gezwungen, ihre gerade erst im *Leipziger Konvent* (1631) vereinbarte Neutralität gegenüber Habsburg und Schweden aufzugeben, als die Truppen Tillys Magdeburg geplündert, die meisten Einwohner getötet und die Stadt in Schutt und Asche zurückgelassen hatten, und vor allem aber als das kaiserlich-ligistische Heer in Sachsen einzumarschieren begann. Das Heer, das Tilly anführte, wurde im September

1631 bei Breitenfeld in der Nähe Leipzigs geschlagen. Es war eine vernichtende Niederlage, die schwedische und sächsische Truppen dem Gegner mit modernisierter, bereits in den Niederlanden erprobter Kriegstaktik, schlagkräftiger Beweglichkeit der Artillerie und der Fußtruppen zufügten. „Das katholische Übergewicht im Reich", resumiert Georg Schmidt, „war mit einer Schlacht dahin."

Auch der weitere Weg der Schweden stand unter einem günstigen Stern. Das kursächsische Heer wandte sich nach Böhmen und eroberte Prag, während schwedische Truppen Erfurt, Würzburg und Mainz einnahmen. Tilly hatte sich zur Überwinterung ins neutrale Bayern zurückgezogen, griff im Frühjahr 1632 unbedachter Weise die schwedischen Truppen an, die Bamberg besetzt hatten, und setzte die bayrische Neutralität aufs Spiel. Als Gustav Adolf sich nach erfolgreichem Waffengang bei Rain am Lech (April 1632) den Weg nach Süden ertrotzt hatte, in München einmarschierte und Friedrich V. von der Pfalz mit sich führte, fühlte Maximilian I. sich gedemütigt. Er gab seine Neutralität auf und begrüßte schließlich den Entschluss des Kaisers, wieder eine Armee unter dem Befehl Wallensteins aufzustellen und gegen den Schweden ins Feld zu führen. Doch es war nur ein kurzes und wenig glückliches Comeback des einstigen Feldherrn.

Als Oberbefehlshaber der kaiserlichen Armee verfügte Wallenstein jetzt über weiterreichende Vollmachten als je zuvor. Er entschied nicht nur über die Kriegsführung und die Versorgung der Truppen, sondern durfte auch selbständig in politische Verhandlungen mit den Gegnern eintreten, wenn seine militärischen Interessen das geboten. Darin lag eine Chance für die militärische Effizienz seiner Feldzüge, doch wie sich bald zeigen wird, auch eine Gefahr für die fragile Balance von kaiserlicher Reichspolitik und Fürstenmacht. Wallenstein ging zunächst behutsam vor. Gemeinsam mit dem Ligaherr verschanzte er sich auf der Alten Veste bei Nürnberg. Gustav Adolf zog ihm entgegen, hatte aber nicht bedacht, dass sich zwei Heere auf einem solchen engen Gebiet kaum würden verproviantieren können. Sein Heer geriet durch Unterversorgung und schnell ausbrechende Krankheiten in eine kritische Situation, zahlreiche Truppen zogen ab oder desertierten. Ein Versuch, die Alte Veste einzunehmen, scheiterte kläglich. Gustav Adolf wandte sich daraufhin mit dem größten Teil seiner Truppen nach Bayern und Schwaben, dirigierte sie aber schleunigst in den Norden, als Wallenstein sich anschickte, in Sachsen einzufallen. Mitte November 1632 kam es zu einer großen Schlacht bei Lützen. Gustav Adolf fiel im unübersichtlichen Schlachtgetümmel, Wallensteins Heer wurde aber vernichtend geschlagen. Offensichtlich herrschte Konfusion unter den Offizieren und Söldnern Wallensteins, ihnen fehlte die Einsatzbereitschaft, die das schwedische Heer auszeichnete.

Fortgeführt wurde die Kriegspolitik des Königs von seinem Reichskanzler Axel Oxenstierna, der an eine Entwicklung anknüpfte, die schon von Gustav Adolf eingeleitet worden war. Im April 1633 konnte schließlich der Heilbronner Bund ins Leben gerufen werden, in dem sich evangelische Reichsstände süddeutscher bzw. oberrheinischer Reichskreise mit Schweden zusammenschlossen und sich verpflichteten, den Kampf gegen Habsburg unter schwedischer Füh-

14. „Das freye Römisch Reich wird jetzt zur Barbarey"

Abb. 57: „Diß ist der Mann, Der helffen kan": Der Schwedenkönig Gustav Adolf auf einem Augsburger Flugblatt.

rung zu unterstützen. Dieser Bund war zwar nicht sonderlich effizient, der militärische Einsatz anderer Heerführer, wie Herzog Georgs von Braunschweig-Lüneburg oder Herzog Bernhards von Weimar, der in Bayern eingefallen war und Regensburg eingenommen hatte, brachten den Kaiser aber in arge Bedrängnis. Wallenstein zögerte, der Liga beizuspringen. Er kümmerte sich vielmehr um die Erholung seines Heeres nach der Schlacht von Lützen und versuchte, auf dem Gebiet der Geheimdiplomatie mit Schweden und Franzosen in Verhandlungen einzutreten. Seine Ziele waren aber so undurchsichtig, dass der Kaiser und seine Berater Verrat witterten und danach trachteten, Wallenstein wieder los zu werden. Im Januar 1634 wurde über Wallenstein die Acht ausgesprochen, und im Februar wurde er auf der Festung Eger, wohin er mit einigen Getreuen geflohen war, meuchlings ermordet. Trotz militärischer Erfolge waren die schwedische Politik und Kriegsführung in eine Krise geraten. Die Gebiete, die von den Schweden durchzogen wurden, waren stark in Mitleidenschaft gezogen worden. Selbst über die Bevölkerung, die vom katholischen Joch, wie es hieß, befreit worden war, brachten die schwedischen Söldner Raub, Hunger und Elend. Hier und da regte sich sogar Widerstand. So konnte es der fremden Armee nicht gelingen, in den deutschen Landschaften Rückhalt und Unterstützung zu finden; und das beflügelte nicht gerade die Moral der Truppe. Als das schwedische Heer im September 1634 von kaiserlichen und spanischen Söldnern bei Nördlingen geschlagen wurde, war die schwedische Militärherrschaft in Süddeutschland zusammengebrochen. Damit endete die dritte Phase des großen Krieges: der schwedische Krieg (1630 – 1634).

Nach der Schlacht bei Nördlingen änderte sich die politische Lage im Reich. Kursachsen und Habsburg schlossen 1635 den Frieden von Prag. Sachsen durfte die beiden Territorien der Lausitz behalten; auf die Durchsetzung des Restitutionsedikts wurde verzichtet und die strittige Frage der Säkularisation des Kirchenbesitzes vertagt. Zahlreiche Reichsstände traten diesem Frieden bei, nachdem ihnen kaiserliche Amnestie zugesichert worden war. Von dieser Amnestie ausgeschlossen waren allerdings die Reichsstände, die sich aktiv am Krieg gegen Habsburg beteiligt hatten, wie Friedrich V. von der Pfalz oder die Herzöge von Braunschweig-Lüneburg oder von Weimar. Bedrohlich wurde die Lage nicht nur für die Schweden, denen zahlreiche Verbündete, vor allem auch im Norden, davongelaufen waren, sondern auch für Frankreich. Um die diplomatisch geschickt eingeleitete antihabsburgische Politik nicht zu gefährden, musste es jetzt offensiv gegen den Kaiser antreten. 1635 riss Frankreich einen Krieg gegen Spanien vom Zaun. Der Kaiser solidarisierte sich mit dem spanischen König, während Frankreich 1636 ein Bündnis mit den Schweden schloss, in dem sich beide Parteien verpflichteten, die territorialen Zustände von 1618 wiederherzustellen und ein schwedisch-französisches Mitspracherecht im Reich zu sichern. Unterstützt wurde Frankreich von Bernard von Weimar, der alles daran setzte, sich ein eigenes Territorium am Oberrhein zu erkämpfen. Es gelang ihm 1638, den Breisgau, das Elsass und die Festung Breisach einzunehmen, von der aus die Gebiete am Oberrhein kontrolliert wurden. Ein Jahr später starb er, was aber die kriegerischen Absichten Frankreichs nicht schwächte. Für Spanien war der Krieg indessen auch zu einer enormen finanziellen Belastung geworden. 1637 musste die Festung Breda aufgegeben werden, 1639 errangen die Niederlande einen Seekrieg über die spanische Kriegsflotte in englischen Gewässern, und 1643 besiegten französische Truppen das spanische Heer im Süden der Niederlande bei Rocroi, strategisch wichtige Festungen gingen an Frankreich verloren. Zur Schwächung Spaniens trugen schließlich die Aufstände in Portugal und Katalonien im Jahr 1640 bei. Noch in demselben Jahr fiel Portugal von Spanien ab und inthronisierte einen eigenen König. Frankreich unterstützte den Aufstand in Katalonien und konnte die Annektion des Roussillon vorbereiten.

Unterdessen kämpfte auch das schwedische Heer unter der Führung geschickter Anführer erfolgreich weiter. Es zog nach Böhmen und Mähren und fügte dem kaiserlichen Heer, dem sich kursächsische Truppenteile angeschlossen hatten, 1642 wiederum bei Breitenfeld in der Nähe Leipzigs eine empfindliche Schlappe zu. Weitere Schlachten folgten kreuz und quer, und die Lage wurde recht unübersichtlich. Schließlich wurde das kaiserliche Heer 1645 bei Jankau in Böhmen in einer langwierigen Schlacht geschlagen. Schwedische Truppen waren schon 1643 in Dänemark einmarschiert, um einer drohenden Allianz zwischen der dänischen Krone und dem Kaiser zuvorzukommen und Dänemark schließlich im Frieden von Brömsebro 1645 als konkurrierende Seemacht und politischen Partner bei eventuellen Friedensverhandlungen auszuschalten. Habsburg konnte Dänemark nicht zur Hilfe kommen, da alle Truppen durch den Einfall der siebenbürgischen Armee unter dem Fürsten Georg Rákóczi in Ungarn 1644 gebunden wurden. Auch auf dem Kriegsschauplatz im Süden ging es dramatisch zu. Maximilian I. von Bayern hatte sich zunächst erfolgreich gegen heranziehende französische Heere zur Wehr gesetzt, die in die habsburgischen Erblande vorrückten. Es kam aber zu verlustreichen Schlachten für beide Seiten. 1645 wurde Bayern bei Alerheim besiegt und sah sich gezwungen, dem Kaiser den Rücken zu kehren und 1647 einen Waffenstillstand mit Frankreich und Schweden in Ulm zu schließen. Nachdem sich aber Maximilian I. wieder Habsburg zugewandt hatte, wurde Bayern von den Schweden und Franzosen mit Verwüstungsfeldzügen überzogen und im Mai 1648 bei Zusmarshausen endgültig vernichtend geschlagen, so dass sein politischer Einfluss dahinschwand und Frankreich die Führung der innerkatholischen Opposition gegen Habsburg übernahm. Immer deutlicher wurde auch, besonders nach Erstürmung der Prager Kleinseite mit dem Hradschin und der Belagerung der Stadt durch ein schwedisches Heer unmittelbar vor dem westfälischen Friedensschluss im Oktober 1648, dass es längst nicht mehr um einen Konfessionskrieg in Deutschland ging, sondern um einen Krieg europäischer Machtinteressen auf deutschem Boden. Die letzte Phase des großen Krieges war der schwedisch-französische Krieg (1635 – 1648).

4. Der westfälische Frieden

In den vierziger Jahren wurde allen kriegsführenden Parteien klar, dass sie die ursprünglichen Ziele nicht mehr auf dem Wege des Krieges erreichen konnten. Niemand hat das schmerzlicher erfahren als der Kaiser selbst. Ferdinand III., der 1637 den Kaiserthron bestiegen hatte, musste schließlich einsehen, dass „Deutschland ohne breite reichsständische Zustimmung dauerhaft nicht zu befrieden war" (Georg Schmidt) und dass er sich seine Macht nur in einem befriedeten Mächteeuropa würde erhalten können. So begannen sich die Kriegsziele zu verschieben. War es bisher darum gegangen, die deutsche „Libertät", d. h. die ständische Reichsverfassung, gegen die Verwandlung des Reiches in ein monarchisches Regierungssystem zu behaupten bzw. die Rekatholisierung protestantischer Territorien gegen die Konfessionsvielfalt im Reich durchzusetzen, so reichte die Kraft zum Schluss nur noch dazu, sich jeweils möglichst günstige Ausgangspositionen für die bevorstehenden Friedensverhandlungen militärisch oder politisch zu erkämpfen – ein Kampf, der noch während der Verhandlungen erbittert geführt wurde.

Auf dem Reichstag, der 1641 nach über dreißig Jahren reaktiviert wurde und in Regensburg zusammentrat, waren katholische und evangelische Reichsstände bemüht, Friedensinitiativen einzuleiten, um den aufreibenden Krieg im Herzen Europas zu beenden. Dem Kaiser, der mit der Einberufung des Reichstags zwar die Hoffnung der Reichsstände auf eine reichsständisch günstige Friedenslösung geweckt hatte, waren jedoch die reichsständischen Initiativen nicht recht. Er wollte das Zepter selbst in der Hand behalten und hatte ebenfalls 1641 den *Präliminarvertrag* von Hamburg mit den Großmächten geschlossen, in dem sie sich auf Osnabrück und Münster als neutralisierte Orte für die Friedensverhandlungen geeinigt hatten. Da Schweden sich weigerte, mit dem Gesandten des Papstes zusammenzutreffen, verhandelten sie mit der Delegation des Kaisers in Münster, die Gesandten anderer europäischer Mächte, vor allem Frankreichs, Spaniens und der Niederlande trafen sich mit der kaiserlichen Abordnung zu Verhandlungen in Osnabrück. Die Reichsstände sollten nicht als Verhandlungspartner geladen werden, sondern sich vom Kaiser als dem Oberhaupt des Reiches vertreten lassen. Doch spätestens seit dem *Deputationstag* zu Frankfurt 1643 und dem Drängen Schwedens und Frankreichs, die ein besonders Interesse hatten, ihre antihabsburgische Front zu verstärken, wurde der Druck auf Ferdinand III. so stark, dass er nicht nur die bereits amnestierten Reichsstände, sondern auch die „aufrührerischen Stände", die reformierten Fürsten, Herzöge und Grafen, in die Verhandlungen einbeziehen musste. Da sich die Reichspolitik mit der europäischen Mächtepolitik in den Kriegshandlungen verwickelt hatte, hätte ein friedliches Ende des großen Krieges ohne die aktive Beteiligung der Reichsstände an den Friedensverhandlungen kaum erreicht werden können. Die Beratung kamen nur langsam in Gang, zügig voran ging es erst, als der kaiserliche Gesandte Graf Maximilian von Trautmannsdorff, mit weitreichenden Vollmachten versehen, nach Münster entsandt worden war und die Verhandlungen mit diplomatischem Geschick in die Hand nahm. Es gelang ihm, das Vertrauen aller Verhandlungspartner zu gewinnen und ihnen das Gefühl zu vermitteln, dass nur ein Frieden, der sich auf allseitige Kompromisse gründete, eine dauerhafte Alternative zum Krieg sei. Ein solcher Kompromiss war zu Beginn vor allem schon die Einsicht, die theologische Klärung der Religionsfrage auszuklammern und nur den politisch-säkularen Aspekt der Konfessionalisierung zu verhandeln. Dagegen legte zwar der päpstliche Nuntius, der spätere Papst Alexander VII., Protest ein. Die Mehrheit hatte sich aber für die Kompromisslösung entschieden.

Mit dem westfälischen Frieden ist zweierlei erreicht worden. *Erstens* setzte sich die Einsicht durch, dass die Zeit für eine Universalmonarchie im Herzen des christlichen Abendlandes vorüber sei. So war ein entscheidendes Motiv für kriegerische Hegemonialabsichten der europäischen Mächte entfallen. Angestrebt wurde fortan ein politisches Gleichgewicht der Mächte. Am bittersten war es für Habsburg, den Anspruch auf Vorherrschaft im Abendland aufzugeben und sich mit der erzwungenen Trennung von Spanien, also von der Vorstellung von einem Reich, „in dem die Sonne nicht untergeht", abzufinden. Der territoriale Gewinn, mit dem Schweden und Frankreich aus dem Krieg hervorgingen, hielt sich in Grenzen, hier und da wurde ihr Herrschaftsgebiet nur arrondiert, jedoch nicht so erweitert, dass die alten hegemonialen Probleme wieder aufbrechen konnten. Auch hier ging es um politisch wohl bedachte Kompromisse. Frankreich konnte seine Position im Elsass und an der Grenze zu den südlichen Niederlanden ausbauen, um die Nachschubwege zwischen Spanien und den Niederlanden zu unterbrechen und die Unterstützung Spaniens durch habsburgische Truppen zu unterbinden, zumal die kriegerischen Auseinandersetzungen zwischen Frankreich und Spanien noch nicht mit dem westfälischen Frieden, sondern erst mit dem *Pyrenäenfrieden* von 1659 beendet wurden. Schon vorher musste Spanien, das sich im Krieg gegen die niederländischen Generalstaaten befand, den Frieden suchen. Der von Großmachtvisionen durchdrungene Minister Graf Olivares war 1643 gestürzt und das Land 1647 von einem Staatsbankrott erschüttert worden. Außerdem hatten Hungersnöte und Volksaufstände die zu Spanien gehörenden Königreiche Neapel und Sizilien heimgesucht. Die Fortführung des Krieges hätte Spanien nicht durchhalten können. Dem Königreich Schweden wurden Vorpommern und die ehemaligen Bistümer Bremen und Verden zugesprochen, außerdem erhielt es – anders als Frankreich – Sitz und Stimme im Reichstag. Schließlich schied die Schweiz endgültig aus dem Reich aus, und die Republik der Vereinigten Niederlande wurde als souveräner Staat in Europa anerkannt. Alles in allem wurden die staatlichen Verhältnisse so geordnet, dass ein politisch ausbalanciertes, modernes Mächteeuropa entstehen konnte, dessen staatliche Beziehungen fortan völkerrechtlich geregelt wurden.

Zweitens wurden die politisch-konfessionellen Konflikte im Reich einer friedlichen Lösung zugeführt. Das Restitutionsedikt von 1629 wurde zurückgenommen und die territorial-konfessionellen Zustände des so genannten Normaljahrs von 1624, also vor dem Eindringen Habsburgs in den norddeutschen Raum, wiederhergestellt. Das kam den Schweden entgegen, aber auch Kurbrandenburg und Kursachsen. Für die Pfalz wurde das Normaljahr allerdings auf 1618 festgelegt, um dem pfälzischen Landesherrn die Wiedererlangung der Kurwürde zu ermöglichen. Als Preis dafür musste er die Oberpfalz endgültig an Bayern abtreten, so dass Maximilian I. im Besitz der einst erlangten Kurwürde blieb. Für die habsburgischen Erblande wurde eine andere Regelung gefunden. Hier galt das Normaljahr 1624 nicht, sondern weiterhin der rekatholisierte Zustand der letzten Zeit, denn eine Schwächung der habsburgischen Macht in den eigenen Erblanden durch evangelische Landstände hätte das mühsam ausgehandelte Gleichgewicht im Reich und in Europa gestört. Mit dem westfälischen Frieden waren zwei

Konfessionen reichsrechtlich zugelassen, das Corpus Evangelicorum und das Corpus Catholicorum. Dem evangelischen Corpus wurde auch die reformierte Konfession zugeschlagen. Damit war ein wesentlicher Kriegsgrund von 1618 beseitigt. Geregelt wurde auch, dass die Untertanen nicht mit dem Konfessionswechsel des Landesherrn ihre Konfession wechseln mussten und dass die Untertanen ihren Konfessionsstand von 1624 restituieren durften. Im Grunde handelte es sich bei diesen Regelungen um eine aktualisierte Interpretation des Augsburger Religionsfriedens von 1555. In einem Territorium war nur eine Konfession zugelassen. Man sprach von dem „exercitium publicum religionis" (öffentlicher Kult, Kirchen mit Glockengeläut) einer Konfession und vom „exercitium privatum religionis" (häuslicher Gottesdienst, Bethäuser ohne Glockengeläut) der anderen. Nur in Augsburg bestanden beide Konfessionen paritätisch nebeneinander. Auf diese Weise war es gelungen, den konfessionellen Antagonismus politisch so zu zähmen, dass keine staatliche Macht mehr auf die Idee gekommen wäre, Konfessionskonflikte noch einmal mit militärischen Mitteln auszutragen. Das war nicht der Beginn neuzeitlicher Religionsfreiheit, der kirchliche und obrigkeitliche Disziplinierungsdruck lastete weiterhin auf den Gläubigen, und die so genannten Sekten oder Freigeister waren nicht in den Genuss einer reichsrechtlich geschützten Religionswahl gekommen, wohl aber hatte die Zeit der Glaubenskriege ein Ende gefunden.

5. „Hoffnung besserer Zeiten"

Der Dreißigjährige Krieg war ein Religions- bzw. Konfessionskrieg. Das ist keine Frage. Er war aber auch ein Krieg, der um die Bildung bzw. Konsolidierung territorial- und nationalstaatlicher Macht im Reich und in Europa insgesamt geführt wurde. Das hat die Skizze des Kriegsverlaufs deutlich gezeigt. Konfessionalisierung und Staatsbildung waren eine Symbiose eingegangen, so dass sich die Frage verbietet, welcher Aspekt, der religiöse oder der staatliche, eine stärkere Wirkung entfaltet habe. Beide wirkten zusammen und haben eine zerstörerische Kraft sondergleichen entfaltet. Wo die Heere die Länder und Städte durchzogen und wo die Schlachten geschlagen wurden, hinterließen sie tiefe Spuren der Verwüstung, des Hungers, der Seuchen und massenhaften Sterbens – hier mehr und dort weniger. Nur einige Landstriche blieben davon verschont. Wie in vielen Kriegen gab es auch in diesem Krieg Menschen, Regionen und Städte, die von ihm wirtschaftlich profitierten. Als Beispiele dafür werden immer wieder die Söldner und die Hansestädte Hamburg und Bremen angeführt. Profitiert haben sicherlich das Waffenhandwerk, die Pulvermühlen und das Gewerbe, das mit der Ausrüstung und Versorgung der Heere beauftragt worden war.

So gut es ging, hat Günther Franz die Zahl der Opfer und Verluste zu ermitteln versucht. Seine Ergebnisse mögen im einzelnen umstritten sein, Sigfrid Henry Steinberg hatte sie sogar, wie oben bereits angedeutet wurde, grundsätzlich in

Frage gestellt, vor allem die Schlussfolgerungen, die daraus gezogen wurden. Auch bei vorsichtigerer Schätzung dürften die Opfer und Folgen doch immens gewesen sein und über die lange Zeitspanne hinweg zu großen materiellen und immateriellen Schäden in Gesellschaft, Wirtschaft und Kultur geführt haben – so groß, dass eine Regeneration in den Kriegspausen ausgeschlossen war und sich auch keine neuen Formen des Zusammenlebens und Wirtschaftens herausbildeten, die zu einem schnellen Aufschwung nach dem Krieg hätten führen können. Not macht erfinderisch – sicherlich im Kleinen, im Großen aber nicht. Und doch waren die Auswirkungen des Kriegsgeschehens, so fatal sie für den Einzelnen, die Familien und weite Teile der Bevölkerung sein konnten, nicht so fundamental, dass es den Menschen nicht möglich gewesen wäre, wie Georg Schmidt treffend beschreibt, „zurück in ihren Alltag mit harter Arbeit und Entbehrungen, aber auch mit der Hoffnung auf ein künftig besseres Leben" zu wechseln. Noch über den Friedensschluss hinaus hatten die Menschen Gründe genug, wie Philipp Jakob Spener schrieb, sich an die „Hoffnung besserer Zeiten" zu klammern.

Nicht der Krieg legte die Grundlagen für eine Modernisierung von Staat und Gesellschaft, wohl aber die Ausklammerung der Religionsfrage aus den Friedensverhandlungen – der Frage, um die seit dem Aufbruch der Reformation so engagiert und erbittert gerungen wurde und die zu Zerwürfnissen, Trennungen und Spaltungen, ja, zu einem grausamen und langwierigen Krieg führte. „Zertrennte Welt": das war die Signatur des „langen 16. Jahrhunderts".

Dreißigjähriger Krieg und westfälischer Frieden

Abb. 58: Am Ende des 30jährigen Kriegs wird in diesem Kupferstich das Gleichnis vom Sturm auf dem See Genezareth herangezogen (Matth 8, 23-27), um die Hoffnung auf Errettung durch Gottes Gnade auszusprechen.

Karte 2:

Katholische Bevölkerung in Mitteleuropa um 1650

Auswahlbibliographie

In dieser Auswahlbibliographie, die zum Weiterarbeiten anregen soll, werden Hinweise auf Einführungs- und Überblicksliteratur gegeben, auch auf Einzeluntersuchungen, Aufsätze, Handbücher und Sammelbände, soweit sie für einen ersten Zugang zum jeweiligen Thema unentbehrlich sind. Die Auswahl folgt zwei Kriterien: Erstens sollen die Umrisse der einschlägigen Forschungen sichtbar und zweitens Wegweiser zu den Fundstellen der Zitate und Literaturhinweise aufgestellt werden.

Einleitung
Das „lange" 16. Jahrhundert

Einführungen

Nada Boskovska-Leimgruber (Hg.), Die Frühe Neuzeit in der Geschichtswissenschaft. Forschungstendenzen und Forschungserträge. Paderborn 1997.
Johannes Burkhardt, Frühe Neuzeit (16. bis 18. Jahrhundert), Grundkurs Geschichte, Bd. 3, Königstein 1985.
Stefan Ehrenpreis und Ute Lotz-Heumann (Hg.), Reformation und konfessionelles Zeitalter, Darmstadt 2002.
Ernst Hinrichs, Einführung in die Geschichte der frühen Neuzeit, München 1980.
W. S. Maltby (Hg.), Reformation Europe. A Guide to Research II. St. Louis, Mo. 1992.
Steven E. Ozment (Hg.), Reformation Europe. A Guide to Research, St. Louis, Mo. 1982.
Winfried Schulze, Einführung in die Geschichte der frühen Neuzeit, Stuttgart 1987.
Anette Völcker-Rasor (Hg.), Frühe Neuzeit, München 2000.
Rainer Wohlfeil, Einführung in die Reformation, München 1982.

Überblicksdarstellungen

Peter Blickle, Die Reformation im Reich, 3. Aufl., Stuttgart 2000.
Johannes Burkhardt, Das Reformationsjahrhundert. Deutsche Geschichte zwischen Medienrevolution und Institutionenbildung 1517 – 1617. Stuttgart 2002.
Hellmuth Diwald, Anspruch auf Mündigkeit um 1400 – 1555, Propyläen Geschichte Europas, Bd. 1, Berlin 1975.
Kaspar v. Greyerz, Religion und Kultur. Europa 1500 – 1800. Göttingen 2000.
Adolf Laube, Max Steinmetz und Günter Vogler, Illustrierte Geschichte der frühbürgerlichen Revolution, Berlin 1975.
Adolf Laube und Günter Vogler (Hg.), Deutsche Geschichte, Bd. 3: Die Epoche des Übergangs vom Feudalismus zum Kapitalismus von den 70 er Jahren des 15. Jahrhunderts bis 1789, Berlin 1983.
Heinrich Lutz, Das Ringen um deutsche Einheit und kirchliche Erneuerung: von Maximilian I. bis zum Westfälischen Frieden, 1490 – 1648. Berlin 1988.
Heinrich Lutz, Reformation und Gegenreformation, 4. Aufl., durchges. u. ergänzt von Alfred Kohler, München und Wien 1997.
Bernd Moeller, Deutschland im Zeitalter der Reformation, 4., durchges. und bibliogr. erneuerte Aufl., Göttingen 1999.
Karl-Heinz zur Mühlen, Reformation und Gegenreformation, Teil I und II, Göttingen 1999.
Steven Ozment, Protestants. The Birth of a Revolution, Hammersmith, London 1992.

Horst Rabe, Reich und Glaubensspaltung. Deutschland 1500 – 1600. München 1989.
Ulinka Rublack, Die Reformation in Europa, Frankfurt/M. 2003.
Heinz Schilling, Aufbruch und Krise. Deutschland 1517 – 1648. Berlin 1988.
Heinz Schilling, Die neue Zeit: Vom Christeneuropa zum Europa der Staaten. 1250 – 1750. Berlin 1999.
Luise Schorn-Schütte, Die Reformation, München 1996.
Winfried Schulze, Deutsche Geschichte im 16. Jahrhundert, 1500 – 1648, Frankfurt/M. 1987.
Günter Vogler, Europas Aufbruch in die Neuzeit 1500 – 1650, Stuttgart 2003.

Handbücher, Enzyklopädien

Thomas A. Brady, Heiko A. Oberman, James D. Tracy (Hg.), Handbook of European History 1400 – 1600. Late Middle Ages, Renaissance and Reformation, 2 Bde., Leiden, New York, Köln 1994/1995.
Hans Joachim Hillerbrand (Hg.), The Oxford Encyclopedia of the Reformation, New York und Oxford 1966.
Ronnie Po-chia Hsia (Hg.), Companion of the Reformation World, Oxford 2004.
Andrew Pettegree (Hg.), The Reformation World, London und New York 2000/202.
Wolfgang Reinhard (Hg.), Gebhard, Handbuch der deutschen Geschichte, 10. völlig neu bearbeitete Aufl., Bd. 9 – 12, Stuttgart 2001.

Zitierte Literatur

Peter Berger und Thomas Luckmann, Die gesellschaftliche Konstruktion der Wirklichkeit. Eine Theorie der Wissenssoziologie. Frankfurt/M. 1966.
Erich Hassinger, Das Werden des neuzeitlichen Europa 1300 – 1600, Braunschweig 1959.
Johan Huizinga, Über die Formveränderung der Geschichte seit der Mitte des XIX. Jahrhunderts, in: ders., Im Bann der Geschichte. Betrachtungen und Gestaltungen. Basel 1943.
Thomas Mergel und Thomas Welskop, Geschichtswissenschaft und Geschichtstheorie, in: dies. (Hg.), Geschichte zwischen Kultur und Gesellschaft. Beiträge zur Theoriedebatte. München 1997, S. 9 – 35.
Hans-Ulrich Wehler, Deutsche Gesellschaftsgeschichte, Bd. 1, München 1987.
Paul Tillich, Religionsphilosophie, Stuttgart 1962.

1. KAPITEL
Ende der Welt und Beginn der Neuzeit
Moderner Zug im apokalyptischen Saeculum

Aus dem vorliegenden Vorlesungstext ist die ausführlichere Fassung entstanden: Hans-Jürgen Goertz, Ende der Welt und Beginn der Neuzeit. Modernes Zeitverständnis im „apokalyptischen Saeculum": Thomas Müntzer und Martin Luther. In: Veröffentlichungen der Thomas-Müntzer-Gesellschaft, Nr. 3, Mühlhausen 2002.
Die im Text gegebenen Hinweise wurden um einige Titel ergänzt.

Quellen

Christoph Cellarius, Historia breviter ac perscipue exposita, in antiquam et medii aevi ac novam divisa, Jena 1708.

Günther Jäckel (Hg.), Kaiser, Gott und Bauer. Die Zeit des deutschen Bauernkrieges im Spiegel der Literatur. Berlin 1975.
Joseph Grünpeck. Ein spiegel der naturlichen himlischen/ vnd prophetischen sehungen aller trübsalen/ angst/ nd not/ die vber alle stende/ geschlechte/ vnd in dem sibendem Clima/ begriffen/ in kurtzen tagen geen werden, Nürnberg 1508.
Thomas Müntzer. Schriften und Briefe, krit. Gesamtausgabe, hg, von Günther Franz, Gütersloh 1968.
Martin Luther, Werke, Weimar, 1883 ff., Bd. 19.

Allgemeine Darstellungen

Otto Brunner, Neue Wege der Verfassungs- und Sozialgeschichte, 2. Aufl. Göttingen 1958.
Hellmuth Diwald, Anspruch auf Mündigkeit, 1975 (s. Einleitung).
Johann Huizinga, Herbst des Mittelalters. Studien über Lebens- und Geistesformen des 14. und 15. Jahrhunderts in Frankreich und in den Niederlanden. 11. Aufl., Stuttgart 1987.
Alfred Kohler, Das Reich im Kampf um die Hegemonie in Europa 1521 – 1648, Enzykl. dt. Gesch., Bd. 6, München 1990.
Heiko A. Oberman, Martin Luther. Mensch zwischen Gott und Teufel. Berlin 1982.
Heiko A. Oberman, Martin Luther. Vorläufer der Reformation. In: Verifikationen. Festschr. f. Gerhard Ebeling, hg. v. Eberhard Jüngel u.a., Tübingen 1982.
Gerhard Oestreich, Strukturprobleme der frühen Neuzeit. Ausgew. Aufs., hg. v. Britta Oestreich, Berlin 1980.
Leopold v. Ranke, Deutsche Geschichte im Zeitalter der Reformation, hg. v. Paul Joachimsen, Bd. 5, München 1926.
Winfried Schulze, Deutsche Geschichte im 16. Jahrhundert, 1987 (s. Einleitung).

Zum Zeitverständnis

Aron J. Gurjewitsch, Das Weltbild des mittelalterlichen Menschen, München 1980.
Hans-Willy Hohn, Die Zerstörung der Zeit. Wie aus einem göttlichen Gut eine Handelsware wurde. Frankfurt/M. 1984.
Reinhard Koselleck, „Neuzeit". Zur Semantik moderner Bewegungsbegriffe. In: ders., Vergangene Zukunft. Zur Semantik geschichtlicher Zeiten, 4. Aufl., Frankfurt/M. 1985.
Jacques LeGoff, Zeit der Kirche und Zeit des Händlers im Mittelalter, in: Claudia Honegger (Hg.), Schrift und Materie. Vorschläge zur systematischen Aneignung historischer Prozesse, Frankfurt/M. 1977, S. 393 – 414.
Karl Löwith, Weltgeschichte und Heilsgeschehen. Die theologischen Voraussetzungen der Geschichtsphilosophie, 5. Aufl., Stuttgart 1967.
Will-Erich Peuckert, Die große Wende. Das apokalyptische Saeculum und Luther, 2 Bde., Darmstadt 1966.
Heinz Schilling, Die neue Zeit, 1999 (s. Einleitung).
Stephan Skalweit. Der Beginn der Neuzeit. Epochengrenze und Epochenbegriff. Darmstadt 1982.
Max Steinmetz, Die historische Bedeutung der Reformation und die Frage nach dem Beginn der Neuzeit in der deutschen Geschichte, in: Rainer Wohlfeil (Hg.), Reformation oder frühbürgerliche Revolution? München 1972, S. 56 – 69.
Rudolf Vierhaus (Hg.), Frühe Neuzeit – Frühe Moderne? Forschungen zur Vielschichtigkeit von Übergangsprozessen. Göttingen 1992.

Günter Vogler, Probleme einer Periodisierung der Geschichte, in: Hans-Jürgen Goertz (Hg.), Geschichte. Ein Grundkurs. Reinbek 1998, S. 203 – 213.

2. KAPITEL
Der Adler und das Kreuz
Corpus Christianum und ständische Ordnung

Quellen

Hermann Koller (Hg.), Reformation Kaiser Siegmunds. Monumenta Germaniae Historica, Staatsschriften des späteren Mittelalters 6, Stuttgart 1964.
Ferdinand Maurer, Die politischen Schriften Walthers von der Vogelweide, Tübingen 1954.

Einführungen

Michael Borgolte, Die mittelalterliche Kirche, Enzykl. dt. Gesch., Bd.17 , München 1992.
Joachim Ehlers, Die Erneuerung des deutschen Reiches, Enzykl. dt. Gesch., Bd. 31, München 1994.
Karl-Friedrich Krieger, König, Reich und Reichsreform im Spätmittelalter, Enzykl. dt. Gesch., Bd. 14, München 1992.
Theodor Schieder (Hg.), Handbuch der europäischen Geschichte, Bd. 1, Stuttgart 1976; Bd. 2, 1987.

Darstellungen

Otto Borst, Alltagsleben im Mittelalter, Frankfurt/M. 1983.
Otto Brunner, Das Problem einer europäischen Sozialgeschichte, in: ders., Neue Wege der Verfassungs- und Sozialgeschichte, 2. Aufl., Göttingen 1968, S. 80 – 102.
Otto Brunner, Land und Herrschaft, 5. Aufl., Wien 1965, Neudr. Darmstadt 1973.
Hans Bredekamp, Kunst als Medium sozialer Konflikte. Bilderkämpfe von der Spätantike bis zur Hussitenrevolution. Frankfurt/M. 1975.
Aaron Gurjewitsch, Das Weltbild des mittelalterlichen Menschen, 1980, (s. 1. Kap.).
H. Kämpf (Hg.), Herrschaft und Staat im Mittelalter, Darmstadt 1964.
E. I. Kouri und Tom Scott (Hg.), Politics and Society in Reformation Europe, Houndmills und London 1987.

3. KAPITEL
Herrschaft und Wirtschaft
Reich, Territorium und Frühkapitalismus

Quellen

Annelore Franke u.a. (Hg.), Das Buch der Hundert Kapitel und vierzig Statuten des sogenannten Oberrheinischen Revolutionärs, Berlin 1967.
L. Weinrich, Quellen zur Verfassungsgeschichte des römisch-deutschen Reiches im Spätmittelalter (1250 – 1500), Darmstadt 1983.
Deutsche Reichstagsakten, Mittlere Reihe, 4 Bde., Göttingen 1972-1989.

Einführungen

Hermann Aubin und Wolfgang Zorn (Hg.), Handbuch der deutschen Wirtschafts- und Sozialgeschichte, Bd. 1, Stutgart 1971.
Joseph Engel und Ernst Walter Zeeden, Einführung in die Reihe „Spätmittelalter und Frühe Neuzeit", in: Karl Trüdinger, Stadt und Kirche im spätmittelalterlichen Würzburg, Stuttgart 1978.
Friedrich-Wilhelm Henning, Wirtschafts- und Sozialgeschichte, Bd.1: Das vorindustrielle Deutschland 800 – 1800, 3. Aufl. München 1977.
Karl-Friedrich Krieger, König, Reich und Reichsreform im Spätmittelalter, Enzykl. dt. Gesch, Bd. 14, München 1992.
Werner Rösner, Agrarwirtschaft, Agrarverfassung und ländliche Gesellschaft im Mittelalter, Enzykl. dt. Gesch., Bd. 13, München 1992.
Ernst Schubert, Fürstliche Herrschaft und Territorien im Späten Mittelalter, Enzykl. dt. Gesch., Bd. 35, München 1996.

Überblicksdarstellungen

Wilhelm Abel, Geschichte der deutschen Landwirtschaft vom frühen Mittelalter bis zum 19. Jahrhundert, 3. Aufl., Stuttgart 1978.
Friedrich Wilhelm Henning, Deutsche Wirtschafts- und Sozialgeschichte im Mittelalter und in der frühen Neuzeit, Paderborn 1991.
Hermann Kellenbenz, Deutsche Wirtschaftsgeschichte, Bd. 1, München 1977.
Friedrich Lütge, Geschichte der deutschen Agrarverfassung vom frühen Mittelalter bis zum 19. Jahrhundert, 4. Aufl., Stuttgart 1967.
Heinrich Mitteis und H. Lieberich, Deutsche Rechtsgeschichte. 18. Aufl., München 1988.
Tom Scott, Society and Economy in Germany, 1300 – 1600, Houndsmills und New York 2002.
Ulrich Troitzsch und Wolfhard Weber (Hg.), Die Technik. Von den Anfängen bis zur Gegenwart. Braunschweig 1982.

Einzeluntersuchungen

Wilhelm Abel, Agrarkrisen und Agrarkonjunktur. Eine Geschichte der Land- und Ernährungswirtschaft Mitteleuropas seit dem hohen Mittelalter. 3. Aufl., Hamburg und Berlin 1978.
Heinz Angermeier, Die Reichsreform 1410 – 1555. Die Staatsproblematik in Deutschland zwischen Mittelalter und Gegenwart. München 1984.
Otto Brunner, Land und Herrschaft. Grundfragen der territorialen Verfassungsgeschichte Österreichs im Mittelalter. 5. Aufl., Wien 1965.
M. J. Elsas, Umriß einer Geschichte der Preise und Löhne in Deutschland vom ausgehenden Mittelalter bis zum Beginn des 19. Jahrhunderts, Bd. 1, Leiden 1936.
Bernd Hamm, Bürgertum und Glaube. Konturen der städtischen Reformation. Göttingen 1996.
Friedrich-Wilhelm Henning, Landwirtschaft und ländliche Gesellschaft in Deutschland, Bd. 1 und 2., Paderborn 1978 und 1979.
Peter Kriedte, Spätfeudalismus und Handelskapital. Grundlinien der europäischen Wirtschaftsgeschichte vom 16. bis zum Ausgang des 18. Jahrhunderts. Göttingen 1980.

Wolfgang v. Stromer, Eine „Industrielle Revolution" des Spätmittelalters? In: Ulrich Troitzsch und Gabriele Wohlauf (Hg.), Technik-Geschichte. Historische Beiträge und neuere Ansätze. Frankfurt/M. 1980, S. 105- 138.
Heide Wunder (Hg.), Feudalismus. Zehn Aufsätze. München 1974.

4. KAPITEL
Vom „brüderlichen Leben" im späten Mittelalter
Kommunalisierung: „korporativ von oben bis unten"
Quellen

Günther Franz (Hg.), Quellen zur Geschichte des Bauernkrieges, Darmstadt 1963.
Rudolf Herrmann (Hg.), Die Neustädter Chronik, Neustadt (Orla) 1910.

Einführungen

Christian Pfister, Bevölkerungsgeschichte und historische Demographie, Enzykl. dt. Gesch., Bd. 28, München 1994.
Michael Borgolte, Kirche im Mittelalter, Enzykl. dt. Gesch., Bd. 17, München 1992.

Darstellungen

Otto Borst, Alltagsleben in Mittelalter, Frankfurt/M. 1983.
Peter Blickle und Johannes Kunisch (Hg.), Kommunalisierung und Christianisierung. Voraussetzung und Folgen der Reformation 1400-1600, Berlin 1989.
Peter Blickle, Kommunalismus. Skizzen einer gesellschaftlichen Organisationsform. Bd. 1, München 2000.
Aaron J. Gurjewitsch, Das Weltbild des mittelalterlichen Menschen, München 1980.
Wolfgang Hardtwig, Genossenschaft, Sekte, Verein in Deutschland. Vom Spätmittelalter bis zur Französischen Revolution. Bd. 1, München 1997.
Eberhard Isermann, Die deutsche Stadt im Spätmittelalter, Stuttgart 1988.
Rosi Fuhrmann, Kirche und Dorf: Religiöse Bedürfnisse und kirchliche Stiftung auf dem Lande vor der Reformation, Stuttgart 1995.
Bernd Moeller, Reichsstadt und Reformation, 2. Aufl., Berlin 1987.
Gerhard Otto Oexle, Die mittelalterlichen Gilden. Ihre Selbstdeutung und ihr Beitrag zur Formierung sozialer Strukturen, In: Soziale Ordnungen im Selbstverständnis des Mittelalters, 1. Halbbd., Berlin und New York 1979, S. 203 – 226.
Berent Schwineköper (Hg.), Gilden und Zünfte, kaufmännische und gewerbliche Genossenschaften im frühen und hohen Mittelalter, Sigmaringen 1985.

5. KAPITEL
Am Vorabend der Reformation
Frömmigkeit, Humanismus, Antiklerikalismus
Quellen

Sebastian Brant, Das Narrenschiff, hg. von Hans-Joachim Mähl, Stuttgart 1964.
Erasmus von Rotterdam, Ausgewählte Schriften, lat. u. dt., hg. von W. Welzig, Bde. I-VIII, Darmstadt 1967.

Ulrich von Huttens Schriften, 5 Bde. u. Suppl., hg. von Eduard Böcking, Leipzig 1859-1870.
Ulrich von Hutten, Deutsche Schriften, München 1970.

Einführungen

Michael Borgolte, Kirche im Mittelalter, Enzykl. dt. Gesch., Bd. 17, München 1992.
Rainer Wohlfeil, Einführung in die Geschichte der deutschen Reformation, München 1982.

Darstellungen

Willy Andreas, Deutschland vor der Reformation. Eine Zeitenwende. 6. Aufl., Stuttgart 1959.
Remigius Bäumer (Hg.), Die Entwicklung des Konziliarismus. Werden und Nachwirken der konziliaren Idee. Darmstadt 1976.
Gustav Adolf Benrath (Hg.), Wegbereiter der Reformation, Bremen 1967.
Hartmut Bookmann (Hg.), Kirche und Gesellschaft im Heiligen Römischen Reich des 15. und 16. Jahrhunderts, Göttingen 1994.
Peter A. Dykema und Heiko A. Oberman (Hg.) Anticlericalism in Late Medieval and Early Modern Europe, Leiden 1993.
Michel Foucault, Was ist Kritik?, Berlin 1992.
Hans-Jürgen Goertz, Pfaffenhaß und groß Geschrei. Die reformatorischen Bewegungen in Deutschland 1517 – 1529. München 1987.
Hans-Jürgen Goertz, Antiklikalismus und Reformation. Sozialgeschichtliche Untersuchungen. Göttingen 1995.
Anthony Goodman und Angus MacKay, The Impact of Humanism on Western Europe. London und New York 1990.
Bernd Ulrich Hergemüller, „Pfaffenkriege" im spätmittelalterlichen Hanseraum. Quellen und Studien zu Braunschweig, Osnabrück, Lüneburg und Rostock. Köln 1989.
Barbara Könneker, Satire im 16. Jahrhundert. Epoche, Werke, Wirkung. München 1991.
Bernd Moeller, Frömmigkeit in Deutschland um 1500, in: Archiv f. Reformationsgeschichte 56, 1965, S. 5 – 30.
Josef Nolte u.a. (Hg.), Kontinuität und Umbruch. Theologie und Frömmigkeit in Flugschriften und Kleinliteratur an der Wende vom 15. zum 16. Jahrhundert. Stuttgart 1978.
Heiko A. Oberman (Hg.), Forerunners of the Reformation, New York 1966.
Heiko A. Oberman, Der Herbst der mittelalterlichen Theologie, Zürich 1965.
R.R. Post, The Modern Devotion. Confrontation with Reformation and Humanism. Leiden 1968.
Lewis W. Spitz, The Religious Renaissance of the German Humanists, Cambridge/Mass., 1963.
Anton Störmann, die städtischen Gravamina gegen den Klerus am Ausgang des Mittelalters und der Reformationszeit, Münster 1916.
Gerald Strauss, Manifestations of Discontent in Germany on the Eve of the Reformation, Bloomington und London 1971.
Ulmann Weiss, Die frommen Bürger von Erfurt. Die Stadt und die Kirche im Spätmittelalter und in der Reformationszeit. Weimar 1988.

6. KAPITEL
Die Idee der Reformation
Schlagwörter und ihre gesellschaftlichen Folgen

Quellen

Martin Luther, Werke, Weimar 1883ff.
Luther deutsch. Die Werke Martin Luthers in neuer Auswahl für die Gegenwart, hg. von Kurt Aland, Stuttgart und Göttingen 1959 ff.

Einführungen

Gerhard Ebeling, Luther. Einführung in sein Denken. Tübingen 1964.
Bernhard Lohse, Martin Luther. Eine Einführung in sein Leben und Werk. München 1981.
Otto Hermann Pesch, Hinführung zu Luther, Mainz 1962.
Rainer Wohlfeil, Einführung in die Geschichte der deutschen Reformation. München 1982.

Biographien

Martin Brecht, Martin Luther, 3 Bde., Stuttgart 1981, 1986, 1987.
Ulrich Gäbler, Huldrych Zwingli. Leben und Werk. München 1983.
Martin Greschat, Martin Bucer. Ein Reformator und seine Zeit, 1491 – 1551. München 1990.
Martin Greschat (Hg.), Gestalten der Kirchengeschichte. Reformationszeit I und II, Bd. 5 und Bd. 6, Stuttgart 1981.
Heiko A. Oberman, Martin Luther. Mensch zwischen Gott und Teufel. Berlin 1982.
Heinz Scheible, Melanchthon. Eine Biographie. München 1997.

Forschungsgeschichte

Heinrich Bornkamm, Luther im Spiegel der deutschen Geistesgeschichte, 2. Aufl., Göttingen 1970.
Heinrich Lutz, Zum Wandel der katholischen Lutherinterpretation, in: Reinhard Koselleck u. a. (Hg.), Objektivität und Parteilichkeit, München 1977, S. 173-198.
Ernst Schulin, Luther und die Reformation. Historisierungen und Aktualisierungen im Laufe der Jahrhunderte, in: ders., Arbeit an der Geschichte. Etappen der Historisierung auf dem Weg zur Moderne. Frankfurt/M. und New York 1997, S. 13-61.
James M. Stayer, Martin Luther. German Saviour. German Evangelical Theological Factions and the Interpretation of Luther 1917 – 1933. Montreal, Kingston, London, Ithaca 2000.

Allgemeine Literatur

Horst Bartel u.a. (Hg.), Martin Luther. Leistung und Erbe. Berlin 1986.
Ernst Bizer, Fides ex auditu. Eine Untersuchung über die Entdeckung der Gerechtigkeit durch Martin Luther, 3. Aufl. Neukirchen 1966.
Heinrich Bornkamm, Luthers Lehre von den zwei Reichen im Zusammenhang seiner Theologie, 3. Aufl. Gütersloh 1969.
Wilhelm Borth, Die Luthersache (causa Lutheri) 1517 – 1524. Die Anfänge der Reformation als Frage von Politik und Recht. Lübeck 1970.
Arthur Geoffrey Dickens, The German Nation and Martin Luther, London 1974.

Volker Press und Dieter Stievermann (Hg.), Martin Luther: Probleme seiner Zeit, Stuttgart 1986.
Mark U. Edwards, Luther's Last Battles. Politics and Polemics, 1531 – 46, Ithaca und London 1983.
Mark U. Edwards, Luther and the False Brethren, Stanford, Cal., 1975
Berndt Hamm, Bernd Moeller und Dorothea Wendebourg, Reformationstheorien. Ein kirchenhistorischer Disput über Einheit und Vielfalt der Reformation. Göttingen 1995.
Helmar Junghans (Hg.), Leben und Werk Martin Luthers von 1526 bis 1546, 2 Bde., Berlin 1983.
Hans-Walter Krumwiede, Glaube und Geschichte in der Theologie Luthers. Zur Entstehung des geschichtlichen Denkens in Deutschland. Göttingen 1952.
Bernhard Lohse (Hg.), Der Durchbruch der reformatorischen Erkenntnis bei Luther, Darmstadt 1968.
Karl-Heinz zur Mühlen, Nos extra nos. Luthers Theologie zwischen Mystik und Scholastik. Tübingen 1972.
Otto Hermann Pesch, Theologie der Rechtfertigung bei Luther und Thomas von Aquin. Versuch eines systematisch-theologischen Dialoges. Mainz 1967.
Fritz Reuter (Hg.), Der Reichstag zu Worms von 1521. Reichspolitik und Luthersache. Worms 1971.
Heinz-Horst Schrey (Hg.), Reich Gottes und Welt. Die Lehre Luthers von den zwei Reichen. Darmstadt 1969.
Günter Vogler (Hg.), Martin Luther. Leben, Werk, Wirkung. Berlin 1983.

7. KAPITEL
Eine „bewegte" Epoche
Kommunikation, Agitation und Bewegung

Quellen

Günther Franz (Hg.), Der deutsche Bauernkrieg 1525. Herausgegeben in zeitgenössischen Zeugnissen. Berlin 1926.

Darstellungen

Peter Blickle u.a. (Hg.), Macht und Ohnmacht der Bilder. Reformatorischer Bildersturm im Kontext der europäischen Geschichte. München 2002.
Johannes Burkhardt, Das Reformationsjahrhundert. Deutsche Geschichte zur Medienrevolution und Institutionenbildung 1517 – 1617. Stuttgart 2002.
Mark U. Edwards, Jr., Printing, Propaganda and Martin Luther, Berkeley, Los Angeles, London 1994.
Hans-Jürgen Goertz, Pfaffenhaß und groß Geschrei. Die reformatorischen Bewegungen in Deutschland 1517 – 1529. München 1987.
Wolfgang Harms und Alfred Messerli (Hg.), Wahrnehmungsgeschichte und Wissensdiskurs im illustrierten Flugblatt der Frühen Neuzeit (1450-1700), Basel 2002.
Gerhard Heitz und Günter Vogler, Bauernbewegungen in Europa vom 16. bis zum 18. Jahrhundert, in: Zeitschr. für Geschichtswissenschaft, 1980, S. 442 – 454.
Hans-Joachim Köhler, Flugschriften als Massenmedium der Reformationszeit, Stuttgart 1981.
Olaf Mörke, Rat und Bürger in der Reformation. Soziale Gruppen und kirchlicher Wandel in den welfischen Hansestädten Lüneburg, Braunschweig und Göttingen. Hildesheim 1983.
Winfried Schulze, Soziale Bewegungen als Phänomen des 16. Jahrhunderts, in: Heinz Angermeier (Hg.), Säkulare Aspekte der Reformationszeit, München und Wien 1983.

Robert Scribner, The Reformation as a Social Movement, in: ders., Popular Culture and Popular Movements, London 1987, S. 145 – 174.
Wolfram Wettges, Reformation und Propaganda. Studien zur Kommunikation des Aufruhrs in süddeutschen Reichsstädten, Stuttgart 1978.
Zum Bewegungsbegriff
Eckhart Pankoke, Sociale Bewegung – Sociale Frage – Sociale Politik. „Sozialwissenschaft" im 19. Jahrundert. Stuttgart 1970.
Otthein Rammstedt, Soziale Bewegung, Frankfurt/M. 1978.
Otthein Rammstedt, Sekte und soziale Bewegung. Soziologische Analyse der Täufer in Münster (1534/35), Köln/Opladen 1966.
Joachim Raschke, Soziale Bewegungen. Ein historisch-systematischer Grundriß. Frankfurt/M. 1985.

8. KAPITEL
Reichsstadt und Reformation
Viva vox evangelii, Macht und Gegenmacht

Quellen

Emil Egli (Hg.), Actensammlung zur Geschichte der Zürcher Reformation in den Jahren 1519 – 1533, Zürich 1879, Nachdr. Aalen 1973.
Walter Peter Fuchs (Hg.), Akten zur Geschichte des deutschen Bauernkriegs in Mitteldeutschland, Bd. 2, Neudr. Aalen 1964.
Reinhard Jordan (Hg.), Chronik der Stadt Mühlhausen in Thüringen, Mühlhausen 1900.
Gerhard Pfeiffer (Hg.), Quellen zur Nürnberger Reformationsgeschichte, Nürnberg 1968.
Hans Sachs, Ein Lobspruch der Stadt Nürnberg, in: G. Jäckel (Hg.), Kaiser, Gott und Bauer. Die Zeit des deutschen Bauernkrieges im Spiegel der Literatur. Berlin 1975.
Gottfried Seebaß, Der Nürnberger Rat und das Religionsgespräch vom März 1525, mit den Akten Christoph Scheurls und anderen unbekannten Quellen, in: Jahrb. f. Fränkische Landesforschung 34/35, 1975,(S. 494).
Die Chronik des Bernhard Wyss, 1519-1530, hg.von G. Finsler, Basel 1901 (S. 81).
Huldreich Zwinglis sämtliche Werke, hg. von Emil Egli u.a., Zürich 1905 ff.
Thomas Müntzer. Schriften und Briefe. Krit. Gesamtausgabe, hg. von Günther Franz, Gütersloh 1968.

Einführungen

Kersten Krüger, Die deutsche Stadt im 16. Jahrhundert. Eine Skizze ihrer Entwicklung. In: Zeitschr. f Stadtgeschichte, Stadtsoziologie und Denkmalspflege, 2. Jg., 1975.
Heinz Schilling. Die Stadt in der Frühen Neuzeit, Enzykl. dt. Gesch., Bd. 24, München 1993.

Forschungsberichte

Kaspar v. Greyerz, Stadt und Reformation: Stand und Aufgaben der Forschung, in: Archiv f. Reformationsgeschichte 76, 1985, S. 6- 63.
Christoph Rublack, Forschungsbericht Stadt und Reformation, in: B. Moeller (Hg.), Stadt und Kirche, S. 9 – 26.

Allgemeine Darstellungen

Ingrid Batori (Hg.), Städtische Gesellschaft und Reformation. Kleine Schriften 2, Stuttgart 1980.
Thomas A. Brady, Jr., Ruling Class, Regime and the Reformation at Strasbourg 1520 – 1550, Leiden 1978.
Wilfried Ehbrecht (Hg.), Städtische Führungsgruppen und Gemeinde in der werdenden Neuzeit, Köln und Wien 1980.
Berndt Hamm, Bürgertum und Glaube. Konturen der städtischen Reformation. Göttingen 1996.
Eberhard Isermann, Die Deutsche Stadt im Spätmittelalter, 1250 – 1500. Stadtgestalt, Recht, Stadtregiment, Kirche, Gesellschaft, Wirtschaft. Stuttgart 1988.
Erich Maschke, Deutsche Städte am Ausgang des Mittelalters, in: Wilhelm Rausch (Hg.), Die Stadt am Ausgang des Mittelalters, Linz/Donau 1974.
Bernd Moeller (Hg.), Stadt und Kirche im 16. Jahrhundert, Gütersloh 1978.
Bernd Moeller, Reichsstadt und Reformation, 2. Aufl., Berlin 1987.
Wolfgang Mommsen (Hg.), Stadtbürgertum und Adel in der Reformation. Studien zur Sozialgeschichte der Reformation in England und Deutschland. Stutgart 1979.
Steven E. Ozment, The Reformation in the Cities. The Appeal of Protestantism in Sixteenth-Century Germany and Switzerland. New Haven, London 1975.
Franz Petri (Hg.), Kirche und gesellschaftlicher Wandel in deutschen und niederländischen Städten der werdenden Neuzeit, Köln und Wien 1980.
Hans-Christoph Rublack, Gescheiterte Reformation. Frühreformatorische und protestantische Bewegungen in süd- und westdeutschen geistlichen Residenzen. Stuttgart 1978.
Johannes Schildhauer, Soziale, politische und religiöse Auseinandersetzungen in den Hansestädten Stralsund, Rostock und Wismar im ersten Drittel des 16. Jahrhunderts, Weimar 1959.
Heinrich Richard Schmidt, Reichsstädte, Reich und Reformation. Korporative Reichspolitik 1521 – 1529/30. Stuttgart 1986.
Robert W. Scribner, Why was there no Reformation in Cologne? In: Bulletin of the Institute of Historical Research 49, 1976, S. 217 – 241.

Zu Nürnberg

Gottfried Seebaß, Stadt und Kirche in Nürnberg im Zeitalter der Reformation, in: B. Moeller (Hg.), Stadt und Kirche, S. 66 – 86.
Günter Vogler, Nürnberg 1524/25. Studien zur Geschichte der reformatorischen und sozialen Bewegung in der Reichsstadt. Berlin 1982.

Zu Zürich

Ulrich Gäbler, Huldrych Zwingli. Leben und Werk. München 1983.
Gottfried W. Locher, Die Zwinglische Reformation im Rahmen der europäischen Kirchengeschichte, Göttingen 1979.
Bruce Gordon, The Swiss Reformation, Manchester und New York 2002.
Gottfried W. Locher, Zwingli und die schweizerische Reformation (Die Kirche in der Geschichte, Ein Handbuch, hg, von Bernd Moeller), Göttingen 1982.
Bernd Moeller, Zwinglis Disputationen, Studien zu den Anfängen der Kirchenspaltung und des Synodalwesens im Protestantismus. In: Zeitschr. der Savigny-Stiftung für Rechtsgeschichte 87, 1970, S. 273 – 324; 90, 1974, S. 213-364.

Heiko A. Oberman, Werden und Wertung der Reformation. Vom Wegestreit zum Glaubenskampf. Tübingen 1977.
Arthur Rich, Die Anfänge der Theologie Huldrich Zwinglis, Zürich 1949.

Zu Mühlhausen

Gerhard Günther, Mühlhausen in Thüringen. 1200 Jahre Geschichte der Thomas-Müntzer-Stadt. Berlin 1975.
Hans-Jürgen Goertz, Thomas Müntzer. Mystiker, Apokalyptiker, Revolutionär. München 1989.
Tom Scott, Thomas Müntzer. Theology and Revolution in the German Reformation. London 1989.
Tom Scott, The „Volksreformation" of Thomas Müntzer in Allstedt and Mühlhausen, in: Journal of Ecclesiastical History XXXIV, 1983.
Sven Tode, Stadt im Bauernkrieg 1525. Strukturanalytische Untersuchungen zur Stadt im Raum anhand der Beispiele Erfurt, Mühlhausen/Thür., Langensalza und Thamsbrück. Frankfurt/M. u.a., 1994.

9. KAPITEL
Der „gemeine Mann" in Aufruhr
Wittenberger Bewegung, „Bund Gottes" und Bauernkrieg

Quellen

Günther Franz (Hg.), Thomas Müntzer. Schriften und Briefe. Kritische Gesamtausgabe. Gütersloh 1968.
Günther Franz (Hg.), Quellen zur Geschichte des deutschen Bauernkrieges (Ausgewählte Quellen zur deutschen Geschichte der Neuzeit) Darmstadt 1963.
Günther Franz und Otto Merx (Hg.), Akten zur Geschichte des Bauernkriegs in Mitteldeutschland, Bd. 1, 2. Abt., Leipzig 1934, Nachdr. Aalen 1964.
Walther Peter Fuchs und Günther Franz (Hg.), Akten zur Geschichte des Bauernkriegs in Mitteldeutschland, Bd. 2, Jena 1942, Nachdr. Aalen 1964.
Wieland Held und Siegfried Hoyer (Hg.), Quellen zu Thomas Müntzer. Kritische Gesamtausgabe, Bd. 3, Leipzig 2004.
Erich Hertzsch (Hg.), Karlstadts Schriften aus den Jahren 1523 – 25, I und II, Halle 1956/57.
Adolf Laube und Hans-Werner Seifert (Hg.), Flugschriften der Bauernkriegszeit, Berlin 1975.
Adolf Laube u.a. (Hg.), Flugschriften der frühen Reformationsbewegung 1518-1524), 2 Bde., Berlin 1983.
Nikolaus Müller, Die Wittenberger Bewegung 1521 und 1522. Die Vorgänge in und um Wittenberg während Luthers Wartburgaufenthalt. 2. Aufl., Leipzig 1911.

Einführungen

Peter Blickle, Unruhen in der ständischen Gesellschaft 1300-1800. Enzykl. dt. Gesch., Bd. 1, München 1988.
Hans-Jürgen Goertz, Religiöse Bewegungen in der Frühen Neuzeit, Enzykl. dt. Gesch., Bd. 20, München 1993.

Forschungsberichte und -konzepte

Siegfried Bräuer, Die Thomas-Müntzerforschung 1960-1975, in: Lutherjahrbuch 1977, S. 127-141, und 1978, S. 102-139.
Josef Foschepoth, Reformation und Bauernkrieg im Geschichtsbild der DDR. Zur Methodologie eines gewandelten Geschichtsverständnisses. Berlin 1976.
Abraham Friesen und Hans-Jürgen Goertz (Hg.), Thomas Müntzer. Wege der Forschung. Darmstadt 1978.
Hans-Jürgen Goertz, Das Bild Thomas Müntzers in Ost und West, Hannover 1988.
Hans-Jürgen Goertz, Müntzerforschung nach der Wende, in: Theol. Literaturzeitg., 128, 2003, 9, Sp. 972-987.
Franklin Kopitzsch und Rainer Wohlfeil, Neue Forschungen zur Geschichte des deutschen Bauernkriegs, in: Hans-Ulrich Wehler (Hg.), Der deutsche Bauernkrieg 1524-1526 (Geschichte und Gesellschaft, Sonderheft 1), Göttingen 1975, S. 303-354.
Friedrich Winterhager, Bauernkriegsforschung. Erträge der Forschung 157, Darmstadt 1981.
Rainer Wohlfeil (Hg.), Der Bauernkrieg 1524-1526. Bauernkrieg und Reformation. München 1973.
Eike Wolgast, Neue Literatur über den Bauernkrieg, in: Blätter für deutsche Landesgeschichte 112, 1976, S. 424-439.
Heike Talkenberger, Kommunikation und Öffentlichkeit in der Reformationszeit. Ein Forschungsreferat 1980-91. In: Internationales Sonderheft für Literatur, Tübingen 1994, S. 1-24.

Zur Wittenberger Bewegung

Ulrich Bubenheimer, Consonantia Theologiae et Iurisprudentiae. Andreas Bodenstein von Karlstadt als Theologe und Jurist zwischen Scholastik und Reformation. Tübingen 1977.
Jens-Peter Kruse, Universitätstheologie und Kirchenreform. Die Anfänge der Reformation in Wittenberg 1516-1522. Mainz 2002.
James S. Preus, Carlstadt's Ordinaciones and Luther's Liberty. A Study of the Wittenberg Movement 1521-22, Cambridge, Mass., 1974.
Ronald J. Sider, Andreas Bodenstein von Karlstadt. The Development of his Thought 1517-1525. Leiden 1974.

Zu Thomas Müntzer

Siegfried Bräuer und Helmar Junghans (Hg.), Der Theologe Thomas Müntzer, Göttingen 1989.
Siegfried Bräuer, Spottgedichte, Träume und Polemik in den frühen Jahren der Reformation. Abhandlungen und Aufsätze. Leipzig 2000.
Ulrich Bubenheimer, Thomas Müntzer. Herkunft und Bildung. Leiden 1989.
Walter Elliger, Müntzer. Leben und Werk. 3. Aufl. Göttingen 1976.
Hans-Jürgen Goertz, Thomas Müntzer. Mystiker, Apokalyptiker, Revolutionär. München 1989.
Tom Scott, Thomas Müntzer. Theology and Revolution in the German Reformation. Houndsmills und London 1989.
Günter Vogler, Thomas Müntzer. Berlin 1989.
Günter Vogler, Thomas Müntzer und die Gesellschaft seiner Zeit, Mühlhausen 2003.

Zum Bauernkrieg

Peter Blickle, Die Revolution von 1525, 3. Aufl., München 1993.
Peter Blickle, Der Bauernkrieg. Die Revolution des Gemeinen Mannes. München 1998.

Horst Buszello, Peter Blickle, Rudolf Endres (Hg.), Der deutsche Bauernkrieg, Paderborn u.a. 1984.
Franziska Conrad, Reformation in der bäuerlichen Gesellschaft. Zur Rezeption reformatorischer Theologie im Elsaß. Stuttgart 1984.
Günther Franz, Der deutsche Bauernkrieg, 12. Aufl, 1982 (1. Aufl. 1933).
Walter Peter Fuchs, Das Zeitalter der Reformation, Gebhardt Handbuch der dt. Geschichte, Bd. 8, München 1973.
Marion Kobelt-Groch, Aufsässige Töchter Gottes. Frauen im Bauernkrieg und in den Täuferbewegungen. Frankfurt/M. 1993.
David Sabean, Landbesitz und Gesellschaft am Vorabend des Bauernkriegs. Eine Studie der sozialen Verhältnisse im südlichen Oberschwaben in den Jahren vor 1525. Stuttgart 1972.
Winfried Schulze, Bäuerlicher Widerstand und feudale Herrschaft in der frühen Neuzeit, Stuttgart 1980.
Winfried Schulze (Hg.), Europäische Bauernrevolten der frühen Neuzeit, Frankfurt/M. 1982.
Tom Scott, The German Peasants' War and the „Crisis of Feudalism". Reflections on a Neglected Theme. In: Journal of Early Modern History 6, 3, 2002, S. 265-295.
Gottfried Seebaß, Artikelbrief, Bundesordnung und Verfassungsentwurf. Studien zu drei zentralen Dokumenten des südwestdeutschen Bauernkrieges. Heidelberg 1988.
Sven Tode, Stadt im Bauernkrieg 1525. Strukturanalytische Untersuchungen zur Stadt im Raum anhand der Beispiele Erfurt, Mühlhausen/Thür., Langensalza und Thamsbrück. Frankfurt/M. 1993.

10. KAPITEL
Die Bewegungen der Täufer
Beispiele reformatorischer Radikalität

Quellen

Quellen zur Geschichte der Täufer, 14 Bde., Gütersloh 1931-1981.
Quellen zur Geschichte der Täufer in der Schweiz. 3 Bde., Zürich 1952-1974.
Documenta Anabaptistica Neerlandica, 8 Bde, Leiden 1975-2002.
Menno Simons, Dat Fundament des Christelycken Leers, hg. von H.W. Meihuizen, Den Haag 1967.

Modernisierte Ausgaben

Mira Baumgärtner (Hg.), Die Täufer und Zwingli. Eine Dokumentation. Zürich 1993.
Heinold Fast (Hg.), Der linke Flügel der Reformation. Glaubenszeugnisse der Täufer, Spiritualisten, Schwärmer und Antitrinitarier. Bremen 1962.

Bibliographien, Forschungsberichte und -konzepte

Klaus Deppermann, Werner O. Packull und James M. Stayer, From Monogenesis to Polygenesis, in: Mennonite Quarterly Review 83-122.
Hans-Jürgen Goertz (Hg.), Umstrittenes Täufertum 1525-1975. Neue Forschungen. 2. Aufl. Göttingen 1977.
Hans Joachim Hillerbrand, Bibliographie des Täufertums, 1520-1630, Gütersloh 1962.
Hans Joachim Hillerbrand, A Bibliography of Anabaptism, 1520-1630. A Sequel: 1962-

1974. Sixteenth Century Bibliography: 1. Center of Reformation Research, St. Louis, Mo., 1975.
James M. Stayer, The Anabaptists, in: Steven E. Ozment, Reformation Europe: A Guide to Research, St. Louis, Mo., 1982.

Biographien

Torsten Bergsten, Balthasar Hubmaier. Seine Stellung zu Reformation und Täufertum 1521-28. Kassel 1961.
Christoph Bornhäuser, Leben und Lehre Menno Simons: Ein Kampf um das Fundament des Glaubens (etwa 1996-1561. Neukirchen-Vluyn 1973.
Klaus Deppermann, Melchior Hoffman. Soziale Unruhen und Visionen im Zeitalter der Reformation. Göttingen 1979.
Hans-Jürgen Goertz (Hg.), Radikale Reformatoren. 21 biographische Skizzen von Thomas Müntzer bis Paracelsus. München 1978.
Hans-Jügen Goertz, Konrad Grebel. Kritiker des frommen Scheins. Eine biographische Skizze. Bolanden und Hamburg 1998.
William Klassen, Covenant and Community. The Life, Writings and Hermeneutics of Pilgram Marpeck. Grand Rapids 1968.
Gottfried Seebaß, Müntzers Erbe. Werk, Leben und Theologie des Hans Hut. Gütersloh 2002.
Arnold Snyder, Michael Sattler. The Life and Thought of Michael Sattler, Kitchener, Ont. und Scottdale, Pa. 1984.
Gary K. Waite, David Joris and Dutch Anabaptism, 1524-1543. Waterloo, Ont. 1990.

Darstellungen

Rollin S. Armour, Anabaptist Baptism. A Representative Study. Scottdale, Pa., 1966.
Claus-Peter Clasen, Anabaptism. A Social History, 1525-1618. Switzerland Austria, Moravia, South and Central Germany. Ithaca und London 1972.
Peter Blickle, Gemeindereformation. Die Menschen des 16. Jahrhunderts auf dem Weg zum Heil. München 1985.
Hans-Jürgen Goertz (Hg.), Umstrittenes Täufertum 1525-1975. Neue Forschungen. 2. Aufl., Göttingen 1977.
Hans-Jürgen Goertz, Die Täufer. Geschichte und Deutung. 2. Aufl., München 1978 (mit Quellenanhang).
Hans-Jürgen Goertz und James M. Stayer (Hg.), Radikalität und Dissent im 16. Jahrhundert. Radicalism and Dissent in the Sixteenth Century. Berlin 2002.
Nicole Grochowina, Indifferenz und Dissens in der Grafschaft Ostfriesland im 16. und 17. Jahrhundert. Frankfurt/M. u.a. 2003
Brad S. Gregory, Salvation at Stake. Christian Martyrdom in Early Modern Europe, Cambridge, Mass., und London 1999.
Ralf Klötzer, Die Täuferherrschaft von Münster. Stadtreformation und Welterneuerung. Münster 1992.
Albert F. Mellink, De Wederdopers om de Noordelijke Nederlanden, 1531-1544. Groningen 1954.
Werner O. Packull, Mysticism and the Early South German-Austrian Anabaptist Movement 1525-1531. Scottdale, Pa., 1977.
Werner O. Packull, Die Hutterer in Tirol. Frühes Täufertum in der Schweiz, Tirol und Mähren. Innsbruck 2000.

John Rempel, The Lord's Supper in Anabaptism. A Study in the Christology of Balthasar Hubmaier, Pilgrim Marpeck and Dirk Philips. Scottdale, Pa. und Kitchener, Ont. 1993.
Martin Rothkegel, Die Nikolsburger Reformation 1526 – 1535. Vom Humanismus zum Sabbatarismus. Theol. Diss., Prag 2000.
Gottfried Seebaß, Die Reformation und ihre Außenseiter. Gesammelte Aufsätze und Vorträge. Zum 60. Geburtstag des Autors, hg. von Irene Dingel unter Mitarbeit von Christine Kress, Göttingen 1997.
C. Arnold Snyder, Anabaptist History and Theology. An Introduction. Kitchener, Ont., 1995.
Andrea Strübind, Eifriger als Zwingli. Die frühe Täuferbewegung in der Schweiz. Berlin 2003.
James M. Stayer, Anabaptists and the Sword, 2. Aufl., Lawrence, Ks., 1976.
James M. Stayer, German Peasants' War and Anabaptist Community of Goods, Montreal 1991.
Christoph Windhorst, Täuferisches Taufverständnis. Balthasar Hubmaiers Lehre zwischen traditioneller und reformatorischer Theologie. Leiden 1976.
Samme Zijlstra, Om de ware gemeente en de oude gronden. Geschiedenis van de dopersen in de Nederlanden 1531-1575. Hilversum und Leeuwarden 2000.
George H. Williams, The Radical Reformation, 3. Aufl., Kirksville, Mo., 1992.

11. KAPITEL
Bekenntnis, Politik, Wirtschaft und Kultur
Auf dem Wege zum ‚Cuius regio, eius religio' (1555)

Quellen

Die Bekenntnisschriften der evangelisch-lutherischen Kirche, hg. vom Rat der EKD, 2 Bde., 10. Aufl., Göttingen 1986.
Deutsche Reichstagsakten, hg. von der Hist. Kommission bei der Bayerischen Akademie der Wissenschaften, Ältere Reihe, 22 Bde., Göttingen/München u.a. 1867-1973; Mittlere Reihe, 4 Bde., Göttingen 1972-1989.
Deutsche Reichstagsakten. Reichsversammlungen 1556-1662, 2 Bde., bearb. V. M. Lanzinner und T. Frischl, Göttingen 1988-1993.
Der Augsburger Reichsfriede vom 15. September 1555. Krit. Ausgabe des Textes mit den Entwürfen und der königlichen Deklaration, bearb. v. Karl Brandi, 2. Aufl., Göttingen 1927.

Einführungen

Notker Hammerstein, Bildung und Wissenschaft vom 15. bis zum 17. Jahrhundert, Enzykl. dt. Gesch., Bd. 64, München 2003.
André Holenstein, Bauern zwischen Bauernkrieg und Dreißigjährigem Krieg, Enzykl. dt. Gesch., Bd. 38, München 1996.
Franz Mathis, Die deutsche Wirtschaft im 16. Jahrhundert, Enzykl. dt. Gesch., Bd. 11, München 1992.
Helmut Neuhaus, Das Reich in der Frühen Neuzeit, Enzykl. dt. Gesch., Bd. 42, München 1997.

Darstellungen

Karl Arndt und Bernd Moeller, Albrecht Dürers ‚Vier Apostel'. Eine Kirchen- und kunsthistorische Untersuchung. Göttingen 2003.

Wilhelm Abel, Geschichte der deutschen Landwirtschaft vom frühen Mittelalter bis zum 19. Jahrhundert, 2. Aufl., Stuttgart 1967.
Heinz Angermeier, Die Reichsreform 1410-1555. Die Staatsproblematik in Deutschland zwischen Mittelalter und Gegenwart, 1984.
P. Bairoch, J. Baton, P. Chevre, La population des villes européennes. Banque de données et analyse sommaire des résultats 800-1850. Genf 1988.
Peter Berger, Dialektik von Religion und Gesellschaft, Frankfurt/M. 1973.
Peter Blickle, Die Reformation im Reich, 3. Aufl., Stuttgart 2000.

Horst Bredekamp, Kunst als Medium sozialer Konflikte. Bilderkämpfe von der Spätantike bis zur Hussitenrevolution. Frankfurt/M. 1975.
Johannes Burkhardt, Das Reformationsjahrhundert. Deutsche Geschichte zwischen Medienrevolution und Institutionenbildung 1517-1617. Stuttgart 2002.
Neithard Bulst u.a. (Hg.), Bevölkerung, Wirtschaft und Gesellschaft. Stadt-Land-Beziehungen in Deutschland und Frankreich, 14. bis 19. Jahrhundert, Trier 1983.
Carl Christensen, Art and the Reformation in Germany, Athens, Ohio, und Detroit, Mich., 1979.
Kaspar v. Greyerz, Religion und Kultur. Europa 1500-1800, Göttingen 2000.
Friedrich-Wilhelm Henning, Handbuch der Wirtschafts- und Sozialgeschichte Deutschlands, 1.Bd., Paderborn 1991.
Bodo Hildebrandt, Erziehung zur Gemeinschaft. Geschichte und Gegenwart des Erziehungswesens der Hutterer. Pfaffenweiler 1993.
Peter Kriedte, Spätfeudalismus und Handelskapital. Grundlinien der europäischen Wirtschaftsgeschichte vom 16. bis zum Ausgang des 18. Jahrhunderts. Göttingen 1980.
Johannes Kunisch (hg.), Neue Studien zur frühneuzeitlichen Reichsgeschichte, Berlin l987.
Hartmut Lehmann, Max Webers ‚Protestantische Ethik'. Beiträge aus der Sicht eines Historikers. Göttingen 1996.
Heinrich Lutz, Das Ringen um deutsche Einheit und kirchliche Erneuerung, Frankfurt/M. und Berlin 1987.
Bernd Moeller, Deutschland im Zeitalter der Reformation, 3. Aufl., Göttingen 1988.
Wolfgang Reinhard, Der Zwang zur Konfessionalisierung? Prolegomena zu einer Theorie des konfessionellen Zeitalters, in: Zeitschr. f. hist. Forschung 10, l983, S. 257-277.
Wolfgang Reinhard (Hg.), Die Confessio Augustana im historischen Zusammenhang, 1981.
Heinz Scheible, Melanchthon. Eine Biographie. München 1977.
Heinz Schilling, Konfessionskonflikt und Staatsbildung. Eine Fallstudie über das Verhältnis von religiösem und sozialem Wandel in der Frühen Neuzeit am Beispiel der Grafschaft Lippe. Gütersloh 1986.
Heinz Schilling, Aufbruch und Krise, Berlin 1988.
Edmund Schlink, Theologie der Lutherischen Bekenntnisschriften, München 1947.
Tom Scott, Society and Economy in Germany, 1300-1600, Houndsmills und New York 2002.
Gottfried Seebaß, Dürers Stellung in der reformatorischen Bewegung, in: ders., Die Reformation und ihre Außenseiter. Gesammelte Aufs. und Vorträge. Göttingen 1997, S. 79-112.
James M. Stayer, The German Peasants' War and Anabaptist Community of Goods, Montreal u.a. 1991.
Wilhelm Treue, Wirtschaft, Gesellschaft und Technik vom 16. bis zum 18. Jahrhundert, Gebhardt Handbuch der dt. Geschichte, Bd., 12, München 1974.

Günther Wartenberg u.a. (Hg.), Philipp Melanchthon als Politiker zwischen Reich, Reichsständen und Konfessionsparteien, Wittenberg 1998.
Max Weber, Protestantische Ethik und Geist des Kapitalismus, I. Eine Aufsatzsammlung, hg. Von Johannes Winckelmann, 3. Aufl., Hamburg 1973.
Herbert Zschelletzschky, Die ‚drei gottlosen Maler' von Nürnberg, Berlin 1975.
Ernst Walter Zeeden, Die Entstehung der Konfessionen. Grundlagen und Formen der Konfessionsbildung in Deutschland im Zeitalter der Glaubenskämpfe. München l965.

12. KAPITEL
Späte Anläufe zur Reform
Katholische Erneuerung und Zweite Reformation

Quellen

Bekenntnisschriften der reformierten Kirche, hg. von E. F. Karl Müller, Leipzig 1903.
Corpus Catholicorum: Werke katholischer Schriftsteller im Zeitalter der Glaubensspaltung, 38 Bde., Münster 1919 ff.
G. Pfeilschifter (Hg.), Acta Reformationis Catholicae Ecclesiam Germaniae. Die Reformverhandlungen des deutschen Episkopats von 1520 bis 1570, 6 Bde., Regensburg 1959-1974.
Enchiridion Symbolorum. Definitionum et declarationum de rebus fidei et morum, hg. von Henricus Denzinger, unter Mitwirkung von Adolfus Schönmetzer, 34. Aufl., Barcinone u.a. 1967.
Der Glaube der Kirche in den Urkunden der Lehrverkündigung, von Josef Neuner und Heinrich Roos, hg. von Karl Rahner, 7. Aufl., Regensburg 1965.

Einführung

Heinrich Richard Schmidt, Konfessionalisierung im 16. Jahrhundert, Enzykl. dt. Gesch., Bd. 12, München 1992.

Darstellungen

Remigius Bäumer (Hg.), Concilium Tridentinum, Darmstadt 1979.
Louis Chatellier, The Europe of the Devout. The Catholic Reformation and the Foundation of a New Society, Cambridge 1987.
B. Duhr, Geschichte der Jesuiten in den Ländern deutscher Zunge, 4 Bde., 2. Aufl., New York 1973.
Arno Herzig, Der Zwang zum Glauben. Rekatholisierung vom 16. bis zum 18. Jahrhundert, Göttingen 2000.
Ronnie Po-chia Hsia, Gegenreformation, Frankfurt/M. 1998.
Hubert Jedin, Katholische Reformation oder Gegenreformation? Ein Versuch zur Klärung der Begriffe nebst einer Jubiläumsbetrachtung über das Trierer Konzil. Luzern 1946.
Hubert Jedin, Geschichte des Konzils von Trient, 4 Bde., 5. Aufl., Freiburg/Br. 1978.
Harm Klueting, Das konfessionelle Zeitalter, Stuttgart 1989.
Heinrich Lutz, Das Ringen um deutsche Einheit und kirchliche Erneuerung, Frankfurt/M. und Berlin 1983/87.
Paul Münch, Zucht und Ordnung. Reformierte Kirchenverfassungen im 16. und 17. Jahrhundert (Nassau-Dillenburg, Kurpfalz, Hessen-Kassel), Stuttgart 1978.

Wolfgang Reinhard und Heinz Schilling (Hg.), Die katholische Konfessionalisierung, Gütersloh 1995.

Heinz Schilling (Hg.), Die reformierte Konfessionalisierung in Deutschland – Das Problem einer ‚zweiten Reformation', Gütersloh 1986.

Eike Wolgast, Reformierte Konfession und Politik im 16. Jahrhundert. Studien zur Geschichte der Kurpfalz im Reformationszeitalter. Heidelberg 1998.

13. KAPITEL
Zucht und Ordnung
Konfessionalisierung, Volkskultur, Sozialdisziplinierung

Quellen

Die Bekenntnisschriften der evangelisch-lutherischen Kirche, hg. vom Rat der EKD, 10. Aufl., Göttingen 1986.

Bekenntnisschriften der reformierten Kirche, hg. von E. F. Karl Müller, Leipzig 1903.

Wilhelm Niesel (Hg.), Bekenntnisschriften und Kirchenordnungen der nach Gottes Wort reformierten Kirche, 1542-1834, 3. Aufl., Zollikon 1938.

Emil Sehling (Hg.), Die evangelischen Kirchenordnungen des 16. Jahrhunderts, Leipzig 1902-1913, Tübingen 1955-1980.

J. Sprenger und H. Institoris, Malleus Maleficarum. Zum ersten Male ins Deutsche übertragen und eingeleitet von J.W. Schmidt, Berlin 1906, Neudr. 1974.

Handwörterbuch

Hanns Bächtold-Stäubli (Hg.), Handwörterbuch des deutschen Aberglaubens, 10 Bde., Berlin und Leipzig 1927-1942.

Einführung

Heinrich Richard Schmidt, Konfessionalisierung im 16. Jahrhundert, Enzykl. dt. Gesch., Bd. 12, München 1992.

Robert von Friedeburg, Lebenswelt und Kultur der unterständischen Schichten in der frühen Neuzeit, Enzykl. dt. Gesch., Bd. 62, München 2002.

Forschungsberichte

Thomas Kaufmann, Die Konfessionalisierung von Kirche und Gesellschaft. Sammelbericht über eine Forschungsdebatte. In: Theol. Lit. Ztg. 121, 1996, S. 1008-1025.

Heinz Schilling, Literaturbericht ‚Konfessionsbildung' und ‚Konfessionalisierung', in: Geschichte in Wissenschaft und Unterricht (GWU) 41, 1991, S. 447-463.- Literaturbericht ‚Konfessionelles Zeitalter',Teil I-IV, in: GWU 48, 1997, S. 350-369, 682-694, 748-766.- Literaturbericht ‚Konfessionelles Zeitalter, in: GWU 52, 2001, S. 346-371.

Darstellungen

Zur Konfessionalisierung

Johannes Burkhardt, Das Reformationsjahrhundert. Deutsche Geschichte zwischen Medienrevolution und Institutionenbildung 1517-1617. Stuttgart 2002.
Peer Frieß und Rolf Kießling (Hg.), Konfessionalisierung und Region, Konstanz 1999.
Thomas Kaufmann, Dreißigjähriger Krieg und Westfälischer Friede. Kirchengeschichtliche Studien zur lutherischen Konfessionskultur. Tübingen 1998.
Harm Klueting, Das konfessionelle Zeitalter 1525-1648, Stuttgart 1989.
M. Lanzinner und Gerhard Schormann, Konfessionelles Zeitalter 1555-1618, Dreißigjähriger Krieg 1618-1648. Gebhardt Handbuch deutscher Geschichte, hg. von Wolfgang Reinhard, 10., völlig neu bearbeitete Aufl., Stuttgart 2001.
Wolfgang Reinhard und Heinz Schilling (Hg.), Katholische Konfessionalisierung, Gütersloh und Münster l995.
Hans-Christoph Rublack (Hg.), Die lutherische Konfessionalisierung in Deutschland, Gütersloh 1992.
Heinz Schilling, Konfessionskonflikt und Staatsbildung. Eine Fallstudie über das Verhältnis von religiösem und sozialem Wandel in der Frühneuzeit am Beispiel der Grafschaft Lippe. Gütersloh 1981.
Heinz Schilling (Hg.) Die reformierte Konfessionalisierung in Deutschland. Das Problem der ‚zweiten Reformation'. Gütersloh l986.
Heinz Schilling, Die Konfessionalisierung im Reich. Religiöser und gesellschaftlicher Wandel in Deutschland zwischen 1555 und 1620. In: Hist. Zeitschr. 246, 1988, S. 1-45.
Anton Schindling und Walter Ziegler (Hg.), Die Territorien des Reiches im Zeitalter der Reformation und Konfessionalisierung. Land und Konfession 1500-1650. 7 Bde., Münster 1989-1997.
Ernst Troeltsch, Die Bedeutung des Protestantismus für die Entstehung der modernen Welt, in: Hist. Zeitschr. 97, 1906.
Ernst Walter Zeeden, Die Entstehung der Konfessionen. Grundlagen und Formen der Konfessionsbildung im Zeitalter der Glaubenskämpfe. München und Wien 1965.
Ernst Walter Zeeden, Konfessionsbildung. Studien zur Reformation, Gegenreformation und katholische Reform. Stuttgart l985.

Zur Volks- und Alltagskultur

Peter Burke, Helden, Schurken und Narren: Europäische Volkskultur in der frühen Neuzeit, hg. von Rudolf Schenda, Stuttgart 1981.
Otto Borst, Alltagsleben im Mittelalter, Frankfurt/M. 1983.
Piero Camporesi, Bauern, Priester, Possenreißer. Volkskultur und Kultur der Eliten im Mittelalter und in der frühen Neuzeit. Frankfurt/M. und New York 1994.
Roger Chartier, Volkskultur und Gelehrtenkultur. Überprüfung einer Zweiteilung und Periodisierung, in: H. U. Gumbrecht und U. Link-Heer (Hg.), Epochenschwellen und Epochenstrukturen im Diskurs der Literatur- und Sprachtheorie. Frankfurt/M. 1985, S. 376-388.
Richard van Dülmen (Hg.), Kultur und Alltag in der frühen Neuzeit, Bd. 2: Dorf und Stadt 16.-18. Jahrhundert. München 1992; Bd. 3: Religion, Magie, Aufklärung 16.-18. Jahrhundert, München 1994.
Peter Dinzelbacher und Hans-Dieter Mück (Hg.), Volkskultur des europäischen Spätmittelalters, Stuttgart 1987.
Richard van Dülmen und Norbert Schindler (Hg.), Volkskultur. Zur Wiederentdeckung des vergessenen Alltags (16.-20. Jahrhundert. Frankfurt/M. 1984 (hier auch deutsche Übersetzung von Robert W. Scribners Karneval-Aufsatz).

Carlo Ginzburg, Die Benandanti – Feldkulte und Hexenwesen im 16. und 17. Jahrhundert, Frankfurt/M. l980.

Carlo Ginzburg, Spurensicherungen – Über verborgene Geschichte, Kunst und soziales Gedächtnis, Berlin 1983.

Claudia Honegger (Hg.), Die Hexen der Neuzeit. Studien zur Sozialgeschichte eines kulturellen Deutungsmusters. Frankfurt/M. 1978.

Alexander Jendorf und Frank Jung, Polykulturelle Partizipation. Soziokulturelle Beziehungsgeflechte in den europäischen Gesellschaftsformationen zwischen dem 15. und 17. Jahrhundert. In: Historische Anthropologie, 5, 1997, S. 329-349.

Rolf Johannsmeier, Spielmann, Schalk und Scharlatan. Die Welt als Karneval: Volkskultur im späten Mittelalter. Reinbek b. Hamburg 1984.

Steven L. Kaplan (Hg.), Understanding Popular Culture. Europe from the Middle Ages to the Nineteenth Century. Berlin, New York und Amsterdam 1984.

Alf Lüdtke (Hg.), Alltagsgeschichte. Zur Rekonstruktion historischer Erfahrungen und Lebensweisen. Frankfurt/M. und New York 1989.

Paul Münch, Lebensformen in der Frühen Neuzeit, 1500 bis 1800. Neuausgabe, Berlin 1998.

Hans-Christoph Rublack, Luthertum und Aberglaube. Die Theologische Abhandlung des Aberglaubens des Georg Christoph Zimmermann.In: R. Po-Chia Hsia und R. W. Scribner (Hg.), Problems in the Historical Anthropology of Early Modern Europe, Wiesbaden 1997, S. 93-109.

Gerhard Schormann, Hexenprozesse in Deutschland, Göttingen 1981.

G. Schwaiger (Hg), Teufelsglaube und Hexenprozesse, München 1987.

Bob Scribner, Reformation and Desacralisation: from Sacramental World to Moralised Universe, in: Hsia/Scribner,Problems, S. 75-92.

Robert W. Scribner, Popular Culture and Popular Movements in Reformation Germany, London 1987.

Robert W. Scribner, Religion und Kultur in Deutschland, 1400-1800, hg. von Lyndal Roper, Göttingen 2002.

Zur Sozialdisziplinierung

Peter Blickle und Johannes Kunisch (Hg.), Kommunalisierung und Christianisierung, Berlin 1989.

Norbert Elias, Prozeß der Zivilisation, 6. Aufl., Frankfurt/M. 1979.

Marion Kobelt-Groch, Aufsässige Töchter Gottes. Frauen im Bauernkrieg und in den Täuferbewegungen. Frankfurt/M. 1993.

Gerhard Oestreich, Strukturprobleme der frühen Neuzeit, Berlin 1980.

Lyndal Roper, The Holy Household. Women and Morals in Reformation Augsburg. Oxford 1991, (dt. 1999).

Heinz Schilling (Hg.), Kirchenzucht und Sozialdisziplinierung im frühneuzeitlichen Europa, Berlin 1994.

Heinrich Richard Schmidt, Dorf und Religion. Reformierte Sittenzucht in Berner Landgemeinden der Frühen Neuzeit. Stuttgart l995.

Heinrich Richard Schmidt, Sozialdisziplinierung? In: Hist. Zeitschr. 265, 1997, S. 639-682.

Winfried Schulze, Gerhard Oestreichs Begriff „Sozialdisziplinierung in der Frühen Neuzeit", in: Zeitschr. f. hist. Forschung 14, 1987, S. 265-302.

Heide Wunder, „Er ist die Sonn', sie ist der Mond". Frauen in der Frühen Neuzeit. München 1992.

14. KAPITEL
„Das freye Römisch Reich wird jetzt zur Barbarey"
Dreißigjähriger Krieg und Westfälischer Frieden

Quellen

Quellen zur Vorgeschichte und zu den Anfängen des dreißigjährigen Krieges, hg. von Gottfried Lorenz, Darmstadt 1991.
Quellen zur Geschichte Wallensteins, hg. von Gottfried Lorenz, Darmstadt 1987.
Instrumenta Pacis Westphalicae. Die Westfälischen Friedensverträge 1648, bearb. von Klaus Müller, 2. Aufl., Bern 1966.
Arno Buschmann (Hg.), Kaiser und Reich. Klassische Texte und Dokumente zur Verfassungsgeschichte des Hl. Römischen Reiches Deutscher Nation von Beginn des 12. Jahrhunderts bis zum Jahr 1806. München 1984.
Bernd Roeck (Hg.), Deutsche Geschichte in Quellen und Darstellungen, Bd. 4, 1996.
Hans Jessen (Hg.), Der Dreißigjährige Krieg in Augenzeugenberichten, 4. Aufl., München 1980.
Wolfgang Harms und Michael Schilling (Hg.), Deutsche illustrierte Flugblätter des 16. und 17. Jahrhunderts, 5 Bde., 1980 ff.
Benigna van Krusenstjern (Hg.), Selbstzeugnisse der Zeit des Dreißigjährigen Krieges, 1997.

Bibliographie

Heinz Duchhardt (Hg.), Bibliographie zum Westfälischen Frieden, Münster 1996.

Forschungsbericht

Michael Maurer, Kirche, Staat und Gesellschaft im 17. und 18. Jahrhundert, 1999.

Darstellungen

Johannes Burkhardt, Der Dreißigjährige Krieg, Frankfurt/M. 1992.
Klaus Bußmann und Heinz Schilling (Hg.), 1648 – Krieg und Friede in Europa, Ausstellungskatalog, 3 Bde., 1998.
Fritz Dickmann, Der Westfälische Frieden, 5. Aufl., Münster 1985.
Heinz Duchhardt (Hg.), Der Westfälische Friede, 1998. Diplomatie – politische Zäsur – kulturelles Umfeld – Rezeptionsgeschichte. Münster 1998.
Eric J. Hobsbawm, The Crisis of the Seventeenth Century (1954), in: Trevor Aston und Christopher Hill (Hg.), Crisis in Europe 1560-1660, 6. Aufl., London 1980, S. 5-18.
Manfred Jakubowski-Tiessen (Hg.), Krisen des 17. Jahrhunderts, Göttingen 1999.
Thomas Kaufmann, Dreißigjähriger Krieg und Westfälischer Friede. Kirchengeschichtliche Studien zur lutherischen Konfessionskultur. Tübingen 1998.
Herbert Langer, Kulturgeschichte des 30jährigen Krieges, Leipzig 1978.
Volker Press, Kriege und Krisen. Deutschland 1600-1715. München 1991.
Konrad Repgen (Hg.), Forschungen und Quellen zur Geschichte des Dreißigjährigen Krieges, Münster 1981.
Konrad Repgen, Krieg und Politik 1618-1648, München 1988.
Georg Schmidt, Der dreißigjährige Krieg, 4. Aufl., München 1999.

Gerhard Schormann, Der Dreißigjährige Krieg, 2. Aufl., Göttingen 1993.
Sigfrid Henry Steinberg, Der Dreißigjährige Krieg und der Kampf um die Vorherrschaft in Europa, 1660-1660, Göttingen 1967.
Hugh Trevor-Roper, Religion, Reformation und sozialer Umbruch. Die Krisis des 17. Jahrhunderts. Frankfurt/M. 1967 (nordamerik. Ausgabe 1956).
Rudolf Vierhaus, Das Problem historischer Krisen, in: Historische Prozesse, hg. von Karl-Georg Faber und Christian Meier (Theorie der Geschichte, Bd. 2), München 1978, S. 313-329.
Rudolf Vierhaus, Art. Krisen, in: Lexikon Geschichtswissenschaft, hg. von Stefan Jordan, Stuttgart 2002.
Günter Vogler, Europas Aufbruch in die Neuzeit 1500-1650, Stuttgart 2003.

Abbildungsnachweis

S. 22/23, 256/257: Verlag Herder Freiburg; S. 24, 26, 27, 30, 31, 32, 50, 51, 56/57, 58, 59, 60, 72, 82, 88, 95, 117, 142, 143, 145, 155, 162, 176, 183, 184, 186, 187, 201, 204, 248: Verlagsarchiv Schöningh; S. 29, 33, 35, 67, 79, 81, 85, 87, 91, 99, 101, 114, 118, 124/125, 137, 140, 165, 169, 171, 173, 178, 188/89, 195, 202, 231, 255: Archiv des Verfassers.

Personen- und Ortsregister

Aachen 176, 178, 207
Agricola, Gregorius 179
Albrecht v. Brandenburg 169, 190
Alerheim 250
Alexander d. Gr. 25
Alexander VII, Papst 251
Allstedt 111, 134, 159
Altdorfer, Albrecht 25 f.
Altmark 246
Amsterdam 179
Andreasberg 75
Annaberg 75
Antwerpen 60, 179
Arndt, Karl 182
Asch, Ronald 234
Aston, Trevor 237
Augsburg 54 f., 58, 60, 94, 96, 117, 151, 171, 173 ff., 178 f., 205, 240
Augustinus, Aurelius 28
Avignon 74

Bader, Augustin 153
Bairoch, P. 176
Baltringen 141
Bamberg 115, 142, 247
Barudio, Günter 234
Basel 12, 76, 102, 199
Batou, J. 176
Baumgartner, Handelshaus 179
Beck, Leonard 67
Beham, Barthel 185, 190
Beham, Sebald 56, 59, 82, 142, 182, 185, 190
Benno von Meissen, Bischof 225
Bentheim 208
Berger, Peter L. 18, 196
Bern 12
Bernhard v. Weimar, Herzog 248 f.
Beyer, Christian 171
Biberach 141, 174
Blickle, Peter 13, 64, 68, 70, 93, 96, 106, 136, 138 ff., 148, 158, 170, 223, 230
Bloch, Marc 144
Boczkay, Stefan 224
Böblingen 143
Bologna 77, 205
Bonifaz VIII, Papst 73
Bora, Katharina v. 229

Borst, Otto 226
Bourdieu, Pierre 47
Bovin, René 118
Brady Jr., Thomas A. 112
Brant, Sebastian 55, 77 f., 198
Braudel, Fernand 15 f.
Braunschweig 54, 104
Brecht, Bert 14, 233
Brecht, Martin 226
Bredekamp, Horst 41, 185
Breitenfeld 247, 250
Bremen 176, 208, 245, 252
Brescia 200
Brixen 143, 169, 207
Brömsebro 250
Brosamer, Hans 95
Brügge 60, 179
Brunner, Otto 39, 46, 51
Bucer, Martin 112, 168
Bugenhagen Johannes 191, 216
Burckhard, Peter 194
Burckhardt, Jacob 16
Burgkmair, Hans 51, 190
Burke, Peter 220
Burkhardt, Johannes 100, 163, 166 f., 181, 234-237, 244

Caesar, Gajus Julius 14
Cajetan, Thomas 114
Calvin, Johannes 180, 208 f.
Camporesi, Piero 220-224
Cellarius, Christoph 24
Celtis, Konrad 76, 78
Chevre, P. 176
Christensen, Carl C. 182
Christian I, Kurfürst von Sachsen 211
Christian IV, König von Dänemark 244 f.
Christian von Braunschweig, Herzog 244
Christoph von Württemberg, Herzog 211
Cochlaeus, Johannes 95, 199
Colmar 208
Comenius, Joh. Amos 192
Cranach, Lucas d. Ä. 12, 85, 99 f., 165, 182, 184 ff., 186
Cranach, Lucas d. J. 165, 185, 187 f.

Dachau 156
Davis, Nathalie Zemon 220

Danzig 179
Deutsch, Manuel 12
Dessau 185
Dickens, Arthur G. 111
Dillingen 202
Dinkelsbühl 174
Dinzelbacher, Peter 221
Diwald, Hellmut 37
Döblin, Alfred 233
Donauwörth 207, 240 f.
Droste-Hülshoff, Annette v. 233
Dülmen, Richard van 221 f., 226
Dürer, Albrecht 55, 162, 182 f.
Dürrenmatt, Friedrich 156

Eck, Johannes 199
Eck, Leonhard 107
Edwards, Marc U. 100
Elias, Norbert 39, 231
Emden 208, 231
Engels, Friedrich 14, 38
Erasmus v. Rotterdam, Desiderius 55, 76 f., 90, 117, 185, 198
Erastus, Thomas 209
Erfurt 54, 83, 88, 123 f.
Ernst v. Mansfeld 244
Esslingen 132

Ferdinand II, Kaiser 243 f.
Ferdinand III, Kaiser 250 f.
Flacius, Matthias (Illyricus) 166
Flötner, Peter 178
Florenz 72, 198
Foucault, Michel 39, 78, 130, 213, 231
Frankenhausen 129, 143, 176
Frankfurt/M. 55, 131 f., 141, 243, 251
Franz, Günther 137, 144, 234, 236, 253
Freytag, Gustav 233
Fried, Johannes 40
Friedrich III, pfälz. Kurfürst 211 f.
Friedrich IV, pfälz. Kurfürst 212
Friedrich V, pfälz. Kurfürst, König v. Böhmen 212, 245 ff., 249
Friedrich d. Weise, sächs. Kurfürst 169
Froschauer, Christoph 102, 118
Fuchs, Walter Peter 136
Fürer, Handelshaus 179
Fugger, Handelshaus 60 f., 179

Gaismair, Michael 13, 141, 143
Galen 194

Genf 206
Gent 60, 179
Gengenbach, Pamphilius von 12
Georg, Herzog von Braunschweig-Lüneburg 248
Georg Friedrich, Markgraf v. Baden-Durlach 244
Giddens, Anthony 220
Gießen 194
Ginzburg, Carlo 220, 222
Göttingen 104
Graf, Urs 145, 190
Grass, Günter 234
Graz 202
Greiffenberger, Hans 185, 190
Grien, Hans Baldung 231
Grillparzer, Franz 233
Groningen 231
Grünpeck, Joseph 29 ff.
Günzburg, Eberlin von 12 f.
Gurjewitsch, Aaron 25, 42, 48, 62
Gustav Adolf, schwed. König 247 f.
Gutenberg, Johann 100

Hagenau 172
Hamburg 54 ff., 175, 179, 251
Hameln 245
Hamm, Berndt 54
Hardtwig, Wolfgang 63
Hassinger, Erich 12
Heckel, Johannes 44
Hegel, Georg F. W. 38
Heidelberg 78, 244
Heilbronn 117, 147
Heine, Heinrich 38
Heinrich IV, franz. König 242
Heinrich VIII, engl. König 185
Heitz, Gerhard 103
Helmstedt 194
Henlein, Peter 55
Henning, Friedrich Wilhelm 180
Herder, Gottfried 38
Hergot, Hans 13
Herzig, Arno 207
Hildebrand, Bodo 191
Hill, Chistopher 15
Hipler, Wendel 141
Hobsbawm, Eric 15, 236
Hoechstetter, Handelshaus 60, 179
Hoffman, Melchior 154 f.

Personen- und Ortsregister

Holbein d. J., Hans 12, 91, 143, 182, 185
Hsia, Ronnie Po-chia 200
Hubatsch, Walter 136
Hubmaier, Balthasar 152
Huch, Ricarda 233
Huizinga, Jan 15, 37
Hus, Hans 134
Hut, Hanz 153
Huter, Jakob 153
Hutten, Ulrich v. 24, 77 f.

Innsbruck 203
Iserlohn 178

Jankau 250
Jedin, Hubert 197
Jena 194, 215
Jendorff, Alexander 223
Joachimsthal 75
Johann Casimir, pfälz. Kurfürst 212
Johann, Herzog v. Kursachsen 135
Johann Friedrich, sächs. Kurfürst 172 f.
Johann Sigismund, brandenburg. Kurfürst 208, 242
Jonas, Justus 192
Jones, Stetman 15
Jung, Frank 223
Julius III, Papst 205

Kaufmann, Thomas 234 f.
Karl V, Kaiser 50, 171, 194, 203
Karlstadt, Andreas Bodenstein v. 94, 107, 115, 133 f., 181, 184 f., 192, 214
Kemberg 185
Kempis, Thomas a 198
Kempten 142 f.
Kettenbach, Heinrich v. 12
Klueting, Harm 206, 217
Kobelt-Groch, Marion 147, 230
Köln 54 f., 77, 132, 174, 176, 178 f., 207, 230
Königsberg 194
Kolumbus, Christoph 36
Konstanz 117, 119, 166, 199, 207
Kopernikus, Niklaus 194, 196
Koselleck, Reinhart 25, 28, 35, 39 f.
Kretschmar, Georg 214
Kuczinski, Jürgen 226

Lambert von Avignon, Franz 119
Langer, Herbert 234
LeGoff, Jacques 40
Leiden, Jan van 155 f.

Le Fort, Gertrud v. 233
Leipheim 142, 144
Leipzig 55, 123, 176, 247, 250
Lenin, W. I. 240
Leo X, Papst 72, 199
Liechtenstein, Grafen v. 153
Lindau 166
Lissabon 179
Löwith, Karl 35
Leu, Hans, Vater und Sohn 117
Löns, Hermann 233
Lotzer, Sebastian 140
Loyola, Ignatius v. 200 f.
Luckmann, Thomas 18
Luder, Peter 78
Ludwig VI, pfälz. Kurfürst 212
Lübeck 176
Lützen 248
Lüneburg 103
Lützen 248
Luther, Martin 11, 25, 31, 33 ff., 43, 67, 85–96, 100, 109, 112, 114 f.,118, 133 f., 144, 146 f., 157, 163-166, 168 f., 185, 190, 192 ff., 196, 214, 225 f., 228 f.
Lutter a. Barenberge 245
Lutz, Heinrich 163, 197, 213
Luyken, Jan 151

Magdeburg 169, 245 f.
Mainz 48, 50, 54, 246
Mann, Golo 233
Mann, Thomas 136
Mansfeld 179
Marburg 194
Marcellus II, Papst 205
Maria v. Burgund 21
Marpeck, Pilgram 151
Marsilius v. Padua 64
Marx, Karl 14, 38, 136, 238
Maurer, Michael 234
Mathis, Franz 175 ff., 179 f.
Matthias, Erzherzog (Kaiser) 242 f.
Matthys, Jan 156
Maximilian I, Kaiser 21, 25, 49 f.
Maximilian I, bayr. Herzog, Kurfürst 241, 247, 250, 252
Meit, Konrad 50
Melanchthon, Philipp 94, 165 f., 171, 185, 191, 194, 214, 224
Memmingen 117, 140, 142, 166, 169

Moeller, Bernd 74, 83, 111 f., 119, 166 ff., 182, 227
Moerke, Olaf 103
Moritz, Herzog (Kurfürst) von Sachsen 172, 174, 205
Morus, Thomas 13, 77
Moscherosch, Michael 233
Mühlberg 179, 204
Mühlhausen 133, 123-129, 131, 135, 141, 159
Münch, Paul 226
München 176, 247
Münster 156, 174, 207, 230, 234, 251
Müntzer, Thomas 11, 25, 33 ff., 37 f., 126, 128 f., 133-136, 152, 159, 214, 225
Murer von Weißenau, Jakob, Abt, 176
Murner, Thomas 90, 199
Muchembled, Robert 220

Nebukadnezar, babyl. König 25
Newton, Isaac 40
Nienburg 245
Nikolsburg 152
Nipperdey, Thomas 236
Nördlingen 249
Nordhausen 124
Nürnberg 12, 55, 60, 66, 112-117, 125, 127, 131, 135, 141, 169, 176, 179, 190, 247

Oberman, Heiko A. 34, 37, 228
Ochsenhausen 144
Ochsenwerder 60
Ochsenzoll 60
Oestreich, Gerhard 62, 218, 227 f.
Oexle, Otto Gerhard 62
Olivarez, Gaspar Pérez de, Graf 252
Olmütz 153
Orlamünde 111
Osiander, Andreas 116
Osnabrück 234, 251
Oxenstierna, Axel 247
Ozment, Steven E. 112

Packull, Werner O. 153
Paracelsus, Theophrast v. Hohenheim 194
Paul III, Papst 203
Paul IV, Papst 203, 205 f.
Pencz, Georg 87, 185
Petrarca-Meister 78 f., 137
Peuckert, Will-Erich 35
Pfeiffer, Heinrich 125 ff., 129, 135

Pforzheim 12
Philipp, Landgraf v. Hessen 168, 172
Pongs, Hermann 13, 233
Pirkheimer, Caritas 117
Pirkheimer, Willibald 24, 55, 115 f.
Prag 55, 134, 243 f., 247, 249 f.
Press, Volker 211 f., 233, 237, 240
Pressburg 242

Raffael 72
Rain a. Lech 247
Rákóczi, Georg, ungar. Fürst 250
Rammstedt, Ott-Heinrich 103
Ranke, Leopold v. 38, 136, 210
Raschke, Joachim 104, 109 f.
Ratgeb, Jörg 12, 190
Ravensburg 174
Reck-Mallecewen 156
Regensburg 54, 172, 176, 202, 246, 248 f.
Reinhard, Wolfgang 167, 198, 218
Reuchlin, Johannes 55, 76
Riemenschneider, Tilman 12
Rinteln 194
Robin, Régine 24
Rocroi 249
Rohrbach, Jäcklin 143
Rom 78, 84 f., 95 f., 171, 200, 205
Roper, Lyndal 229
Rothkegel, Martin 153
Rottweil 132
Rubens, Peter Paul 201
Rublack, Hans-Christoph 230
Rudolpf II, Kaiser 242 f.
Rufus, Konrad Mutianus 76

Sabean, David W. 58, 138
Sachs, Hans 12, 55, 87, 113
Salzburg 169
Savonarola, Girolamo 198
Schaffhausen 141
Schappeler, Christoph 140
Scheurl, Christoph 115 f.
Schiller, Friedrich 233 f.
Schilling, Heinz 37, 49, 59, 167, 174, 208-211, 218 ff., 231, 235, 237
Schindler, Norbert 221 f., 226
Schleitheim 152
Schlink, Edmund 164
Schmidt, Georg 233 f., 244 f., 247, 250, 254
Schmidt, Heinrich Richard 207, 211, 216, 220, 227, 231

Schoen, Erhard 101, 190
Schormann, Gerhard 234, 237
Schneeberg 185
Schulze, Winfried 13, 39, 144, 219, 228
Schwenckfeld, Kaspar v. 94
Scott, Tom 139, 148
Scribner, Robert W. 102 f., 132, 221, 225, 230, 232, 239
Seebaß, Gottfried 117, 140, 161, 171, 182
Sickingen, Franz v. 78
Simons, Menno 156
Skalweit, Stefan 36
Solingen 178
Speyer 132, 149 ff., 170, 199
Spener, Philip Jakob 254
Stayer, James M. 162
Steinberg, Sigfrid Henry 234, 253
St. Gallen 78
Stoß, Veit 55
Straßburg 112, 117, 151, 168 ff., 179
Strindberg, Arnold 233
Stromer, Wolfgang v. 61
Sturm, Johannes 191
Suhl 178

Tauler, Johannes 134
Thompson, Edward P. 15, 222
Tillich, Paul 18, 131
Tilly, Johannes Tserclaes, Graf 245 ff.
Trauchberg 143
Trautmannsdorff, Maximilian, Graf 251
Treitschke, Heinrich v. 13
Trient 38, 174, 197, 203-206
Troeltsch, Ernst 218
Truchseß von Waldburg, Georg 142
Tucher, Handelshaus 60, 179

Ulrich, württemb. Herzog 172
Ulm 117, 153, 176, 178

Vadian, Joachim 78, 192
Valla, Lorenzo da 43
Verden 245
Vesalius, Andreas 194 ff.
Vierhaus, Rudolf 237, 239 f.

Vogelweide, Walter v. d. 44
Vogler, Günter 103, 237
Vogtherr, Heinrich 58

Waldshut 107, 141, 152 f.
Wallenstein, Albrecht v. Herzog 245-248
Walpot, Peter 191
Waldshut 107, 141
Walther, Johann 163
Weber, Max 16, 103, 180, 237
Wedgwood, Cecily Veronica 234
Wehler, Hans-Ulrich 16 f.
Weigandt, Friedrich 141
Weimar 134, 185, 249
Weingarten 142
Weinsberg 143
Welser, Handelshaus 60, 179
Welskopp, Thomas 17
Wendelstein 68
Wesel 208
Wied, Hermann v. 132
Wilhelm, Herzog von Jülich-Cleve 241
Wien 55, 76, 78, 171, 192
Windsheim 147
Wittenberg 12 f., 94, 100, 111, 133 f., 136, 163, 185 f., 199, 206, 215, 224
Wohlfeil, Rainer 80
Wolgemut, Michael 114
Wolgast, Eike 211
Worms 49, 54, 85, 169, 172
Würzburg 247
Wunder, Heide 229
Wycliff, John 35

Xanten 242

Zabern 144
Zeeden, Ernst Walter 167, 217
Zollikon 151
Zschelletzschky, Herbert 190
Zürich 112 f., 117-123, 125, 131, 141, 151, 169, 199, 206
Zusmarshausen 250
Zwickau 134, 159, 178
Zwingli, Ulrich 94, 112, 117-123, 131, 133, 144, 151, 172, 178